Hanno Lunin / Moritz Pirol

SUMMA SUMMARUM ET CETERA

AF625086

ISBN 978-3-938647-27-1

HANNO LUNIN / MORITZ PIROL

Summa summarum et cetera

oder

Kehrausfegsel, Aufgelesenes und Tacheles

Zehn Jahre Hamburger Tagebuch, Kleine Prosa und Briefe oder *e-mails:*
2011 bis 2020

Mit dreizehn Fotos

«ORPHEUS UND SÖHNE» VERLAG

Umschlag Veit Kenner

unter Verwendung
des geflügelten Eros mit orphischer Leier
von einem Kruge des griechischen Vasenmalers Hermonax
aus der ersten Hälfte des 5. Jahrhunderts vor Christós:

VERLAG ORPHEUS UND SÖHNE

DER INHALT

als Fortsetzung zu "*Nach oben offen. Reflexe*", Band 1-7: 1952-2011, von Moritz Pirol

"Nur das Unwirkliche macht den Wert
und ist eigentlich das einzig Reale."

Theodor Fontane, 69: "*Irrungen, Wirrungen*", 1888

"Auch die in die Erde vergrabenen Statuen
üben ihre Macht,
und wenn die Zeit gekommen ist, beginnt man,
nach ihnen zu graben."

Ernst Jünger, 47: Brief aus Paris 1942 an Bruder Friedrich Georg Jünger

"Aller Glanz, den wir in unserer Seele tragen,
kommt von Dingen, die wir erschaffen haben –
Erinnerungen an Bilder, Erlebnisse mit Büchern,
Eindrücke aus Kreisen, die wir analytisch durchschritten,
erarbeitete Dinge, geistig emporgehobene
und meistens ohne Gesellschaft langsam erwachsen."

Gottfried Benn, 58: "*Roman des Phänotyp*", Landsberger Fassung, 1944

"Jahrtausende leben in unseren Seelen,
Verlorenes, Schweigendes, Staub.
*
Schon summarisches Überblicken, Überblättern
schafft manchmal einen leichten Rausch."

Gottfried Benn, 63: "*Doppelleben / Literarisches / Absolute Prosa*", 1949

"Man wird vielleicht später einmal
jenen Teil unserer Literatur als den stärksten empfinden,

der am wenigsten literarischen Absichten entsprang:
all diese Berichte, Briefe, Tagebücher, die
in den großen Treibjagden, Kesseln und Schinderhütten
unserer Welt entstanden sind.

Man wird erkennen, daß der Mensch
im «de profundis»
eine Tiefe erreichte, die an die Grundfesten rührt
und die gewaltige Macht des Zweifels bricht.

Dem folgt der Verlust der Angst."

Ernst Jünger, 56: *"Der Waldgang"*, 1951

"De profundis clamavi ad te Domine:
aus der Tiefe rufe ich, Herr, zu dir."

Psalm 130, Vers 1: *"Ein Lied, zu singen auf dem Weg nach Jerusalem"*, ~ 6. bis 3. Jahrhundert vor Christós

"Worauf beruht der Erfolg eines Tagebuches?
Auf dem geglückten Selbstgespräch.

*

Tagebücher, Briefwechsel: Das fünfte Rad am Wagen
und vielleicht das einzige, das postum weiterläuft.

*

– das hat schon manchen zur Frage angeregt, ob
nicht die Tagebücher den Romanen vorzuziehen seien."

Ernst Jünger, 89: *"Autor und Autorschaft"*, 1984

"Jedes Tagebuch wird wichtig."

Ernst Jünger, 100: Fernsehgespräch im ZDF mit Gero von Boehm, 1995

2011 (76- bis 77jährig)

Als Fred Astaire (= Frederick Austerlitz) aus Omaha am Missouri,

Sohn eines jüdisch verwurzelten Vaters aus Linz an der Donau,

sich erstmals bei *audition* oder *casting* in jenem Hollywood bewarb, wo er schon bald (und runde fünfzig Jahre lang) als größtes Tanzgenie eine Spitzenkarriere im *US*-Kinofilm des 20. Jahrhunderts absolvierte,

da notierte sich die zuständige Prüfungskommission oder Jury über diesen Aspiranten:

"Kann nicht Theater spielen. Hat wenig Haare. Tanzt auch."

Ein Expertenvotum *comme d'habitude*.

*

In der "Weimarer Republik" pflegten kaisertreue Konservative ihre Briefpost zu frankieren, indem sie die Briefmarke mit dem Bilde des Reichspräsidenten Friedrich Ebert jeweils *"auf dem Kopfe stehend"* aufklebten.

"Man machte das so 'in unsern Kreisen' " und wollte damit dokumentieren, daß man *"mit dem 'ganzen roten Pack, das uns heute regiert' "*, nichts zu tun haben wollte, *"schon gar nicht mit dem 'Sattlergesellen Ebert' "* (Hoimar v. Ditfurth, 70: *"Innenansichten eines Artgenossen"*, 1991).

Gleichzeitig sah man auch strikt davon ab, seine Söhne in die vormals so beliebten "Matrosenanzüge" zu kleiden: *"weil die nationale Schande 1918 ja mit der Meuterei bei der Hochseeflotte angefangen hatte"*.

*

In Berlin hat dieser Tage, im April 2011, ein 34jähriger Vater seinen 12jährigen Sohn mit einem Hammer totgeschlagen: *"aus Frust"*.

Anlaß war seine Computer-Maus, die der Sohn versehentlich hatte zu Boden fallen lassen.

Prioritäten des 21. Jahrhunderts.

Oder auch generell: über Ursachen, Folgen und deren Relation bisweilen.

*

Immer wieder und wieder besticht es, wie sehr Albert Einstein jeweils höchsten Anspruch mit unprätentiöser Einfachheit zu kombinieren wußte.

Diesmal zitiert ihn Hoimar v. Ditfurth mit seinem Wunsch zu wissen, wie Gott die Welt erschaffen habe:

"Ich bin nicht an diesem oder jenem Phänomen interessiert oder an dem Spektrum irgend eines chemischen Elements. Ich möchte Seine Gedanken wissen."

*

Als am 11. September 2001 die beiden "Türme" des *World Trade Center* in *New York* in sich zusammenstürzten und *US*-Präsident Bush, anscheinend unüberrascht, den Tätern und Drahtziehern gnadenlosen Krieg erklärte, schlug ich beiläufig vor, sie lieber nach ihren Gründen zu befragen und diese beseitigen zu helfen. Niemand in Gerhard Schröders flächendeckend *"uneingeschränktem"* Racheschnauben wollte damals sowas hören.

Gestern nun, in der Nacht vom 1. auf den 2. Mai genau zehn Jahre später, 2011, wurde Usama Bin Ladin, vermutlich der Initiator jenes abscheulichen Massakers in New York, außergerichtlich liquidiert: per staatlicher Lynch-Justiz der *USA*.

Heute verkündet der *UN*-Sicherheitsrat im stigmatisierten *New York*,

"dass Terrorismus nicht allein durch Militär und Strafverfolgung bekämpft werden könne, sondern durch die Entwicklung von Zivilgesellschaften und ein wachsendes Verständnis davon, wie und warum sich terroristisches Gedankengut entwickelt".

Vor zehn Jahren wurde ich für haargenau denselben Gedanken als weltfremder Naïvling belächelt und überhört.

Manches dauert eben ein Jahrzehnt.

Manches sicher noch sehr viel länger.

Manches sogar ewig. Dann ist es aussichtslos.

*

Aus einem Brief vom 1. Mai 2011 an Dr. Gerhard Blasche, vormals Kollegen am *Thalia Theater Hamburg*, jetzo Mitglied und Ehrenmitglied des Wiener *Burgtheaters*, im Anschluß an seine Übersendung von liebedienernd populistischem, aber gleichzeitig dadaïstisch oder postsurrealistisch infiziertem Werbematerial seiner glorreichen Bühne unter der Ägide ihres allzu ambitionierten Interims-Intendanten Matthias Hartmann (dort 2009-2014):

"Für das gesammelte 'Erscheinungsbild' des Burgtheaters danke ich Ihnen sehr herzlich. Ich habe es ausführlichst studiert.

Besonders verdienstvoll erscheint mir da vor allem andern, daß es die Bekanntschaft mit dem Herrn Hauptlöschmeister Klaus vermittelt: wie hätte ich den sonst jemals kennen lernen können? Falls er aber jetzt eines Tages über den hiesigen Eppendorfer Baum *lustwandeln sollte, würde ich ihn da anhand meiner Korrespondenz mit dem Burgtheater sofort erkennen und begrüßen können. Das ist mir viel wert und macht diese ganze neue Graphik schon insofern vollkommen bezahlt.*

Auch sonst öffnet sie einem die Augen, für was man die eigene Adressenangabe alles verwenden kann: außer für die eigene Adressenangabe. Oder an ihrer Stelle. Oder für die Mitteilung, daß Hände mit Helium gefüllt werden können; oder wie man eine Treppe von ihren Stufen befreit; oder daß man ein Zombie gegen Schneewittchen vertauschen kann. Oder welche verbalen Assoziationen das Wort BURG alles auslösen kann. Oder daß man jedes einzelne Wort der deutschen Sprache folgen- und einschränkungslos mit allen andern kombinieren kann. Wirklich neu und sehr, sehr informativ das alles.

Was mir an alledem fast am meisten imponiert: daß Intendanz und Dramaturgie des jetzigen Burgtheaters offenkundig gar keinen Ehrgeiz haben, besonders 'modern' zu sein. Stattdessen greifen sie mutig auf Erprobtes zurück und erinnern zurecht ans gute alte Dada oder an Jarry (1873-1907) und Artaud (1896-1948). Auch eine hochgradig formalistische Mejerchold-Inszenierung von 1924, die ich etwa 1969 als Begleiter des Burgschauspielers Boy Gobert bei einem Gastspiel des Moskauer Künstlertheaters im Theater an der Wien *bis zur Pause bewunderte, kommt mir so 2011 noch in den Sinn.*

Ich stelle mir vor, wie glücklich ich Sie schon seinerzeit hätte machen können, wenn ich Ihnen sowas alles 1970 in Hamburg vorgelegt hätte! Aber damals ließen wir noch unsere Grafiker Georg Schmid und Holger Matthies um die Vormacht kämpfen – nur weil ich selbst viel zu fantasielos war, um Ihnen anzubieten, was das Burgtheater jetzt zur Beglückung seines Ehrenmitglieds lässig aus dem Ärmel schüttelt.

Überrascht hingegen war ich über die Entwicklung einiger Schauspieler, die ich noch aus deutschen Provinzniederungen kenne, wo sie durchaus noch nicht das leuchtende Abelsmal des Burgtheaters auf der Stirne trugen: zum

Beispiel H. S. in Darmstadt und R. K. in Wuppertal. Beide müssen später wider Erwarten ganz ungeheuer erblüht sein: wie schön für sie und für Wien!

Lieber Gerd Blasche, Sie sehen: Ihre Sendung hat mich ungeheuer animiert und zu einer Ironie beflügelt, die Sie mir bitte als senilen Übermut verzeihen wollen."

*

(Aus einem *e-mail* vom 15. Mai 2011 an Uta H. in Essen):

"Mit sehr viel Interesse und Sympathie habe ich auch die Präsentation Deines F. H. gelesen – schon weil ich alt genug bin, um mich noch allzu lebhaft meiner abgöttischen Kinderverehrung für deutsche Jagdflieger zu entsinnen. Ist er damals selbst geflogen? Und Me 109 oder FW 190? Die Wände meines Kinderzimmers (im heutigen und eigentlichen Polen, damals Reichsgau Wartheland*) waren seinerzeit vollgepinnt mit Eichenlaubträgern vorrangig der Luftwaffe. Für das Autogramm eines leibhaftigen Ritterkreuzträgers habe ich als etwa Zehnjähriger stundenlanges Warten vor dem Büro eines NS-Kreisleiters liebend gern in Kauf genommen.*

Aber ich muß einräumen, daß ich im Frühjahr 1945 nicht die geringsten Schwierigkeiten hatte, alle diese angehimmelten Heroën meiner frühesten Jahre als verführte Opfer des Höllenfürsten persönlich zu begreifen. Ich hoffe, auch Deinem F. ist das damals möglichst schnell gelungen. Aber schwer war das sicher: an etwas hundertprozentig glauben zu müssen, um es dann innerhalb weniger Stunden hundertprozentig verdammen zu sollen.

Auch an jenen vermaledeiten Rückzug von der Ostfront, den Dein Brief in solchem Zusammenhang erwähnt, kann ich mich uneingeschränkt erinnern: ich befand mich damals in einem der zahllosen Pferdetrecks westwärts und wurde Tag und Nacht pausenlos von kampflos flüchtenden Soldaten der paralysierten deutschen Wehrmacht überholt und desillusioniert.

Hat Dein F. seine damalige Verwundung jemals ganz auskuriert, oder sind ihm Reste 'erhalten' geblieben: als ein anderes lebenslanges Trauma?

Daß sich da also zwei 'Gezeichnete' gefunden haben, kann nur eine Gnade des Schicksals sein und scheint sich ja auch bestens zu bewähren. Daß sie ihrer bürgerlich saturierteren Umgebung oder Herkunft als 'Außenseiter' erscheinen, ist da nur von Vorteil. Mir ist das lebenslang nicht anders ergangen, ohne daß mir jemals was fehlte. Mir war die Anerkennung oder Resonanz dieser Kreise allerdings auch immer wurscht. Ob Dir das ebenso ge-

lingt, ist mir nicht ganz klar. Du scheinst da bisweilen was zu vermissen oder zu entbehren. Man kann diese Kreise nicht vorsätzlich meiden und dann ihren Applaus ersehnen."

*

Jeder künstlerische Manierismus ist potenzierter Formalismus, und jedem Formalismus mangelt es partiëll oder gänzlich an Inhalt. Also ist er leer. Und Leeres langweilt nur.

Also langweilt noch der raffinierteste und artifiziëllste Manierismus: er ist sinnlos.

*

Erst Shimon Malin, *US*-amerikanischer Physiker, dessen populäre Einführung in die Quantenphysik überhaupt nicht nachdrücklich genug empfohlen werden kann, macht mich auf eine Passage aufmerksam, die meinem markierenden Bleistift weiland bei der Lektüre von Werner Heisenbergs autobiografischen *"Gesprächen im Umkreis der Atomphysik"* entgangen war.

Aus einem solchen Gespräch bei Niels Bohr im Kopenhagen von 1952 zitiert Heisenberg da eine Frage seines Nobel-Kollegen Wolfgang Pauli und die eigene Antwort hierauf:

" 'Glaubst du eigentlich an einen persönlichen Gott? [...] '

'Darf ich die Frage auch anders formulieren? Dann würde sie lauten:

*Kannst du oder kann man
der zentralen Ordnung der Dinge oder des Geschehens,
an der ja nicht zu zweifeln ist,
so unmittelbar gegenübertreten, mit ihr so unmittelbar in Verbindung treten,
wie dies bei der Seele eines anderen Menschen möglich ist?*

Ich verwende hier ausdrücklich das so schwer deutbare Wort 'Seele', um nicht mißverstanden zu werden.

Wenn du so fragst, würde ich mit Ja antworten.' "

Nur wer von Heisenbergs "neuer Quantenmechanik" von 1926 und seiner Unschärferelation von 1927 zumindest einen leisen Schimmer hat, kann das Gewicht dieser Antwort wenigstens erahnen. Sie ist mehr als private Frömmelei.

Denn daß an einer zentralen Ordnung von Dingen und Geschehen *"nicht zu zweifeln"* sei, sagt da einer, der so tiefe und unverklärt radikale Einblicke in die inneren Strukturen dieser Welt gewonnen hatte wie wohl kaum jemand sonst.

*

Aber Heisenberg war nicht der einzige Quantenphysiker, der sich zu einer solchen Religiosität geleitet sah. Auch von Erwin Schrödinger gibt es vergleichbare Texte in großer Zahl.

Einstein formulierte Ähnliches in seinem Brief an einen Schüler, der ihn über seine Einstellung zur Religion befragt hatte, so:

"Andererseits erfüllt die Wissenschaft jeden, der sich ernsthaft mit ihr befaßt,
mit der Überzeugung, daß sich in der Gesetzmäßigkeit der Welt
ein dem menschlichen ungeheuer überlegener Geist manifestiere,
dem gegenüber wir mit unseren bescheidenen Kräften
demütig zurückstehen müssen.
So führt die Beschäftigung mit der Wissenschaft
zu einem religiösen Gefühl besonderer Art,
welches sich von der Religiosität des naiveren Menschen
allerdings wesentlich unterscheidet."

(in *"The Human Side"*, jenen *"New glimpses from his archives"*, ausgewählt von Einsteins Sekretärin Helen Dukas mit dem britischen Mathematiker und Einstein-Biografen Banesh Hoffmann, 1979).

*

Niels Bohr, dieser gigantische Pionier der Quantenphysik und Herold des Komplementären, zitierte mit Vorliebe jene drei letzten Verse aus den *"Sprüchen des Konfucius"*, die der vierzigjährige Schiller schon 1799 geschrieben hatte:

"Nur Beharrung führt zum Ziel,
Nur die Fülle führt zur Klarheit,
Und im Abgrund wohnt die Wahrheit."

Einer, der schon 1913 mit seinem Atommodell Furore machte, erkannte hier einen Geistesbruder, der die Wahrheit schon ein gutes Jahrhundert früher gleichfalls im Abgrund entdeckte.

Aber von Schiller überrascht das wirklich.

*

Erwin Schrödinger (1887-1961)
in seinem Alpbacher Brief vom 17. September 1960,
3½ Monate vor seinem Tode also, an Franz Theodor Csokor:

"Ein rein verstandesmässiges Weltbild ohne alle Mystik ist ein Unding."

*

Aber in einem Interview mit dem Londoner *"Observer"*
schon vom 11. Januar 1931 sagte derselbe Erwin Schrödinger
(1933 mit dem Nobelpreis für Physik ausgezeichnet):

"As a matter of fact my early desire was to be a poet".

*

Larry Dossey aus Texas berichtet von einem indianischen Tänzer, der vor Touristen auftrat. Obwohl sein Programm aus traditionellen Stammestänzen bestand, hatte er sich einen Wecker ans Bein gebunden, der zu bestimmten Zeiten klingelte. Bei jedem Klingeln hielt der Tänzer inne und schrie seine Zuschauer an: *"Jetzt esse ich!"* oder *"Jetzt schlafe ich!"*.

So parodierte dieser zeitlos aufgewachsene Naturmensch *coram publico* die denaturierte Obsession von Zivilisationen durch Termine und Daten.

*

Die Armbanduhr als permanente Todesdrohung.

(*Post scriptum* von 2019: Digitaluhren mit ihrem pausenlos springenden und überall hetzenden Sekundentakt sind das nur umso mehr: wahre Scharfrichter, Fallbeile, Guillotinen.)

*

Einsteins oft zitierter und belachter Satz
über den gesunden Menschenverstand heißt, vermutlich mehrfach
hin- oder herübersetzt, bei Larry Dossey schließlich so:

*"Der gesunde Menschenverstand besteht ausschließlich
aus den Vorurteilen, die sich im menschlichen Geist
vor dem achtzehnten Lebensjahr abgelagert haben."*

*

Larry Dossey, dieser aufregend "alternative" Internist und Medizinpublizist im texanischen Dallas, berichtet von einer sensitiven Patientin mit beträchtlichen *"übersinnlichen Wahrnehmungen"* und scheint bei ihrer Beschreibung von deren thailändischem Leidens- und Talentgenossen Sawaang Lyhkamhahn zu berichten:

"Menschen mit dieser Begabung [...] zeigen ihre außergewöhnlichen Fähigkeiten meist nicht in der Öffentlichkeit [...] : sie haben einfach Angst, für verrückt gehalten zu werden. Und häufig bringt die innere Spannung, die daraus resultiert, daß wir in einer Gesellschaft leben, die Visionen undifferenziert als Halluzinationen aburteilt, im Medium Krankheit hervor. Psyche und Soma hören auf, in harmonischem Einklang zu funktionieren, und das Medium zahlt den Preis für seine ungewöhnlichen Fähigkeiten mit psychischen Funktionsstörungen. [...]

Sie hielt wesentliche klinische Informationen zurück, aus Angst, für geisteskrank gehalten zu werden" (aus Larry Dossey, *Die Medizin von Raum und Zeit,* 1982).

Sawaangs ewige Befürchtung (*"What is crazy?", "Crazy – not crazy?"*).

*

Ähnliches schildert der namhafte *US*-amerikanische Psychologe Lawrence LeShan (* 1920), wenn er beschreibt,

"was im Normalfall mit einem medial veranlagten Menschen geschieht – einer Person, der häufig ihre eigenen außersinnlichen Wahrnehmungen bewußt werden und die keine Angst davor hat. Sobald sie sich andern mitteilt und der Sache auf den Grund zu gehen beginnt, sieht sie sich zwischen zwei Arten von Leuten hin- und hergerissen.

Auf der einen Seite stehen diejenigen, die alles und jedes sofort begeistert glauben und beständig nach neuen Wundern verlangen,

und auf der andern all jene, die nichts glauben und halsstarrig an der Auffassung festhalten, ein medial veranlagter Mensch müsse zum Psychiater oder wegen arglistiger Täuschung ins Gefängnis" (aus *"Von Newton zu PSI"*, 1984 – mit Absätzen des Zitators).

*

Auch ein quellenloser Einstein besticht noch:

"Wissenschaft ohne Religion ist wie ein Lahmer;
Religion ohne Wissenschaft ist wie ein Blinder".

*

Erwin Schrödinger, Zeit seines Lebens am Arbeiten interessierter als an der eigenen Person, schrieb erst wenige Monate vor seinem Tode gleichsam auf dem Sterbebett einige spröde und eher lakonische Notizen zur nahezu überstandenen Vita. Sie erschienen erst ein Vierteljahrhundert später unter dem Titel *"Mein Leben"*.

In diesen Skizzierungen eines Lebens, das von 1887 bis 1961 währte, spielte die Nazizeit naturgemäß eine nicht eben unerhebliche Rolle. Gleichwohl mied er noch in diesem Text von 1960 den Namen *Hitler* wie Menschen im Mittelalter den *"Gottseibeiuns"*. Als der sich dennoch zweimal nicht umgehen ließ, entschied sich Schrödinger für eine sonderlich vielsagende Umschreibung:

"Fürst Bismarcks Nachfolger" und *"Bismarcks großer Nachfolger"*.

Diese hierarchische Einordnung scheint freilich mehr über Bismarck auszusagen als über Hitler und ist für diesen Älteren umso unschmeichelhafter. (Oder?) Das ist hierbei Schrödingers eigentliche Mitteilung. Hitler dient ihm nur als Maßstab oder negative Meßlatte und bleibt undefiniertes oder undefinierbares Axiom.

*

Mit vielen anderen Gedankengängen haben dieser Tage derselbe Schrödinger, aber auch Lawrence LeShan, Shimon Malin, Larry Dossey, Alfred North Whitehead, Henri Poincaré, Ilja Prigoshin, Thomas Henry Huxley und immer wieder Heisenberg, immer wieder Albert Einstein meine Arbeit am *"Alexanderkuchen"* beflügelt:

"Ich halte es für wahrscheinlich, daß dieses Zeitalter, welches sich das technische zu nennen liebt, später einmal [...] als das des Kunstverfalles bezeichnet werden wird" (Schrödinger, 38: *"Suche nach dem Weg"*, 1925).

*

"Epikur hat einmal behauptet und damit wohl recht gehabt,
daß alle Philosophie vom t h a u m a z e i n ,
dem philosophischen S t a u n e n , ihren Ausgang nehme"
(Schrödinger, 38: *"Suche nach dem Weg"*, 1925).

*

"Darwin hielt die große Frage nach dem Ursprung des Lebens für 'Quatsch'"
(Lawrence LeShan, 64: *"Von Newton zu PSI"*, 1984).

*

"Ich lebte in jener Einsamkeit, die in der Jugend schmerzlich, in den Jahren der Reife aber köstlich ist" (Albert Einstein, 57: *"Selbstporträt"*, 1936).

*

"Die zeitlichen Dinge entstehen auf Grund ihrer Teilhabe an den ewigen Dingen"
(Alfred North Whitehead, 1861-1947, britischer Mathematiker, Naturphilosoph und Wissenschaftstheoretiker).

*

"Es ist absurd, den Himmel unbeseelt zu nennen, während wir, die wir nur ein Teil des Ganzen sind, eine Seele haben. Denn wie könnte sie der Teil erhalten haben, wenn das Ganze ohne Seele ist"
(Plotínos, 205 – 270, griechischer Philosoph und Begründer des Neuplatonismus).

*

Andere Teflon-Produkte der Recherchen für *"Alexanderkuchen"* finden sich beim Erforschen der Schauspielerfamilie jenes Adolf Wohlbrück (dem ich ja vor nunmehr rund 45 Jahren im Hause von Hans Albers noch persönlich begegnen durfte) – etwa dieses hier:

Conrad Ekhof (1720-1778), eigentlich erster professioneller Acteur des deutschen Theaters und Pionier seines Standes, *"war unter Deutschlands Schauspielern, was Lessing unter den dramatischen Dichtern war: der erste, der Unerreichbare!"* (Schink).

Aber er *"war von der Natur nicht in der glücklichsten Weise für den erwählten Lebensberuf ausgestattet. Im Gegenteil, seine fast kleine Figur, die hohen Schultern, die dicken Fingerknöchel, die plumpen, einwärts gekehrten Füße, die anstoßende Zunge und der Mangel eines guten Gedächtnisses schienen geradezu unüberwindliche Hindernisse für seine Kunst.*

Aber sein Genie ließ ihn auf der Bühne alle diese physischen Gebrechen spielend überwinden,

und seine körperliche Bildung den Charakter jeder einzelnen Rolle bis zur Unkenntlichkeit umschaffen."
(Kurt Loup, "*Die Wohlbrücks"*, Düsseldorf 1975)

*

Johann Jacob Engel (1741-1802),
heute fast vergessener Moralphilosoph, Schriftsteller, Dramatiker
und Intendant des Berliner *Nationaltheaters*,
beschrieb seinen greisen Zeitgenossen Conrad Ekhof so:

"Ekhof, so gekrümmt er schon von Alter war,
vergaß in stolzen Rollen keinen Augenblick, was sein Charakter erforderte:
er trug bis zum letzten Blicke, der ihm in die Coulissen nachspähte,
seinen steifen unbiegsamen Nacken empor; und erst dann ward er
auf einmal wieder das gebückte, in sich zusammengeschrumpfte Männlein,
das man für alles Andere als einen Schauspieler gehalten hätte".

Parallele zu Adolf Wohlbrücks Lebensfreundin Hermine Körner (1778-1960), die ich als Greisin Ende der fünfziger Jahre (aber zwei Jahrhunderte später) mit eigenen Augen von mehreren kräftigen Bühnenarbeitern aus der Garderobe zu ihrem Auftritt mehr getragen als gestützt sah und die dort gehalten werden mußte, bis ihr Stichwort fiel. Dann befreite sie sich von diesen *"bodyguards"*, ging mühelos, aufrecht und frei als Atossa der aißchyleïschen *"Perser"* auf die Bühne und stand dort die ganze Vorstellung lang souverän und königlich da, um erst nach ihrem Abgang wieder aufgefangen und kraftlos, hilflos und ungern abgeschleppt zu werden: magische Mimikry.

*

"Wir haben Schauspieler, aber keine Schauspielkunst.
Wenn es von Alters eine solche Kunst gegeben hat,
so haben wir sie nicht mehr; sie ist verloren:
sie muß ganz von Neuem wieder erfunden werden" (Lessing, 1729-1781).

Damals also auch schon.

*

Samuel Taylor Coleridge (1772-1834), britischer Poet der Romantik und Philosoph, prägte den Begriff einer *"willigen Aussetzung der Ungläubigkeit"* (*"willing suspension od disbelief"*), um jedes hingebungsvolle Verhalten gegenüber Kunstwerken zu erklären.

*

Werner Heisenberg (1901-1976):

"Wir müssen uns daran erinnern, daß das, was wir beobachten,
nicht die Natur selbst ist, sondern Natur,
die unserer Art der Fragestellung ausgesetzt ist."

*

Ilja Prigoshin (1917-2003),
russisch-belgischer Physikochemiker, Philosoph und Nobelpreisträger:

"Die Natur ist ein Teil von uns, wie wir ein Teil von ihr sind.

Wir können uns in der Beschreibung wiedererkennen, die wir ihr geben."

*

Thomas Henry Huxley (1825-1895), britischer Biologe:

"Setz dich vor die Fakten auf dem Boden nieder wie ein kleines Kind.
Sei bereit, alle vorgefaßten Meinungen fallen zu lassen,
und folge der Natur,
wohin auch, zu welchem Abgrund immer sie dich führen mag –
oder du wirst nichts lernen."

Dieser Satz ist so lebenswichtig, daß man ihn sich selbst und Anderen nicht oft genug wiederholen kann:

"Setz dich vor die Fakten auf dem Boden nieder wie ein kleines Kind.
Sei bereit, alle vorgefaßten Meinungen fallen zu lassen,
und folge der Natur,
wohin auch, zu welchem Abgrund immer sie dich führen mag –
oder du wirst nichts lernen."

*

1859 wurde Schillers 100. Geburtstag auch in Paris mit einem *"kosmopolitischen Fest"* gefeiërt: mit Prolog, Marsch von Meyerbeer und Laudatio im *Cirque de l'Impératrice:*

"Eine schöne Erhebung lag auf allen Gesichtern ... es schwirrt und summt durch den kolossalen Raum. Plötzlich richten sich alle Operngläser auf einen Punkt – [Bogumil] «Dawison» – «da ist er» *geht es flüsternd durch den Saal – ein förmlicher Beifallssturm empfängt ihn. Er hatte sich bestimmen lassen,*

den dritten Akt des 'Don Carlos' *vorzulesen.*

Bis in die Fensterecken dringt sein Wort, alle Gemüter mächtig ergreifend. Man hört nicht mehr atmen, bei der Unterredung des Königs mit dem Marquis de Posa nur schlägt zeitweilig die Begeisterung durch, bei den Worten aber 'Geben Sie Gedankenfreiheit!' *da dröhnt heller Jubel durch das Haus"* (Kurt Loup, "*Die Wohlbrücks*", 1975).

Hier wird ein Menetekel des Widerstandes gegen Hitler entzaubert – aber aufs Allerschönste. Denn nicht erst 1938 oder 1943 opponierten ganze Auditorien an dieser Stelle gegen ihre Unterdrückung – auch also schon zum Beispiel im Paris unter Napoléon III.

Vermutlich immer und überall auch schon vorher und nachher.

Unaktuëll ist dieser Satz wohl leider niemals.

*

Erwin Schrödinger, 73: *"Mein Leben, meine Weltsicht"*, 1960:

"Du – und ebenso jedes andere bewußte Wesen für sich genommen –
bist in allem. Darum ist dieses dein Leben, das du lebst,
auch nicht ein Stück nur des Weltgeschehens, sondern das Ganze.
Nur ist dieses Ganze nicht so beschaffen,
daß es sich mit einem *Blick überschauen läßt."*

*

Shimon Malin, 63: *"Nature Loves to Hide"*, 2001:

"In jedem wirklichen Einzelwesen
treffen das Noumenale und das Phänomenale, Ordnung und Zufall,
zusammen."

*

Erwin Schrödinger, *72: "Geist und Materie"*, 1959:

"Nach Spinoza ist jedes Einzelding

eine Modifikation der unendlichen Substanz, das ist Gottes.
Es drückt sich in jedem seiner Attribute aus, im besonderen
in dem der Ausdehnung und in dem des Denkens. [...]

Aber auch alles leblos Körperliche
ist für Spinoza a u c h *ein Gedanke Gottes'. Wir stoßen*

auf den kühnen Gedanken einer A l l b e s e e l u n g *;*
freilich nicht zum ersten Male; schon zweitausend Jahre zuvor
hatte dieser Gedanke der jonischen Philosophenschule (Thales, Anaximander, Anaximenes) den Beinamen der Hylozoisten eingetragen" –
jener Naturphilosophen also, die die Materie irgendwie noch (oder schon)
für belebt hielten." [Absätze des Zitators]

*

Jedenfalls gegen Ende des 18. Jahrhunderts:

"Die Buchhandlungen waren Zentren des geistigen Lebens und des gesellschaftlichen Verkehrs. Viele Buchhändler waren Übersetzer und Schriftsteller, Herausgeber von Zeitungen oder Verleger. Mehr noch als das Theater strahlte eine Buchhandlung Anregungen und wirkliche Sensationen aus, wie etwa die Nicolaische ..." (Loup).

*

" 'Sie haben', soll einst [David] *Garrick [1717-1779]*
zu einem französischen Schauspieler gesagt haben, der ihn
nach der Vorstellung um sein Urteil fragte,

'Sie haben die Rolle des Trinkers mit viel Wahrheit
und [...] auch mit viel Anstand gespielt; nur
– wenn Sie mir diesen kleinen Tadel verzeihen wollen –
Ihr linker Fuß war zu nüchtern' " (Loup).

*

Der Schauspieler Otto Lehfeldt (1825-1885)
"ließ sich an den Tagen, wo er den König Philipp mimte,
daheim von Frau und Kindern nur knieend bedienen,
um in die rechte Stimmung zu kommen" (Loup).

Das erinnert an Uli Eichenberger (1922-1999), jenen skurrilen und sehr liebenswerten schweizerischen Identifikationsfanatiker, dem die Kollegen in weiland meinem Wuppertaler Schauspielensemble hinterherspotteten, er trage, wenn er einen Chinesen spielen müsse, strikt gelbe Unterwäsche.

(Hätten die Spötter sowas lieber von ihm lernen sollen?)

*

Karl Ludwig Costenoble (1769-1839), deutscher Schauspieler
Regisseur und Autor, in seinem Tagebuch vom 10. Februar 1805:

"Am 10. [Februar 1805] *trat* [Johann Gottfried] *Wohlbrück
zum letzten Male* [in Hamburg] *als Franz in den Räubern auf.*

*Die Direktion, einen Tumult wie im Jahre 1801 befürchtend,
machte der Obrigkeit Anzeige davon,
und es wurden Wachen auf die Bühne hinter die Kulissen postiert.*

*Wohlbrück spielte unübertrefflich – das muß man eingestehen,
und er hätte es wohl verdient, am Schlusse gerufen zu werden ...
Nach dem ersten Rollen des Vorhangs
wurde freilich etwas spektakuliert, aber nur sehr flau.
Vermutlich hatten die Republikaner Notiz bekommen
von den bewaffneten Rotröcken hinter den Kulissen.*

Von der Galerie wurde gerufen: 'Wohlbrück! Wohlbrück!'

*Andere Stimmen schrien: 'Herzfeld!'
Wieder andere: 'Hauptmann, herut up't Deck!'
Bald brüllten neue Enthusiasten: 'Drek schon ruut! Alle dree möt se kamen!'
– 'Nee', schrien andere, 'alle fif möt se herut!' –
'Wo könt denn fif kamen', lachten lustigere, 'twee sein ja lang doht!'
'Dat deiht nix', erwiderten frühere Brüller, 'se möt doch alle fif kamen!'*

*Nun gab es ein allgemeines Gelächter, das Volk verlief sich,
und weder der Direktion noch des Franz wurde weiter gedacht"*
(Loup, aber Absätze des Zitators).

*

Georg Wilhelm Friedrich Hegel (1770-1831), *Vorlesungen
über die Ästhetik oder Philosophie der Kunst*, Heidelberg 1820-29:

*"Man heißt jetzt die Schauspieler Künstler
und zollt ihnen die ganze Ehre eines künstlerischen Berufs;
ein Schauspieler zu sein, ist unserer heutigen Gesinnung nach
weder ein moralischer noch ein gesellschaftlicher Makel.*

*Und zwar mit Recht;
weil diese Kunst viel Talent, Verstand, Ausdauer, Fleiß, Übung, Kenntnis,
ja auf ihrem Gipfelpunkte selbst einen reichbegabten Genius fordert.*

Denn der Schauspieler muß
nicht nur in den Geist des Dichters und der Rolle tief eindringen
und seine eigene Individualität im Inneren und Äußeren
demselben ganz angemessen machen, sondern er soll auch
mit eigener Produktivität in vielen Punkten ergänzen,
Lücken ausfüllen, Übergänge finden und uns überhaupt durch sein Spiel
den Dichter erklären, insofern er alle geheimen Intentionen
und tiefer liegenden Meisterzüge desselben
zu lebendiger Gegenwart sichtbar herausführt und faßbar macht."

Vor zweihundert Jahren also schon den heutigen Fernseh-Darstellern auf die leeren Seiten ihrer Stammbücher geschrieben!

*

Erwin Schrödinger, *72: "Geist und Materie"*, 1959:

"Was hat dem Lebenswerk Platos
einen so unvergleichlichen Glanz verliehen, daß es
nach mehr als zweitausend Jahren noch unvermindert strahlt? [...]

Nach meiner Meinung war es dies,
daß er als erster die Idee einer zeitlosen Existenz ins Auge gefaßt und
diese – scheinbar gegen jede Vernunft – als Wirklichkeit verfochten hat,
wirklicher als jede tatsächliche Erfahrung. [...].

Ich meine seine Ideenlehre.

Wie ist sie entstanden?

Ohne Zweifel kam ihm diese Erleuchtung
aus den Lehren des Parmenides und der Eleaten. [...] Dieses Ereignis
liegt sehr auf der Linie von Platos eignem schönen Gleichnis,
daß das Lernen mit Hilfe des Verstandes
mehr von der Art eines Erinnerns an ein früher besessenes,
aber zur Zeit schlummerndes Wissen ist

als eine Entdeckung völlig neuer Wahrheiten. [...]

Aber dieser Gedanke entsprang, wie mir scheint,
einer sehr realen Erfahrung, nämlich aus der Bewunderung und Ehrfurcht,
die ihn ergriff angesichts der Entdeckungen
im Bereich der Zahlen und der geometrischen Figuren –

wie gar manchen nach ihm und die Pythagoräer vor ihm.

Er erkannte den Wesenskern dieser Enthüllungen
und wurde bis in die Tiefe seines Geistes von ihnen ergriffen, nämlich davon,
daß sie sich dem rein logischen Denken offenbaren, das uns
wahre Beziehungen erkennen läßt, deren Wahrheit
nicht nur unanfechtbar ist, sondern für alle Zeiten Geltung behält.
Diese Beziehungen gelten bis auf den heutigen Tag
und werden auch weiterhin gelten, ganz unberührt davon,
ob wir nach ihnen fragen oder nicht.

Eine mathematische Wahrheit ist zeitlos
und wird nicht erst in dem Augenblick geboren, in dem wir sie entdecken.
Dennoch ist ihre Entdeckung ein sehr reales Ereignis und
vermag das Gemüt zu bewegen gleich dem großen Geschenk einer Fee."
(Absätze des Zitators)

*

Epoche am Tropf. Anscheinend hochgradig infusionsbedürftig.

Autarkere Zeiten *passati*?

*

Erwin Schrödinger, *72: "Geist und Materie"*, 1959:

"Wenden wir uns nun zu Kant. Es ist bereits ein Gemeinplatz geworden,
daß er die Idealität von Raum und Zeit lehrte und daß dies
ein fundamentaler, wenn nicht der fundamentalste Teil seiner Lehre war.

[...] Das Große war, den Gedanken zu fassen, daß dieses e i n e D i n g –
Geist oder Welt – sehr wohl andrer Erscheinungsformen fähig sein kann, die
wir nicht zu erfassen vermögen
und die Begriffe Raum und Zeit nicht enthalten." (Absatz des Zitators)

*

"Es scheint zu dem Gedanken zu ermutigen,
daß der ganze Zeitplan nicht so unbedingt ernst zu nehmen ist,
wie es auf den ersten Blick scheint. Und das ist ein religiöser Gedanke,
ja ich möchte ihn d e n religiösen Gedanken überhaupt nennen."

*

Nachschlag zu vier eigenen Wuppertaler (oder Elberfelder und Barmer) Theater-Jahren (1974-78) und meinen seismografisch einschlägigen Prognosen seinerzeit::

Aus 'Der Verkünder', *Köln, 16. Juni 1805:*

" ' ... *Schon einigemal war der* Westfälische Anzeiger *der Tummelplatz streitender Parteien, die sich in Untersuchungen erschöpften, ob es für Elberfeld besser sei, ein Schauspielhaus oder ein Leichenhaus zu errichten.'*

(Der lange Artikel, der hier die Unterstützung eines entstehenden Theaters ... als unnötig abtut, fordert die Errichtung eines neuen Irrenhauses.)"

Aus archivierten Protokollen und Eingaben an die Konsistorien der fünf evangelischen Gemeinden in Elberfeld und Barmen:

"In Düsseldorf besteht seit einigen Jahren, durch Unterstützung einer Gesellschaft wohlhabender Aktionäre, ein Theater.

Da indes der Ort nicht volkreich genug ist, um ohne beträchtlichen Zuschuß der Aktionäre das ganze Jahr hindurch ein stehendes Theater zu unterhalten, so glaubte man, sich dadurch helfen zu können, wenn die nämliche Gesellschaft einige Monate des Jahres in dem benachbarten wohlhabenden Fabrikstädtchen Elberfeld spielte, und zu dem Ende ward in diesem letzten Orte die Einrichtung eines Schauspielhauses eingeleitet.

Die Kaufleute und Fabrikanten von Elberfeld sind aber am 23. März 1806 gegen die Errichtung eines Schauspielhauses ausdrücklich bei der Regierung eingekommen, mit der Angabe,

daß ein Theater in Elberfeld den schädlichsten Einfluß auf den Gewerbefleiß der Gegend habe, mithin für das Land gefährlich sei,

daß es das physische und sittliche Wohl einer nur durch Arbeit bestehenden Volksklasse untergrabe,

daß es eine wahre moralische Pest sein würde."

*

Aus: Rulemann Friedrich Eylert, Bischof und Hofprediger zu Potsdam, *"Charakter-Züge und historische Fragmente aus dem Leben des Königs von Preußen FRIEDRICH WILHELM III., gesammelt nach eigenen Beobachtungen und selbst gemachten Erfahrungen"*, 1845*:*

"Bis zum Jahre 1806-1807 war in Elberfeld noch nie ein Schauspiel gewesen.

Elberfeld, in einer schönen fruchtbaren Gegend des Bergischen Landes gelegen, war schon im 18ten Jahrhundert eine volkreiche, blühende, wohlhabende Handelsstadt und wurde es immer mehr. ...

Dieser Geist hat sich bis jetzt ... dort erhalten, und dieß darf man nur wissen, um es weniger befremdend zu finden, daß ganz Elberfeld in Bewegung kam, als vor 39 Jahren das Erstemal, seit die Stadt steht, eine von Düsseldorf herkommende Schauspieler-Truppe sich ankündigte.

Die Kirchlichgesinnten – und deren war die größere Zahl – waren dagegen, besonders die Prediger, welche öffentlich von den Kanzeln und privatim bei ihren Hausbesuchen gegen das Verderben der Zeit eiferten; dieß hatte die Wirkung, daß das Haus leer blieb: denn die kleine Anzahl der Modernen füllte es nicht.

Das Publikum zu gewinnen, kündigte der Entrepreneur ein moralisches Stück zum Besten der Armen an. Dieß half; sehr Viele gingen, theils aus Neugierde, theils auch des guten Zweckes wegen hin.

Der Director schickte Tags darauf vermittelst eines artigen Briefes die eingekommene ansehnliche Summe an den Pastor N., der am Meisten gegen die unerhörte neue Sache war. Dieser Pastor ... wußte nicht, was er thun sollte. ... In dieser Noth wandte er sich an den reichen Kaufmann W., der Presbyter der Gemeinde war (dort Ältester genannt), und fragte an, was er thun sollte. Dieser antwortete:

Wir wollen das Sündengeld nicht in unseren Gotteskasten haben; hier ist die geschenkte Summe für die Armen, damit sie nicht darunter verlieren, und noch 200 Thaler mehr. …

Daß übrigens der zuvor erwähnte Entrepreneur, der ein moralisches Stück zum besten der Armen gegeben hatte, nur Johann Gottfried Wohlbrück [= Ururgroßvater von Adolf Wohlbrück] *gewesen sein kann, dürfte bei der dominierenden Rolle, die er als geistiger Leiter des* Bergischen deutschen Theaters *gehabt hat, als sicher gehen."*

*

Korrektur laut Google *Wuppertaler Bühnen*

Am 30. Mai 1806 wurde die erste feste Wuppertaler Schaubühne, das Theater an der Hofaue in Elberfeld eröffnet. In den ersten Jahren spielten hier das *Bergische Theater Düsseldorf* und verschiedene andere Kompanien Oper und Schauspiel. Schon 1811 wurde das Haus unter der Herrschaft Napoleons in ein Gefängnis umgewandelt, diente später als Lazarett und Lagerhaus, und das Theatergeschehen wurde wieder in Ställe, Buden und Gasthaussäle verbannt. In einem Theatersaal über einem Pferdestall hinter dem "Zweibrücker Hof" am Wall wurde durch die Düsseldorfer Theatergesellschaft unter Josef Derossi die erste Opern-Aufführung gegeben, deren Titel noch bekannt ist: Rossinis *Tancredi* am 16. Mai 1821. Zu Derossis Truppe gehörte zu dieser Zeit auch der junge Albert Lortzing als Schauspieler. Nach Beschwerden seitens der Kirche wurde auch dieses Unternehmen 1825 aus "feuerpolizeilichen" Gründen geschlossen. Derossi spielte daraufhin in verschiedenen Räumen weiter, ab 1833 in einer Reitbahn an der Luisenstraße; Pläne zu einem Theaterneubau zerschlugen sich allerdings.

*

1835 übernahm Carl Leberecht Immermann, seit 1834 Leiter des Düsseldorfer Theaters, Unternehmen und Spielort von Derossi. Er nahm Umbauten an der Reitbahnbühne vor, die die bühnentechnischen Möglichkeiten vergrößerten, und eröffnete den umgestalteten Saal mit einer Beethoven-Symphonie und zwei Lustspielen. Immermann, ein Bewunderer des klassischen Schauspiels, war vom damaligen Bürgermeister Johann Rütger Brüning gewarnt worden (*"Der Sinn für diese Kunst ist hier sehr erloschen"*) – nach zwei Spielzeiten gab er enttäuscht über die mangelhaften Arbeitsbedingungen und das gelegentlich ausfallend werdende Publikum auf. 1838–1840 übernahm Derossi wieder das Theater, ihm folgte W. Henkel.

Die Elberfelder Freunde des Theaters, die seit einigen Jahrzehnten auch in den Laienvereinigungen wie der "Eintracht" Theater spielten, schlossen sich 1841 zu einer *Aktiengesellschaft Theaterverein* zusammen, erwarben das Gelände des Theaters an der Hofaue 1842 wieder und bauten den Fachwerkbau in ein Ziegelgebäude um. Das neue Theater eröffnete 1844 mit Eugène Scribes Komödie *Ein Glas Wasser*. Das Theater spielte mit unterschiedlichem Erfolg und unter häufig wechselnden Direktoren, die teilweise gleichzeitig die Bühnen in Köln, Düsseldorf und Krefeld leiteten. 1857–1871 waren die Elberfelder Gustav, Abraham ("Oweram") und Eduard Otto Küpper für das Haus verantwortlich, die das Theater auch für Variété- und Unterhaltungsprogramme öffneten. Die Familie besaß auch ein Ausflugslokal auf dem Johannisberg, an dem Theater gespielt wurde und das erst in den Achtziger Jahren der Elberfelder Stadthalle wich. In die Zeit der Küppers-Leitung fallen zum Beispiel ein Gastspiel Clara Schumanns und die Erstaufführung von Wagners *Lohengrin*.

1871 konstituierte sich die Trägergesellschaft als *Theater-Verein-AG* neu und setzte den Theaterdirektor Kullack als Leiter ein, der jedoch wenig erfolgreich war. Nach einigen spektakulären Theaterbränden wie dem Wiener Ringtheaterbrand untersuchte man auch das Elberfelder Haus auf seine Brandsicherheit: Zum Ende der Spielzeit 1881/82 wurde das Theater wegen akuter Feuergefahr geschlossen.

Für ein neues Haus wurden in wenigen Jahren 400 000 Mark gesammelt, die Stadt Elberfeld stellte ein Grundstück am Brausenwerth zur Verfügung, wo 1885 mit dem Bau eines neuen Stadttheaters begonnen wurde, das am 6. September 1888 mit der Aufführung eines Festspiels des Elberfelder Dichters Friedrich Roeber und Goethes *Iphigenie auf Tauris* eingeweiht wurde. Der neu bestellte Direktor Ernst Gettke leitete von 1888 bis 1893 auch das Theater in Barmen, eine Verbindung, die mit Unterbrechungen bis zum endgültigen Zusammenschluss der Bühnen immer wieder geschlossen wurde.

1906 wurde mit dem Thalia-Theater ein zweites großes Theater in Elberfeld eröffnet, das vorwiegend als Operetten-, Revue- und Variété-Bühne diente und bis 1967 bestand.

*

Das 1964/66 erbaute Elberfelder Schauspielhaus, seit 2000 *denkmalgeschützt*, wurde 2013 geschlossen [und ist es auch 2019 noch]: wegen *"Brandschutzauflagen"* und *"Haushaltslage"*.

*

Zusammenhänge zwischen Martins Auftauchen in Formentera und meinem eigenen Auftauchen in *Ao Naang*,

jeweils Leben rettend, das aufgeben wollte, und jeweils in ersten Januartagen, nur schlappe fünfzehn Jahre voneinander entfernt. (Und runde elftausend Kilometer.)

Aber teils mit demselben Personal.

Unübersehbare Parallelen und Ähnlichkeiten in der Schwere.

*

Im selben Sommer 1966, als ich den umworbenen Adolf Wohlbrück am Starnberger See besuchen durfte, wimmelte er Kurt Loup, jenen einzigen redlichen Biografen seiner eigenen ganzen Wohlbrück-Dynastie, von jener selben oberbayrischen Ferienadresse aus und mit folgender klassischer Berufs-Begründung ab:

"Ich bin mal wieder am Abreisen (Wohlbrück-Schicksal – ewiges Ein- und Auspacken)".

*

Walt Whitman, *"Leaves of Grass"* (hier mit eigenmächtigem Umbruch):

"Daß siebzig Jahre die Zeit sein soll,
die einem Mann oder einer Frau zugemessen ist,
dies zu glauben, fällt mir schwer,
und ich glaube ebenfalls nicht,
daß siebzig Millionen Jahre ausreichen,
diese Zeit zu erschöpfen.
Niemals werden es die Jahre sein,
die meinem Dasein
oder dem Dasein irgendeines Menschen
die Grenzen setzen."

*

Graffito in der Herrentoilette des *Strictly Taboo Club* in Dallas, Texas:

"Zeit ist ein Trick, mit dem die Natur dafür sorgt, daß nicht alles auf einmal passiert."

*

Larry Dossey (Jahrgang 1940), *"Die Medizin von Raum und Zeit. Ein Gesundheitsmodell"*, 1981:

"Ich habe in meinem Büro zwei alte Pendeluhren, die niemals synchron tikken [...] – eine geht vor, die andere nach.

Immer wenn ich zu meinem eigenen Vergnügen über die lineare Zeit nachsinne, frage ich mich, welche davon nun 'richtig' geht. Eine muß doch einfach richtiger gehen als die andere!

Oder kann es in meinem Büro zwei verschiedene Zeiten geben?

Kann ich mir vielleicht sogar die Zeit aussuchen, die mir im Moment am besten paßt? [...]

Sobald ich spüre, daß ich irgendwie in mechanische und manische Hektik verfalle, weil mir die Zeit wie Sand durch die Hände zu rinnen scheint, setze ich mich einfach einen Augenblick ruhig hin und höre den phasenverschobenen Tickgeräuschen der beiden alten Uhren zu.

Die Herrschaft, die wir der Zeit über unser Leben einräumen, kommt mir dann nicht bloß willkürlich vor, sondern völlig absurd."

*

Hierzu fällt unweigerlich ein, was Hugo von Hofmannsthal schon 1911 für Richard Strauss zum Vertonen im gemeinsamen *"Rosenkavalier"* festschrieb, was der jedoch mit seinen genialen Orchesterklängen meist verdeckte; drum steht es jetzt hier nochamal zum Nachles'n da:

"Marschallin (allein)
Was erzürn' ich mich denn? ist doch der Lauf der Welt.
Kann noch auch an ein Mädel erinnern,
die frisch aus dem Kloster ist in den heiligen Ehestand kommandiert word'n.

(nimmt den Handspiegel)

Wo ist die jetzt?

Ja, such dir den Schnee vom vergangenen Jahr.
Aber wie kann das wirklich sein,
daß ich die kleine Resi war

und daß ich auch einmal die alte Frau sein werd!
Die alte Frau, die alte Marschallin!
'Siegst es, da geht's, die alte Fürstin Resi!'
Wie kann denn das geschehen?
Wie macht denn das der liebe Gott?
Wo ich doch immer die gleiche bin.
Und wenn er's schon so machen muß,
warum lasst er mich denn zuschau'n dabei,
mit gar so klarem Sinn? Warum versteckt er's nicht vor mir?
Das alles ist geheim, so viel geheim.
Und man ist dazu da, daß man's ertragt.

(Octavian tritt von rechts ein, in einem Morgenanzug mit Reitstiefeln.)

Marschallin (sich ihm entwindend)
Oh sei Er gut, Quin-quin. Mir ist zu Mut,
daß ich die Schwäche von allem Zeitlichen recht spüren muß,
bis in mein Herz hinein:
wie man nichts halten soll,
wie man nichts packen kann,
wie alles zerlauft zwischen den Fingern,
alles sich auflöst, wonach wir greifen,
alles zergeht, wie Dunst und Traum. [...]

Leicht muß man sein:
mit leichtem Herz und leichten Händen,
halten und nehmen, halten und lassen ...
Die nicht so sind, die straft das Leben,
und Gott erbarmt sich ihrer nicht.
Die Zeit im Grund, Quin-quin, die Zeit,
die ändert doch nichts an den Sachen.

Die Zeit, die ist ein sonderbares Ding.
Wenn man so hinlebt, ist sie rein gar nichts.
Aber dann auf einmal,
da spürt man nichts als sie:
sie ist um uns herum, sie ist auch in uns drinnen.
In den Gesichtern rieselt sie, im Spiegel da rieselt sie,
in meinen Schläfen fließt sie.

Und zwischen mir und dir da fließt sie wieder.
Lautlos, wie eine Sanduhr.
Oh Quin-quin!
Manchmal hör' ich sie fließen unaufhaltsam.
Manchmal steh' ich auf, mitten in der Nacht
und lass' die Uhren alle stehen.

Allein man muß sich auch vor ihr nicht fürchten.
Auch sie ist ein Geschöpf des Vaters,
der uns alle geschaffen hat.

Octavian
Sie spricht ja heute wie ein Pater."

*

Auf dem Amazonas gibt es Seerosen, die die größten dieses Planeten sind. Ihre Blätter haben einen Durchmesser von etwa zwei Metern.

Auch ihre Blüten sind sehr groß. Aber sie öffnen sich erst nach Anbruch der Dunkelheit. Um trotzdem die benötigten Insekten anzulocken, sind sie von jungfäulich strahlendem Weiß.

Weil das aber in der Finsternis einer Dschungelnacht nicht hell genug sein könnte, verströmen diese bräutlich weißen Blüten einen Duft, der sehr stark und für die ersehnten Insekten außerordentlich attraktiv ist.

Aber die Seerosen trauen diesem Duft genau so wenig wie der hellen Farbe. Daher entwickeln sie im Innern ihrer Blüten eine wohlige Temperatur: naja, für kühle Nächte auch dortzulande?

Blütenweiß, Aroma und Wärme gemeinsam locken denn auch einen ganz bestimmten großen Käfer an. Der wühlt sich tief ins Innere dieser großen weissen Blüte mit ihrem wohltemperierten Geruch. Dort diniert er behaglich und mag auch ein Nickerchen halten.

Wenn der Morgen kommt, schließt sich die Blüte über ihm wie eine Falle.

Solcher Schutz mag sein Wohlgefühl auf diesem weichen Lager am gut geheizten Dessertbüffet nur noch steigern.

So warten die Seerose und ihr Hausbesuch gemeinsam, gemütlich und gemächlich den ganzen Tropentag ab.

Wenn es abends wieder dunkel wird, öffnet sich die Seerose erneut. Aber sie ist nicht mehr dieselbe. Sie duftet nicht mehr, hat die Heizung abgedreht und binnen eines einzigen Tages nicht nur die Farbe, sondern auch noch ihr Geschlecht gewechselt. Sie ist jetzt violett und männlich.

Also hält hier auch ihren Gast nichts mehr. In kühlem Lila, das nach nichts mehr riecht, verweilt er nicht gern länger. Er entschwindet durch die geöffnete Haustür und trägt den befruchtenden Blütenstaub dieser Wunderpflanze überall hin, wo er erwartet und gebraucht wird.

Ein Meisterwerk.

*

Mikrobiologen in Salzburg haben irgendwo in einem Salzstock eine Mikrobe entdeckt, die dort offenbar schon 250 Millionen Jahre überdauert hatte, sich aber gleichwohl reaktivieren und unter günstigen Bedingungen zu uneingeschränktem Weiterleben animieren ließ.

Nach 250 Millionen Jahren.

Gottlob gibt es für unsereinen keinen solchen Salzstock.

Sondern?

Na?

Denn zu denken gibt der Vorfall schon (10. Juli 2011). Vielleicht haben ja auch wir einen solchen Salzstock – weiß man's?

*

Ein eloquenter Balkonreparateur vor meinem Fenster brüstet sich vor seinen Arbeitskollegen mit einem Vierzehnjährigen, den er in Mönchengladbach kenne: der könne nachweisen, daß Albert Einstein sich in seiner *Relativitätstheorie* verrechnet habe: *in Mönchengladbach mit vierzehn Jahren!*

Einstein selbst mit seinem Möglichkeitssinn würde das vermutlich für gar nicht so ausgeschlossen halten.

*

Was ich in *"Kranichrufe"* in übergroßer Ausführlichkeit über den Sirius als Doppelgestirn und über zentralfrikanisches oder mediterran antikes Wissen um dieses selbe Phänomen zusammentrug, erfuhr heute unverhofft einen weiteren magischen Zusatz aus dem mittelalterlichen Orient.

Denn schon der arabische Lyriker *Abū l-'Alā al-Ma'arrī*, der von 973 bis 1057 in der nordsyrischen Kleinstadt *Ma'arrat an-Nu'mān* lebte, schreibt in einem Gedicht seiner Sammlung *"Die Notwendigkeit des Unnützen"* unüberlesbar von *"Sirius' Doppelstern"* (so übersetzt von Cyrus Atabay, 1993).

Wie ist das Wissen schon damals auch dorthin gelangt, wenn nicht aus derselben Quelle wie zu den Dogon vor Jahrtausenden? Denn im aufgeklärten Abendlande sind ja *Sirius A und B* erst seit 1970 astronomisch nachgewiesene Fakten.

*

Der Terror der Rating-Agenturen ist inzwischen verheerender als der Islamismus.

Zu hoffen bleibt, daß sie den Zusammenbruch der Kommerzdiktaturen nicht nur flankieren, sondern sogar fördern.

Zum Problem wird dabei mehr und mehr, wie man diesen Kollaps überlebt.

Danach dürfte alles nur aussichtsreicher und zukunftsträchtiger sein.

*

Kafkas Prosa scheint die Literatur zur Quantenphysik zu sein.

(Dabei enstanden sie beide gleichzeitig. Wenn nicht die Texte sogar vor den Berechnungen.)

Inwiefern jedoch?

Indem Kafka eine Welt beschreibt, die sich von unserm vermeintlichen Umfeld total unterscheidet. Sie scheint auch nicht ganz festzustehen, also so zu sein oder so. Eher unscharf aus latenten Möglichkeiten zusammengesetzt. Aus Wahrscheinlichkeiten. Subjektives und Objektives heillos vermischend. Der Erzählende wird zum Erzählten, das Erzählte zum Erzählenden.

Total exotisch – aber dennoch allem, was jeder kennt, sehr-sehr ähnlich.

Alles könnte genausogut auch so sein. (Ist es ja vielleicht auch.)

Besonders eindrucksvoll in solchem Sinne sind die Erzählungen *Auf der Galerie, Der Geier, Der Steuermann, Die Brücke, Der Schlag ans Hoftor, Eine alltägliche Verwirrung.*

Alle zwischen 1916 und 1920 geschrieben: lauter Wunder. Kotau.

*

In Kafkas Kurzerzählung *"Der Steuermann"* von Ende 1920 hat der letzte Satz diesen Wortlaut:

"Was ist das für ein Volk! Denken sie auch, oder schlurfen sie nur sinnlos über die Erde?"

*

Seit der Entdeckung des ersten Exoplaneten *Peg 51b* durch Michel Mayor und Didier Queloz im Jahre 1995 lassen sich im Universum ganze 563 solche *"fernen Welten"* zählen oder berechnen.

Der 69jährige Schweizer Astronom Michel Mayor arbeitet auch als Emeritus an dieser Inventur unermüdlich weiter. Über die Zukunft der Planetensuche sprach mit ihm Harald Zaun für *WeltOnline*:

> "Welt Online:
>
> – *Die* US-*Radioastronomin Jill Tarter vom Seti-Institut ist davon überzeugt, dass allein in unserer Milchstraße mehr als 50 Milliarden erdähnliche Planeten existieren, davon 500 Millionen in habitablen Zonen. Ist dieser Wert zu optimistisch?*
>
> Michel Mayor:
>
> – *Diese Schätzung halte ich keineswegs für zu optimistisch."* (Kopie *Internet gmx.Wissen*)

*

Kurz nach den islamistischen Terroranschlägen auf das *World Trade Center* im September 2001 wurde der Steinway-Flügel des polnischen Weltrang-Pianisten Krystian Zimerman bei der Einreise zu Konzerten in den *USA* von *US*-amerikanischen Zollbeamten beschlagnahmt, gefilzt und einbehalten, dann vernichtet: weil er *"seltsam roch"*.

Es bedurfte dann nur noch des geplanten NATO-Schutzschilds auf dem Territorium seiner polnischen Heimat, um Zimerman von weiteren Konzerten in den *USA* provokant, skandalierend und endgültig Abstand nehmen zu lassen.

*

Jeder Vulkanausbruch, lerne ich von einer Sendung über den Toba auf Sumatra, unterscheidet sich von allen andern. Nicht nur jeder Vulkan, sondern auch jeder einzelne Ausbruch all der andern: durch seine Individualität. Wie ein Fingerabdruck, eine Speichel-, eine Blutprobe, ein Gesicht, ein Gen.

An seiner Asche, seiner Lava, seinen Steinen erkennen versierte Vulkanologen nicht nur deren Herkunft, sondern auch ihr Alter: sozusagen den Jahrgang der betreffenden Eruption. Sei es noch nach 75 000 Jahren, am Beispiel jenes Toba.

Nichts ist unerbittlicher als dieses Naturgesetz der Individuation.

"Égalité" ist wirklich das Konstrukt ahnungsloser Theoretiker: eine moralisch-politische Krücke, weiter nichts. Realitätslos.

*

"Das 's ja ganz was Neues."

Aber diese klassische Ausdrucksweise ist inzwischen was ganz Veraltetes.

Denn die jungen Leute sagen stattdessen jetzt *"Voll Obama"*.

Das ist nicht nur ein weiterer Beleg für Witz und Fantasie dieser sprachbegabten Generation.

Es ist auch ein großes Kompliment für den Lieferanten dieses Ausdrucks.

[P.S. 2019: Und ein Beleg für die Kurzlebigkeit der Jugendsprache: schon seit 2017 war dieses *"Voll Obama"* entweder *démodé* oder hatte seine Bedeutung pervertiert: war schon *"völlig veraltet"*.

"Das 's ja ganz was Neues" dürfte für junge Leute jetzt *"Voll Trump"* heißen. Aber ist das wirklich was ganz Neues?]

*

Septemberbilanz 2011:

Wie eine Produktivität, die mehr als ein halbes Jahrhundert lang keinen einzigen unkreativen Tag verbracht hat, gar nicht weiterzuleben weiß, wenn es plötzlich nichts mehr hervorzubringen gälte. *Machen* ist inzwischen ebenso elementar und unabdingbar, ebenso existentiell geworden wie *Atmen*.

Auch ebenso unverzichtbar.

"Hingesunkne Nachmittage" wie in Manfred Hausmanns Gedicht *"September"* zum Beispiel: die genügen ihr auch zu keiner andern Tages-, Nacht- oder Jahreszeit.

"Eine Flöte weint verloren.
Ach das Leben, angerührt vom Tode,
süßer singt es seine Klage.
Goldne, atemlose, traumumlohte,
hingesunkne Nachmittage!"

Wirklich sind sie atemlos.

Und leer. Leer und atemlos.

Und langweilig. Langweilig, atemlos und leer.

Nicht nur die Flöte weint verloren.

*

Auch die Schwanzflosse jedes einzelnen Buckelwals auf diesem Planeten unterscheidet sich von allen andern unverwechselbar. Keine einzige wiederholt sich. Sie ist sein Fingerabdruck, seine Physiognomie.

Soll auch diese Fantasie- und Formenopulenz nur einem Mechanismus der Evolution zu verdanken sein: einem Schema? Da klemmt doch was.

*

Vor runden zwölf Jahren fiel mir im September 1999, also noch vor meinem eigenen Sündenfalle, durch Medienberichte sonstwo ein *US*-amerikanischer Astronom auf, weil er Saul Perlmutter heißt, bereits damals die beschleunigte Ausdehnung des Universums errechnet hatte und damit das ganze konventionelle Weltbild auf den Kopf stellte.

Ich notierte mir das so am 7. September 1999 in *"Nach oben offen. Reflexe"* Band 5. Ende Februar 2010 pries ich diesen Sproß einer osteuropäischen Familie und seine Entdeckung eines *"Kosmos, der nach beiden Seiten offen ist",* abermals (*"Reflexe"*, Band 7). Aber da hatte ich sie 2007 auch schon in *"Kranichrufe"* verkündet.

Mir war sehr deutlich bewußt, daß dieser Perlmutter da auf einer revolutionierenden Spur ist. Aber es schien, als sei ich der Einzige, der das so bemerkte.

Heute nun, am 4. Oktober 2011, ist ihm für ebendiese selbe Erkenntnis der Nobelpreis für Astronomie verliehen worden.

Ich gratuliere ihm da von Herzen.

Und meiner Dilettantennase nicht minder.

(Aber just während ich diese Zeilen notiere, hat auch *wikipedia* seinen Bericht über Perlmutter schon um diese heutige Auszeichnung angereichert: gestern noch nicht, jetzt ja).

*

Als der zurückgetretene Charles de Gaulle im Ardennendörfchen seines Alterssitzes *Colombay-les-deux-églises* Langeweile verspürte und zur Abwechslung nach Madrid fuhr, um dort den Kollegen Franco zu besuchen, war er nicht nur von dessen Bedeutungslosigkeit enttäuscht, sondern auch von der Fistelstimme dieses Diktators, Caudillos und Generalissimus. All diese Titulierungen dienten vermutlich nur als martialisches Komplement all seines weibischen Säuselns in unviril höchstem Falsett.

Dabei fiel mir ein, daß auch die ostdeutsch kollegialen Potentaten Walter Ulbricht und Erich Honecker wie Eunuchen sprachen.

Aber auch Otto von Bismarck, Machtmensch wie kaum jemand sonst in der neueren Geschichte Europas, soll mit einer solchen Fistelstimme gesprochen haben, und sogar Martin Luther, Kraftkerl und Mannsbild wie kein anderer, soll so geredet haben wie Kastraten.

Ein Dissertationsthema für Psychologen oder Hals-, Nasen-, Ohren-Ärzte: was kompensiert sich da vokal im unüberhörbaren Verstärker ihrer Seelen?

*

Daß ich nicht der Einzige bin, der sich beim Produzieren wie das mediale Vehikel eines übergeordneten Autors vorkommt, weiß ich längst, ohne daß diese Kenntnis die ganze Angelegenheit etwa weniger mirakulös macht.

Neu ist, daß das schon den übergroßen Kollegen vor mehr als 2700 Jahren genauso erging. Erst die Kommentare des Regensburger Altphilologen Ernst Heitsch (* 1928 in Celle) zum Parmenídes-Fragment instruieren mich mit schlagenden Textbelegen, daß schon Homer sich mit den jeweils ersten Versen seiner beiden Epen ebenso an eine allwissende Gottheit, seine diktierende Überautorin, wendet wie etwa gleichzeitig auch Hesíodos in seiner *“Theogonie”* (~ 700 vor Christos):

“Der eigentliche Erzähler ist die Göttin”, hat Heitsch begriffen, *“und der Sänger hat nur die Rolle eines Vermittlers: er referiert, was die Muse (ihm)*

sagt".

Es scheint so alt wie die Welt, und wir alle, Zwerge wie Riesen, erleben das leibhaftig so.

"Und je mehr man – wie etwa Hesíod – von der Richtigkeit dessen, was man zu sagen hat, überzeugt ist, umso stärker ist das Empfinden, nicht in eigener Autorität zu reden, sondern beauftragt zu sein."

Dieser Heitsch gibt sich selbst bald als Experten aus:

"Zwar reden wir heute nicht davon, Athene sei zu uns gekommen und habe gesagt .... Aber jeder kennt Redewendungen, die der Sache nach vergleichbar sind: 'Wie eine Erleuchtung kam es über mich'. 'Der Gedanke hat mich nicht mehr verlassen'. 'Ich wurde von der Erkenntnis überwältigt'. ... Ein Gedanke kommt nach Nietzsche bekanntlich nicht wann ich will, sondern wann er will".

Auch Letzterer also, diese erste Adresse einer gottlosen Neuzeit, wußte da Bescheid.

Nur daß jeder diesen Vorgang anders interpretiert oder auslegt und bewertet. Bei mir ist es eher meist das Gefühl "Alles steht längst schon fest. Ich muß ihm nur richtig zu folgen wissen. Ausdenken muß ich mir gar nichts, nur finden".

*

Aber der Parmenídes persönlich, Wissenschaftspionier und kosmologischer Ahnherr aller Dialektik seither, warnte schon vor runden 2600 Jahren im campanischen Elea vor dem Unsinn etwa einer Urknall-Theorie:

" ... denn weder sagbar noch erkennbar
ist Nichtseiendes. Und welche Notwendigkeit hätte es auch veranlaßt,
später oder früher aus dem Nichts beginnend zu entstehen?"

Das fragte einer, der viel von unserm heutigen Wissen als Erster, also ohne die Vorgaben irgendwelcher Vorgänger, nachhaltig erkannte.

Er erkannte auch: *"Aus nichts kann nichts entstehen"* (Karl Popper).

Respekt!

(Aber er selbst?)

*

Karl Marx soll gesagt oder gar geschrieben haben: *«Moi, je ne suis pas marxiste!»*

Karl Popper, sein Berufskollege und Schicksalsgenosse im englischen Exil, hielt das für eine *"glänzende Bemerkung. Wenn er sie je machte, war sie sicherlich seine beste"*.

*

Bei Fernsehaufnahmen sagt der legendäre Wladimir Horowitz zwischen Schubert-Impromptu und Chopin-Mazurka spitzbübisch in die Kamera:

"I don't want to be perfect. I'm Horowitz. I do not want perfection."

Bekenntnis also auch zu seiner wie jedermanns Individualität!

Oder Singularität?

*

" ... eben wo Begriffe fehlen, da stellt ein Wort zur rechten Zeit sich ein", und wo auch solch ein Wort fehlt, stellen sich bisweilen Koloraturen ein – um Emotionen zum Ausdruck zu bringen, die einem jede Sprache verschlagen: also Vokalisen oder Koloraturen. Aber Vokalisen wehklagen oft, während Koloraturen meist frohlocken, hierbei gern außer Rand und Band geraten, vor Begeisterung auch am liebsten gar kein Ende finden können: sehr, sehr bewunderns- und liebenswert.

Wer bloß mag sie wann, wo und wie so erfunden haben: ein Genie! Vermutlich war es die allwissende Zeit persönlich: dieser magische Tausendsassa und Wunderwuzzi. Wem sonst fielen solche gesungenen Kaskaden der Ekstase ein!

2012 (77- bis 78jährig)

Gustav Mahler über seine *Dritte Sinfonie*:

"Mir ist es manchmal selbst unheimlich zumute bei manchen Stellen, als ob ich das gar nicht gemacht hätte."

*

Wer die Nazizeit noch bewußt erlebt und beobachtet, registriert und verinnerlicht hat, wird den Rest seiner Jahre vermutlich nur gespalten verbringen können.

Denn einerseits wird er überzeugter Demokrat sein und alles dazu beizutragen versuchen, daß er nie wieder in einer Diktatur leben muß.

Aber andererseits wird er bis zu seinem letzten Atemzuge nicht vergessen können, wie ein Volk sich beeinflussen, aufhetzen, blindlings emotionalisieren und manipulieren läßt. Die begeisterten deutschen *NS*-Massen bleiben unverdrängbar. Volkes Wille ist seit damals absolut ekel- und angsterregend. Mit seinen Mehrheiten unterdrückt es brutal und gnadenlos geifernd. *Juda verrecke, Sieg heil!* Oder auch *olé, olé-olé-olé!*

Also, was denn nun?

Keine Ahnung: weder – noch.

Aber was denn sonst?

*

Was ich Heinz Hilpert noch mit eigenen Ohren von Werner Krauß kolportieren hörte und was neulich schon die Aufzeichnung von *"Troilus und Cressida"* aus den *Münchner Kammerspielen* von 1986 offenbarte (*Reflexe 7*, Nummer 302), wurde im *"Prinzen von Homburg"* heute am Schauspieler Michael von Au, der die Titelrolle spielte, unübersehbar deutlich: wie literarische Texte es vermögen, mutmaßlich ziemlich mediokre Menschen weit über sich hinaus erblühen zu lassen, sofern die nur über jenes Mysterium der Verwandlung verfügen.

Michael von Au ist mir persönlich zwar unbekannt, aber aus Fernsehserien als sympathischer Langweiler in Erinnerung: ein profaner Heutling ohne Hintergründe, ohne Geheimnis; von trivialem Eros und eher auralos. Aber mit

Heinrich von Kleists genialen Texten im Munde wird er zu einem (nur wenig) kleineren Bruder Horst Caspars und leuchtet: reißt fast ununterbrochen hin. Kann auch alles. Das Genie seines Autors genialisiert so den Akteur. Ganz unverkennbar werden da schlummernde Potentiale freigesetzt, die einfach nur noch beglücken.

Ein Mirakel vom Feisten.

Oder die Fernsehdialoge ziehen gnadenlos runter und korrumpieren noch das Talentierteste.

Oder: erweist sich dieses Talent just an so unbegrenzter Anpassung? Ist etwa grade sie da das Stigma? Mimikry total? Solch ein perfektes Wachs: zu jedwedem disponiert?

Also vorbehaltlose Nuttigkeit *ad libitum*? Amorphe Kraken auf dem Strich? Ur-Überlebenskünstler? Humane Quastenflosser?

Nur umso magischer.

*

Goethe-Besuche:

"Was der Dichter schafft,
das muß genommen werden, wie er es geschaffen hat.
So wie er seine Welt gemacht hat, so ist sie."

Goethe, 57: Gespräch am 19. August 1806 mit dem Jenenser Historiker Heinrich Luden, 29

*

"Das Bedeutende will jedermann,
nur soll es nicht unbequem sein."

Goethe, 60: *"Wahlverwandtschaften"*, 1809

*

"Die größte Achtung, die ein Autor für sein Publicum haben kann,
ist, daß er niemals bringt, was man erwartet ... "

Goethe, 72: *"Aus Kunst und Altertum"*, 1821

*

"Vom eigentlich Productiven ist niemand Herr,
und sie müssen es alle nur so gewähren lassen."

Goethe, 74: *"Aus Kunst und Altertum"*, 1823

*

"Eigentlich lernen wir nur von Büchern, die wir nicht beurtheilen können. Der Autor eines Buchs, das wir beurtheilen können, müßte von uns lernen."

Goethe, 77: *"Aus Kunst und Altertum"*, 1826

*

"Wenn es [= dieses Buch] *den Leser nicht auch nötigt, sich über sich selber hinauszumuten, so ist es nichts wert."*

Goethe, 79: Brief an Zelter, 1828

*

Eine unverhoffte Wiederbegegnung mit der sehr bewegenden Jubiläums-Gala zum fünfzigjährigen Bestehen des Staates Israel 1998

gibt die Idee einer ähnlichen Veranstaltung ein, die aber nicht nur von Juden bestritten werden sollte, sondern auf Welttournee von all den Klassikern der Unterdrückung und Verfolgung:

also außerdem auch von all den Dunkelhäutigen, von Roma und Sinti, tunlichst auch von Indios und Aborigines (so sie denn noch musische Überlieferungen gerettet haben), aber nach Jahrhunderte langer Leibeigenschaft durchaus auch von Russen.

Und zwangsamerikanisierten Afrikanern.

Und von so manchem Opfer des Kolonialismus global.

Vielleicht auch von solchen Minderheiten wie Mehrheitsopfern generell?

Was sich da an Klagen, Leid und Kümmernissen, aber auch an Überlebenswillen und vitalen Energieen angesammelt haben dürfte: das müßte, so gut präsentiert wie diese israelische Revue von 1998, weltweit alle Gemüter bewegen und sehr, sehr anrührend werden können.

Vielleicht sollte André Heller als Produzent dafür gewonnen werden.

*

Anders, aber ähnlich dürfte schon jene mehrteilige Fernseh-Show gewesen sein, die Harry Belafonte im November 1960 für den *US*-amerikanischen Sender *CBS* produzierte und dort "*New York 19*" nannte:

nach jener postalisch-administrativen *Zone 19* zwischen *42nd* und *50th Street* oder zwischen *Riverside Drive* und *5th Avenue.* "*Innerhalb dieses Gebiets*", referieren Belafonte's Memoiren noch 2012, "*war zu jeder Tages- und Nachtzeit Musik aus aller Welt zu hören: Klassik in der Carnegie Hall, Showmusik am Broadway, Bebop in der 52nd street, Salsa in Latino-Bars, Jigs in irischen Kneipen, die Musik Israels in Synagogen, jiddische Lieder im Theater – eine unendliche Vielfalt*".

Einzig das Stigma der Verfolgung war da (allenfalls indirekt) immer mit enthalten: zwar noch kein so plakatives Thema wie im jetzigen Projekt, aber es schwang in Belafonte's Besetzungs-Prinzip unübersehbar mit und sollte durch unabdingbare Mischung der Hautfarben jede Rassentrennung überwinden helfen. Insofern waren die Diskriminierten dort unverkennbare Protagonisten, ihr Schicksal also gleichwohl politisches Leitmotiv.

Das sollte auch vom auserkorenen André Heller so übernommen, freilich über jene *US*-amerikanische Polarisierung hinaus globalistisch erweitert werden.

*

Zeit meines langen Lebens war mir unterbewußt immer unwohl, wenn irgendwo gestreikt wurde.

Natürlich waren dann jeweils genügend rationale Erklärungen und Gründe in mir zur Stelle, die die Berechtigung des betreffenden Streiks unwiderleglich sanktionierten.

Trotzdem fand ich es jedes Mal rücksichtslos und antiquiert: wie die Kampfmaßnahme einer Klassengesellschaft im 19. Jahrhundert – unseliges Relikt von Klassenkampf, wie er dem späten 20. und 21. Jahrhundert nicht mehr gut zu Gesichte steht.

Heute schließlich, an einem Frühlingstag des Jahres 2012, wurde mir endlich bewußt, was mich da immer so stört: es ist das zu allertiefst Kapitalistische an solchen Streiks. Das Brutale und Gewalttätige einer Ellenbogengesellschaft, die dem eigenen Profit zuliebe über Leichen geht und Millionen schuldlos außenstehender Menschen bedenkenlos schädigt, teils ruhig existentiell gefährdet. Nur noch die eigene Lohnerhöhung zählt, sonst gar nichts.

In demokratischen Zeiten und Gegenden, die jedem Menschen Gehör verschaffen, die jeden zu Worte kommen lassen, empfinde ich einen Streik als unangemessen. Wir leben gottlob nicht mehr in jener Ära, in der das Proletariat oft wirklich keinen andern Ausweg mehr sah als zu streiken. Heute gibt es immer den Ausweg des runden Tischs und seiner Verhandlung. Jeder Streik mündet und endet jetzt ja auch immer dort.

Heute sollte niemand mehr ohne Rücksicht auf die Verluste anderer Menschen seine eigenen Interessen mit Gewalt verfolgen dürfen.

Überfüllte Mülltonnen, Flughäfen oder Bahnhöfe mit stunden- oder tagelang wartenden Reisenden, gar Krankenhäuser ohne Ärzte, Schulen ohne Lehrer und Kindergärten ohne Kindergärtner sind nicht mehr tolerabel.

Können Gewerkschaftsfunktionäre eigentlich nichts lernen? Sie gerieren sich da ebenso rigoros wie jene brutalen Wirtschaftskapitäne, die sie doch angeblich bekämpfen.

*

Freie oder *Soziale Marktwirtschaft* dürfte allmählich philosophisch, gar strafrechtlich auf Herz und Nieren durchleuchtet werden müssen.

Je länger und skrupelloser es sie gibt, desto mehr erhärtet sich der Verdacht, sie begünstige so mancherlei Kriminalität. Ihr Prinzip eines ufer- und grenzenlosen Wachstums und Wettbewerbes stimuliert Fantasie und Habgier rundum zu Betrug und brutalster Egozentrik. Über Leichen zu gehen, ist heutzutage nicht mal mehr ein Kavaliersdelikt. Sondern das Normale, die Norm.

Auch in bürgerlichen, in “gehobeneren” Kreisen.

Der Tag dürfte nicht mehr fern sein, an dem uns keinerlei Anstand, sondern nur noch das Strafrecht vor unsern Kollegen oder Nachbarn und deren Machenschaften zu schützen vermag.

Oder nicht einmal das mehr.

*

Die Memoiren von Harry Belafonte, pünktlich zu dessen 85. Geburtstag erschienen, erweisen sich als ebenso süffig und unterhaltsam wie auch aufschlußreich und schwergewichtig.

Nicht zuletzt offenbaren sie, was für ein Zufall es ist, daß schwarze und weisse Hautfarbe sich seit Jahrhunderten so verachten und befehden. Ebenso zufällig hätten sich auch blonde und dunkle Haarfarbe gegeneinander aufhetzen lassen können. Oder blaue und braune Augen. Daß das (noch) nicht geschah, dürfte ebensosehr ein Zufall sein.

Aber dieser Gedanke macht mir unverhofft bewußt, daß mir zu Beginn meines eigenen erotischen Lebens nur die Blonden für sexy galten. Dunkles Haar reizte mich damals, schien es, überhaupt nicht.

Damals hielt ich das für meinen sehr subjektiven Geschmack, für meine persönliche Fixierung.

Später erwies sie sich unzählbar häufig als Irrtum oder Engpaß einer Pubertät.

Erst jetzt gegen Ende meines erotischen Lebens kommen mir Verdacht und Befürchtung, daß damals, kurz nach 1945, jene blonde Obsession ein Produkt nationalsozialistischer Beeinflussung und insofern der pure Rassismus war. Nicht ich fand die Blonden eher sexy als die Dunklen: der "Führer" hatte das so angeordnet.

Ist diese Deutung überhaupt denkbar?

Ich fürchte, ja.

*

Zur gängigen These, daß es keinen Gott gebe, könnte die Antithese auch lauten: es gibt n u r Gott.

Demnach wäre alles Gott. Nichts wäre nicht Gott. Außer Ihm gäbe es gar nichts.

Wie wir von den Quantenphysikern lernen müssen, daß Mensch und Natur sich nicht gegenüberstehen, sondern eine Einheit sind, so müßten wir von den Anhängern dieser Antithese zu lernen versuchen, daß Schöpfung und Gott kein *Vis-á-vis* sind, sondern eins.

Das fiele uns sicher schwer. Aber es würde Vieles vereinfachen.

Neu ist es wahrscheinlich gar nicht.

Denn eigentlich liegt diese Vermutung ziemlich nah.

Aber der alte Gedanke (von Kafka und andern), daß Er und Alles endlos *in progress* seien, ist dann kaum vermeidbar und gäbe so schließlich sogar Darwin Recht: die Evolution Gottes.

(Wenn das die amerikanischen Mormonen wüßten!)

*

Als Autor kann man im Traum auch an den Figuren fertig vorliegender Bücher noch weiterbasteln.

Beim Aufwachen stellt man dann bisweilen fest, daß es eine solche Figur im betreffenden Buch überhaupt nicht gibt. Auch in keinem andern.

Nicht nur diese Figuren waren da also geträumt, sondern auch das Buch, in das sie vermeintlich gehören.

Das schließt an Goethes und Napoleons Erfurter Diskurs über einen *"Roman ohne Ende"* an (→ Wolfgang Kayser, *"Sprachliches Kunstwerk"*).

*

Schade, daß nicht jeder Mensch von Anfang an über ein eingebautes Zählwerk verfügt, das akribisch registriert, wie oft er im Laufe seines Lebens das Wort *ich* verwendet. Oder auch flektiert: zu *mir* und *mich*. Und *mein*, *meine*, *meins*.

Solch eine Zähluhr würde uns das vermutlich schon nach ihren ersten Zwischenresultaten schleunigst abgewöhnen.

Denn so peinlich ist es ja tatsächlich.

Noch im allergrößten Wortschatz dürfte es mit weitem Abstand die meistgebrauchte Vokabel sein.

Überlebenswichtig?

*

Was die Medien heutzutage pauschal bewirken, ist eine flächendeckende Boulevardisierung des ganzen gesellschaftlichen, vielfach auch jedes einzelnen Menschenlebens.

Sie machen es zum flachen und virtuellen *entertainment*. Was nicht unterhaltsam ist, zählt nicht. Seine Unterhaltsamkeit sollte schnelllebig, sinnlos und tunlichst dekorativ sein: wie *party jokes*.

Oder eben wie Boulevard-Theater: luftblasenhaft.

Also überflüssig.

Das menschliche Leben wird als was Überflüssiges decouvriert oder demontiert.

*

… die neidische Rache einer unbegabten Mehrheit an ihren eigenen genialen Pionieren oder Wegbereitern …

… die Mißgunst talentloser Enkel und Erben ...

*

Seeräuber haben sich immer schon an fremdem Eigentum vergriffen. Früher wurden sie dafür enthauptet, später eingelocht. Heute himmeln Medien und Mehrheiten sie an und erklären sie problemlos für regierungsfähig.

Dabei haben sie früher nur Schiffe oder Waren und Geld oder Schmuck gestohlen. Heute vergreifen sie sich schamlos an Urheberrechten oder geistigem Eigentum und sind stolz darauf. Medien und Mehrheiten applaudieren hierzu.

Beibehalten haben heutige Piraten primär eine Augenklappe vor dem rechten Auge. Entsprechend sehbehindert sind sie also fünfzigprozentig.

*

Im Königreich Bhutan gibt es seit 2005 auch je eine regierende und eine opponierende Partei.

Das Parteiprogramm der regierenden enthält den Satz *“Wir alle lieben unsern König”*.

Das Parteiprogramm der Opposition hingegen enthält den Satz *“Wir alle lieben unsern König noch viel mehr”*.

Denkaufgabe für die jungen Philosophen im Königreich Bhutan: *“Was ist Opposition?”*

*

Der chinesische Komponist Tan Dun (* 1957) schrieb seine ungemein erfolgreiche Oper *“Marco Polo”* 1995/96 nach einem Libretto des *US*-amerikanischen Poeten Paul Griffiths (* 1947).

Dort heißt es auch:

"Die Vergangenheit dauert an. Die Zukunft kommt noch vor der Gegenwart. Alle Zeiten sind verwoben in der Erinnerung. Geht! Kommt!"

*

Komische Novelle:

Gott ist ja nicht dumm.

Post mortem wird gesiebt (= Variante der Fegefeuer-Idee?). Männer und Frauen werden separiert. Jedes Geschlecht lebt jetzt auf einem eigenen Himmelskörper. Für die Vermehrung benötigen sie einander nicht mehr: zu umständlich und viel zu martialisch!

Nach jedem Tode findet eine weitere Differenzierung statt.

Schließlich gibt es auch keine rassischen, religiösen und sprachlichen Unterschiede mehr. Alle prä- (oder post-) -terrestrischen Bewohner eines Sterns (oder Planeten?) haben dieselbe Hautfarbe und beten denselben Gott in ein und derselben Sprache an.

So gibt es dann auch Sonnen, wo nur Leute mit gleichem IQ logieren: ohne Verständigungsprobleme.

Aber all die *Inbetweens*, die Nostalgiker und die Einfallsreichen, die Erneuerer?

Auch sie werden postmortal separiert.

Endlich wird klar, warum es so wahnsinnig viele Galaxien oder gar Universen gibt: schließlich hat jede Person einen eigenene Himmelskörper nur für sich. Dort kann sie tun und lassen, was sie will.

Gegen latente Langeweile werden diverse interstellare Vehikel für Besuche oder Übersiedlungen erfunden. Auch für Geistreisen selbstverständlich. Manche für Hin und Zurück, andere aber *One way only*.

Alle Perfekten oder Fertigen haben die Möglichkeit, sich von einem *"Schwarzen Loch"* aufsaugen zu lassen: das ist dann ihr Nirwana ohne jede Wiederkehr.

Was sie zunächst noch nicht wissen: *"Schwarze Löcher"* sind nur ein "Wurmloch" oder der Durchgangskorridor ins nächste Universum, wo der ganze Filterprozeß von Neuem beginnt: auf sowas wie der Erde mit allen ihren Problemen – *ad infinitum* also!

Aber so erklärt sich unser unbegreiflicher Kosmos: für all die vielen Verstorbenen werden wahnsinnig viele Sterne benötigt. (Von den verstorbenen Tieren und Pflanzen hier noch ganz zu schweigen!)

Diese vielen Sterne sind ja vorhanden und vermehren sich auch noch selbst permanent, teils gar überstürzt: *dalli-dalli!*

*

Motiv oder Thema: das Teilen.

Als Mit-Teilen.

Teilen und Mitteilen als Lebenssinn.

Vergleiche auch Archýtas (*"Alexanderkuchen"*), Celibidache (DVD) und Yo-Yo Ma (DVD: *"Nie was beweisen wollen, sondern teilen!"*).

Auch Goethe und Schiller oder Wieland und Leisewitz.

Auch Homer (selbst noch *"eine Schwelle teilen"*).

Oder ist das bei ihnen allen nur Kitsch?

Mozart nämlich, 25jährig: *"Ich bin kein liebhaber vom theilen"*, 1782, leider kommentarlos.

Denn er teilte ja alles wie besessen und wie kaum jemand sonst. Anders sind seine sprachlichen, leiblichen und musikalischen Entblößungszwänge gar nicht zu deuten. Sie sind Entheimlichungs-, Offenbarungszwänge: also Mitteilungs-, also Teilungsmanieen [P.S.: siehe auch *"Musick mit arsch"*, Seite 384 ff.!].

*

Als die *US*-amerikanischen Truppen im April 1945 Weimar eroberten und Hitler das bei einer nächtlichen Lagebesprechung in seinem Bunker erfuhr, galt seine Sorge nicht etwa den historischen oder kulturhistorischen Gedenkstätten und Denkmälern dieser vielfach stigmatisierten Stadt. Er fragte nicht nach dem Schicksal von Goethe- und Schillerhaus, Fürstengruft, Bibliothek oder Klassikersärgen und Archiven in vermeintlicher Barbarenhand.

Nein, er nahm das zunächst nur *"schweigend und anscheinend zerstreut"* zur

Kenntnis. Dann stellte er plötzlich eine einzige Frage: "*Was ist aus Buchenwald geworden?*"

Als der referierende Generalstabsoffizier das nicht wußte, ließ Hitler sich mitten in jener Nacht sofort telefonisch mit dem schlafenden Himmler verbinden und fragte den, wo die Buchenwalder KZ-Häftlinge geblieben seien.

"Himmler antwortete"

(wie *"Das Buch Hitler"* nach Protokollen der Verhöre seiner engsten Vertrauten im Geheimdossier des NKWD für Stalin berichtet),

"die 'wichtigsten' Gefangenen seien erschossen worden, der Rest aber habe aus technischen Gründen nicht mehr abtransportiert werden können. Hitler erbleichte noch mehr. Mit überschnappender Stimme fragte er: 'Was? Nicht abtransportiert? Technisch unmöglich? Warum sind sie nicht rechtzeitig liquidiert worden? Die werden sich doch jetzt voller Lust auf die Nationalsozialisten stürzen!'

Dann fügte er heiser hinzu: 'Himmler, sorgen Sie dafür, daß Ihre Leute nicht sentimental werden! Von Ihnen habe ich mehr erwartet!'

Damit knallte Hitler den Hörer auf den Tisch und verließ den Raum."

Mehr als vieles Andere offenbart diese Episode Hitlers "Geist".

Schon andern Tages wies Himmler alle Kommandanten der noch bestehenden Konzentrationslager an: *"Die Übergabe kommt nicht infrage. ... Kein Häftling darf lebend in die Hände des Feindes fallen."*

Aber schon wenige Tage später widerrief er diesen Befehl: nachdem er mit dem schwedischen Diplomaten Graf Folke Bernadotte hinter Hitlers Rücken erste eigenmächtige Kapitulationsverhandlungen eingeleitet hatte.

Die Evakuierung der Buchenwald-Insassen hatte schon am 7. April 1945 begonnen. "*Mehr als 28 000 Häftlinge wurden auf die Todestransporte geschickt, bei denen zirka 15 000 Menschen – darunter 11 000 Juden – starben. Da die illegale Organisation der Häftlinge weitere Transporte immer wieder verzögerte, verblieben im Lager noch zirka 21 000 Menschen. Die 6. US-Panzerdivision befreite das KZ Buchenwald am 11. 4. 1945."* (*"Das Buch Hitler"*, Fußnoten 333f. der Herausgeber Henrik Eberle und Matthias Uhl auf Seite 348).

*

Sigmar Gabriel, derzeit Vorsitzender der deutschen Sozialdemokraten, sagte kürzlich im Rahmen jener endlosen Diskussion um ein rentabel verschobenes Ruhealter, Akademiker könnten ruhig erst mit 67 Jahren in Rente gehen, da sie – anders als zum Beispiel Dachdecker – *"in der Regel weniger belastende Berufe"* haben.

Das erinnert an jene Lebensmittelkarten, die hierzulande 1945 während der Hungersnöte im Gefolge des verlorenen *Zweiten Weltkriegs* ausgegeben und jeweils nach Berufsgruppen differenziert wurden. Damals galten Geistesarbeiter noch als Schwerstarbeiter und wurden entsprechend begünstigt. Aber sogar schon bei den Nazis wurden ihnen nach Kriegsausbruch 700 Kilokalorien mehr zugestanden als jedem "Normalverbraucher".

Rund 70 Jahre später hat sich diese Wertschätzung also in ihr Gegenteil verkehrt.

Etwa gar zurecht?

Oder ist das nur ein weiterer Offenbarungseid der heutigen Gesellschaft?

*

Sia Ka Tian, 70, ist Taxifahrer in Singapur. Dieser Tage fuhr er ein thailändisches Touristenpärchen. Als es ausgestiegen war, entdeckte Sia eine Tüte mit mehr als einer Million Singapur-Dollars im Fond seines Wagens. Das sind runde 700 000 Euro. Als er diesen Inhalt der Tüte zur Kenntnis nahm, unterschätzte er die Geldmenge noch beträchtlich, aber dachte schon: *"Das bringt Ärger"*.

Also lieferte er den ungeschmälerten Betrag im Fundbüro seines Taxi-Unternehmens ab. Einem Reporter der *"Straits Times"* sagte er später: *"Das Geld ist mir egal. Es gehört mir nicht, was sollte ich damit machen?"*

Aber ein anderer Fahrer desselben Taxi-Unternehmens hatte in seinem Wagen schon *anno* 2009 einen fünf Kilo schweren Goldbarren im Werte von 240 000 Euro vorgefunden und ebenfalls ehrlich abgeliefert.

Denn in Singapur gibt es ja wohl auch kaum eine veritable Armut. *C'est ça.*

*

Fontane in Kleinmachnow zu lesen, einem seiner märkischen Tatorte quasi – das bereitet nicht nur heimisch wohliges Pläsier, es überrascht auch nicht gerade wenig:

1.
Am meisten,
wie sehr er doch Kind einer harmlos erscheinenden Zeit war:
seine Themen und Probleme, sein Welt- und Menschenbild
sind so arglos und naïvlich, auf fast bestürzende Weise idyllisch,
wenn nicht gar fast schon kitschig und so recht eigentlich
jene "gute alte Zeit", an deren seinerzeit makelloses Vorhandensein
man doch heutzutage gar nicht mehr recht glauben möchte.
"Hatten die da noch Probleme!", will man 2012 fortwährend ausrufen –
aber ob neidisch oder verächtlich, steht wirklich völlig dahin.
Die Welt schien da noch tatsächlich heil zu sein und so heil auch
von ihren sensibelsten Dokumentaristen wahrgenommen zu werden.

Im Falle Fontanes freilich
schlummern unterhalb dieses heilen Anscheins
sehr wohl auch schon arge Mißlichkeiten. Auch soziale Schieflagen
oder Potentiale für Revolutionen.
Aber sie scheinen ihn nicht eben zu erschrecken,
zu empören oder aufzuregen. Er registriert sie
als scheinbar unvermeidlich und ungefährlich. Er lebt mit ihnen
und fordert auch seine Leser keineswegs auf, solche Mißstände ihrer Umwelt
gnadenlos zu beheben.

Gleichwohl sind sie als Bodensatz,
vielleicht ja auch schon als latenter Sprengsatz sehr wohl vorhanden.
Der sie da registriert und beschreibt, ist nur selbst
überhaupt kein Revoluzzer.

Doch unterschwellig hilft er vorbereiten …

2.
Aber er korrigiert auch beiläufig falsches Geschichtsbewußtsein.
Wer von uns allen nämlich hätte geglaubt, daß 1888, als *"Irrungen
Wirrungen"* erschien, in einem brandenburgisch ländlichen Gasthof
unverheiratete Paare völlig problemlos gemeinsam
in Doppelzimmern "übernachten" durften?
Das war noch in den 1950er Jahren und später
hierzulande eher ausgeschlossen.

Im Nachklang des Biedermeier aber konnte Fontane 1888 arglos beschreiben,

wie ein junger aristokratischer Offizier da
für sich und seine weibliche Ausflugsbegleitung aus dem Charlottenburger
"Prekariat" wahrhaftig anstandslos in *Hankels Ablage*,
einem vormaligen "Dominium" hinter Zeuthen an der Dahme
in der hinterwäldlerisch gewordenen *Herrschaft Wusterhausen,*
ein Doppelzimmer mieten konnte, ohne sich als Ehepaar ausweisen
oder auch nur ausgeben zu müssen. Vor 1888 in der preußischen Provinz!

Leicht läßt sich nunmehr hochrechnen, wie häufig das
von Liebespaaren seinerzeit wahrgenommen wurde.

Das überrumpelt und veranlaßt Korrekturen im Weltbild.

3.

Aber am meisten imponiert und delektiert dieser selbe Causeur
mit seinen genialen Übertragungen aus dem hiesigen Volksmund
in seine beiläufig zielgenauen Dialoge. Zum Beispiel:

*"O du meine Güte, denn is es schlimm.
Immer wenn das Einbilden anfängt, fängt auch das Schlimme an.
Das is wie Amen in der Kirche."*

*

*"Jott, so'n Hahn. Denkt nu auch wunder was er is.
Und seine Courage is doch auch man so so."*

*

*"Nun, Sie wissen ja, wie's nachher kam. Er kam dann den andern Tag
und fragte nach. Und seitdem ist er oft gekommen,
und ich freue mich immer, wenn er kommt. Gott, man freut sich doch,
wenn man mal was erlebt. Und Sie wissen ja, Mutter hat nichts dagegen
und sagt immer: 'Kind, es schad't nichts. Eh man sich's versieht,
ist man alt'."*

*

"Und warum auch nicht? Alle Genüsse sind schließlich Einbildung,

*und wer die beste Phantasie hat, hat den größten Genuß.
Nur das Unwirkliche macht den Wert und ist eigentlich das einzig Reale."*

(Hier den letzten Satz möglichst oft auf der Zunge zergehen lassen und bei jeder Gelegenheit zitieren oder weiterreichen:

"Nur das Unwirkliche macht den Wert und ist eigentlich das einzig Reale.")

*

"Aber wenn man alt wird, lieber Herr Baron,
da werden einen die Stunden lang un man wünscht sich die Tage fort
un das Leben auch."

*

"Jott, Kind, Sie verfärben sich ja;
Sie sind woll am Ende mit hier dabei (und sie wies aufs Herz)
und tun alles aus Liebe? Ja, Kind, denn is es schlimm,
denn gibt es nen Kladderadatsch."

*

"Denn unsre gute Mark Brandenburg
ist die Sparsamkeits- und, wo geholfen werden soll,
sogar die Ängstlichkeitsprovinz."

*

"Woll'n wir nich lieber nach'n Doktor schicken?

I, Jott bewahre. Die kutschieren jetzt rum, un eh einer kommt,
is sie schon dreimal dod und lebendig."

*

"Ich bitte dich schon heute, erschrick nicht, wenn es vorkommt,
und kriege nicht deinen Aufschrei."

(Aus *"Irrungen Wirrungen"* und *"Mathilde Möhring"*)

Aber am allerintimsten berührt mich gleich der erste Satz in *"Irrungen Wirrungen"*. Er lautet so:

"An dem Schnittpunkt von Kurfürstendamm und Kurfürstenstraße, schräg gegenüber dem 'Zoologischen', befand sich in der Mitte der siebziger Jahre noch eine große, feldeinwärts sich erstreckende Gärtnerei ... ".

Zu meinen eigenen Lebzeiten, gute hundert Jahre später, nicht mehr. Da befand sich haargenau dort jene Männersauna *"Apollo"* (in der es dann 2017 mal verdächtig brannte) mit all ihren Heimlichkeiten und Spezialitäten …

*

Die märkische Wiederbegegnung mit der Autobiografie von C. G. Jung gibt Anlaß, bestechend einschlägige Formulierungen des 85jährigen zu notieren (nach *"Erinnerungen, Träume, Gedanken von C. G. Jung"*, aufgezeichnet und herausgegeben von Aniela Jaffé, 3. Auflage der Sonderausgabe 1985 im Walter-Verlag Olten und Freiburg im Breisgau):

"Warum sollte es schließlich keinen Spuk geben?

Woher wußten wir überhaupt, daß etwas 'unmöglich' war?

Und vor allem – was sollte die Ängstlichkeit bedeuten?

Ich selber fand solche Möglichkeiten überaus interessant und anziehend.
Sie verschönerten mein Dasein um ein Vielfaches.
Die Welt gewann an Tiefe und Hintergrund"
(Kapitel STUDIENJAHRE, Seite 106, mit lesegünstigen Absätzen des Zitators).

Hierbei bezog sich Jung primär oder zunehmend auch auf sein magisches Erlebnis im Ravenna etwa meiner eigenen Geburtszeit: Wahrnehmung von Mosaiken, die es gar nicht gibt, im dortigen Baptisterium der Orthodoxen (Kapitel REISEN, Abschnitt *Ravenna und Rom*, Seite 291:

"Seitdem weiß ich, daß ein Innen aussehen kann wie ein Außen
und ebenso ein Außen wie ein Innen. ...
Was war in jenem Augenblick real?").

Ferner entwickelte er schon in seinen Studienjahren (= 1895 bis 1900, also etwa 20- bis 25jährig) Gedanken, die ich selbst runde hundert Jahre später [2015 in meiner *"Piazza im Walde"*] weiterzuführen versuchen durfte: Jung:

"Ich legte mir allen Ernstes die Frage vor,
in was für eine Welt ich eigentlich geraten sei.
Es war offensichtlich die städtische Welt, die von der Landwelt,
der wirklichen Welt der Berge, Wälder und Flüsse, der Tiere und
der Gottesgedanken (lies: Pflanzen und Kristalle) nichts wußte. ...
es wurde mir klar, daß die Stadtwelt trotz der Fülle ihres gelehrten Wissens
geistig beschränkt war" (Kapitel STUDIENJAHRE, Seite 107).

*

Aus ganz anderer Richtung und mit ganz anderen Erfahrungen näherte sich Jung schon damals den Einsichten der großen Quantenphysiker (wie sie zur

Zeit meinen eigenen *"Alexanderkuchen"* beschäftigen): auch der Zeitlosigkeit.

Ein wichtiger Aspekt war ihm hierbei schon: das eigene Leben nur als Fortsetzung verstehen und empfinden – als Fortsetzung von Vorausgegangenem! Also auch als Vorläufer von Bevorstehendem.

Sonderlich unverzichtbar scheinen da für jeden alternden Menschen die Gedanken des offenkundig greisen Jung zu sein:

"Neuerdings hat die kritische Vernunft
neben vielen anderen mythischen Vorstellungen auch die Idee
des postmortalen Lebens anscheinend zum Verschwinden gebracht.
Dies war nur darum möglich, weil die Menschen heutzutage
meist ausschließlich mit ihrem Bewußtsein identifiziert sind
und sich einbilden, nur das zu sein, was sie selber von sich wissen.

Jedermann, der auch nur eine Ahnung von Psychologie hat,
kann sich leicht Rechenschaft darüber geben, wie beschränkt
dieses Wissen ist. Rationalismus und Doktrinarismus
sind unsere Zeitkrankheit ...

Leider kommt die mythische Seite des Menschen heutzutage meist zu kurz.
Er kann nicht mehr fabulieren. Damit entgeht ihm viel;
denn es ist wichtig und heilsam, auch von den unfaßlichen Dingen zu reden.

Für den Verstand ist das 'mythologein' eine sterile Spekulation,
für das Gemüt aber bedeutet es eine heilende Lebenstätigkeit;
sie verleiht dem Dasein einen Glanz, welchen man nicht missen möchte"
(Kapitel ÜBER DAS LEBEN NACH DEM TODE, Seite 302f., mit Absätzen des Zitators).

*

"Es bedeutet für die meisten Menschen sehr viel
anzunehmen, daß ihr Leben eine unbestimmte Kontinuität
über die jetzige Existenz hinaus habe. Dann leben sie vernünftiger,
es geht ihnen besser, und sie sind ruhiger.
Man hat Jahrhunderte, man hat eine unausdenkbare Zeit zu verschwenden!
Warum dann diese sinnlose Hetzerei? ...

Die überschätzte Vernunft hat das mit dem absoluten Staat gemein:
unter ihrer Herrschaft verelendet der Einzelne"
(Kapitel ÜBER DAS LEBEN NACH DEM TODE, Seite 304f.).

*

“Es ist ein sehr wichtiges ‘Interesse’ des alternden Menschen,
sich gerade mit dieser Möglichkeit [des Todes] *bekannt zu machen. ...*
Zu diesem Zweck sollte er einen Mythus vom Tode haben,
denn die ‘Vernunft’ zeigt ihm nichts als die dunkle Grube, in die er fährt.
Der Mythus aber könnte ihm andere Bilder vor Augen führen, hilfreiche
und bereichernde Bilder des Lebens im Totenland.

Glaubt er an diese
oder gibt er ihnen auch nur einigen Kredit, so hat er damit
ebenso Recht und Unrecht wie einer, der nicht an sie glaubt. ...
Beide sind zwar im Ungewissen,
der eine aber gegen seinen Instinkt, der andere mit ihm”
(Kapitel ÜBER DAS LEBEN NACH DEM TODE, Seite 308f., mit Absätzen des Zitators).

*

“Je älter ich wurde,
desto weniger verstand oder erkannte oder wußte ich. [...]

Wenn Lao Tse sagt: ‘Alle sind klar, nur ich allein bin trübe’,
so ist es das, was ich in meinem hohen Alter fühle.
Lao Tse ist das Beispiel für einen Mann mit superiorer Einsicht,
der ... am Ende des Lebens in sein eigenes Sein zurückkehren möchte,
in den ewigen unerkennbaren Sinn.

Der Archetypus des alten Menschen, der genug gesehen hat, ist ewig wahr”
(Kapitel RÜCKBLICK, Seite 360, mit Absätzen des Zitators).

*

C. G. Jung verwendet (spätestens 1960) den Begriff des *avatar* im Sinne einer Inkarnation von Urgestalt.

Das neunmalkluge *wikipedia* ergänzt ein gutes halbes Jahrhundert später im November 2012:

“Ein Avatar ist eine künstliche Person oder ein grafischer Stellvertreter einer echten Person in der virtuellen Welt beispielsweise in einem Computerspiel. / Das Wort leitet sich aus dem Sanskrit ab. Dort bedeutet Avatāra ‘Abstieg’, was sich auf das Herabsteigen einer Gottheit in irdische Sphären bezieht. Der Begriff wird im Hinduismus hauptsächlich für die Inkarnation Vishnus

verwendet."

*

Angefangen zu haben scheint Vieles schon Ende der 1980er Jahre, als Markus Trebitsch, seinerzeit führender Fernsehproduzent, Lieblingspartner des *Zweiten Deutschen Fernsehens* und häufig mein Auftraggeber, mich mit einer längeren Ansprache überraschte, die ich damals weder glaubte noch verstand. Ihr Wortlaut war etwa dieser:

Ihre Drehbücher sind meisterhaft: einwandfrei gebaut und sehr interessant. Intelligent geschrieben und spannend. Sehr witzig und unterhaltsam. Mit wichtigen Themen und lauter Rollen, die psychologisch stimmig und fabelhaft spielbar sind: für die Schauspieler ein Fressen. Mit brillanten Dialogen. An originellen locations. *Und mit Ideen, um die man Sie nur beneiden kann.*

Undsoweiter undsoweiter.

Solche Belobigung war seinerzeit in dieser Branche so unüblich, daß ich mich gerade selbst zu fragen begann, auf was das wohl hinauslaufen sollte: wollte er mich anpumpen, oder was sollte diese übertriebene Beweihräucherung? Aber da lüftete Markus Trebitsch bereits sein Geheimnis und offenbarte mir völlig überraschend:

"Und alles das wollen wir gerade nicht".

Ja, was denn sonst?

Filme, die sich Bauarbeiter, Handwerker und Verkäuferinnen ansehen, wenn sie um vier Uhr nachmittags erschöpft oder lustlos nach Hause kommen und auf ihren Sofas vor dem Einschlafen volllaufen lassen: eine Optik zum Bier!

Mit dem Ehrgeiz angetreten, auch auf Bildschirmen Kunst in die Wohnzimmer zu transportieren, glaubte ich damals meinem Produzenten nicht und hielt seine nachvollziehbare Quotenbedienung noch mit meinem vermeintlichen Auftrag vereinbar.

Aber zehn Jahre später kündigte ich koppheister meine Arbeit für jegliches Fernsehen auf: eben deshalb.

Seither ging es mit diesem potenten Medium tatsächlich nur noch abwärts.

Aber nicht nur mit ihm.

*

Carl Friedrich von Weizsäckers Physikerporträts aus den Jahren 1942 bis 1985 spannen in einer Buchausgabe von 1999 ihren Bogen vom Parmenídes bis zu Heisenberg und Dirac. Unverhofft ergänzen sie da die Kapitel zur Quantenphysik in *"Alexanderkuchen"* und im vorliegenden Sammelsurium auf eine Weise, wie sie nur dieser faszinierend philosophierende Schüler Niels Bohrs und Werner Heisenbergs zur Verfügung hat. Mehr noch: sie helfen ihnen fundieren.

Gerade bei den kompliziertesten Sujets ist Weizsäcker klar und markant. Ohne je zu simplifizieren, gibt er seinem Leser oder Hörer immer sehr Griffiges an die Hand. Er vernebelt nie, sondern röntgt. Er vergißt wohl beim Darstellen nie, was er bei Heisenberg gelernt haben dürfte: daß jede Wahrheit einfach und schön ist. Was nicht einfach und schön ist, stimmt vermutlich nicht.

Das trifft so nicht nur auf all seine fachlichen Äußerungen zu, sondern auch auf Formulierungen zwischenmenschlicher "Lebensdinge".

Je ein Zitat aus diesen weit auseinander liegenden Kurzmonografieen großer Geister (zwischen 1946 und 1981 geschrieben) mag das mit einer dienlichen *tour d'horizon* durch die Natur- und Geistes- oder Philosophiegeschichte der Menschheit belegen:

"Parmenides", 1970:
*"Eigentlich ist die Beschreibung irgendeines Objektes in der Welt
als isoliert Eines ja immer illegitim.
Das Objekt wäre nicht Objekt in der Welt,
wenn es nicht durch Wechselwirkung mit ihr verbunden wäre.
Dann aber ist es strenggenommen gar kein Objekt mehr.*

*Wenn es etwas geben könnte,
was in Strenge ein quantentheoretisches Objekt sein könnte,
dann allenfalls die ganze Welt."*

"Platon", 1970:
*"Wenn man daher fragt, warum gelten mathematische Gesetze in der Natur,
dann ist die Antwort, weil diese ihr Wesen sind,*

weil die Mathematik das Wesen der Natur zum Ausdruck bringt."

"Kopernikus – Kepler – Galilei", 1962:
*"Für Kepler war die Astronomie
eine Anbetung des Schöpfers durch das Medium der Mathematik.*

Im mathematischen Gesetz
denkt der Mensch, der nach Gottes Bild geschaffen ist,
Gottes Schöpfungsgedanken nach."

*

"Die großen Fortschritte der Wissenschaft
geschehen nicht, indem man ängstlich am Beweisbaren klebt.
Sie geschehen durch kühne Behauptungen, die den Weg zu
ihrer eigenen Bestätigung oder Widerlegung selbst erst öffnen."

"*G a l i l e i*", 1960:
"Alles tun, was technisch durchführbar ist,
führt zu untechnischem Verhalten; es ist nicht technischer Avantgardismus,
sondern kindisches Getue."

"*D e s c a r t e s*", 1957:
"Ich zitiere gern die Äußerung Niels Bohrs,
der unter den nicht sehr sauberen Verhältnissen einer Schihütte
Gläser gewaschen hatte und sagte:
'Daß man mit schmutzigem Wasser und einem schmutzigen Tuch
schmutzige Gläser sauber machen kann –
wenn man das einem Philosophen sagen würde, er würde es nicht glauben'.

So aber ist Wissenschaft wirklich, und der Philosoph, der das nicht glaubt,
ist Descartes."

"*L e i b n i z*", 1946:
"Wir finden mit Leibniz
im mathematischen Naturgesetz den Geist in der Materie.

Enthalten wir uns jeder metaphysischen Ausdeutung,
so ist darin zunächst enthalten, daß die Materie so beschaffen ist,
daß der Mensch sie denken kann;

sie hat durch ihre Eigenschaft, möglicher Gegenstand des Denkens zu sein,
Anteil am Geist."

"*D e s c a r t e s – N e w t o n – L e i b n i z – K a n t*", 1964:

"Die Naturwissenschaft erklärt Keplers Gesetze,
sie erklärt aber nicht die Anfangsbedingungen.

Die Anfangsbedingungen jedoch zeigen eine hohe Regelmäßigkeit.
Also müssen wir auf den Gedanken
eines intelligenten Schöpfers des Universums zurückgreifen."

"Kant", 1966:
"Die Rolle der Mathematik in der Naturwissenschaft wird erst begreiflich,
wenn wir die Anfangsgründe der Naturwissenschaft verstanden haben,
die nicht mathematisch sein können, sondern metaphysisch sein müssen."

"Goethe", 1981:
"Für Goethe war,
so selbstverständlich wie die Idee in der einzelnen Gestalt,
der Geist in der Materie gegenwärtig."

"Einstein", 1979:
"Die neueste und wohl beste Biographie (B. Hoffmann und H. Dukas: 'Einstein, Schöpfer und Rebell'. Fischer Taschenbuch.1978) *erzählt:*

'Nachdem er bei einem gesellschaftlichen Ereignis
zum Mittelpunkt der allgemeinen Aufmerksamkeit gemacht worden war,
stellte er betrübt fest:

«Alles, was ich als junger Mensch vom Leben wünschte und erwartete,
war, ruhig in einer Ecke zu sitzen und meine Arbeit zu tun,
ohne von den Menschen beachtet zu werden.

Und jetzt schaut bloß, was aus mir geworden ist»' ".

*

Einstein selbst in seinen letzten Lebensjahren:

" 'Es ist eine merkwürdige Sache mit dem Altwerden. Indem man die intime Verwachsenheit mit dem Hier und dem Jetzt allmählich verliert und sich mehr oder weniger allein in die Unendlichkeit hineingestellt empfindet, nicht mehr hoffend oder fürchtend, sondern nur mehr schauend ... '.

Ein alter Mann, wird man sagen dürfen, ist kein anderer als er war, nur mehr er selbst."

*

"Mit meinem leidenschaftlichen Sinn für soziale Gerechtigkeit und soziale Verpflichtung stand stets in einem eigentümlichen Gegensatz ein ausgespro-

chener Mangel an unmittelbarem Anschlußbedürfnis an Menschen und an menschliche Gemeinschaften.

Ich bin ein richtiger «Einspänner», der dem Staat, der Heimat, dem Freundeskreis, ja selbst der engeren Familie nie mit ganzem Herzen angehört hat, sondern all diesen Bindungen gegenüber ein nie sich legendes Gefühl der Fremdheit und des Bedürfnisses nach Einsamkeit empfunden hat, ein Gefühl, das sich mit dem Lebensalter noch steigert."

Und später an Hermann Broch (als Dank für dessen '*Vergil'):*

' ... Es zeigt mir das Buch deutlich, vor was ich geflohen bin, als ich mich mit Haut und Haar der Wissenschaft verschrieb: Flucht vom Ich und vom Wir in das Es.'

Es war wohl ebendiese Distanz zur Gesellschaft,
welche Einstein ermöglicht hat, in seinem politischen Denken
der naiven Direktheit seines Urteils treu zu bleiben. Eben damit
ist er aber den großen politischen Aufgaben der Zukunft
tiefer verbunden als viele von uns ... "
(wieder Weizsäcker mit Absätzen des Zitators).

"D i r a c ", 1984:
"Wollen wir, entgegen Diracs eigener Zurückhaltung,
philosophisch zu sagen suchen, was sein Werk bedeutet,
so werden wir in eine ganz andere Richtung gewiesen, als es die inzwischen
abgedroschenen Deutungsdebatten zur neueren Physik nahelegen.

Das Geheimnis ist die hohe mathematische Rationalität der Naturgesetze.

Wir können diese Rationalität
bis heute nicht in philosophischer Sprache angemessen charakterisieren.
Ästhetische Kategorien drängen sich unausweichlich auf,
wenn wir überhaupt von ihr sprechen wollen.

Dirac war im Sinne dieser Ästhetik ein großer Künstler.
Er hielt sich aber spontan an Goethes ihm unbekannten Spruch:
'Bilde, Künstler, rede nicht!'
Die Kunst sagt nicht, was Kunst ist, sie führt es vor.
Deshalb war Dirac schweigsam".

"H e i s e n b e r g ", 1976:
"Nach seiner [= Heisenbergs] *Überzeugung haben wir gelernt*

– 'von der Natur gelernt', wie er gern sagte – , daß die Wirklichkeit ganz anders ist, als wir gedacht haben."

" B o h r " , 1972:

"Es gibt nicht eine *unzweideutige Beschreibung der Welt.*

Das will Bohrs Grundbegriff der Komplementarität sagen.

Da die offene Zukunft, wie sie in unvereinbaren Alternativen dargestellt ist, uns zwingt, Möglichkeiten anstelle von Gewißheiten zu verwenden, kann man [...] auch sagen:

Komplementarität ist eine Beziehung nicht zwischen Tatsachen, sondern zwischen Möglichkeiten" (mit Absätzen des Zitators).

*

Als Rudolf Heß im Mai 1941 über Schottland aus seinem Flugzeug absprang, bezeichnete Premierminister Winston Churchill ihn öffentlich als *"the First Lady of Germany"*. Damit prangerte er ihn unverhohlen als *Frau Hitler* an und verunglimpfte im selben Atemzuge bewußt auch gleich seinen deutschen Amtskollegen wieder mal als schwul.

War das nur der billige Klatsch und Tratsch eines Feindes oder aber seriöse Erkenntnis des britischen Geheimdiensts?

Für Hess dürfte sowas damals schwerer gewogen haben, als von Berliner Tunten *"Tante Anna"* oder in *NS*-Parteikreisen *"schwarze Emma"* genannt zu werden.

*

Noch schwerer wiegt vielleicht, daß Golo Mann, kein Geistes-, aber ein Fleischesbruder, ihn sehr viel später, schon lange nach 1945, in einem Vortrag vor dem *"Rudolf-Hess-Verein"* als *"anständig"* und *"harmlos"* pries.

So solidarisch war Thomas Manns Sohn und Klaus Manns Bruder! *¡Cosas!*

*

Die Verleihung des Friedensnobelpreises an die *Europäische Union* bewegt und rührt überraschend durch die gehaltenen Reden: wirklich ist da mal eine historische Verbesserung von Zuständen wahrzunehmen. Was Jahrhunderte lang an Übeln mitgeschleppt wurde, ist da über Bord gegangen. Der Nationalismus hat angefangen zu bröckeln.

Fast alle Regierungschefs dieser Union sind zu dieser Auszeichnung angereist. Deutschland und Frankreich, ewig die übelsten Streithähne, werden für ihre errungene Friedlichkeit sonderlich akklamiert und verbeugen sich.

Das bewegt, wie gesagt. Man selbst war Zeuge dieses mirakulösen Geschehens.

Die Kritik von Demonstranten und Medien an dieser Preisverleihung mag berechtigt sein und ist es gar nicht. Daß jemand für eine Leistung gerühmt wird, heißt ja nicht, daß er alles immer nur richtig macht und rundum perfekt ist. Daß da noch Wichtiges zu tun bleibt, mindert nicht das Bewältigte.

Solche Kritteleien sind vollkommen ahistorisch: instinkt- und respektlos, eher nur kontraproduktiv und sinnlos.

*

Auch *Greenpeace*, diese vielfach dankenswerte und oft heldenhafte Gründung verantwortungsbewußter Mitmenschen, degeneriert allmählich zu einem kleinkariert moralisierenden Oberlehrer der Völker.

Alles weiß es besser, verteilt Zensuren und droht mit dem Rohrstock.

*

Antonio Stradivari, heißt es, habe um 1700 in seinem lombardischen Cremona persönlich die Bäume ausgesucht, aus deren gefälltem Holze er dann eines fernen Tages jene Geigen baute, die noch dreihundert Jahre später als die besten gelten, die es gibt, und Millionen Euro wert sind.

*

In meiner Kindheit, weiß ich noch genau, dominierten Konzertflügel der Fabrikate Blüthner und Bechstein. Das waren damals Begriffe für eine Qualität *sine qua non*. Inzwischen scheinen sie allesamt verschwunden und weltweit durch Instrumente aus dem Hause *Steinway & Sons* ersetzt.

Wieso und warum? Wo sind die Blüthners und Bechsteins geblieben?

Gestern erfuhr ich's. Im *Zweiten Weltkrieg* wurden die Holzdepots jener beiden Firmen in Berlin und Leipzig kaputtgebombt und gingen in Flammen auf. Da aber Hölzer für Musikinstrumente lange und vollständig austrocknen müssen, ehe sie verwendet werden können, war durch den Vandalismus jenes Krieges ein Vakuum entstanden, das die amerikanische Konkurrenz zu nutzen wußte.

Dieser Vorsprung war dann nie wieder aufzuholen. Kaum ein Pianist von Rang spielt heute noch auf Blüthner- oder Bechstein-Flügeln. Die sind überwiegend pure Nostalgie oder nur für den Hausgebrauch.

Ob das ein musikalischer Gewinn ist, steht dahin. *Siegheil*!

*

"Der verkaufte Großvater", dieses Volksstück von Anton Hamik (1887-1942) in einer Neuverfilmung aus dem Jahre 1962:

Hans Moser spielt den Kreithofer-Großvater und ist inmitten lauter ausgebuffter Filmkomiker deutlich vereinsamt. Denn Hupsi von Meyerinck, Ruth Stephan, Harald Juhnke, Erika von Thellmann, Beppo Brem, Michl Lang, Vivi Bach und andere tasten die dürren Drehbuchdialoge versiert nach Pointen ab und ertrotzen sich ihre unerläßlichen Lacher auch ohne rechten Anlaß – nur mit ihrer mitgebrachten *vis comica*.

Moser aber verzichtet genial auf solchen Krampf und spielt todernst immer nur die gebotene Situation. Hierbei beantwortet er auch Fragen seiner manisch komischen Kollegen so, wie sie sie eigentlich hätten stellen müssen. Hierdurch stehen die hauptberuflichen Komiker unverhofft ziemlich peinlich da und verhungern, aber Moser ist unwiderstehlich komisch: weil er die jeweilige Situation in ihrem tiefsten menschlichen Kern erfaßt hat.

Oberfläche und Substanz.

Oder eben Meisterschaft.

*

René Kollo, 75, und Hera Lind, "46", sangen heuer am *Heiligen Abend* im Weihnachtsfernsehn von Carmen Nebel, "56", den unverwüstlichen Ohrwurm *"O du fröhliche"* als Duett.

Es klang entsetzlich. Aber ganz egal: *mundus vult decipi*!

Geschmack an der Kasse! Religiöse Inhalte an der Kasse! Geistlicher Respekt an der Kasse! Hauptsache Kasse!

2013 (78- bis 79jährig)

Herbert von Karajan postum und nach langer Askese wieder einmal beim Dirigieren zuzuschauen, gerät sehr schnell zu größter Peinlichkeit: als sei man gezwungen, ihn heimlich beim Onanieren zu observieren.

Denn er ist ganz bei sich und nur mit sich beschäftigt, allenfalls mit seinen Emotionen (falls er welche hat), aber unübersehbar mit seinen Effekten und seinem Aussehn.

Das Orchester nimmt er kaum je zur Kenntnis: höchstens als Folie oder Synchronisation seiner subjektiv majestätischen Pantomimen.

Seine schaufelnden, scheffelnden, raffenden Arme und Hände scheinen nur Gehamstertes einwärts für die eigene Vorratskammer zu horten und zielen introvertiert auf den Schlund dieses *maestro* höchstpersönlich. Signale für die Musiker bleiben sie durchgehend schuldig.

Seine Augen bleiben nicht nur hartnäckig geschlossen, wollen nichts sehen, sondern werden von einem schmeichelhaft blendenden Frontalscheinwerfer auch noch daran gehindert, das Orchester überhaupt wahrzunehmen. Auf dessen Leistungen oder Angebote reagiert er auch nie: scheint sie gar nicht zu hören. Teilt auch nichts mit oder aus. Verschenkt nichts. Lobt und tadelt nicht. Ist immer nur bei sich.

In den kurzen Pausen zwischen den einzelnen Sätzen öffnet er zwar die Augen, aber ohne je einen Kontakt zu den Musizierenden zu suchen. Weder bestätigen sie noch stimulieren sie. Auch jetzt bleibt er strikt bei sich in der *bel étage*. Ein feudaler einsamer Wolf namens Isegrim. Nie ein Lächeln. Keinerlei Nicken. Hier macht nur ein Einzelner Musik; er genießt sie auch allein: Selbstbefriedigung.

Vielleicht auch hält er ja bei solcher Versenkung in eine Innenschau den ganzen Orchesterklang bisweilen für ein eigenes Produkt und seine persönliche Leistung.

So viel zu all den zahllos mitgeschnittenen Konzerten vor Publikum.

Aber nach Beendigung seiner vielen gefilmten Studioaufnahmen (ohne Auditorium: eigens für den Nachruhm) pflegte er laut Auskunft seines persönlichen Kameramannes alle musizierenden Mitarbeiter vollends nach Hause zu schicken und sämtliche vorhandenen Film- oder Fernseh-Kameras auf das Dirigentenpult richten zu lassen; dann mußte die eben hergestellte Musikaufnahme über Lautsprecher eingespielt werden, und der Maestro dirigierte dann nur für die Kameras, die einzig ihn noch ablichten durften, aber vor leerem Podium noch einmal das *playback* des gesamten betreffenden Werkes; hiernach wurden die Aufnahmen dieses seines solistischen Dirigates an allen Stellen, die er persönlich angab, in Perspektiven und Längen nach seinen Wünschen ins vermeintliche Orchestergeschehen hineingeschnitten; Zuschauer wie ich jetzt sahen dann später einen markierenden Dirigenten vor Potjomkinschen Dörfern ausschließlich Pantomimen exerzieren, die dieser Pultstar selbst für sonderlich dekorativ oder auch effektvoll hielt. Das eine Profil soll hierbei lieber gezeigt worden sein als das andere. Aber “getürkt” war da alles.

Ein psychischer Solist.

Ein Autist?

Ein masturbierender Narziß: *why not?*

Nur auf dem falschen Dampfer: einem Kreuzfahrtschiff statt im Einerkajak.

*

Dagegen die Warmherzigkeit und Begeisterung Bernstein’s für seine Musiker, jene gottväterlich ihnen allen lauschende Güte des greisen Celibidache, Fritz Reiners Auge für alles, Abbados selbstlos uneitles Dienen am Werk, Gustavo Dudamels liebevoll professionelle Kollegialität und all die andern hochinteressierten, die beseligt respektvollen Seismografen für jede einzelne Schwingung im Orchester! Abbado bekannte sogar einen wahrgenommenen Zusammenhang zwischen seinen Augenkontakten mit einzelnen musizierenden Instrumentalisten und dem Gelingen eines Konzertes.

Andere Welten.

*

Beim Mittagessen verbalisiert mein müßiges Gehirn ein fälliges *e-mail* wegen technischer Probleme bei der Illustration meiner BODENSCHÄTZE *in progress*.

Mitten im kreativen Formulieren der Gedanken schießt mir da plötzlich nach geläufiger Gewohnheit ein literarisches Zitat in die eigene Artikulation hinein:

“ ... sind wir doch gewarnt”!

Das paßte haargenau in den gesuchten Text für meinen Grafiker, aber wo kommt das her? Von wem stammt das: *“sind wir doch gewarnt”*? Ist das originaler Schiller? Oder Kleist? Oder Peter Hacks: *“sind wir doch gewarnt”*! Und wie geht es weiter?

Wie geht es weiter: *“ ... sind wir doch gewarnt”* – wie geht das weiter?

“Sind wir doch gewarnt, und Eines bleiben ... ”.

Richtig: *“sind wir doch gewarnt, und Eines bleiben ... ”.*

Aber wie geht das nunmehr weiter? Keine Ahnung. Und was ist das? Keine Ahnung. Von wem stammt das? Keine Ahnung. Äonenweit entfernt. Keinerlei Gedächtnishilfe oder Assoziation: wildfremd.

Aber: *”Sind wir doch gewarnt, und Eines bleiben ... ”.*

Da kann nicht einmal der *Büchmann* helfen: denn das hier steht irgendwo mittendrin in einem Text, ist weder irgendwo der Anfang oder Titel noch auch sonst irgendwie registerfähig.

Bleibt nur die verzweifelte Anfrage bei Google. Nach allen möglichen Warnschildern oder sonstigen Drohungen des heutigen Wirtschaftslebens folgt da ein schüchterner Verweis auf Hölderlin. Auf Hölderlin? Auf Hölderlins *“Tod des Empedokles”*, 2. Akt, 4. Szene:

“O laßt uns scheiden, ehe Torheit uns
Und Alter scheidet, sind wir doch gewarnt,
Und Eines bleiben, die zu rechter Zeit
Aus eigner Kraft die Trennungsstunde wählten.”

Diesen ganzen Text kenne ich genau. Bloß: woher? Von einer Bühne hörte ich ihn zum letzten Mal vor sechzig Jahren, als Student im Zuschauerraum einer völlig überforderten Aufführung meines Gymnasialtheaters. Seither wüßte ich von keiner Wiederbegegnung. Ein Rätsel!

Aber kurz bevor mir sein warnendes Fragment in die Ganglien schoß, telefonierte ich – schon während jenes selben Mittagessens – mit einem nahestehenden Menschen, in dessen Leben eine schmerzhafte Trennung just geboten scheint. Und mit dem ich selbst genau auf jene Weise getrennt und zugleich verbunden bin, wie Hölderlin sie hier so wundervoll beschreibt. War dadurch dieser Gedächtnistrümmer aktiviert worden? Keine Ahnung.

Aber wieso kannte ich ihn, und sei es noch so rudimentär, tatsächlich auswendig? Unerklärlich. Rätsel über Rätsel, liebes Gehirn!

*

Aus dem Munde eines sonderlich geistlosen Gesichtes kam gestern unverhofft mitten in der angezappten Fernsehsendung eines "Sportstudios" die Vokabel *"Elitenförderung"*.

Elitenförderung? Elitenförderung!

Die ganze Gesellschaft ächtet das Wort *Elite* seit vielen Jahrzehnten, aber ausgerechnet Sportler schleusen es unbemerkt wieder ein: Elitenförderung!

Ist angesichts der beispiellosen Popularität von Sport und Sportlern da zu hoffen, daß dieser Begriff durch die Hintertür wieder Eingang und die gebotene Gelegenheit findet, unsere Malaisen endlich zu therapieren: die kulturellen, die soziologischen, die politischen, die moralischen, die philosophischen? Dieses einzig heilkräftige *Vademecum*?

Einzig Elitenförderung könnte vielleicht noch vor der allgemeinen Katastrophe retten! Wäre das der okkulte Sinn der sinnlosen Sportvergottung: uns allen ahnungslos zur dringend benötigten Rettung zu verhelfen: durch geförderte Eliten?

*

Nicht abgeschickter Leserbrief:

"Wer je erlebt hat, wie stutenbissig unsre Oberfeministin Alice Schwarzer [aus Wuppertal!] *mit Frauen umspringt, die jünger, hübscher und/oder intelligenter sind als sie,*

der hat begriffen, daß noch der chauvinistischste Macho nicht so frauenfeindlich ist wie diese Ober-, aber Pseudo-Emmanze.

Neuestens verbietet sie auch noch jedes Flirten als frauenfeindlich und weiß nicht, daß wir fast alle just ihm unser Leben verdanken. Vermutlich auch sie selbst. (Oder ist sie Frucht einer Vergewaltigung? Einer mütterlichen Unlust?)

Aber hätte diese spätere Tochter seinerzeit beobachten können, wie ihr eige-

ner Vater mit ihrer Mutter erstmals vermutlich anzubandeln begann, sie hätte ihn, sei es durch Kastration, daran gehindert.

So wäre sie selbst uns allen in ihrer militanten Lieblosigkeit erspart geblieben: ein Wunschtraum, viel zu schön, um wahr zu sein!"

*

Wie ein Lauffeuer rast jetzt der empörte Aufschrei über plötzlichen Sexismus durchs Land. Hekatomben von Frauen fühlen sich *attacca* von männlichen Komplimenten oder Flirts unsagbar belästigt.

Sie deuten sie pauschal als Symptome von Frauenfeindlichkeit.

Wie das: begehrt man, was man ablehnt?

Und seit wann ist, so begehrt zu werden, lästig? Die ganze Sitten- (und Kostüm-) Geschichte, namentlich der Frauen, verkündet seit Jahrhunderten das klare Gegenteil.

Aber einverstanden, einigen wir uns so: dann darf es fortan auch keinerlei Décolleté mehr geben, keine engen Damenpullover, keine körperbetonten Jeans, überhaupt keine Hosen für Frauen, keine schulterfreien Abendkleider mehr, keine ärmellosen Blusen! Das alles ist darauf angelegt, begehrt oder angebaggert zu werden. Wer das nicht will, darf so auch nicht länger provozieren.

Bekennen wir uns also zu einem modischen Mischmasch aus treudeutsch hochgeschlossenem Biedermeier und *US*-mormonischem Puritanismus! Wohl bekomm's!

Aber beklagen wir dann nie wieder einen Rückgang der Geburtenrate!

Wieso: hängt das denn zusammen?

*

By the way: meine fast achtzigjährige Beobachtung hat leider sicherlich bisweilen eine männliche Geringschätzung von Frauen registriert,

aber sehr viel häufiger eine nur schwer nachvollziehbare Nachsicht und pauschale Verklärung weiblicher Defizite. Jahrhunderte lang haben Männer alle Frauen zu Madonnen ausgerufen, sie auf Sockel gestellt, ihnen immer und überall Türen geöffnet und den Vortritt gelassen, in den Mantel geholfen, jede Rechnung bezahlt und jegliche Verehrung angedeihen lassen. (Alles nur schlaue Diplomatie?)

Und die Frauen den Männern?

Zutiefst und zuinnerst haben beide Geschlechter dazu tendiert, das andere ob seiner Andersartigkeit jeweils leicht zu verachten. Aber Feindlichkeit, wie neuerdings behauptet, hat es von Männern zu Frauen, wage ich zu behaupten, allenfalls in mißlingenden Ehen gegeben. Männer empfinden Frauen gegenüber prinzipiell niemals sowas wie Feindschaft.

Umgekehrt ja: Frauen neigen mit Inbrunst zu Männerfeindschaft. Sie geben das auch zu und veröffentlichen es zunehmend mit Genuß.

Aber beim kleinsten Signal von Erwiderung zieht Empörung durchs Land wie ein Lauffeuer.

Noch sehr viel leidenschaftlicher freilich züchten Frauen in ihren Herzen Frauenfeindschaft. Wenn es je wirklich Frauenfeindschaft gab, dann in Frauenseelen. Sie lieben es, Rivalinnen zu hassen. Schon jede nur vermeintliche, jede heimlich latente Konkurrentin.

Also?

Helf' Er ihnen allen!

*

E-mail an Helmut J., der jüngst zum Jahreswechsel nach Berlin in ein buddhistiches Kloster ausgewichen war, um dem obligaten Silvesterradau zu entrinnen. (Dort aber hatten die Mönche ebenso geknallt wie alle andern Leute):

"Vielen Dank, lieber Helmut, für Deinen Silvesterbericht, der zu gleichen Teilen Mitgefühl und Komik auslöst. Sicher hast Du für den kommenden Jahreswechsel schon wieder bei diesen Mönchen gebucht.

Dein dortiges Erlebnis erinnert mich an mein eigenes Weihnachtsfest 1993. Als eingeschworener Christmuffel beschloß ich damals in Thailand, vor all den kommerziellen Imitationen des farang-*Tourismus auf die Insel* Go Lann Tah *zu fliehen, die mir von den Reiseführern als orthodox muslimisch ausgewiesen wurde. Dort hoffte ich, vor* 'Jingle Bells' *und verspäteten Nikoläusen sicher zu sein.*

Und was passierte? Zwar wurde man auf Go Lann Tah *auch zu Weihnachten täglich vom gnadenlosen Ruf des Muezzin fürs Morgengebet in Richtung*

Mekka geweckt, aber am Heiligen Abend *waren sämtliche Restaurants mit Tischreservierungen für skandinavische und deutsche Christen völlig ausgebucht, überall tönte* 'Jingle Bells' *oder* 'O du fröhliche' *aus den Lautsprechern, und Plastiktannen erstrahlten mit elektrischen Lichterketten und Schnee aus Watte oder Kunststoff auf den 'Zweigen'. Ich begriff, daß ich christlich ausgemeindet war und nirgends was zu essen bekam, weil ich die Situation verkannt und mir nicht rechtzeitig einen christlichen Tisch an dieser allgemeinen Festestafel für Christen reserviert hatte.*

Also zog ich am Heiligen Abend *1993 einsam über den Strand von* Go Lann Tah *und suchte ausgehungert (aber ohne begünstigendes Mönchs-Orange) nach einem mildtätigen Almosen auch für Asoziale. Nur ein streunender Hund verkannte die Situation, hielt ausgerechnet mich für einen potentiellen Futtergeber und begleitete mich in sinnloser Treue auf Schritt und Tritt. Ich kam mir vor wie Maria und Josef in Personalunion bei Esel, Ochs und Köter im Stall von Bethlehem und am Arsch der Welt.*

Schließlich fand ich ein so mickriges und ärmliches Strandrestaurant, daß es von den reichen Christen gemieden wurde und noch einen Platz für mich bereit hielt. Aber es hatte gar keine Speisekarte und konnte mir schließlich mit Müh und Not nur zwei fleischlos magere Hühner<u>flügel</u> vom Eis oder aus der Büchse anbieten. Sie also wurden mein christlich passendes Festmahl. Dazu auch hier wieder 'Jingle Bells' *und eine kleine Krüppeltanne aus Plastik, ohne alle Kerzen, aber mit Watte.*

So ist es, wenn Leute wie Du oder ich den gestanzten Riten entgehen wollen: egal, ob auf Go Lann Tah *oder in Berlin! Aussteiger werden nicht geduldet.*

Aber schon das offizielle 'Betreff' Deines *e-mail, lieber Helmut, stimuliert mich mit seiner meteorologisch bedingten Anspielung auf unser finales Winterwetter zu einer weiteren Anekdote aus meinem reichen Leben: Dein* dortiges 'NORDKAP'. *1955 hatte ich als Regieassistent im Berliner* Schloßpark-Theater *das Glück, auch mit Berta Drews zusammenzuarbeiten. Sie war nicht nur die Mutter von 'Schimanski' Götz George, den ich in ihrem Schlepptau damals als strahlenden 14jährigen kennen lernte, sondern auch Jahrzehnte lang eine führende Schauspielerin des Berliner Theaters.*

Als nun 1955 die Theaterferien nahten und alle ihre Kollegen an die Riviera oder ins Tessin enteilten, beschloß diese Berta Drews aus unerfindlichen Gründen, in die Arktis zu reisen. Nach den Theaterferien fragte ich die Zu-

rückgekehrte, wie es dort gewesen sei. Ihre Anwort offenbarte zunächst, daß sie hinlänglich skandinavische Sprachstudien getrieben hatte, um zu wissen, daß da oben hoch im Norden ein geschriebenes O wie unser U ausgesprochen wird. Also lautete ihre Auskunft:

'Nu hab ich Nurdkap gesehn, nu kann mich Nurdkap am Arsch lecken'.

Das fiel mir natürlich ein, als ich Dein unverhofft spitzes 'NORDKAP' *las.*

Mit diesen beiden Geschichtchen hoffe ich, mich als storyteller *angemessen für Dein* mail *bedanken und Dir vorübergehend ein bißchen die saisonbedingte Langeweile oder schlechte Laune vertreiben zu können.*

Aber immerhin taut es, und schon in dieser Woche beginnt der Februar. Der nächste Monat ist dann schon der März und beschert uns nicht nur Bauern, die ihre Rößlein einspannen, sondern auch schon den ersten Spargel. Das Leben ist doch wirklich schön, Herr Marquis!"

*

(Nicht abgeschickter) Leserbrief an den STERN nach dessen Titelgeschichte zur "Sexismus-Debatte" in Nr. 6 vom 31. Januar 2013:

"Wann bringt der STERN endlich mal eine Titelgeschichte über Mauerblümchen, die sich ihr Leben lang nach einem Flirt oder nach 'sexistischer' Anmache verzehren? Denn deren Schicksal ist wirklich traurig.

Mit prüde decolletierten Lockvögeln oder puritanischen Sexmuffeln in viel zu engen Pullis und sonstigen pseudo-christlichen Heuchlerinnen ist weder Staat zu machen – noch auch der benötigte Nachwuchs.

Ich meinerseits bin immer froh und geschmeichelt, wenn mir jemand irgendwie sein Begehren mitteilt, und entscheide dann autark. Wenn mir eine Frau unverhofft um den Hals fällt und mich abküßt oder mir unter irgendeinem Tisch ihr bedürftiges Knie ins Gemächte schiebt, ohne daß mir das genehm wäre, halte ich das gleichwohl für berechtigt, lasse sie möglichst höflich meine Unlust wissen und das Leben unauffällig weitergehen, ohne daß ich ihre legtimen Gelüste in den Medien diskriminiere. Sela."

*

Moshe Leiser, belgischer und beachtlich "moderner" Opernregisseur von internationalem Range im Gespann mit Patrice Caurier, *"refers to their method of* 'working from the inside', *that is not imposing the performance on the sin-*

gers but drawing it from them, while keeping a general vision in mind. 'Ultimately, working from the inside means treating the composer's intentions as what is most important', *'he explains"*. (Interview mit dem britischen Netz-Magazin *musicOMH,* 1. Dezember 2007)

Das sollten alle heutigen Regieschüler auswendig lernen müssen.

*

Fund im Internet zu Erwin Schrödingers *"Verschränkung"* (als Indiz für Quantenmechanik):

"10.02.2013, 11:39 Uhr

Frankreichs Polizei vor Rätsel

Nach der Entdeckung von DNA-Spuren von eineiigen Zwillingen im Zusammenhang mit Vergewaltigungen muss die französische Justiz nun klären, wer der beiden genetisch praktisch identischen Brüder die Taten beging.

Die Zwillinge seien im südfranzösischen Marseille in Untersuchungshaft gekommen, verlautete aus Ermittlungskreisen. 'Das ist ein sehr seltener Fall' sagte Ermittlungsleiter Emmanuel Kiehl der Nachrichtenagentur AFP.

Die Verdächtigen, beide arbeitslose Lieferanten, beteuern den Angaben zufolge beide ihre Unschuld. Ihre vollkommen übereinstimmende DNA wurde aber an mehreren Orten gefunden, an denen zwischen September und Januar Vergewaltigungen und andere sexuelle Übergriffe verübt wurden.

Die Opfer, Frauen im Alter zwischen 22 und 76 Jahren, identifizierten die gleich aussehenden Zwillinge auf Fotos als 'den' Täter.

'Es bleibt die genaue Rolle von jedem zu klären', sagte Kiehl. Das Erbgut von eineiigen Zwillingen zu unterscheiden, sei aber aufwändig, außerdem seien dazu nur wenige Labore in Frankreich in der Lage.

In der Zeitung «La Provence» erläuterte ein Genetik-Experte, beim Erbgut eineiiger Zwillinge gebe es nur 'winzige Unterschiede', die bei der Entwicklung der Embryonen entstünden."

Gute Vorlage für einen Krimi.

Aber unter Einbezug Schrödingerscher Verschränkung, bitte! Vielleicht gar mit Teleportation!

*

Vielleicht betätigte sich ja auch jeder dieser beiden Zwillinge auf dieselbe aparte Weise. Dann können die französischen Labors in alle Ewigkeit nach Unterschieden suchen!

*

Weltweit, zitiert der ARD-Teletext die aktuelle "Forbes"-Liste, gebe es heuer 1426 Milliardäre. Das sind 210 mehr als im Vorjahr. Ihrer aller Vermögen ist seither um 1,2 Billionen auf 5,4 Billionen Dollar angewachsen.

In Deutschland gebe es 57 Milliardäre.

Nur.

*

Nach vielen Jahrzehnten und erstmals seit den Studienjahren, vermutlich von Jörg Magenau inspiriert, wieder die damalige Ikone Gottfried Benn inhaliert und geschlürft:

überraschend viele Affinitäten immer noch –

aber um etliche Erkenntnisse manchen vermeintlichen Fortschritts angereichert, dessen Existenz oder Möglichkeit der verblichene Guru einer andern Ära sicher zynisch geleugnet hätte. Manches Neue scheint inzwischen tatsächlich graniten.

Bewegen wir uns also gleichwohl vorwärts?

Big Benn hätte das seinerzeit ausgeschlossen. Grade das jedoch mag einen Funken "Neuzeit" beweisen. Zumindest eine denkbare Mobilität, sei es sonstwohin ...

*

Tom Ford ließ 2009 in seinem vielfach preisgekrönten Film *"A Single Man"* den bewundernswerten britischen Hauptdarsteller Colin Firth ganz kurz vor seinem Filmtod eine Lebensbilanz formulieren, die noch aus der umgesetzten Romanvorlage von Christopher Isherwood stammen mag und im deutschen Synchronstudio etwa diese Gestalt angenommen hat:

"Ich erkenne, daß alles ganz genau so ist, wie es sein soll."

Dieser Satz offenbart zunächst eine Art latenter Frömmigkeit, die jedoch im

Gedanken an Auschwitz oder Hiroschima unstatthaft zynisch anmutet.

Ins Private übertragen, ist er gleichwohl ziemlich verführerisch und bedenkenswert. Insofern notabel:

"Ich erkenne, daß alles ganz genau so ist, wie es sein soll."

Was mich persönlich betrifft, denke ich das auch oft. Freilich meine ich, dem, *"wie es sein soll"*, auch niemals Widerstand geleistet, sondern es tunlichst begünstigt zu haben.

Wie das? Per *"innerer Stimme"* oder "Bauchgefühl" oder *gusto*, derlei. Per Intuition halt, Instinkt.

Freilich ist auch das entsprechende Resultat nur "Bauchgefühl". Denn wer von uns weiß schon, wie es sein soll?

Aber wenn Colin Firth diesen Filmsatz zu sprechen scheint, trifft er gleichwohl irgendwo ins Schwarze.

[*Post scriptum*: Als ich Jahre später bei abendlich beliebigem Zappen über einem Filmbild stagniere, das mir neu und attraktiv erscheint, ist es unerkannt wieder jener selbe Film, und ich höre just wieder jenen einen eindrucksvollen Drehbuch-Satz:

"Ich erkenne, daß alles ganz genau so ist, wie es sein soll."

Dasselbe wiederholt sich dann mit zeitlich großem Abstande nochmals:

"Ich erkenne, daß alles ganz genau so ist, wie es sein soll."]

Darum steht das alles jetzt auch hier. Sollte alles tatsächlich ganz genau so sein, wie es sein soll?

*

Aber Gottfried Benn, der ja stetig verzweifelt mit seinen Zynismen oder Nihilismen und Pessimismen virtuos jongliert oder kokettiert, beendet 61jährig seinen provokanten *"Ptolemäer"* als *"Berliner Novelle"* von 1947 mit einem überraschend wahlverwandten Satze:

"Alles ist, wie es sein wird, und das Ende ist gut".

Nanu.

*

Einen andern Satz, den Blaise Pascal etwa in der Mitte des 17. Jahrhunderts gedacht und notiert hat, fand Gottfried Benn schon 1944 so mitteilenswert, daß noch 2013 der Leser seines *"Romans des Phänotyp"* von 1949 ihn dort abzuschreiben die willkommene Gelegenheit findet:

"Alle Leiden des Menschen kommen daher, daß er nicht ruhig in seinem Zimmer bleiben kann."

Aber wer das so kann, wie seit etwa zwölf Jahren beispielsweise ich, der entdeckt da einen unterirdischen Zusammenhang mit dem obigen Satz von Tom Ford und Colin Firth von 2009 (oder Christopher Isherwood von 1964) und formuliert den etwa so:

Für den, der ruhig in seinem Zimmer bleiben kann, ist alles so, wie es sein soll.

Oder noch besser (und mit Benn-Variante verschränkt):

Für den, der bei sich bleibt, ist alles so, wie es sein soll, und das Ende ist gut.

*

Der kluge polnisch-ungarische Spitzenpianist Piotr Anderszewski sagte 2008, also 39jährig (auf Französisch) in seinem synchronisierten, aber sehenswerten Filmporträt von Bruno Monsaingeon jene folgenden Sätze, die mir sehr, sehr wichtig scheinen, dort unübersehbar aus dem *off*, also nicht in ein Interview hineinimprovisiert, sondern wohlüberlegt und vorbereitet, vermutlich mit Bedacht aufgeschrieben und demnach einem Manuskript abgelesen wurden:

"Je unkonzentrierter ich bei einem Konzert bin, desto besser kommuniziere ich. Wenn ich mit dieser Einstellung (oder dieser fehlenden Einstellung) spiele, dann weiß ich, ich bin vollkommen eins mit dem Werk. Dann ist es, als sähe ich hinter mir Schienen verschwinden, und ich bewege mich auf vorgezeichnetem Weg vorwärts.

Durch Musik Emotionen mitteilen bedeutet, auf einen Teil von Dir zu verzichten. Du mußt in der Lage sein, Deine Gefühle zu destillieren. Das Gefühl muß da sein, doch zu einem gewissen Zeitpunkt mußt Du das Persönliche wegnehmen und das Universale und Zeitlose herausfiltern. Es ist wie eine Läuterung, als würdest du ins Epizentrum der Emotionen vordringen.

U m g u t z u k o m m u n i z i e r e n , m u ß m a n a b w e s e n d s e i n .

Wenn ich abwesend bin, greife ich nicht mehr ein."

An anderer Stelle dieses selben Films ergänzt Anderszewski noch:

"Wenn ich mir selbst treu bin, dann kommt es vor, daß ich denke, jetzt hast du exakt so gespielt, wie du wolltest, aber es ist trotzdem etwas nicht rübergekommen. Ich habe für mich gespielt ... Und manchmal hatte ich keine Lust zu spielen, und am Ende stellte ich fest, irgend etwas ist passiert, irgend etwas, das sich mir vollkommen entzieht, als hätte das Publikum das Werk mit mir miterschaffen. Wer gibt, bekommt etwas zurück. Es ist genau wie im Leben. Geben ist Nehmen."

Aber am aufschlußreichsten ist vielleicht, was dieser selbe Anderszewski noch im selben Film über sein (sonderlich bemerkenswertes) Bachspiel sagt:

"Bach gibt mir das Glücksgefühl, von etwas viel Stärkerem, Großmütigerem getragen zu werden, als ich es bin. E s w a r n i c h t m e h r i c h , d e r s p i e l t e . D a s i s t d a s B e s t e : w e n n n i c h t m e h r i c h s p i e l e ."

Ähnliches sagte zugleich (gleichfalls 2008) auch der deutsche Geiger Frank Peter Zimmermann aus Duisburg, gleichfalls 39jährig, in Benedict Mirows Fernsehkamera hinein und berichtet da zumal von seinem sonderlich erfolgreichen Bachspiel, daß man es *"nicht wollen"* dürfe, sondern *"geschehen lassen"* müsse. Es sei wie das Bogenschießen der Zen-Buddhisten: da treffe nur, wer gar nicht zielt – wer beim Abschießen ruhig wegschaut:

"Und so ist es mit dieser Musik eigentlich. In dem Moment, wo man es läßt und einfach – ja, die Musik in sich nimmt und sie spielt, ist es das Größte, und dann kommen auch immer die größten Momente".

Auch zu seinem 17jährigen Sohn Sergej, der gleichfalls geigt, sagt Vater Zimmermann vor laufender Kamera aus dem Stegreif so folgenschwere Sätze wie diese:

"Es sollte geschehen – und nicht gewollt alles richtig sein, sondern – also wirklich: daß es dir eigentlich vollkommen egal ist, was du da machst – sondern daß es einfach passiert ... ".

Was Pianisten und Geiger hier verbindet, ist auf literarischem Gebiet dasselbe, was über die Entstehung des Buches *"Alexanderkuchen"* von Moritz Pirol zu erzählen wäre: es entstand weitestgehend unbewußt, ohne Plan und Konzept, ohne jede Strategie und Kalkül, auch ohne Thema, Idee oder Story und erst recht ohne alles das, was in der Goethezeit noch *Schema* und heutzutage, eingedeutscht, nur noch *Exposé* heißt.

Das ganze Buch war Improvisation "aus dem Nichts", aber fügte sich eigenmächtig oder automatisch zu einem besonders harmonischen Ganzen. Heute liest es sich wie sonderlich sorgfältig komponiert und gebaut.

[Später weitestgehend gleichfalls auch über desselben Autors *"Piazza im Walde"* von 2015 zu berichten!]

Frei nach Anderszewski:

Es war nicht mehr ich, der schrieb. Das ist das Beste: wenn nicht mehr ich schreibe.

Alles das zusammen freilich könnte vielleicht den Schlüssel für eine der absonderlichsten Absonderlichkeiten im inzwischen weltberühmten Klavierspiel des chinesischen Spitzenpianisten Lang Lang entdecken helfen.

Was in seinen Konzerten, noch mehr in deren Aufzeichnungen mit all ihren aufschlußreichen Großaufnahmen am meisten auffällt, ist die scheinbare Unkonzentration dieses mittlerweile 30jährigen. Während er fehlerfrei die kompliziertesten Virtuosenstücke der Klavierliteratur zu Gehör bringt, sind seine Augen fast unentwegt unterwegs: registrieren sonst was alles im Publikum, im Orchester, bei den Partnern, beim Dirigenten oder Feuerwehrwächter und vorrangig bei den Kameraleuten des betreffenden Fernsehteams. Oder verraten, daß er beim Spielen in Wahrheit an ganz etwas Anderes denkt: als sei seine große Begabung mit diesem extremen Klavierspiel noch längst nicht ausgelastet und habe noch unauslotbare Vakanzen, um das ganze Umfeld wahrzunehmen.

Nach der eigenen Erfahrung mit *"Alexanderkuchen"* [oder *"Piazza im Walde"*] und nach den aufschlußreichen Verbalisierungen von Anderszewski und Zimmermann halte ich es allmählich für möglich, daß Lang Lang, dessen hohe Intelligenz außer Frage steht, sich über diese seine scheinbaren Abkonzentrationen eine Möglichkeit verschafft, in Gedanken *"abwesend zu sein"*. Als genuiner Buddhist mag er den Zen-Trick der Bogenschützen nicht nur kennen, sondern vielleicht sogar beherrschen oder zumindest trainiert haben und daher also wohlweislich "wegschauen", um ins Ziel zu treffen.

Wirklich schaut Lang Lang auf allen Konzertpodien der Welt mit Vorliebe und Vorsatz einfach weg, wenn er das Schwerste spielt, was es auf diesem Planeten für Pianisten gibt. So verwirklicht diese Epiphanie aus Schenjang am Hun He in der nordöstlichen Provinz Liaoning vielleicht bewußt und absichtlich jene These seines Kollegen aus Warschau und ist nicht mehr er, der da spielt. Denn *"das ist das Beste: wenn nicht mehr ich spiele"*.

Sondern wer?

Tja, wer?

Kollege Swjatoslaw Richter (schon 1998 zum selben Monsaingeon über die offenen Fragen allen Mozartspiels): *"Tja – keine Antwort"*.

*

"Bei sich sein" zu dürfen und zu können, erweist sich im Alltag mehr und mehr als Mixtur aus Gnade und Wollust. Sie ist pures Wohlgefühl.

Freilich bedeutet, "bei sich" zu sein, recht eigentlich auch, in den eigenen Produkten zu sein. Nirgends manifestiert man sich adäquater als in ihnen. Erst sie sind wirklich ich. Oder ich bin sie. *In ihnen* bin ich ganz *bei mir*.

Die finale Steigerung jenes Wohlgefühls, nur noch "bei sich zu sein", könnte womöglich das sogenannte Ableben sein. In Zeiten, die es weniger verdrängten als die jetzige, sondern eher anzunehmen pflegten, wurde es ja gern auch als "Heimgehn" bezeichnet: als Heimgang = zu sich nach Hause gehen – wo man dann vollends "bei sich" ist.

(Mit diesem Gefühl oder Thema und gleich ersten Teilen seines Wortlauts heute morgen aufgewacht: am 10. März 2013.)

*

Mit seinem *"Roman des Phänotyp"* in der sobezeichneten *"Landsberger Fassung, 1944"* hat Gottfried Benn (bei der späten jetzigen Wiederbegegnung mit diesem Favoriten meiner Jugendlektüre) ein ganzes Füllhorn von Zitierenswertem über mir ausgeschüttet.

In seinem autobiografischen *"Doppelleben"* bezeichnet er selbst (in einem Kapitel von 1949) dieses frühere Buch als *"eine Folge von sachlich und psychologisch nicht verbundenen Suiten"*, vor allem aber als *"absolute Prosa"*: *"Prosa außerhalb von Raum und Zeit, ins Imaginäre gebaut, ins Momentane, Flächige gelegt, ihr Gegenspiel ist Psychologie und Evolution"*, vergleichbar mit Texten seiner Zeitgenossen Carl Einstein und André Gide: *"die Möglichkeit von geordneten Worten und Sätzen als Kunst, als Kunst an sich"*. Koordinieren kann sie nur *"der Phänotyp, der Existentielle, nichts wie er, nur er, einen weiteren Zusammenhang der Teile gibt es nicht"*. (→ Heisenberg?)

*

Claudio Abbado spielt (oder dirigiert) seinen Bach oder dessen *"Brandenburgische Konzerte"* schon 2007, als seien sie keineswegs *"an dr Bleiße un Barthe"* entstanden – wohl jedoch am Mittelmeer: anmutig, sinnenfroh und sehr beschwingt, fast übermütig und tänzerisch. Die Instrumentalisten des Bologneser *Mozart-Orchesters* fiedeln und sprudeln sich fast ihre Seelen aus Leibern und Violinencorpi. Abbado dirigiert das in *Reggio Emilia* mit der Leichtigkeit eines mediterranen Federgewichtes: fast reglos, aber ungemein heiter und leger. (Und für *"Habitués"* "eigentlich" viel zu schnell.)

Doch das riesige Cembalo-Solo im *Fünften Konzert* verschenkt er so an den schwerlebigeren und humorloseren, den virtuosen, aber noch seriöseren Karl Richter aus *"Blauen an dr Weisn Elstr"* und dessen bajuwarische Aufnahme von 1970 im *Neuen Schloß Schleißheim*.

Wie gut, daß es beide gibt!

*

Nikolaus Harnoncourt, dieser amtliche Graf Unverzagt (dem Amt seit eh und je aber auch als wahrhaft unverzagter Schwadroneur und dirigierender Hans Dampf bekannt), war dieser Tage zu sehen und zu hören, wie er sich nicht entblödete, in eine Fernsehkamera hinein zu behaupten, aus den Sinfonieen Anton Bruckners sei er den Dialekt just jenes oberösterreichischen Dorfes herauszuhören imstande, in dem dieser Komponist zu Hause war: Ansfelden also oder *Sankt Florian*.

Er begann unverfroren und unwiderleglich mit den mundartlich wienerischen Vokalkompositionen von Franz Schubert und Johann Strauß, dehnte sein absolutes Dialektgehör dann zunächst auf die Operetten von Josef Strauß aus und verstieg sich schließlich zu den wortlosen Sinfonien Anton Bruckners –

à la bonne heure: selbst diese Ohren sind so unverzagt wie keine andern! (*Quod erat demonstrandum.*)

*

Die unverhoffte Trouvaille oder Epiphanie namens Jörg Magenau hat ja nicht nur höchst kompetent und plausibel über die diffizilen Gebrüder Jünger publiziert, sondern auch den stimulanten Begleittext zu einem repräsentativen Bildband über *“Gottfried Benn”* geschrieben (und 2010 im *Deutschen Kunstverlag Berlin München* herausgegeben).

Dort betätigt er sich ahnungslos auch als verblüffender Brückenbauer: denn *“die menschlichen, auf Fortschritt und Gerechtigkeit zielenden Bemühungen”*, weiß Magenau von Benn, *“hält er für sinnlos und betrachtet die Abfolge der Epochen geologisch: Schichtungen übereinander abgelagerten Gerölls ...*

*

... und wenn er immer wieder die Frage stellte: ‘Können Dichter die Welt verändern?’ – so war klar, daß er dies nicht nur verneinte, sondern für eine falsche Frage hielt: Dichter können die Welt nicht verändern, und sie wollen es auch gar nicht. Die Kunst steht jenseits der Geschichte.”

*

Vom unheilbar wunden Benn weiß Magenau auch:

“Hoffnungen auf Buchpublikationen machte er sich nicht; Vorstöße bei verschiedenen Verlagen scheiterten regelmäßig.”

*

“ ‘Ein Turnreck im Garten und auf den Höhen Johannisfeuer’ – *“solch germanisches Getue”*, weiß Magenau seinem so häufig *NS*-diffamierten Benn zu attestieren, *“fand er allenfalls lächerlich. Doch auch der neue, demokratische Opportunismus ekelte ihn”* im postfaschistischen oder bundesrepublikanischen Hinterher, *“und es erfüllte ihn*

‘mit Entsetzen, wie ohne Zaudern und ohne Scham
die sogenannten Geistigen vor den politischen Begriffen kapitulieren’ ” :

so nun wieder der originale Gottfried Benn. Denn

‘keiner hat den Mut oder den inneren Besitz,
den allgemeinen öffentlichen Phrasen gegenüber
eigene Maßstäbe und Wertsetzungen zu halten;
für alle ist es selbstverständlich, die politischen Ideologien
zu akzeptieren und zu vertreten.
Es ist der Untergang des Schöpferischen, der sich darin ausspricht,
der Abstieg der Freiheit und des individuellen Ranges’ ”.

*

Schließlich verdanke ich Magenau auch noch den Wortlaut des letzten Briefes, den der 70jährige Benn kurz vor dem Tode 1956 seinem Brieffreunde Friedrich Wilhelm Oelze nach Bremen schrieb. Dieser Brief scheint aus nur noch einem Satze bestanden zu haben:

"Jene Stunde wird keine Schrecken haben, seien Sie beruhigt, wir werden nicht fallen, wir werden steigen".

Magenau fügt richtig hinzu *"Spricht so ein Nihilist?"* und entlarvt mit dieser Frage zu guter Letzt vermutlich Benns ganzen Zynismus und Pessimismus als die kokette Attitüde eines Frommen.

Oder Fazit einer sehr spezifischen Lebenszeit?

*

Wie erfahrene oder reifende Sänger nach und nach ihre angestrebten Spitzentöne nicht mehr im Sturm erobern, sondern lieber erst mal unterhalb vorsichtig belagern und sich von diesem *"sichern Port"* aus allmählich aufwärts schleichen. Auch ihre Einsätze belauern sie lieber vorsorglich von außen oder unten, bevor sie Farbe bekennen, sich tollkühn entscheiden oder irreversibel festlegen.

Darum singen sie mit zunehmender Berufserfahrung auch immer lieber Partieen von Richard Wagner, der einen so ungefähren Umgang mit seinen Tönen begünstigt. Mozart hingegen offenbart schon fast beim Atemholen eines Sängers, ob er gleich treffsicher sein wird oder eher nicht. Da gibt es keinerlei Verstecken!

*

Rossinis Erstling, jenes *"Demetrio e Polibio"* des 16- oder gar erst 13jährigen, wurde 1812 in Rom uraufgeführt und klingt noch überhaupt nicht nach Rossini, sondern eher nach Gluck.

Dafür klingt Verdis Frühwerk, jenes *"Un giorno di regno"* des 35jährigen, trotz seiner mißlungenen Uraufführung 1840 in Milano nach perfektem Rossini und Donizettis *"Lucia di Lammermoor"* von 1835 schon nach Verdi.

So wurden Stafetten damals weiter gereicht: in (sei es unbewußt) latenter Ehrfurcht.

*

Mein Drachenbaum, eine *dracaena marginata*, kam in einem Gastbukett als Schnittblume und knappe 30 Zentimeter hoch mit der Anmerkung zu mir, man könne sie auch in die Erde stecken: sie wachse dann an. Ich bezweifelte das angesichts ihres gnadenlos quer durchschnittenen Stiels, aber tat es.

Das alles war vor runden zwanzig Jahren. Inzwischen gedeiht dieselbe Pflanze in einem riesigen Blumentopf, den niemand mehr heben kann, ist mehr als zwei Meter hoch, droht täglich mehr, ihr wucherndes Gleichgewicht zu verlieren, und hat vier lichtbegierig expandierende Äste, deren erster erst nach etwa dem ersten Jahrzehnt seines Mutterstammes zu sprießen begann. Die nächsten folgten dann nach entsprechenden Ruhe- oder Besinnungspausen.

Seit etwa vierzehn Tagen, nach runden zwanzig Lebensjahren also, knospt nun gemächlich ein mittlerweile fünfter Ast: im Schneckentempo. [Nach weiteren zwei bis drei Wochen unverhofft auch noch ein sechster und siebenter. Und nach circa sieben Jahren ein achter.]

Das alles nach höchst mittelmäßiger Pflege mit Wässerungen nur im Notfall und äußerst seltenem Düngen.

Trotzdem beeindruckt mich die Genügsamkeit und Lebenslust dieser Pflanze fast noch weniger als die Großräumigkeit ihres Zeitgefühls. Die Eile vieler anderer Gewächse ist ihr völlig fremd. Etwa alle zehn Jahre entwickelt sie einen neuen Trieb. Das verrät eine innere Ruhe und Gewißheit, die mich faszinieren. Überlebensängste sind ihr ebenso fremd wie jede Ungeduld.

Dieser Drachenbaum ist sich seiner Sache sicher.

(Wer nochmal ist die Krone der Schöpfung?)

Ich denke oft an seinen Artgenossen im venezolanischen Hinterland von Caripe oder Guácharo-Höhlen, wo im Herbst 1989 ein verwandter Drachenbaum auf dem Wege zum Wasserfall *Salto La Paila* mutwillig mit brachialer Machete hinlänglich verwundet wurde, um sein Blut, veritables Drachenblut, auf kreischende Touristen zu verspritzen und ihn blutige Tränen über sie verweinen zu lassen. (Siehe auch *Reflex* vom 31. Oktober 1989!)

Angeblich würde auch mein häuslicher Drachenbaum sich so verhalten, falls ich ihn verletzte.

Aber wenigstens davor ist er bei mir sicher.

(*Post scriptum*: Als ich ihn dennoch bald danach zugunsten seiner neuen

Triebe um einen großen Ast erleichterte und so auch seinen drohenden Gleichgewichtsverlust zu vermeiden hoffte, spritzte er überhaupt kein Blut, sondern nahm das gleichmütig hin. Freilich waren da auch keinerlei kreischende Touristen zugegen.)

*

Es überrascht überhaupt nicht, aber freut und beglückt ganz beträchtlich: dank Jörg Magenau wieder Texte von Gottfried Benn zu lesen – etliche endlich wieder mal, die andern erstmals, doch warum erst jetzt?

Wohl am amüsantesten sind in der *"Stimme hinter dem Vorhang"* von 1951 seine lakonisch rollenbedingten Vorgriffe auf die heutige Sexismus-Polemik, eigentlich mit ahnungslosem *Paroli* schon *ante festum* der unsäglichen Alice Schwarzer persönlich zugeeignet:

"Am Nebentisch wie ist der Herr froh,
wenn ein Freund der Gattin ans Knie faßt – eine Art Bestätigung."

Und noch manches mehr davon.

*

Weniger komisch, aber um so interessanter sind Benns berufliche Einsichten und einschlägig problembezogene Verbalisierungen:

"Das kommende Jahrhundert würde nur noch zwei Typen zulassen,
zwei Konstitutionen, zwei Reaktionsformen:
diejenigen, die handelten und hochwollten,
und diejenigen, die schweigend die Verwandlung erwarteten – :

Verbrecher und Mönche, etwas anderes würde es nicht mehr geben."

(Aus *"Der Ptolemäer"*, 1947; Absatz vom Zitator)

Da zähle ich selbst mich doch lieber zu Letzteren.

*

"Goethe sitzt in Weimar und dichtet die Iphigenie,
draußen tobt die Schlacht von Jena und Auerstädt,
sie irritiert ihn, doch er schreibt weiter, Abwegiges, aber Bleibendes,
das Parzenlied."

(Aus *"Drei alte Männer"*, 1948)

*

"Was der politische Mensch gar nicht sehn kann,

das ist Einsamkeit, Askese, Mönchstum – Kunst.
Aber wenn die Menschheit das nicht hätte, wäre sie keine."

(Aus *"Doppelleben / V. Literarisches / d) Knut Hamsun:*
'Auf überwachsenen Pfaden'", Silvester 1949)

*

Goethe, 76, *"Kunst und Alterthum. Fünften Bandes zweites Heft"*, 1825:

"Man sagt sich oft im Leben,
daß man die Vielgeschäftigkeit, Polypragmosyne, *vermeiden,*
besonders, je älter man wird, sich desto weniger in ein neues Geschäft
einlassen solle. Aber man hat gut reden, gut sich und anderen rathen.

Älter werden heißt selbst ein neues Geschäft antreten; alle Verhältnisse
verändern sich, und man muß entweder zu handeln ganz aufhören
oder mit Willen und Bewußtsein das neue Rollenfach übernehmen."

*

Zitiert man fremde Formulierungen mit so viel Lust und Bewunderung, nur weil man selbst nichts mehr zu sagen hat? Oder weil die eigenen Einsichten und Beobachtungen unerheblich scheinen: nicht unbedingt mitteilenswert?

Aber in mancher Biografie ist das nicht erst im Alter so, sondern lebenslänglich. Denn was ist letztlich noch mitteilenswert? Was wurde nicht schon zahllose Male mitgeteilt? Wer auch will sich überhaupt was mitteilen lassen?

Lauter Bremsbeläge.

*

Beim Betrachten einer aufgezeichneten Oper jenes Baldassare Galuppi (1706 bis 1785), den ich vor zwanzig Jahren in den *"Hahnenschreien"* noch zum Inbegriff aller musikalischen Zweitklassigkeit erniedrigte, wird mir angesichts einer reichlich fantasie- und hilflosen Inszenierung aus Venedig unverhofft bewußt, was für ein unvergleichlicher *geistiger Raum* eine solche Oper, gut oder schlecht präsentiert und gesungen, letztendlich immer ist: jede Oper.

Oder jedes Kunstwerk. Aber eine Oper ist es *at its very best,* weil sie sich so weit von Realität und Psychologie entfernt wie kein anderes Medium. Sie liefert Extrakte, also Abstraktionen, Essenzen, aber auf so sinnliche Weise wie sonst nichts. (Oder höchstens die abstrakte Malerei seit kurzem.)

Das liegt sicher nicht zuletzt daran, daß die Protagonisten einer Oper sich nur singend verständigen und offenbaren. Schon das ist so künstlich wie kein Dialog, kein Stilleben, keinerlei Fotografie – und hat insofern jede Freiheit.

Außerdem wird jede einzelne Sekunde ihres Ablaufs von einem musizierenden Orchester nicht nur begleitet, sondern auch emporgehoben, stilisiert, veredelt und entrückt.

Schon damit ist ein Forum gegeben, wie es das sonst nirgends gibt. Was sich auf ihm ereignet, ist unumgänglich so abgehoben, so wirklichkeitsentbunden, also auch so frei wie keine sonstige Darstellung menschlichen Miteinanders. Es passiert in einem absolut geistigen Raum von uniker Qualität.

Vermutlich eben darum faszinieren Opern ihre Fangemeinden so.

Aber eben darum müßte Oper auch alle Computerfans mit ihrer Neigung zu virtuellen Welten faszinieren. Die Oper ist schon eine solche virtuelle Welt, nur sehr viel früheren Datums und daher filigraner. Auch tiefer und ernster gemeint: keine Wegwerfware mit Löschtaste.

*

Zusatz: Im Falle jener venezianischen *“Olimpiade”* des seinerzeit unterschätzten Maestro Galuppi wird das noch durch ein hochkarätiges Sängerensemble unterstrichen, aus dem besonders die Altistin Romina Basso und der Sopran Roberta Invernizzi hervorragen. Deren überwältigende Gesangskultur und -technik entführen noch überdies in exotische Welten, in denen man sich mit Wollust aufhält und geborgen fühlt: so außerirdisch ist der artifizielle oder eben geistige Raum, den sie mit ihren vollkommen irrealen Koloraturen da herstellen und eröffnen.

Das erleichtert ihnen freilich die wahrhaft unerschöpfliche musikalische Fantasie dieses immer noch allzu verkannten Komponisten: eines Spitzenarchitekten allerverführerischster Luftschlösser oder wahrer Wolkenkuckucksheime.

*

In den frühen Texten seines *“Doppellebens”*, die 1943 oder ’44 geschrieben wurden, offenbart Gottfried Benn, daß Hitlers glorreiche Wehrmacht damals schon von nur noch zwei Typen repräsentiert wurde: von den Leutnants und den Feldmarschällen.

Die Leutnants waren brachiale Fanatiker und so jung, daß sie keinerlei andere Lebensform kannten: das weiß man.

Aber warum die ergrauten Feldmarschälle, die es ja damals in stetig wachsendem Übermaße gab, so linientreu und ungefährlich blieben, erfährt unsereins tatsächlich erst von diesem "weltfremden" Lyriker:

er referiert, daß diese ranghöchsten Generäle damals

"lebenslänglich ihr Marschallgehalt bekommen, und zwar ohne Steuerabzug,

ferner für immer einen Stabsoffizier als Adjutant
und beim Ausscheiden aus dem aktiven Dienst ein Landgut
oder ein fair proportioniertes Grundstück im Grunewald".

Also waren sie nicht nur feige Sklaven ihres oberhalb kriminalisierten Fahneneides, sondern auch noch korrumpiert.

"Da der Marschallernenner
in unserem Rechtsstaat auch der Marschallentzieher ist
und in letzterer Funktion kräftig mit Entziehung von Titeln, Orden,
Versorgungsansprüchen und positiv mit Sippenhaftung um sich spuckt",

fügt Benn, damals Oberstabsarzt in Wehrmachtsuniform und entsprechend eingeweiht, hinzu,

"stehen die Marschälle als gute Familienväter nahezu gerechtfertigt da".

Entschuldigt Benn sie also für all ihre unbegreiflich skrupellosen Hehlerdienste? Es sieht fast so aus.

Aber dann kartet er doch noch gnadenlos nach:

"Für Dämonen wird sie sowieso keiner gehalten haben".

Sondern?

Sondern für eher spießige Spießgesellen eines Gangsters und *ergo* bestechliche *"Familienväter".*

Das vergessen die historischen Aufbereiter über all jenen dekorativen oder gar traditionsbeladenen Aristokratennamen und deren vielbeschworener Offiziers-Ehre oftmals.

Darum steht es hier im Kielwasser eines Größeren noch einmal deutlich da.

*

Jede frühere Vermutung oder Unterstellung homoerotischer Elemente
bei Johann Sebastian Bach (sei es in HAHNENSCHREIE oder HALALÍ)
erhält neuen Auftrieb durch die Begegnung mit seiner Kantate
HERCULES AUF DEM SCHEIDEWEGE von 1733 (BWV 213).

Im Anschluß an HALALÍ 1, Seite 199 bis 203 (oder 206),
und an die dortige Offenbarung einer bestimmten Arie
in der Bach-Kantate vom *"Streit zwischen Phoebus und Pan"* (BWV 201)
als *"eines seiner zärtlichsten Liebesgesänge"*, nur von Mann zu Mann
(oder des Apoll an seinen Hyákinthos),

im atmosphärischen Anschluß hieran also höre und verstehe ich nunmehr
das Duett zwischen Hercules und Tugend
in besagtem *"dramma per musica"*
(des heillos opernsüchtigen Thomaskantors).

Diese weltliche Kantate
über die spezifisch barocke Alternative zwischen Müßiggang und Tugend
endet mit der Entscheidung des Herakles für die Tugend:

*"Ich will mich mit dir so fest und so genau vermählen,
Daß ohne dir und mir mein Wesen niemand soll erkennen."*

Herakles und Tugend singen hierauf erst- und letztmalig
in dieser vorher radikal solistischen Kantate unisono die einsame Verszeile:

"Wer will ein solches Bündnis trennen?"

Aber dann setzt schon das orchestrale Vorspiel
zum einzigen Duett dieses ganzen Werkes mit einer solchen Süße ein,
daß jedermann da nur dahinschmelzen kann.

Für Tenor notierte Tugend und falsettierter Herakles singen hierzu
in ebenso betörender Süßigkeit, musikalisch unentwirrbarer Verzopfung
und nicht enden wollenden Wiederholungen diesen Text:

"Hercules: Ich bin deine,
Tugend: Du bist meine,
Beide: Küsse mich.
Ich küsse dich.

Wie Verlobte sich verbinden,
Wie die Lust, die sie empfinden,
Treu und zart und eiferig,

So bin ich."

Das wiederholen sie dann auch noch endlos insistierend und ohne Unterlaß!

Picanders ungeniert einschlägigen Vorgaben
folgt da der große Thomaskantor und zwanzigfache Vater
ganz unüberhörbar mit der allergrößten Hingabe und Sympathie.
Denn man weiß, wie sorgsam und akribisch er sich an der Abfassung aller
vertonten Texte seines Lieblingslibrettisten Picander persönlich beteiligte:
sowas war da kein Zufall, keine Panne!

Nur daß der Part des Hercules seinerzeit
von einem minderjährig verwaisten Leipziger Thomas-Alumnen
mit nachweislich höchstkarätiger Altus-Stimme gesungen wurde:
es wird immer verdächtiger und schwüler!

Aber geschrieben und uraufgeführt wurde dieses Oratorium
zum Geburtstag des Kurprinzen Friedrich Christian von Sachsen,
der am 5. September 1733 just elf Jahre alt wurde:
es wird nur immer schwüler!

Wenn dann jedoch *anno Domini* 2011 in einer konzertanten Aufführung des
belgischen Barockensembles *Les Agréments* und des *Kammerchors Namur*
unter der auffallend sinnlichen Leitung des jungen argentinischen Dirigenten
Leonardo García Alarcón
beim Barockfestival im südostfranzösischen Festspieldörfchen
Ambronay (Rhône-Alpes) die Alt-Partie des Herakles vollends
mit dem südafrikanischen Counter-Tenor Clint van der Linde und
die allegorische Tugend mit dem Schweizer Lyrischen Tenor Fabio Trümpy
richtig besetzt ist, verstricken sich hier zwei (oder drei) junge Männer
in einen amourösen *cantus*, wie er lyrischer und erotischer
schwerlich je gehört und gesungen wurde.

Da kann man den kunstvollst verschränkten und global verwobenen Text
jenes erotisch so gesprenkelten Bach-Librettisten Picander
aus dem Entstehungsjahr 1733 auch über 278 Jahre hinweg
gar nicht mehr überhören oder mißverstehen.

So sinnlich also endet hier das eigentliche Stück (vor Einsatz der obligaten Dedikationsadresse an die Herrscherfamilie, deren sexuelle Präferenzen freilich grade im Dresden jenes einschlägig berüchtigten Reichsgrafen Brühl noch recherchiert werden müßten!).

Sowas Schwüles kann da aber schwerlich ein Zufall sein.

*

Baritone und Bässe: vielleicht nicht alle, aber viele von ihnen, auch manche Besten und Allerbesten wollen in Konzerten oder Opern nicht nur schön und richtig singen, nicht nur hierfür bewundert werden, sondern außerdem auch noch demonstrieren, wie wahnsinnig viril sie sind. Sänger mit tiefen Stimmen sind meist auch Sexprotze und exponieren vokal die Potenz ihres Unterleibes. Manchem scheint das sogar sehr viel wichtiger als sein ganzes Gesinge. Seine Stimmbänder werden da itiphallisch exhibitioniert.

Womit hängt das wohl zusammen?

*

Nochmals Gottfried Benn:

“Alt sein heißt, das Äußerste wagen dürfen”.

(Aus *“Drei alte Männer”*, 1948)

*

Nach rund 65jährigem Musikhören, das die Anzahl der ästimierten oder ertragenen Komponisten solange nach Art der zehn Negerlein kontinuierlich reduzierte, bis es nur noch vier waren: Bach und Mozart, Vivaldi und Rossini – nach langer Pause dann auch noch Kurt Weill, gut: fünf,

nach diesem ziemlich rigiden Schrumpfungsprozeß nun plötzlich in allerreifsten Jahren auch noch einen sechsten Favoriten in vielleicht solcher Sonderklasse zu entdecken, überrascht zumindest.

Es ist Prokofjew. Tatsächlich vermag er einen so esoterischen Musik-Roué wie mich noch zu divertieren: weil dieser Sergej Sergejewitsch aus dem ukraïnischen Krasnojarsk so ungemein fantasievoll ist; so mutig, so temperamentvoll, so rhythmisch, so tollkühn. So vollkommen unverstaubt, frisch und heutig: neu. Gern aggressiv und gegen den Strich gebürstet, also ungewohnt, aber immer effektbewußt, auch -souverän. Höchst kontrastopulent. Gänzlich unromantisch und chaotisch, frei von all den üblichen Sentimentalitäten und sonstigen Klischees der Postromantiker. Sehr musikantisch und sinnlich, nein: sexy. Auch hochdramatisch und bisweilen gern komisch.

Der ganze Gefühlsbereich ist hier nie mehr Selbstzweck wie in unsrer traditionell meist unersättlich romantisierenden Musik, sondern durchweg relativiert oder phänomenalisiert: transitorisch und eher punktuell. Wirklich, das alles überrascht permanent und amüsiert wahrhaftig noch mit all diesen Dissonanzen einer chancenlosen Welt.

Ob er tatsächlich den andern großen Fünf das Wasser reichen kann, bleibt zu erproben. Zunächst bezieht es sich primär auf alle Klavierkonzerte dieses extrem kreativen Pianisten. Es könnte sein, daß seine atemberaubende Virtuosität und sein Einfallsreichtum am Flügel bravourös kaschieren, daß das alles ein bißchen mit heißer Nadel genäht ist: allzu hastig und ein bißchen oberflächlich im Ansturm all der sprudelnden Ideen, die freilich sofort ins Blut gehn. Die Ausarbeitung scheint eher Impulsen zu folgen als einer behutsamen Durchführung oder Strategie.

Will fragen: ist diese wilde Architektur was Konstruiertes? Was Gebautes, Gefügtes?

Oder eher was irgendwie effektvoll Zusammengeklatschtes?

Freilich, auch Zusammengeklatschtes könnte für seine Lebenszeit (1891 bis 1953) genau der richtige Ausdruck gewesen sein: anorganisch.

Ist das vielleicht eine Form musikalischen Boulevards im 20. Jahrhundert? Anarchisches *entertainment at its very best*? Überstürzt oder willkürlich gnadenloses, hemmungslos collagiertes *event*-Mosaïk?

A ver. (A oír. A escuchar.)

*

Der begnadete Pianist Lang Lang hat beim Pariser Vortrag jenes mörderischen *Dritten Klavierkonzerts* von Prokofjew *anno* 2012 eine so angeschwollene Nase wie nach einem Orgasmus.

Na?

Oder ist das nur simple Allergie: ein ordinärer Heuschnupfen, weiter nichts?

*

Was die Gehirne exponierter Instrumentalvirtuosen leisten, dürfte ohnehin ewig unerklärlich bleiben: eine intuitive Übertragung von Gespeichertem in autonome artistische Mechanik und expressiv emanzipierte Emotionalität. Von der autarken Gedächtnisbravour bei nahezu Lichtgeschwindigkeiten ganz zu schweigen!

Wie geht das alles? Was geht da vor? Wer kommandiert, wer kontrolliert es? Unergründlich. Denn diese Künstler selbst wissen es nach Beendigung ihres Fleißmarathons am allerwenigsten. Es passiert so, es geschieht.

Den Neurologen und all deren Simplifikationen ins Stammbuch geschrieben: was sich da ereignet, auszumessen und zu erklären, dürfte noch lange dauern.

Gottlob.

*

Edda Moser zu ihren Gesangsschülern: *"Nich jemeckat is Lob jenuch"*.

*

"Fantasie ist wichtiger als Wissen",

zitiert eine Dame im Fernsehen ihren Einstein und fügt auch dessen Begründung hinzu:

"Denn Wissen ist begrenzt."

Fantasie also nicht, *nota bene*.

Nein, denn *"Phantasie umfaßt die ganze Welt."*

*

Was Ernst Jünger nach einem Theaterbesuch 1942 in Paris über Eleonora Duse und deren Bildnis im frequentierten Foyer seinem dortigen Tagebuch anvertraute, habe ich zwar als Motto meines eigenen Duse-Büchleins abgedruckt, gleichwohl nie ganz verstanden. Er spricht da vom *"Bannkreis"* dieser rätselhaft großen *attrice* einer längst vergangenen Ära, erklärt ihn sich mit seinem eigenen Gefühl von Verwandtheit, gar Geschwisterlichkeit für *"solche Wesen"* und folgert tollkühn, daß also insofern *"Inzest mit einspiele"*.

Gern zitiert, aber nie ganz präzise gewußt, warum.

Erst ein rezenter Konsultationsbesuch bei meinem hiesigen Urologen löste jetzt neue Vermutungen und Ahnungen aus. Wenn dieser Arzt, ein auffallend schlank und sehr jugendlich gebliebener Familienvater herangewachsener Kinder, das Behandlungszimmer betritt, in dem ich ihn schon erwarte, geht in meinem Herzen jedes Mal die Sonne auf: aber unerklärlichst.

Erst wenn er nach all den indiskreten Körperberührungen, die sein Beruf ihm abverlangt, mir zum Abschied allerflüchtigst, aber sympathisierend Schulter oder Oberarm berührt, entsteht da zu guter Letzt sekundenlang eine Intimität, die zugleich eine Art von Bannkreis zieht.

Ob da "Verwandtheit", gar "Geschwisterlichkeit" und latenter "Inzest" im Raume steht, wage ich nicht zu entscheiden. Aber eine unbegreiflich wohlige Nähe ist da ganz unübersehbar im Spiele: gar kein Zweifel. Seit Jahren deute ich sie mir als Sympathie halt oder Spielart einer unverbindlich erotischen Affinität. Was soll's!

Aber letztens war das alles so stark, daß mir erstmals der Gedanke an ein personales *déjà vu* in den Sinn kam. Warum verbinden wir diesen magischen Begriff immer nur mit Örtlichkeiten, nie mit Menschen? Es ist ja durchaus denkbar, daß da mitgebrachte Zusammenhänge aus früheren Existenzen unterbewußt zugange sind und weiterwirken.

Das würde auch viele andere unbegreiflich spontane "Verwandtschaftlichkeiten", gar "Geschwisterlichkeiten" mit *"solchen Wesen"* erklären helfen, die im Laufe eines langen Lebens aufgetaucht sind und sofort nicht nur Sympathieträger sind, sondern auch Herzenswärme, jede Art von Vertrauen und Zutrauen, körperliche Annehmlichkeit auszulösen gar nicht vermeiden können. Sind das unsere früheren Geschwister, Eltern, Geliebten oder Ehepartner? Insofern also tatsächlich inzestauslösend?

Doch diese mysteriösen Affinitäten, die wohl jeder Mensch kennenlernt, bleiben ja keineswegs auf persönliche Begegnungen beschränkt. Was Jünger da vor dem Foto der Duse im Gewimmel eines exotischen Foyers empfand, kenne ich meinerseits auch von Schauspielern oder Sängern auf ferner Bühne oder gar auf Bildschirm oder Leinwand. Horst Caspar. Jessye Norman. Lang Lang. Adolf Wohlbrück. Frederica von Stade. Gérard Phillipe. Der junge Hape Kerkeling. Harry Belafonte. Peer Steinbrück. Sonstwer alles.

Treffe ich solche Sehnsuchtspole eines Tages tatsächlich leibhaftig, pflegt ihr Zauber keineswegs dahin zu sein; er verstärkt sich regelmäßig gar zu einem Bannkreis der Verehrung, des Respekts, allzugroßer Nähe, fast Ängstlichkeit. Inzest?

Er schüchtert dann auch angemessen ein: so wie im Behandlungszimmer meines Urologen.

Déjà vu sie alle? *Déjà vu.* (*Best memory, chaps*!)

*

Endlich habe ich auch das ungebildete Tohuwabohu zu entwirren versucht, das in meinem Kopfe seit Jahrzehnten bezüglich der russischen Musik und ihrer Komponisten mit all ihren schwierigen Vor- und Vatersnamen herrscht. Das Klischee von Urvater Tschaikowskij und ein paar leicht verwechselbar nachfolgenden Neutönern ist da nicht länger zu ertragen und stört auch beim Hören ihrer Werke.

Also, wenn es da je einen Urvater gab,

dann ist es wohl eher Michail Iwanowitsch Glinka (1804-1857):
er dominierte (mit seinen Opern *"Ein Leben für den Zaren"* und *"Ruslan und Ljudmila"*) die erste Hälfte des 19. Jahrhunderts
und gilt als Begründer der klassischen russischen Musik.

Ihm folgte chronologisch als Generation ein Viererblock mit

Alexander Porfirjewitsch Borodin (1833-1887),
Modest Petrowitsch Mussorgskij (1839-1881),
erst hiernach Pjotr Iljitsch Tschaikowskij (1840-1893) und schließlich
Nikolaj Andrejewitsch Rimskij-Korssakow (1844-1908)

als Repräsentanten der zweiten Hälfte jenes selben 19. Jahrhunderts.

Diesem Quartett folgt ein jüngeres Trio mit

Alexander Konstantinowitsch Glasunow (1865-1936),
Alexander Nikolajewitsch Skrjabin (1871-1915)
und Sergej Wassiljewitsch Rachmaninow (1873-1943),

um für oder über jene dramatische Wende
vom romantisch 19. zum unromantisch 20. Jahrhundert zu komponieren.

Letzteres wird dann überragend
von vier Komponisten russischer Musik angemessen vertreten: von

Igor Fjodorowitsch Strawinskij (1882-1971),
Sergej Sergejewitsch Prokofjew (1891-1953),

Aram Iljitsch Chatschaturjan (1903-1978)
und Dmitrij Dmitrijewitsch Schostakowitsch (1906-1975).

So.

Merken!

Setzen!

Wer sind die führenden russischen Komponisten? Aber chronologisch!

*

Wie große Bäume, die viele Jahrhunderte alt sind, auch noch auf dem elektronischen Umwege über einen Monitor in der Lage sind, Ruhe und Heiterkeit auszulösen oder zu verbreiten!

Unbeschadet aller leitenden Materialien: ihr Anblick genügt da schon.

Also was Spirituelles, querfeldein! Es labt auch so noch.

*

Was für eine bezaubernde Metapher erhoffter Lebensgesetze sich in der raffinierten Dramaturgie verbirgt, die Jacopo Ferretti (1784-1854), der mehr als dreißig Jahre lang in der römischen Tabakindustrie frönen mußte, gleich in das erste Opernlibretto des 32jährigen hineinzuverpacken wußte: in Rossinis geniale *"Cenerentola"* (1816).

Während dort Dandini, Magnifico, dessen beide Töchter und die Kavaliere des Hofstaats, also mehr oder minder die gesamte Öffentlichkeit mit ihren profanen oder illegalen Protagonisten an erotischen und politischen Perspektiven basteln, die wirklich Chancen zu haben scheinen,

werden gleichzeitig die beiden einzig echten und legitimen Zukunftsträger von ihrer Gesellschaft ignoriert und verachtet: Angelina und Ramiro, die im Schatten oder in der Ecke stehen und keinerlei Anspruch auf Glück zu besitzen fürchten müssen. Aber das Leben hat es insgeheim längst einzig ihnen vorbehalten. In Wahrheit sind ausschließlich diese beiden wichtig für alles Kommende, aber niemand ahnt das zunächst.

Das mag real nicht allzu häufig, dennoch oft genug so geschehen, um als typisch und signifikant erkannt zu werden. Die falschen Figuren sonnen sich lange in vermeintlichen Chancen, während die wahrhaft Auserkorenen unbeachtet ihre Zeit abwarten. Aber irgendwann, bisweilen erst spät und einzig durch einen Zufall, kommt es zu Peripetie oder Falkenmotiv oder *plot point*, und das Richtige setzt sich durch. So auch hier.

Solange es noch chancenlos scheint und der Zuschauer es nur ahnt oder hofft, hat das Stück einen Charme, der aus verkehrten Verhältnissen und deren Witz besteht: aus der Dialektik von Sein und Schein, jenem klassischen *divertimento*.

Che bravo, Signor Ferretti! (Mit schönen Grüßen bitte an Heródot, an Duan Chengshi, an Neẓām ad-Dīn Abū Muhammad Elyās ibn Yusūf ibn Zakī ibn Mu'ayyid, an Charles Perrault und vielleicht auch an die Gebrüder Grimm!)

*

Die allgemein dominierende Dummheit als Thema! (Nach dem Vorbilde Gogols – oder überhaupt “der Russen”.)

Rettung davor im Gelächter?

*

Tagebuch einer Zweiten Geige (Einzelkapitel oder Keimzelle für andere diarische Texte und fiktive Briefe).

*

Mehrheitsbeschlüsse auf diversen Ebenen: wie sie entstehen oder mühsam beschafft werden müssen und ihre katastrophalen Resultate, die aber jedermann für optimal hält.

*

Fantasieen beim Anhören der filmisch aufgezeichneten *h-moll-Messe* unter Karl Richter:

Die begeisterten Mitglieder seines Frauenchores scheinen dem angehimmelten *Maestro* mit der Inbrunst ihres Gesanges eine Bereitschaft zur Fellatio zu signalisieren. Er sieht und begreift das, aber ignoriert es brutal und geriert sich als asexuell exterrestrischer Erzengel, läßt sie nur seelenlose Augen sehen.

Umso hingebungsvoller mühen sich die Sängerinnen um Auffälligkeiten.

*

Zwischen deutschsprachigen Altistinnen der ersten Garde schien es eine ganze Generation lang über den Umlaut Ö geheime unterirdische Affinitäten zu geben:

Martha Mödl, Elisabeth Höngen, Marga Höffgen, Hertha Töpper, Hilde Rössel-Majdan. Fast scheint es keine ohne Ö zu geben.

In den Nachbarfächern tummelten sich dann wohlweislich auch noch Erika Köth, Elfriede Trötschel, Jussi Bjõrling, Alfred Poell und Paul Schöffler (wie verloren blökende Schafe: lauter verirrte Altist/innen?).

*

Claudio Abbado nur wenige Tage vor seinem 80. Geburtstag (und ein halbes Jahr vor seinem Tode) im Fernseh-Interview vor seinem Luzerner Festkonzert im Juni 2013:

"Wir dienen hier dem Autor. Man muß nur möglichst zu begreifen versuchen, was der gewollt hat."

*

Wjatscheslaw Fjodorowitsch Muchanow, russischer Astrophysiker und Kosmologe aus dem tschuwaschischen Kanasch, ist nur schwer zu verstehen. Aber nicht wegen einer Unkenntnis der deutschen Sprache und weil er sie ohne Artikel spricht oder weil er ihre hinterhältigen Präpositionen oft vertauscht. Auch nicht weil sein Sujet so schwierig ist.

Sondern weil er so atemberaubend schnell spricht. Seine deutsche Suada hetzt unsäglich, auch bei kompliziertesten Inhalten und exotischstem Spezialisten- und Begriffsvokabular.

Das nötigt für diesen Fremdsprachler erst einmal pure Bewunderung ab.

Aber von seinen hochinteressanten Mitteilungen bleiben auf diese Weise nur drei im Gedächtnis:

a) unser sogenanntes Universum stelle nur einen winzigen Ausschnitt dar. An seinen vermeintlichen Begrenzungen sei noch lange nicht Schluß. Dort gehe es erst richtig los. Was wir berechnen oder "sehen" können, sei ein unerheblich kleiner Sektor, weiter nichts;

b) nicht die Astrophysik experimentiere mit den Gesetzen dieses Universums. Sondern das Universum selbst sei es, das pausenlos experimentiert. Insofern sei es permanent in Bewegung und auf ständiger Suche;

c) seine Gesetzmäßigkeiten können nur ganz einfach sein. Schwierig erscheinen sie uns nur durch die Komplexität, die sich aus dem Zusammenspiel zahlloser Einfachheiten so ergebe. Ihre große Summe mache Einfachheiten kompliziert.

Das alles herausgesiebt aus einer Flut von wissenswerten, aber hastig davongesprudelten Neuigkeiten …

Kotau, Gospodin Muchanow!

*

Im Zweiten Teil seiner *"Toten Seelen"*, die Gogol in zwei partiellen Verbrennungsaktionen – vermutlich einer hysterisch und einer depressiv begründeten – zu vernichten versuchte, findet sich beiläufig (zwischen lauter langatmig brillanten Beschreibungen jenes bedauernswerten Taugenichts Tjentjetnikow verborgen) ein kurzer, kleiner Satz von eminenter Qualität und Wichtigkeit. Er lautet:

"Seine Seele fühlte selbst im Schlafe ihren himmlischen Ursprung".

Dieser Gedanke ist mir selbst als Gedanke völlig fremd. In meinem eigenen Bewußtsein ist er noch niemals so aufgetaucht.

Aber schon beim ersten Lesen weiß ich sofort, daß er mir zuallertiefst überhaupt nicht fremd ist: als Gefühl, also unbewußt. Unverzüglich begreife ich, daß Gogol da von etwas spricht, was ich kenne. Ich glaube ihm auch spontan. Ich weiß, daß er Recht hat. Oder daß er da eigentlich auch schon von mir spricht. Er findet Worte für etwas, was mir in meiner eigenen Seele urbekannt ist:

"Meine Seele fühlt selbst im Schlafe ihren himmlischen Ursprung".

Solche Sätze kann Gogol nur in seinem himmlischen Ursprung gefunden haben. Sie beweisen den nämlich schlagend. Sie offenbaren ihn direkt.

*

"Ein sonderbares, unsagbares Gefühl müßte sich eines jeden bemächtigen, welcher sähe, wie beim ersten Geigenstrich des Spielmanns [...] sich alles, ob es wollte oder nicht, zu einem Ganzen vereinigte und zur Eintracht überging. [...] Alles stürmte dahin, alles tanzte."

Diesen Text aus dem *"Jahrmarkt zu Ssorotschinzy"* begreift der Bewunderer

Gogols mühelos als eine Huldigung dieses genialen Autors an die Kunst: an deren Fähigkeit, irrationale Harmonie herzustellen.

Aber weniger als eine halbe Seite später beschwört er dann unverhofft, aber ebenso genial jegliches Dasein ohne alle Kunst:

"Das Lärmen, Lachen und Singen ließ sich immer leiser und leiser vernehmen. Die Fiedel erstarb, und die unklaren Töne wurden immer schwächer und verloren sich in der leeren Luft. [...]

Entschwindet uns nicht ebenso die Freude, der schöne und unbeständige Gast, während sich noch ein einzelner Ton vergeblich bemüht, die Heiterkeit auszudrücken? In seinem eigenen Echo hört er schon Trauer und Einsamkeit, und er lauscht ihnen mit wildem Entsetzen. [...]"

Damit endet die letzte Erzählung dieses Novellenzyklus, völlig überstürzt: als habe wirklich ein Fiedler irgendwo aufgehört zu spielen. Ohne Kunst ist plötzlich aus allem die Luft raus, und die ganze kunstvolle Erzählung, der vorher keine einzige noch so winzige Nichtigkeit unwichtig schien, fällt in sich zusammen.

Dramaturgie der Überraschung – melancholisches Lebensgefühl? Ahnung eines immer präsenten Abbruchs: unser aller Endlichkeit?

Also Kunst oder Tod?

*

Jener unselige *US*-Senator Joseph McCarthy (1908-1957), dessen republikanische Hexenjagd in den frühen 1950er Jahren unzählige Existenzen vernichtete oder schwer beschädigte, war wohl, lese ich erst jetzt, was man in seinen *USA* einen *"closet homosexual"* nennt: ein verkappter Schwuler, der sich zu *"outen"* nicht wagte.

Vermutlich Folge dieses seines Lebens in Untergrund und Lüge war seine Flucht in einen Alkoholismus, der ihn cholerisch und aggressiv werden ließ. Folge vermutlich all dessen waren jene Kompensationen, die ihn verfolgungsmanisch machten und 48jährig an Leberzirrhose sterben ließen.

Der Rest ist dunkelste Geschichte eines freiheitlich konzipierten Landes.

Daß es sie später jemals widerrufen, korrigiert oder angeklagt und abgeurteilt hätte, ist mir nicht bekannt. Auch eine Entschuldigung bei all den Opfern hat es in diesem Paradies der Menschenrechte nie gegeben.

Aber daß das wohl auch damals schon das Dorado der Psychiatrie war, die diesen kranken Senator hätte therapieren oder zumindest diagnostizieren, entsprechend isolieren und entmachten müssen, wirft ein ungutes Licht auf diese gerade dortzulande so hochgepriesene Disziplin ihrer Seelenheilkunst.

*

Der griechische Philosoph Metródoros von Chíos im 4. Jahrhundert vor Christos und Schüler des Atomisten Demokrit:

"Anzunehmen, die Erde sei der einzig bewohnte Himmelskörper im All, ist so absurd wie der Gedanke, daß auf einem mit Weizen besäten Feld nur ein einziges Saatkorn aufgeht."

Dies vor runden zweitausendvierhundert Jahren festgeschrieben.

*

Aber jenes süchtige Lesen Dostojewskijs vor Jahr und Tag scheint sich nunmehr mit der aktuellen Gogol-Lektüre rätselhaft zu wiederholen. Denn nach einem potenziert genüßlichen Inhalieren abermals der genialen *"Toten Seelen"* verschlingen nun auch diese *"Abende auf dem Vorwerk"* eher mich als ich sie.

Was also scheint diesen beiden schreibenden Landsleuten seinerzeit gemeinsam gewesen zu sein: nur ihre slawische und nostalgische Exotik?

Oder hat eher jeder der beiden seinerseits mit diesem späten Leser Gemeinsamkeiten?

Aber welche?

Die könnten gegebenenfalls nur in dessen genetischem Gedächtnis liegen: in seiner unverlorenen Beheimatung im Kosmos seiner väterlichen Ahnen. Dann wären sie – trotz all der gnadenlosen Kritik dieser beiden genialen Autoren an ihrem Umfeld – letzten Endes eine Art okkulten Heimwehs. Eine unstillbare Sehnsucht nach der Herkunft. Eine abgrundtiefe Verwandtschaftlichkeit. Ein Wissen um genuïnes Zuhause in jener andern Welt. Ein vages, aber kleistisch unverkennbares *"Gefühl von ihm"*.

Unleugbare Zugehörigkeit zu vier Groß- und drei Urgroßeltern aus jener "kalten Heimat" irgendwo weit östlich, über mehrere Generationen und →

→ →:

C. Schulz
JURJEW
RIGA

Julius Gessau.
Goldingen.

viele fotografische Spielarten hinweg – aber ist sowas jemals möglich?

Ein Geist wie Alfred Kerr in Berlin immerhin empfand meinen Großvater mütterlicherseits als eine Tschechow-Figur und publizierte das sogar mit seiner Stanislawskij-Kritik im *"Berliner Tageblatt"* vom 4. Januar 1922.

Aber falls nicht nur ich, sondern jeder von uns allen Vergleichbares in sich fände, dann … ja, dann? Dann sind wir alle – postmoderne Schwergewichte.

*

Daß manche Astrophysiker und Wissenschaftsjournalisten auch heute noch unsre Erde gern als den einzig belebten Planeten des ganzen Universums verherrlichen

und die inzwischen erfolgte Entdeckung von Millionen teils durchaus habitabler Planeten, die in allen Galaxieën um leibhaftig lebendige oder sterbliche Sterne und deren organische Moleküle kreisen, doch lieber als unbewiesene Vermutungen abtun:

das beweist nur die Zähigkeit des mittelalterlichen, gar des ptolemäïschen Weltbilds.

Oder die geistige Unbeweglichkeit auch noch seiner unbewußten Anhänger. Sie wollen vermutlich ihre eigene Bedeutung als Unikate um keinen Preis verlieren: lauter verkappte Heliozentriker. Eigentliche Geozentriker.

Nicht nur das sehr viel Wahrscheinlichere leugnen sie lieber, sondern auch ihre eigene ehrenvolle Beheimatung im denkbar allergrößten Wunder.

*

Ähnliches gilt für ihr widersinniges Klammern am sogenannten Urknall.

Daß sie selbst Teile einer anfangslosen Ewigkeit sind, will ihnen nicht in ihre aristotelisch verblendeten Köpfe.

– *"Muß denn nicht alles einen Anfang haben?"*

– Anfangloses nicht.

Daß eben hierin sich die Tür zu einer neuen Religiosität eröffnete, wie sie gern vermißt wird, aber zeitgemäß wäre, das übersehen sie geflissentlich bei ihrem Klammern am überholten Mittelalter.

Aber auch mit ihrem heißgeliebten Klischee einer Allmacht, *"höher denn alle Vernunft"*, ist das alles unvereinbar.

*

In all den Dokumentationen, die heutzutage ebenso informativ wie bildschön über neueste Erkenntnisse der Astrophysik berichten, fällt auf, daß die *US*-amerikanische *crème de la crème* dieser vormals exklusiv männlichen Gilde sich inzwischen zu anscheinend gleichen Teilen aus maskulinen wie femininen Protagonisten zusammensetzt.

Wie schön.

Noch richtiger: egal. Hauptsache: die neuen Erkenntnisse stimmen, das Geschlecht der Forscher ist unerheblich. Es könnten auch ruhig ausschließlich Frauen sein.

Auffällig ist nur dies:

die befragten Männer antworten so sachlich wie möglich;

die Frauen emotionalisieren gern ihre Auskünfte.

Oder sie sentimentalisieren sie sofort.

Sie verniedlichen und verkichern sie in Stimme und Tonfall.

Sie verkitschen sie.

Ihre Unfähigkeit oder Unlust zur Sachlichkeit fällt unübersehbar auf.

Oder befrachten sie ihre Auskünfte nur vor der Kamera mit so überflüssigen Gefühligkeiten? Wie die ehrbare Hildegard Hamm-Brücher weiland noch ihre scheußlichsten Erinnerungen an SS und *"Weiße Rose"* oder Auschwitz elegant und damenhaft verlächelte, ohne das selbst zu bemerken? Dann wäre es irrelevant: also, laß sie alle ruhig!

Das führt aber zur entscheidenden Frage: betreiben diese Frauen auch ihre Forschungen so verkitscht?

Das wäre gefährlich und anfechtbar.

Aber vielleicht sollte man auch fragen: wie unverzichtbar und wünschenswert ist die männliche Sachlichkeit überhaupt? Ist sie unabdingbar für die Qualität des Erforschten? (Eine arge Frauensendung des deutschen Fernsehens erklärte Sachlichkeit neulich zu spezifisch männlichem Autismus!)

Ist eine zusätzliche Prise Emotion auf diesen Gefilden also eher sogar nützlich? Oder doch eher schädlich?

Die Antwort auf all diese Fragen dürfte unumgänglich so geschlechtsspezifisch ausfallen, daß sie alles offen läßt …

*

Peter Hacks:

"Ich möchte gern ein Holperstein
In einer Pflasterstraße sein.
Ich stell mir vor, ich läge dort,
Jahrhunderte am selben Ort.
Und einer von den Kunsteunuchen
Aus Medien und Kritik,
Käm' beispielsweise Hacks besuchen,
Und bräch sich das Genick".

Aber wer ist Peter Hacks? Als ich ihn 1974 für den Hamburger Lessing-Preis vorschlug, wurde dieser vielgespielte Dramatiker von den andern Juroren, lauter progressiven *"Kunsteunuchen"* des *"Kalten Krieges"*, als DDR-Bürger abgelehnt. In der DDR desgleichen. Heute kennt ihn nirgendwo jemand mehr. Ich selbst habe ihn immerhin dreimal inszenieren dürfen: mit größtem Entzücken und Bewunderung für dieses preziose Talent. *Perdu.*

*

Auch bei den Nachtigallen, lese ich irgendwo, singen die älteren und alten Männchen sehr viel gekonnter und eindrucksvoller als die jungen. Besonders mit der Virtuosität ihrer weltberühmten Triller stechen sie ihren Nachwuchs ganz mühelos aus.

Aber nicht nur das. Die Weibchen sind auch sehr wohl imstande, diese musikalischen Unterschiede wahrzunehmen, und bevorzugen immer die besseren Sänger, weil die auch die besseren Liebhaber oder Väter viel vitalerer Nachkommen seien. Gesangskunst, Potenz und Erbgut scheinen da zusammen zu hängen.

Immer öfter hat man ja den Eindruck, daß das bei Menschen gar nicht anders ist. Nur bemerkt das bei denen keiner. Oder sie verzichten unklug auf solche offenbarenden *auditions* wie unter Nachtigallen.

Aber was wissen wir vom Leumund unserer Männer bei den Nachtigallen?

*

Der legitime Kampf um uneingeschränkte Gleichberechtigung aller Frauen droht, unter der Hand zu einem neuen Madonnenkult zu entarten. Denn der Anspruch auf Chancengleichheit geht, so unabdingbar er ganz zweifellos ist, mit einer Verklärung der Frauen einher, die tief chauvinistisch ist und rassistische Elemente kultiviert.

Oft ist diese Verklärung nur noch ein pervertierter *machismo*: auch in ihrem brutal-radikalen Wortschatz. (Gar eine Art Faschismus läßt da bisweilen grüssen: siehe den angelsächsischen Begriff der *femnazis* für eben derlei!).

Aus jenem fatalen Madonnenkult jedoch, der Jahrhunderte lang in jeder Frau die Mutter Gottes zu erblicken behauptete und verlangte, ist mit schwindendem Katholizismus die ebenso fatale "Quote" geworden: eine Variante der Marieënverehrung. Hauptsache, Männer lassen Frauen jeweils den Vortritt, helfen ihnen in den Mantel und küssen ihnen die Hand. Die Männer tun das alles auch schafsnasig nach wie vor.

Aber was ist daran Gleichberechtigung? Es ist Machtkampf.

Oder der neuzeitliche Versuch einer Unterdrückung von tumben männlichen Liebedienern.

*

Astrophysikerinnen, meist aus den *USA*, erweisen sich (für unsereinen meist in Fernseh-Interviews) als versierte und bestinformierte Pionierinnen im Erkunden von Struktur und Geschichte des Universums.

Aber sie sprechen darüber wie Angela Merkel weiland über ihre Politik: zuallerinnerst unengagiert; eigentlich ohne persönliches Interesse und unbeteiligt. Ihre Mitte scheint irgendwo anders zu liegen und verheimlicht zu werden.

Auf höchstem Niveau insofern nur Fleißige Lieschen.

*

Der kluge Hamed Abdel-Samad erwähnt in seinen Aufsehen erregenden Büchern auch *"die schöpferische Kraft"* der weiblichen Menschheitshälfte.

Wo mag dieser hochgebildete Polyhistor sie, frage ich mich und ihn, im Prozeß der humanen Kulturgeschichte bloß entdecken?

Von unbestreitbaren Einzelfällen abgesehen, bleibt sie unsichtbar. Statt femininer Kreativität sehe ich eher eine ganz erstaunliche Imitationskraft. Geniale Anpassung an Vorgegebenes. Überlebensbegabung. Aber Kreativität? Schöpferisches aus dem Nichts? Für Mode: ja; für Kosmetik und Kulinarik; vereinzelt Wenige bisweilen für gefühlvolle Lyrik; aber sonst?

Dagegen das unübersehbare Riesenarsenal männlicher Erfindungen, Entdekkungen, Experimente und Schöpfungen! (Schon bewegt man sich da auf dem Terrain der Gemeinplätze: so unabweisbar ist das alles. Warum auch nicht, zum Teufel? Was ist daran schlimm oder ehrenrührig? Höchstens die adaptierte Prioritätenliste und Werteskala hinter alledem.)

*

Stalin soll veranlaßt haben, daß jeder Soldat seiner *Roten Armee* im *Zweiten Weltkrieg* ein Exemplar von Tolstois *“Krieg und Frieden”* im Tornister trug.

Von Hitler und dessen *“Volk der Dichter und Denker”* ist da nichts Vergleichbares bekannt.

War insofern 1945 Ljew Nikolajewitsch Tolstoi der eigentliche Sieger?

*

Vollends beim heurigen Bundeswahlkampf offenbart sich die Journaille in breitester Front als perfekter Meinungsterrorist, der die legendäre Freiheit dieser Zeit und Bevölkerung massiv manipuliert und unterdrückt.

Ihre Impulse sind hierbei Opportunismus und ein Chorgeist im kritiklosen Nachgeplapper der allerdümmsten Klischees.

Überhaupt dürfte auch da wieder uferlos grassierende Dämlichkeit die Wurzel allen Übels sein: Dämlichkeit und infolgedessen abgrundtiefe Unsicherheit – ohne jegliche Lebenserfahrung, ohne Menschenkenntnis und jede eigene Lebensleistung.

Entsprechend haßerfüllt und neidisch werden jede Kompetenz und Potenz verfolgt.

Nur die noch Talentloseren werden gefördert und geduldet: wo den Berichterstattern, die nur vom Bekritteln der Akteure überleben, ein Gefälle von oben nach unten möglich ist.

Nicht eben stimulierend: für gar nichts.

*

Und wie sie den Politikern aller Couleurs ihre komplizierte Arbeit nicht nur unbefugt erschweren, sondern fast boykottieren!

Anmaßung pur.

*

Kaum werden Ausnahmen sichtbar, die diese arme Regel bestätigen: Nachplappervirtuosen auch noch unter sich.

*

e-mail an Gregor Gysi:

"Verehrtester Herr Gysi:

Gratulation zu Ihrem brillanten TV-Auftritt Unter den Linden*! Warum sind Sie nicht unser Bundeskanzler?*

Einspruch einzig und allein gegen Ihre Geschlechterdialektik:

seit Generationen und Jahrhunderten betreiben Frauen ihre ganze Heiratspolitik unter materiellen Sicherheitsaspekten für den Nachwuchs.

Idealismus hingegen, Spiritualismus, Philosopheme, Geistigkeiten aller Art, auch alles Theoretische sind pur männliche Erfindungen und fallen den meisten Frauen eher schwer.

Ihnen trotzdem Chapeau*!*

Ihr Hanno Lunin"

#

e-mail von Gregor Gysi:

"Sehr geehrter Herr Lunin,

vielen Dank für Ihre Nachricht vom 5. September, über die ich mich sehr gefreut habe.

Hinsichtlich Ihrer Einschätzung der Geschlechterrollen haben Sie Recht. Aber die Frauen denken mehr über das Einkommen ihres Mannes nach als über ihr eigenes. Nur darauf wollte ich hinweisen.

Mit freundlichen Grüßen

Dr. Gysi"

*

Der erstaunliche und bewundernswerte Hamed Abdel-Samad, immigrierter Politikwissenschaftler aus Ägypten, zitiert in seinen beiden Büchern zwischen vielen anderen sehr verführerisch klugen Texten auch ein altägyptisches Sprichwort mit diesem Wortlaut:

"Der wahre Freund bringt mich zum Weinen und weint mit mir. Der ist aber kein Freund, der mich zum Lachen bringt und innerlich über mich lacht."

*

Ferner zitiert dieser selbe Ägypter einen Eremiten und Magier in der heimischen Wüste östlich des Nil:

"Geben zu können, ist eine große Tugend, aber nehmen zu können, eine noch größere". (In *"Mein Abschied vom Himmel"*, Seite 146)

Vielen Beschenkten meiner *entourage* sehr beschämend ins Stammbuch! Fast könnte man vom grassierenden Verlust einer Kultur der Beschenkten sprechen: von der endemischen Unfähigkeit, Geschenke anzunehmen und mit ihnen zu leben.

*

Jene so unverhoffte *"Elitenförderung"* des Sports, die hier kürzlich (Seite 71) freudig festgehalten wurde, scheint schon anzustecken: wenn auch zunächst nur unter Intellektuellen.

Bei einem Symposion, das zaghaft die Demokratie zu hinterfragen wagte und dennoch vom Fernsehen aufgezeichnet und ausgestrahlt wurde, fiel aus klugem Munde plötzlich die Vokabel *"Deutungselite"*.

Da schwang zwar wieder Schlimmstes im Sinne von aristokratischer Exklusivität, von wenigen Auserwählten mit. Trotzdem wurde dieser bislang so verachtete Begriff hier wieder angewendet und respektiert.

Kündigt sich über Umwege eine Umkehr an?

*

Auf demselben Kongreß zitierte der rhetorisch fast genial zu nennende Roger Willemsen Gottfried Benn mit dessen Behauptung, Kleists *"Penthesilea"* wäre nie geschrieben worden, wenn vorher darüber abgestimmt worden wäre.

Touché.

*

In einer andern politischen Talk-Show des Fernsehens kam es dieser Tage angesichts anhängiger Gerichtsverfahren gegen je einen Staats- und einen Fußballpräsidenten zur unverhofften Erörterung von “Eliten” und deren moralischen Pflichten. Dabei stellte sich schon bald eine allgemeine Unsicherheit heraus, was denn unter diesem verstaubten Begriff von *Eliten* überhaupt verstanden werden könnte.

Aber schnell war man sich einig, was Eliten heutzutage sind: Prominenzen und Mächtige. Öffentliche Personen oder Medienobjekte. Wer berühmt ist: Politiker, Sportler, Models und Köche. Die Vokabel *“Star”* fiel sogar. Das Personal der Illustrierten oder Parlamente zählte da. Oder der Fernsehschirme und der Talk-Shows. Wer es geschafft hat, dort aufzutreten oder abgebildet zu werden: der ist Elite.

Auf eine Koppelung dieses Begriffes an Leistungen, Begabungen oder Qualitäten, an ein außergewöhnliches Können oder sonstige Besonderheiten verfiel da niemand mehr.

Solche Auslegung schien als ein Schnee des 19. Jahrhunderts längst geschmolzen zu sein.

Eliten nämlich ragen inzwischen nicht mehr durch Talente oder Tugenden heraus, sind auch nicht mehr durch spezielle Fähigkeiten im lateinischen Wortsinne *“auserlesen”*, sondern repräsentieren im Gegenteil grade nur noch den Durchschnitt. Lieschen Müller und Otto Normalverbraucher sind die Heroën dieses 21. Säkulums: dessen (Pseudo)-Eliten. Elke Heidenreich und Franz Beckenbauer. Barbara Schöneberger und Lothar Matthäus. Elton, Eckart von Hirschhausen und Hera Lind. Auch Kim Fisher.

Also haben Eliten auch keinerlei Sonderverpflichtungen mehr. Sie sind berechtigt (oder sogar verdonnert?), genau so zu sein *“wie du und ich”*. Bloß keine Extrawürste mehr in Darwin`s evolutionärem Weltbild einer Auslese!

– Aber Entschuldigung!

– Wieso: was denn jetzt noch?

– Leonardo aus Vinci war bestimmt nicht wie du und ich.

– Wer?

– Oder Voltaire und Archimédes. Michelangelo und Goethe. Parmenídes. Picasso. Pico della Mirandola.

– Kenn ich nicht.

– Kein einziges Universalgenie ist wie du und ich.

– Gibt's denn noch welche? Na, siehste: heute sind Promis genau wie du und ich.

– Wer so wie du ist, weiß ich nicht. … Wie ich ist niemand.

(Aber das merkt wohl auch niemand mehr …)

*

Leonardos vermeintliche Ruhmsucht befremdet freilich. Dieser maßlose Ehrgeiz mutet einfältig an. Doch das kann er in seinem Vinci nicht gewesen sein.

Freilich sind die entsprechenden Zitate meist undatiert. Vielleicht rühren sie ja auch sämtlich aus unreifen Jugendtagen, als er sich vom Ruhm noch was versprach …

*

Die immer verachtetere, die verlachte und immer gemiedenere Kunstgattung *Oper* scheint formal in der Tat ein legitimer Ahne just jenes Internet zu sein, das heutzutage so verehrt wird wie kaum ein gotischer Dom je zuvor.

Wie das?

Was sie alle nämlich zuinnerst oder -unterst miteinander verbinden könnte, ist die Virtualität ihrer Wirklichkeiten. Sie alle beschwören und erstellen oder produzieren gar eine Realität, die total fiktiv ist, aber gleichwohl in vielerlei Dimensionen recht folgenschwer sein kann. Eine durch und durch künstliche Welt mit Konsequenzen überall, auch realiter.

Unterschiede weisen diese imaginierten Wirklichkeiten eher im Niveau oder ihrer jeweiligen Verwendung, ihrer Effizienz auf. Die Fiktionen des Internet scheinen ihren Ausgang primär in uferlos fantastischen Designs zu entwikkeln, während die Oper sich durch völlig unwahrscheinliche, manchmal tatsächlich hanebüchene Konzentrate im Emotionalen ausweist. Sie impliziert zwar das Dekorative ganz unverkennbar, aber zielt auch weit darüber hinaus – in jene essentiellsten Bereiche, die unsere Spezies überhaupt kennt oder hat: Gefühlsbereiche und hieraus resultierende Erkenntnisse.

Solche Kreationen kann zwar bisweilen auch das Internet zur Folge haben, aber nicht schon nach den ersten paar Takten aus einem Orchestergraben. Die Oper zielt und fliegt gleich viel höher. Das Internet ist häufig erst mal eine Weile verblüffend schön und gefällig, ein Ästhetikum, dann bis zur Unzugänglichkeit kompliziert, bevor man es umständlichst auch zu nutzen und praktisch in Handfestes zu transformieren vermag.

Aber verwandt sind diese beiden Ausgeburten menschlicher Mußestunden ganz unverkennbar.

Etwa gar siamesische Zwillinge?

Mit solcher Familienzusammenführung dürften "Piraten", "Rezo" und sonstige fundamentalistische *user* freilich ihre Probleme haben ...

*

Wer Augen zu lesen im Kopfe hat,
entdeckt bei der Lektüre von Goethes *"Iphigenie auf Tauris"*
ein überraschendes *"outing"* dieses sonst gern so diskreten Autors.
Er offenbart hier nämlich den mykenischen Königssohn Orest(es)
und dessen ebenbürtigen Begleiter, den phokischen Kronprinzen Pyládes
nicht nur als Freunde (und Vettern ersten Grades),
sondern auch als *intimi* oder Liebespaar.

Bei Stesíchoros, Aißchýlos und Eúripídes, Goethes Stofflieferanten,
scheinen sie das noch nicht so direkt oder ausgesprochen gewesen zu sein.
Da blieb Pyládes über mehrere vorchristliche Jahrhunderte hinweg
stets ein passives und stummes oder wortkarges *vis-à-vis* im Dialog
oder allenfalls ein Ratgeber,
aber ohne jede erotische oder emotionale Implikation zum Paar.
(Oder verstand sich das damals noch von selbst: *c'est allé sans dire?)*

Ob Goethe aber kannte,
was der Heilige Augustinus immerhin bereits um 400 nach Christos
über dieses Freundespaar wußte und in seinen *"Confessiones"* bekannt gab,
steht dahin:
der verriet da nämlich (aus vergleichbar eigenem Erleben wohlinformiert),
daß auch Orest und Pyládes

"gewillt waren, füreinander zu sterben,
weil ein Ende ihrer Lebensgemeinschaft sie schrecklicher deuchte

als der Tod".

Goethe jedenfalls ließ noch 1804, also 55jährig
und just im Jahre also seiner erstaunlichen Texte
über den Gräkisten Winckelmann und dessen vorbildliche Männerlieben,
seinen Adlatus Riemer unmißverständlich wissen, was er
spätestens bei der Schlußredaktion seiner zweiten *"Iphigenie"* (in Versen)
schon vor knapp zwanzig Jahren so gesehen haben dürfte:

"Orest und Pylades sind ja Freunde",

um alsbald auch noch sein Verständnis von Freundschaft
in der tradierten Definition des Ovidius Naso folgen zu lassen:

"eine Seele in zwei Leibern".

Das jedoch findet sich so, noch sittsam in Prosa versteckt,
auch schon in der (postitalienischen) *"Iphigenie"* von 1786 vor.

Aber aus je einem Vers,
wie Pylådes ihn später zuerst zu Orest, dann dieser zu jenem sagt,
hat Moritz Pirol in seinen *"Hahnenschreien"* (Band 1, Seite 546)
erst *anno* 2000 einen aufschlußreichen Doppelvers zusammengeschmiedet,
der vollends nichts mehr verschweigt:

"Da fing mein Leben an, als ich dich liebte ... /
... du deine Lust in meine Seele spieltest."

So spricht nur ein Liebespaar.

Nur ein Jahr nach jener ersten Prosafassung begann
die schweizerisch-österreichische Malerin Angelika Kauffmann in Rom,
aus dieser *"Iphigenie auf Tauris"* eins ihrer klassizistischen Gemälde
herauszufiltern: nämlich *"den Moment,*
da sich Orest in der Nähe der Schwester und des Freundes wiederfindet".
Noch in seiner *"Italienischen Reise"* hielt Goethe das für *"sehr glücklich"*
und grade diese Szene für *"die Achse des Stücks".*

Aber erst heuer, *anno* 2013, entdecke ich, daß
schon der 22jährige Goethe das alles so gewußt und gesehen haben dürfte.
Denn bereits im Oktober 1771 sagte er
in jener Rede, die er *"Zum Schäkespears Tag"* schrieb
und ganz offenherzig in seinem Frankfurter Elternhaus vortrug:

*"Shakespeare, mein Freund, wenn du noch unter uns wärest,
ich könnte nirgend leben als mit dir! Wie gern wollt' ich
die Nebenrolle eines Pylades spielen, wenn du Orest wärst".*

Ob Goethe da schon über
die homoerotischen Erfahrungen seines Orestes Shakespeare informiert war,
steht dahin.

Aber damit war schon fünfzehn Jahre vor jenem *outing*
dieses antiken Männerpaares ein eigenes *coming out* vollzogen:
sogar mit fixierter Rollenverteilung
in einer frühen und virtuellen Wohngemeinschaft des *"Sturm und Drang"*!

Nur runde sieben Jahre später
sollte der 29jährige Goethe 1779 in der Uraufführung
seiner ersten *"Iphigenie"* (noch in Prosa) auf Schloß Ettersburg
selbst die Rolle des Orest übernehmen. Sein Pylády es war da
höchstpersönlich Carl August, der 21jährige Herzog von Sachsen-Weimar
und damalige Intimus des jungen Autors.

Die erotische Implikation dieser beiden Rollen und Freunde
ist spätestens seit alledem manifest.

*

Von den späteren Eheschließungen jenes antiken Freundespaares
scheint weder bei Augustinus noch bei Goethe je die Rede zu sein:

Orest heiratete zuerst Hermióne,
die Tochter ausgerechnet von Heléna und Menélaos, deren
vielverlachte Ehe auch den *Trojanischen Weltkrieg* verschuldete,
später auch noch Ergione,
die Tochter just seines legendären Mordopfers Ägist,
der ja seinerseits zuvor den Agamemnon,
Vater seines eigenen späteren Mörders Orest, ermordet hatte.

Pyládes aber heiratete Elektra, die militante Schwester seines geliebten Orest.

So blieb letztlich alles in der Familie.

Diese Ehen dürften nicht allzu konventionell verlaufen sein.

Aber das taten ja auch die Ehen von Shakespeare und Goethe nicht,
ihren also auch insofern authentischen Wiedergängern.

*

Einmal mehr:

wie aus der Emanzipation der Frauen, und sei sie noch so berechtigt oder fällig gewesen, unter der Hand längst – ebenso ungewollt und unbewußt wie auch vollkommen ungebremst – aggressiver Chauvinismus geworden ist.

Aber Chauvinismus ist immer nur eine Vorform von Rassismus.

Und Rassismus eine Vorform von Faschismus.

Der weitere Verlauf ist also vorgezeichnet.

Genau an diesem Punkte einer schmerzhaften Erfahrung muß sich jener geniale Angelsachse befunden haben, der in seiner globalistischen Sprache für alles das ein einzelnes neues Wort erfand:

Feminazis. (Für eilige Yankees oft auch lieber *femnazis*.)

*

Aber Goethe, inzwischen 62 Jahre alt,
berichtete 1811 in seiner autobiografischen *"Dichtung und Wahrheit"*
von einem Freunde aus Kindertagen:

der konnte es *"nur ein einzigmal, von den andern aufgehetzt"*
und auch *"kaum eine Minute aushalten, mir feindselig gegenüberzustehen;*
wir versöhnten uns unter vielen Tränen und haben eine ganze Weile
treulich zusammengehalten".

Diese *"Weile"* scheint ziemlich lange gedauert zu haben.
Denn *"mein früheres gutes Verhältnis zu jenem Knaben [...]*
hatte ich bis ins Jünglingsalter fortgesetzt. Zwar sahen wir uns seltener,'
weil unsre Eltern nicht zum besten mit einander standen;
wo wir uns aber trafen, sprang immer sogleich
der alte freundschaftliche Jubel hervor".

Also nicht nur Wiedersehensfreude, sondern Jubel.

Das ist viel.

Eine dieser jubelnden Wiederbegegnungen schon in mannbarem Lebensalter
schildert Goethe dort später noch etwas ausführlicher:

geleitet von ebendiesem Jugendfreunde,

“fanden wir ein ganz artig eingerichtetes Speisehaus; und da wir keine Gäste weiter antrafen [...] , ließen wir es uns um so wohler sein und verbrachten den größten Teil der Nacht im Gefühl von Freundschaft, Liebe und Neigung auf das heiterste und glücklichste”.

Inzwischen waren sie zwar beide schon in Amouren mit jungen Mädchen verstrickt,

aber gleichwohl hatte der junge Goethe diesen Freund gelegentlich

“zu seiner Geliebten begleitet, die in der Straße wohnte; wir waren aber zur Hintertüre hereingegangen und im Gartenhause geblieben”,

geblieben also – zu welchem Behufe auch immer.

Aus Diskretion oder einer Frühform von Datenschutz bezeichnete Goethe diesen Freund in seinen Memoiren nicht bei dessen eigenem Namen, sondern verschwieg den und verfremdete ihn durch einen künstlichen.

Durch welchen? Ratet!

Na, durch Pyládes natürlich, diesen Inbegriff intimer Jünglingsfreundschaft.

Wer zu diesem Pyládes der benötigte Orest war, läßt sich noch leichter raten, wenn man weiß, daß Goethe sich gern explizit auch selbst als so furiengejagt bezeichnete, wie Orest es nach dem Morde an seiner Mutter und deren geliebtem Ägist lange war.

*

Doch vielleicht trug dieser hessische Pyládes in seinem bürgerlichen Leben am Maine den Familiennamen Hetzel.

Wieso denn das jetzt?

Weil Goethe damals, 21jährig, Briefe an einen etwas jüngeren Freund schrieb, der in Frankfurt noch zur Schule ging und mit Nachnamen Hetzel hieß. Sein Vorname ist nicht mehr überliefert. Also muß oder mußte wohl einer erfunden werden. Aber welcher? Na, welcher wohl sonst als Pyládes.

Denn diesem *“jüngeren Hetzel”* also gestand der junge Goethe gelegentlich brieflich, *“daß ich Sie liebe”*,

und erläuterte das unverzüglich so:
"Man liebt seine Freunde wie sein Mädchen".

*

Aber auf solchen Schleichwegen (ruhig auch
der Unterstellung und Vermutung) eröffnet sich erst ganz die Bedeutung,
die es hatte, als Goethe, dieser dämonisch programmierte Orestes
diverser Freunde namens Pyládes, dem großen Kollegen Shakespeare
noch anderthalb Jahrhunderte nach dessen Ableben hingerissen vorschlug,
leibhaftig dessen Pyládes zu sein:
in der zweiten, der passiven Reihe oder Rolle also.

Ein affiner Superlativ, gar kein Zweifel:
vorbehaltlose Huldigung und Vereinigung!

*

Zwei Drittel der *US*-amerikanischen Bevölkerung, hat ein offizieller Census dieser Tage ergeben, mißtrauen jedem ihrer Mitbürger prinzipiell.

Bei der ersten Ermittlung dieser Art vor runden vierzig Jahren (1971) tat das "nur" die Hälfte.

Der Zuwachs ist da also abermals beträchtlich. Einer Zufallsbegegnung irgendwo unterwegs würden sogar ganze 78 Prozent dieser Amerikaner eher lieber nicht vertrauen.

Das scheint sehr Vieles da zu erklären. Denn eine Gesellschaft, darf man wohl getrost unterstellen, basiert unverzichtbar auf eingangs wechselseitigem Vertrauen. Es dürfte wohl das *sine qua nil* sein: in allen Einzelfällen wie auch im Ganzen. Jeder erste Schritt zwischen Menschen benötigt Vertrauen. Ohne das ist jegliches Mißlingen gleich programmiert. (Vergleiche auch die *Reflexe* vom 19. September 1978, 22. August 1997 und 28. November 1998!)

Die Bilanz der jüngeren *US*-Geschichte beweist das auch. Fazit: jenes skandalöse und verhängnisvolle *NSA*, das jetzt globales Unheil angerichtet hat und weiter auslöst. [P.S.: Von einem Trump war seinerzeit noch keine Rede.]

Aus einer Negativhaltung, wie es ja jegliches Mißtrauen unbedingt ist, kann nichts Positives entstehen. Allenfalls Scheinblüten, die dann eines Tages so kollabieren wie die Türme des *World Trade Center anno* 2001. Ihr Einsturz hat Mißtrauen nicht erst entstehen lassen, offenbart besagter Census aktuell, sondern war eher schon seine Folge.

Ähnliches scheint sich derzeit mit der vermeintlichen Weltmacht dieses Staates zu vollziehen.

Auch mit seiner Regierbarkeit.

Keiner traut keinem mehr was zu.

So schaufeln sie da pausenlos an ihrem eigenen Grabe.

American way of life.

*

Viele Töne, wie sie den Stimmbändern der großen Cecilia Bartoli entströmen, klingen von Natur aus gar nicht sonderlich schön. Sie werden erst durch die Gefühle und Gedanken dieser ungemein liebenswerten Künstlerin in einem Maße geadelt, daß sie sich während des Gesanges in puren Wohlklang verwandeln.

Ist das nicht das Höchste? Bei der Callas (die dieser Tage neunzig Jahre alt geworden w ä r e) geschah beim Singen wohl Ähnliches.

Erst der Ausdruck nobilitiert da jeweils und begeistert dann dergestalt.

*

Noch zum Thema Orest oder Goethe und Pylades oder Hetzel:

In einer unsäglich biederen, kraß populären Fernseh-Talkshow
zum Thema *"Wahre Freundschaft"* sagte dieser Tage ein Martin Hecht, 46,
Medien-Publizist und Autor eines einschlägigen Aufsatzes über Freundschaft,

daß *wahre Freundschaft eine Liebe sei*: *was denn sonst*?

Erkennt man auch an so mutigem Eingeständnis,
daß wir uns im 21. Jahrhundert befinden? Vielleicht.
Denn Schiller und seine Zeitgenossen mußten noch umgekehrt
ihre Männer-Lieben als *"Freundschaften"* kaschieren.

Aber je mehr nun der wahre Sachverhalt beim Namen genannt werden kann,
desto weniger gibt es das vermutlich noch leibhaftig so.
Niemand wird dabei als solcher Freund geoutet oder bloßgestellt.
Fast ist da schon von einer Schimäre die Rede: einer bloßen Idee,

einer schönen Möglichkeit.

*

Im Fernsehen werden heuer die Weihnachtslieder von den beliebtesten Köchen der Nation gesungen.

Also dürfte das Essen in vakanten Küchen jetzt von Weihnachtsmännern angerichtet werden.

Oder auch: keiner kann das, was er tut.

2013.

*

Männliche und weibliche Gehirne unterscheiden sich,

haben Madhura Ingalhalikar und Kollegen an der *University of Pennsylvania* in Philadelphia findig ermittelt und jetzt im Fachblatt *"Proceedings of the National Academy of Sciences"* veröffentlicht,

sie unterscheiden sich nicht zuletzt auch durch ihre diskrepante "Verdrahtung". Bei Männern ist die Zahl der Verknüpfungen <u>innerhalb</u> jeder der beiden Gehirnhälften zahlreicher, bei Frauen die Kontakte <u>zwischen</u> diesen beiden Hauptregionen.

Die Folge hiervon solle sein:

Männer übersetzen die Erkenntnisse ihres Gehirns meist in Aktionen,

Frauen verbinden sie eher mit Emotionen.

Aber wie sollen da Verständigungen je noch funktionieren? Kann ja gar nicht klappen. Demnach:

"Amnestie, Amnestie allen armen Sündern"!

*

Von meinen bisherigen Publikationen scheinen mir selbst

"Hahnenschreie" die originellste und fantasievollste,

"Liebesbrief an fremden König" die persönlichste,

"Kinderrassel" die liebenswerteste,

"Sterngucker" die wichtigste,

“Halalí” die popularisierbarste,

“Alexanderkuchen” die literarisch beste,

“Bodenschätze” die imposanteste und verzichtbarste/unverzichtbarste,

“Piazza im Walde” vielleicht die reifste,

“Musick mit arsch” die wissenswerteste,

“Geflechte” die lesbarste

und *“Wirrwarr im Lot”* irgendwie die elitärste,

aber *“Nach oben offen. Reflexe”* mit all ihren sieben Bänden die bei Weitem interessanteste zu sein; daher wurde sie auch am wenigsten verkauft und gelesen: quasi überhaupt nicht. Sie ist noch ganz bei mir. (Und fühlt sich da sehr wohl.)

Wird trotzdem oder grade deshalb hiermit fortgesetzt.

*

Wie ich Jahrzehnte lang weiße Socken nur trug, um einem modischen Verdikt zu trotzen. Die absurde Verteufelung einer so neutralen Textilie machte sie dauerhaft zu meinem Favoriten.

Das mag viel über meine sozialen Positionen verraten: niemals das sinnlos Modische oder sinnlos Verallgemeinerte bedienen.

*

Das Jahr 2013 geht zu Ende, und niemand in unserer novitäten- und jubiläensüchtigen Öffentlichkeit hat darauf hingewiesen, daß es vergangenen 16. Juni den 700. Geburtstag des Giovanni Boccaccio enthielt: eines der größten Poeten und Literaten aller Zeiten.

Siebenhundert verweht wie nix… !

Aber da die Kulturredaktion eines Hörfunksenders gestern im Fernsehen andere angekündigte Sendungen zugunsten einer außerprogrammmäßig aufgebauschten Feier ihres eigenen zehnjährigen Bestehens skrupellos vergraulte, hätte in diesem Jahr auch irgendjemand getrost an das 660jährige Vorhandensein des *“Decamerone”* erinnern können.

Oder ist das eine neue *pasta*? Sowas wie Stracciatelle? In Ulm gibt es immerhin schon eine *cucina italiana* namens *Boccaccio.* Die Fernsehköche befragen: die wissen immer, was uns gut tut!

Sie hätten auch sicher gern eine der tausend schlechten Sendungen zum 100. Geburtstag des faschistischen Richard Wagner heuer an den 700. Geburtstag dieses noblen Humanisten abgetreten.

Wie sollen sonst auch all die armseligen Redakteure bei den Fernsehsendern erraten oder ahnen, was sich vor siebenhundert Jahren ereignete?

*

Dieser hochkarätige Tenor Christoph Prégardien, der sich mir vor anderthalb Jahrzehnten mit Schillers Frage *"Schöne Welt, wo bist du?"* (aus den *"Göttern Griechenlandes"*) als kongenialer Schubertsänger erstmals und *attacca* ins Herz sang,

hat mich nun zu später Stunde auch mit ihrer beider *"Schönen Müllerin"* (für die dieser Sänger, selbst da auch bereits über fünfzig Jahre alt, mit internationalen Preisen überschüttet wurde) zu versöhnen und zu überwältigen vermocht.

Wohlverstanden:
das Weltbild dieses romantischen Liederzyklus bleibt mir
mit seiner frühbiedermeierlichen Enge und Einfalt nach wie vor
hochgradig wesensfremd. Daß Schubert gleichwohl
mit seinem melodischen Genius überrumpelt, überrascht nicht.
Wohl aber diese Texte
jenes gleichfalls allzu früh, 33jährig, verstorbenen Poeten Wilhelm Müller.

Was er hiermit schon als 27jähriger veröffentlichte,
ist für uns Heutige wie von einem andern Stern:
so bieder, so naiv und präfreudianisch, auch so lebensfremd und unschuldig:
weltverloren.
Gleichwohl besticht es auch jetzt noch mit seinem Sog.

Denn zum Einen lehrt es uns Großstädter,
daß auch unser aller jetziges Seelenleben immer noch Teil der Natur ist
und sonst gar nichts. Dieser Müller projiziert alle Emotionen
seines hoffenden, seines seligen und seines verzweifelnden Protagonisten
auf Blumen, Bäume, Bach oder Sterne und berät sich mit denen allen
über die verschwiegenen Vorgänge in seiner Psyche.
So vergißt er keine Sekunde lang, daß sein ganzes Gefühlsleben

eingebettet ist in eine Umwelt, die stärker und wichtiger ist als unsereins: ewiger.

Zum Andern tut Müller das alles diskret.
Oder indirekt: nie drängt er sich selber und seinen Helden ins Rampenlicht.
Eher verheimlicht er sie beide und verallgemeinert behutsam.
Er verrätselt viel lieber. Nur den sorgsamen Spurensucher läßt er erahnen,
was er sich wünscht, was tatsächlich geschieht und was ihn so leiden läßt,
daß er resigniert und den Tod sucht.
Sein Mitteilen ist zugleich Verschweigen.
So bescheiden bleibt er, so vornehm, so nobel.

Dieser verloren gegangene Wilhelm Müller kann uns
und unsern grobschlächtigen Plakatismus nur beschämen und viel lehren.

Prégardien gar und sein ebenfalls kongenialer Pianist Michael Gees vermitteln das alles faszinierend. Die Aura ihres Stuttgarter Konzerts (von 2008) mit diesem Zyklus ist betörend und außergewöhnlich.

*

Von Franz Schubert ist einmal mehr nachzutragen, daß er gleichwohl am allerliebsten Gedichte von Goethe vertonte: insgesamt runde achtzig.

Sechzehn von ihnen schickte er über seinen Gönner, den k. u. k. Hofrat Joseph Ritter von Spaun, im April 1816 an ihren Poeten. Schon im Mai 1816 folgten mit gleicher Empfehlung zwölf weitere.

Alle 28 wurden von Goethe kommentar- und wortlos zurückgereicht.

Trotzdem schickte Schubert fast zehn Jahre später, 1825, noch einmal ein Sortiment seiner Goethe-Vertonungen mit eigenhändigem Widmungsschreiben nach Weimar: wieder ohne jede Reaktion.

Solch ein Wohlverhalten ist also nicht erst Usance dieses 21. Jahrhunderts und heutiger Höflichkeit, sondern Tradition der vermeintlich Etablierten schon immer.

*

Zu den erschütterndsten Kollisionen der Weltgeschichte mit zwischenmenschlichem Fehlverhalten dürfte eine Szene zählen, die sich am 20. September 1992 im pfälzischen Unkel am Rhein ereignet hat.

Michail Sergejewitsch Gorbatschow, Ikone des Weltfriedens nach dem *Kalten Kriege*, wollte dort dem todkranken Willy Brandt, seinem ausgewiesenen Vorkämpfer in derselben gemeinsam globalen Entspannungspolitik, eine letzte Aufwartung machen. Aber er wurde von Ehefrau Brigitte Seebacher durch die Sprechanlage mit einer einzigen Silbe am Gartentor abgewimmelt:

"Nein".

In einer Fernseh-Dokumentation über Willy Brandt, den er bei dieser Gelegenheit als seinen eigenen Vorläufer pries, hat Michail Gorbatschow das 2010 persönlich direkt in die Kamera erzählt.

Er habe dort und damals keine Möglichkeit mehr erblickt, noch weitere Erklärungen abzugeben, aber noch eine Weile gewartet, ob ihm vielleicht doch noch geöffnet werde. Das sei aber nicht erfolgt, und er sei schließlich unverrichteter Dinge wieder weggefahren.

Diese Szene ist in ihrer Peinlichkeit unüberbietbar.

Sie kann auch nicht oft genug berichtet werden.

*

Ihr folgt mit geringem Abstand die unterlassene Einladung Rut Brandts zu den Trauerfeiern für Willy Brandt, mit dem sie 32 Jahre verheiratet war und drei Söhne hatte.

Da ist nicht nur menschliche Größe zu lernen: auch Anstand und politische Sensibilität. Darum kann auch das nicht oft genug wiederholt werden.

Gründe oder Legitimationen hin oder her: für alles das dürfte die somit sehr schuldig gewordene Frau Seebacher, zur Unperson der Geschichte geworden, ewig und unamnestierbar in der Hölle schmoren.

*

Edith Piaf (in einem Interview) :

"Ich glaube nicht an den Tod.

Wenn man stirbt, beginnt man erst zu leben.

Ich denke, nach dem Tode finden die sich wieder, die sich wirklich lieben.

Ganz sicher."

Begab sich denn auch schon 47jährig auf die Suche nach ihren vorausgegangenen Lieben.

*

Was Hölderlin unter dem 4. September 1795 in Schillers *"Horen"* publizierte:

"Ich glaube, daß dies das Eigentum der seltnen Menschen ist, daß sie geben können, ohne zu empfangen, daß sie sich auch 'am Eise wärmen' *können."*

Selten oder nicht: es ist gewöhungsbedürftig!

Aber wahrscheinlich unumgänglich und unvermeidbar richtig so.

*

Aber Boccaccio schrieb schon vor runden 660 Jahren, selbst etwa 35jährig, *anno* 1348 in seinen *"Decamerone"*:

"Diejenigen aber, die sich über mein Alter aufhalten, dürften nicht wissen, daß der Stengel des Lauches grün bleibt, wenn der Kopf auch weiß ist ... ".

*

Erst Horst Caspar, dieser Cherub und Gottesbote, mußte mich heute (im Schiller-Film von Herbert Maisch) mit leuchtendem Antlitz und Himmel in den tiefernsten Augen daran erinnern, daß der junge Schiller nicht nur ignoriert und übersehen, auch nicht lediglich mißachtet und gedemütigt, sondern massiv unterdrückt und bedroht, vor Zuchthaus und Todesstrafe zur Flucht und zur Auswanderung in fremdes Nichts gezwungen wurde.

Das nahm er alles klaglos auf sich: einem *opus* zuliebe, von dem er selbst, als das alles so geschah, erst höchstens was ahnte.

Danke, Horst Caspar, Du geliebter *arcangelo divino*: ich verstehe Deine Botschaft und danke Dir für so hilfreiche Relativierung.

*

Johann Sebastian Bach und dessen Zeitgenossen waren womöglich gar nicht so fromm, wie sie schienen. Sie verehrten viel weniger die "Fakten" der "biblischen Geschichte" als vielmehr die Lebenshilfe einer übergeordneten Institution des Absoluten, einer Allmacht, von Anbetungswürdigem, von Ewigem. Es erleichterte ihrer aller Alltag. Also wurde es kultiviert.

2014 (79- bis 80jährig)

Popstars pflegen in unsern wahllosen Zeiten vollkommen unkritisch angehimmelt und allzu bereitwillig angenommen zu werden. Niemand überprüft oder hinterfragt da einen Weltruhm nach seiner Berechtigung.

Von den vielen Belegen für diese Behauptung beschäftigt und beunruhigt mich schon seit vielen Jahren ein Einzelfall wie kaum ein anderer: der jenes britischen Bauarbeiters und Englischlehrers Gordon Sumner, der aus der Grafschaft Northumberland, heutigem *Metropolitan County Tyne and Wear* an der schottischen Grenze, stammt und sich als Weltstar lieber *"(Wespen-) Stachel"* nennt: *Sting*.

Sein Anspruch und Ehrgeiz scheinen maßlos, überflügeln seinen Fleiß offenkundig bei Weitem und blenden ihn wohl auch selbst erheblich. Denn er dürfte mit all seiner angeborenen *mezza bellezza* so faul sein, daß er nie für ein angemessenes Können Sorge getragen hat. In der Tat kann er wenig. Singen am allerwenigsten. Er scheint den Bodensatz seiner Naturstimme schon für karrieretauglich zu halten und knödelt, wie ihm der Schnabel gewachsen ist. Leider ist er nur wenig gewachsen. Es klingt kümmerlich und drückt nur wenig aus.

Trotzdem kassiert er damit seit Jahrzehnten Spitzengagen und wird einschränkungslos verehrt.

Würde er irgendwelche Schlager trällern, wäre das alles nicht der Rede wert. Aber er hält sich für einen seriösen Künstler, greift insofern allzu hemmungslos nach den Sternen und strebt auch gern nach höchsten Ehren und Partnerschaften.

So erdreistete sich der Vierzigjährige schon 1992, zusammen mit dem grossen Luciano Pavarotti jenes *"Panis angelicus"*, einen sakralen Hymnus, zu singen, den der deutsch-belgische Spätromantiker César Franck 1872 in Paris nicht für Popstars, sondern *"für Tenor, Harfe, Cembalo und Orgel"* komponierte und der normalerweise ins Solo-Repertoire primär von Spitzentenören, bisweilen auch von Spitzensopranen gehört. John McCormack und Plácido Domingo haben ihn zum Beispiel ebenso hingebungsvoll gesungen wie Pavarotti auch noch ohne so dilettantische Unterstützung, aber selbst so viel jüngere Sänger wie Juan Diego Flórez und Vittorio Grigólo, gar die Lyrische

Koloratursoubrette Kathleen Battle: lauter allererste Adressen seriösen Kunstgesanges also.

Aber dieser Sting war ehrgeizig genug, da mitzumischen, und tat das wahrhaftig im Duo mit Pavarotti und vor den Fernsehkameras der ganzen Welt. Was er da von sich gab, war schmal, eng und frigide, kaltherzig und anämisch, ohne jede Atemstütze völlig klanglos und trotz all der überempfindlichen Mikrofone ringsumher noch viel zu leise, nur aus dem Halse gesäuselt: eine einzige Peinlichkeit im riesigen Schatten des souveränen und herzerwärmenden Retters Pavarotti.

Sting selbst schien davon nichts zu bemerken und vermarktet seither bedenkenlos auch anderweitig Musik, mit der er haushoch überfordert ist. Er scheint sich wirklich für einen begnadeten Vokalisten zu halten.

Medien, Fangemeinde und Gagenniveau attestieren ihm das auch schon seit Jahrzehnten.

Nicht singen zu können, ist keine Schande. Aber nicht singen zu können und sich damit aufzuspielen, ist ein Ärgernis und nur heutzutage ein Pfund zum Wuchern.

Einzig das (und gar nicht die Person Sting) sollte hier thematisiert werden. Es ist bezeichnend und erbärmlich.

*

Appendix zu *"Reflexe 7"*, Nummer 340:

In *New York* ist dieser Tage Martha Eggerth gestorben: 1912-2013. Also wurde sie 101 Jahre alt, gesellt sich insofern ins Register all der anomal langlebigen Sänger und mit Roy Henderson, mit Gina Cigna also gar in deren Spitzentrio (gleich nach Johannes Heesters mit seinen gut beatmeten 108 Jahren, davon ganze 90 auf der Bühne und 87 vor der Kamera: *chapeau haut de forme*!).

Einmal mehr: Singen als Lebenselixier!

*

Appendix zu *"Reflexe 7"*, Nummer 301/I:

Erst Eberhard Schoener, diesem Pionier elektronischer Musik (aber selbst auch Dirigenten), verdanke ich einen Hinweis, den er im September 2013 beiläufig in ein Fernseh-Interview der Münchner *“Nachtlinie”* verpackte: das Handwerk eines Kapellmeisters habe sich radikal verändert, seitdem er beim Dirigieren immer öfter auch gefilmt zu werden pflegt. Das hat zur Folge, daß er dem Publikum während seiner Arbeit nicht mehr durchgängig den Rücken zukehrt, sondern jeden Augenblick überraschend vielleicht auch sein Gesicht. Also dirigiert er seither in zwei Richtungen und berücksichtigt das auch in seiner ganzen Zeichengebung: ein Damaskus!

Das Resultat: sei es unbewußt, will er inzwischen nicht nur sein Orchester informieren, sondern auch einem uferlos erweiterten Publikum imponieren, dem er vortäuscht, seine Instrumentalisten setzten jeweils im Bruchteil von Sekunden um, was er ihnen da mit seiner hochbegabt einfallsreichen Physiognomik und Gestik unverhofft zu signalisieren weiß. Aus dem Taktgeber ist ein Pantomime und Show-Star geworden, der nicht nur Zuhörer, sondern nun auch Zuschauer zu unterhalten imstande ist.

Das baut er nun immer weiter aus und macht es zu seiner zweiten divertenten Artistik. Leonard Bernstein war bei alledem besonders einfallsreich, und Simon Rattle imitiert das schamlos onanistisch. Auch fast alle andern wollen inzwischen ein latentes Millionenauditorium amüsieren.

Der große Claudio Abbado hingegen scheint sich beim Arbeiten nicht allzugern filmen zu lassen und nennt sich bisweilen im Vor- und/oder Nachspann gern einfach *concertatore*, sowas wie einen *Konzertmeister:* also will er da weder herrschen noch als *entertainer* oder Improvisationstalent gefallen, sondern konzertieren, also musizieren: “weiter nichts”.

Bisweilen scheint er auch Anweisung gegeben zu haben, ihn möglichst selten ins Bild zu bannen: lieber die musizierenden Mitglieder seines jeweiligen Orchesters!

*

Das Monströse und zugleich Betörende der japanischen Geigerin Midori Gotō (japanisch: Gotō Midori): keins der ewigen *Fleißigen Lieschen*, sondern eine Alternde ohne Glamour, aber heillos besessene Könnerin. Deren Vita?

*

Zeit des Bilanzierens, nach all der Fülle.

Zum Beispiel, wer zu meinen langen Lebzeiten

die drei besten Sänger dieser letzten hundert Jahre waren

Sänger oder Sängerinnen?

Gut, erst das Eine, dann das Andere.

Aber warum denn nur drei?

Gut: drei Sängerinnen, dann drei Sänger.

Nee, sind immer noch zu wenig.

Na, gut: dann eben sieben.

Sieben beste Sängerinnen und sieben beste Sänger?

Nach Deinem *gusto*, ja!

…

Also, Platz eins und zwei bei den Sängerinnen … gehen … nach meinem *gusto* … an Maria Callas und/oder Jessye Norman.

Und oder oder? Wer ist Nummer eins?

Sollen die beiden unter sich ausmachen. Aber Platz drei und vier gehen dann an Erna Berger und Kathleen Ferrier.

Etwa alphabetisch?

Mir egal.

Und die Plätze fünf bis sieben?

Gehen an Martha Mödl, Elisabeth Grümmer, Leontyne Price und Cecilia Bartoli.

Das ist eine zu viel.

Noch nicht für mich, du: Dorothee Mields noch.

Dorothee wer?

Mields. Blotzky-Mields.

…

Na, gut. Und bei den Männern?

…

Also, in welcher Stimmlage, bitte?

In jeder.

Na, schön. Der beste Tenor war für mich in diesem Zeitraum Carlo Bergonzi.

Ach. Und der beste Bariton?

Moment mal: der beste Baß war zweifellos Gottlob Frick.

Nicht Siepi: Cesare Siepi, nein?

Doch, aber der war Baßbariton. Als Baßbariton ein Allerbester, klar.

Und der beste Bariton?

Der beste Bariton in den letzten hundert Jahren ...war ...
waren Josef Metternich und Heinrich Schlusnus.

Das sind ja zwei.

Ach, tatsächlich? Dann eben halbe-halbe.

Und weiter?

Nummer vier bis sieben sind dann alles Tenöre, aber ganz unterschiedliche.

Nämlich?

Anton Dermota, Luciano Pavarotti, Nicolai Gedda und Philippe Jaroussky.

In dieser Reihenfolge?

Oder umgekehrt. Als Paket. Oder Block. Als Quartett.

Kein schlechtes Jahrhundert, demnach?

Nein, demnach ein Jahrhundert mit schön viel Hansaplast.

Mit Hansaplast?

Oder Sedativen. Nein, Palliativen. Mit Haltegriffen.

Pavarotti ein Haltegriff?

Eigentlich eher ein Wegweiser. Oder Leuchtturm. Ein Gottesbeweis.

Aha.

Ja, lauter Gottesbeweise, diese sieben.

Diese achtzehn.

Oder sowas. Eine große Hilfe: tausend Dank!

*

Darf man noch einen Namen nachtragen?

Welchen denn?

Harry Belafonte.

Ist doch kein Opernsänger.

Aber singender Haltegriff.

Also Gottesbeweis?

Also Gottesbeweis.

*

In Beckmanns Talk-Show der ARD am 9. Januar 2014 partizipierte ein Aufsehen eregend heiterer Mann, der sich ständig auf der Suche nach belachbarer Komik zu befinden, alles recht gutmütig zu ironisieren schien und sich beiläufig als leiblichen Vater von drei Söhnen und einer Tochter *"outete"*:

Ein Redaktionstext stellte ihn so vor:

"Georg Fraberger (Psychologe)

Der Österreicher, der ohne Arme und ohne Beine geboren wurde, arbeitet als Psychologe in einem Krankenhaus. In seinem Buch "Ohne Leib, mit Seele" *wirft Georg Fraberger Fragen auf: Was macht den Menschen aus? Welchen Körper braucht er dazu? Und was passiert, wenn jemand den körperlichen und geistigen Anforderungen unserer Gesellschaft nicht entspricht?"*

*

Ein Fußproblem zwingt mich, zwei unterschiedliche Strümpfe anzuziehen. Das erinnert sofort an Shimon Malin's Publikation *"Nature Loves to Hide"* von 2001 und deren deutschen Titel: *"Dr. Bertlmanns Socken"* (2006).

Er bezieht sich auf den österreichischen Physiker Reinhold Bertlmann, der bei seinem Arbeitgeber CERN auch dadurch auffiel, daß er stets verschiedenfarbige Socken trug. Kollege John S. Bell nannte daher 1981 einen seiner wichtigsten Aufsätze zur Quantenverschränkung *"Bertlmann's Socks and the Nature of Reality"*.

Hier verglich er Einsteins weltberühmten *EPR-Effekt* mit den diskrepanten Strümpfen seines Mitarbeiters: *"Wenn Bertlmann um eine Ecke kommt und man sieht, welche Farbe einer seiner Socken hat"*, vereinfacht *wikipedia* das auf seine populistische Weise, *"dann könne man mit Sicherheit voraussagen, dass der zweite Socken nicht auch diese Farbe hat. Der Gedanke läge also nahe, dass es sich bei der Quantenverschränkung ebenso verhalte"*.

Just heute könnte der große Bell sowas Weltbewegendes auch bei meinem Anblick behaupten.

*

Siehe und befolge formal tunlichst *Decamerone, Narrenschiff, Lalebuch (Schildbürgerstreiche), Unterhaltungen deutscher Ausgewanderten* (oder *Eingewanderter*) – also Akkumulation divergenter Narrative!

*

Bei pauschaler Lektüre der eigenen Tagebücher fällt überraschend auf, daß die Notate in lokal oder äußerlich exotischen Situationen häufig einen Niveau- oder Qualitätssprung fixieren: sie greifen höher, sind klüger und origineller als die heimischen. Wie das?

Entweder macht sich so die Reduzierung äußerer Ablenkungen positiv bemerkbar und öffnet jenen alltags leicht versperrten Zugang zu verschütteten Quellen.

Oder aber: unterbewußt verschafft sich da die Psyche unter der dortigen Übermacht an dominanter Natur die benötigten Gegengewichte und wird entsprechend kreativ. So würde sie Defizite kompensieren.

Oder auch: sie kontrapunktiert so die jeweils kulturellen Mankos im *ambiente*.

All das gefiele.

*

"Wahrhaftig steckt die Kunst in der Natur", hat Albrecht Dürer schon um 1500 dem *"Alexanderkuchen"* (Seiten 181ff.) vorgegriffen und hinzugefügt: *"Wer sie herausreißt, der hat sie"*.

Tatsächlich scheint es ja immer noch auf dieses Herausreißen anzukommen.

Aber das eben muß man tollkühn versuchen.

Und sich dabei bewußt bleiben, wo das Herausgerissene herkommt oder eigentlich zu Hause ist:

wessen Bestandteil es auch nach dem Herausreißen immer noch ist und ewig bleiben wird.

*

Raymond Radiguet, dieses gehätschelte Juwel der Pariser literarischen Avantgarde zu Beginn des 20. Jahrhunderts, von Modigliani porträtiert und noch am Ende desselben Säkulums Lieferant prominenter Filmvorlagen (für Autant-Lara, für Allégret, für Marco Bellocchio und Gérard Vergez), wurde,

muß ich erst aus dem Cocteau-Marais-Film des Dokumentaristenpaars Yves Riou und Philippe Pouchain erfahren,

nur zwanzig Jahre alt und starb 1923 als Pariser Prominenz an vulgärem Typhus.

Wäre auch das schon selbst ein Stoff? (Eher nicht: Kitschgefahren!)

*

"Man muß sehr stark sein", hat Pasolini erfahren müssen und irgendwo begründet: *"um die Einsamkeit zu lieben"*.

Sicher richtig.

Aber würde auch die Umkehrung stimmen: daß man die Einsamkeit lieben muß, um stark zu sein? Oder um es überhaupt je werden zu können: nur als Einzelgänger, vollkommen isoliert? Ein *sine qua non*?

*

Irgendwo anderwärts hat Pasolini mit seinem skandalierten Stoßseufzer, wie schön es in Italien doch zu Mussolinis Zeiten noch war, schon zu recht früher Stunde begriffen und veröffentlicht, daß der Konsumismus dessen, was wir immer noch als *Freie Marktwirtschaft* praktizieren und verklären, für eine menschliche Gesellschaft viel verhängnisvoller und zerstörerischer ist oder werden kann als sogar jeglicher Faschismus.

Das war zumindest visionär und prophetisch: sei es überspitzt, bestimmt auch leider wahr.

*

Die zehn besten Opernsänger der letzten hundert Jahre haben wir also. Aber wer war zeitgleich nach deinem *gusto* der größte Schauspieler?

Horst Caspar.

Und bei den Frauen?

Hermine Körner.

… Sonst weiter niemand?

Doch, Hans Moser.

Ach.

Moment mal, stop. Natürlich auf gleicher Höhe mit Elisabeth Bergner. Und mit Heinrich George. Und Paula Wessely.

Wären jetzt aber erst neun.

Aber was für welche!

Fehlt nur noch einer bis zehn.

Gut, Martin Held und Marianne Hoppe. Ach, und Leopold Rudolf natürlich!

Sind jetzt zwölf, aber alle tot. Keine heutigen Besten?

Doch, Susanne Lothar.

Lebt auch nicht mehr.

Dann Helmut Lohner: ein Genie.

Aber alle deutsch. Und lebt der noch? Oder deutschsprachig. International keine Besten oder Allerbesten?

Doch, Charlie Chaplin: deren Allerallerbester.

Und Beste?

Ingrid Bergman, Laurence Olivier und Marcello Mastroianni.

Lauter Europäer. Und in den *USA*, in Hollywood?

Marlon Brando und James Dean.

Kaum Frauen?

Ach, und Gérard Philipe noch: ganz unvergeßlich!

Sind jetzt erst acht.

O Gott.

Nur noch zwei.

Von solchem Kaliber? … Warte mal … Auch bloße Kamera-Ikonen?

Nein, nur Schauspieler-Elite.

Dann gib mir Bedenkzeit!

Gut, bis dann!

Bis dann!

*

All mein angesammelter Abscheu vor dem 19. Jahrhundert

– vor seinem Biedermeier, seinem Victorianismus, seinem Wilhelminismus und Präwilhelminismus, also durchaus auch vor Romantik (und Spätromantik), auch vor dem Geiste seiner Gründerjahre, seiner industriellen Revolution, seinem Materialismus und materialistischen Marxismus, vor Rektor Duden und Freimaurer Knigges Folgen, all das –

könnte letztendlich vielleicht auch nichts Anderes sein als die Aufmüpfigkeit eines Sohnes: Opposition gegen das Vorgefundene, gegen alles Aufgepfropfte und zwanghaft Anerzogene, gegen ein Erbe also

und insofern ein Stereotyp, ein Klischee.

Aber dann wäre er gar kein Abscheu vor dem 19. Jahrhundert, sondern nur landläufig üblicher Generationenkonflikt und lediglich jahrgangsbedingt, weiter nichts. Er relativierte sich demnach, entschärfte sich folglich und enttäuschte mich entsprechend.

Aber die Fähigkeit zu einer solchen Relativierung weist mich dann schließlich doch durchaus als Produkt nur des 20., keineswegs des 19. Jahrhunderts aus. Relativieren konnten unsre Großeltern eher überhaupt nicht. Das können erst wir –

und das ist gut so.

(Na?)

*

Dumme Intellektuelle – eine Landplage: Zerrbild einer vermeintlichen Gottesidee; heutzutage eine Seuche, hochgradig infektiös und letal nicht für betroffene Individuen, sondern ganze Gesellschaften. Ein Flächenbrand.

*

Das kommt davon, wenn man sich achtzig Jahre lang außer Stande sieht, einen Zugang zum großen, aber artfremden Nietzsche zu finden:

erst jetzt entdecke ich durch Zufall – nur durch Recherchen nach meinem seit Jahrzehnten favorisierten Symbol des altägyptischen Oúrobóros – einen Aphorismus jener anhaltisch "übermenschlichen" Koryphäe, den ich nur allzu gern all den Motti der BODENSCHÄTZE (auf Seite 5) hinzugefügt hätte (etwa jenem bislang etwas rätselhaften Zitat von Paul Griffiths und Tan Dun aus deren *"Marco Polo").*

Besagter Spätling von Nietzsche stammt aus dessen *"Nachlaß der Achtzigerjahre"* und hat diesen Wortlaut:

"Allem Zukünftigen beißt das Vergangene in den Schwanz."

Allen selbsternannten Mini-Revoluzzern, die *anno* 2014 ein Theater von morgen zu erfinden behaupten, sollte dieser Satz täglich ins Haus geschickt werden.

*

Na?

Was is?

Du fragst ja gar nicht?

Was sollte ich fragen?

Na, nach den drei Schauspielernamen, die ich dir noch schulde.

Waren es nicht bloß zwei?

Keine Ahnung. Oder vier, egal.

Und welche wären das also?

Nur unter einer Bedingung.

Na?

Daß ich dir vorher auch noch paar deutschsprachige hinzufügen darf.

Wieviele denn da jetzt noch?

Nicht gezählt: so zwei bis drei.

Dann wären es schon mehr als fünfzehn.

Sind es nicht in Wahrheit noch viel mehr? In einem ganzen Jahrhundert?

Na, sag schon.

Erst die deutschen?

Erst die deutschen.

Also unbedingt Romuald Pekny.

Wie heißt die?

Romuald Pekny: ein Mann. Dann Mila Kopp. Und Erwin Kalser.

Kennt kein Mensch mehr.

Darum sind sie mir ja noch so wichtig:
lauter Allerbeste, die niemand mehr kennt.

Alle schon tot?

Keine Ahnung. In meiner Erinnerung quicklebendig.
Mit ihren wunderbaren Stimmen und Bewegungen.
Mit all den Ekstasen, die sie ausgelöst haben. Ach, und
Hannes Messemer natürlich.

Da schwant mir was. Spielt immer Nazis oder sowas. In SS-Uniformen?

Ja, in solchen Filmen. Aber auf der Bühne alles querbeet. Konnte alles.
Wirklich alles. Als er in seiner Bochumer Zeit einmal krank wurde,
mußte sein Theater eine ganze Woche lang schließen:
weil es keine einzige Aufführung in seinem Spielplan hatte,
in der er nicht zentral oder stücktragend beschäftigt war.
Und immer höchstkarätig: mit Hochspannungsfrequenzen.
So, und zum Schluß noch zwei allerletzte Allererste:
Werner Hinz und Käthe Gold.

Schluß: das sind ja jetzt schon zwanzig. Statt zehn.

Ja, und?

Und jetzt noch die fehlenden internationalen.

Da hätte ich bloß noch vier bis fünf.

Auch so unbekannte?

Wäre ja eher dein Problem. Montgomery Clift.

So ein Blasser mit starren Augen? Aber ruhig mal weiter.

Yves Montand.

Dieser Sänger?

Dieser singende Schauspieler: der Extraklasse!

Na, von mir aus.

Und Oskar Werner.

Ein Deutscher?

Ein Österreicher in internationalen Filmen.

Sag bloß!

Ja, und zum Schluß noch
Burt Lancaster, James Mason und Charles Laughton. Also mindestens.

Danke, das reicht dann aber wirklich.

Aber die alle wären sozusagen nur die *bel étage*.

Gibt es noch welche im Souterrain?

Zumindest einen. Aber nur auf der Bühne. Und nur
wo überhaupt nichts Literarisches gespielt wird.

Boulevard?

Nein, Klamotte. Komödiantischer *underground*, aber oft genial.

Na, sag schon.

Willy Millowitsch.

Im Fernsehen fand ich den eher peinlich. Oder langweilig, doof.

Ja, mit diesen Drehbüchern dort.
Aber in seinem eigenen Theater in Köln:
dieser Klitsche in der *Aachener Straße*, in beliebigen Routinevorstellungen,
wenn keiner das groß beachtete, alltags plötzlich,

wenn er auch improvisieren durfte und die Gnade ihn unverhofft überfiel: ein Genie.

Na, von mir aus. Aber das wär's dann auch.
Was soll hier diese ganze Nostalgie überhaupt? Also Themawechsel!

Schade.

*

Hat sich irgendwas erst einmal ritualisiert, bleibt es von nun an vollkommen unreflektiert und wird unentwegt gedankenlos wiederholt.

So geschehen mit der Berichterstattung über einen unserer zahllosen Wahlkämpfe schon vor Jahren und Jahrzehnten, als ein gelangweilter Reporter irgendwann und -wo bekannt gab, er finde jene betreffende Stimmenjagd damals überhaupt nicht spannend:

als habe ein Wahlkampf primär die Verpflichtung, amüsant zu sein – wie ein Krimi.

Seither verstreicht kein einziger Wahlkampf mehr, ohne in den Medien strikt gebetsmühlenartig als langweilig gerügt zu werden. Wirklich mag er das mit seinen unvermeidlichen Wiederholungen für Journalisten auch sein. Nur verkennen sie dabei völlig, welchen Sinn und Auftrag ein solcher Wahlkampf jeweils hat.

Er kann sich nie und nimmer zum Zubehör einer Unterhaltung von Reportern degradieren lassen. Er ist niemals *entertainment*: weder für Berichterstatter noch für sonstige Beobachter – und für die (eigentlich überhaupt nur angesprochenen) Wähler und Wählerinnen erst recht nicht.

Sondern?

Sondern eine ziemlich verzweifelte Suche nach Verbesserungen der Lebensumstände für Millionen von Menschen. Er ist absolut was Existentielles. Immer wieder und wieder. Immer wieder was Existentielles.

Ob Journalisten sich nun dabei langweilen oder nicht.

Ihr *divertimento* sollten sie wirklich unbedingt wo anders suchen als in einem Wahlkampf. Dessen Qualität bemißt sich keinesfalls je an seiner Unterhaltsamkeit.

Ein solcher Anspruch resultiert aus der grassierenden Seuche einer Boulevardisierung unseres akuten gesellschaftlichen Miteinanders. Was hier nicht Spaß macht, taugt nichts.

So pervertiert ist unsere hiesige Gegenwart mittlerweile.

So pervertiert sind wegweisend ihre medialen Dirigenten und Diktatoren.

Aber ihnen allen noch *post scriptum* ins Stammbuch geschrieben: sie selbst und ihre Ergüsse sind für uns Wählerinnen und Wähler überwiegend gleichfalls sehr, sehr langweilig: vollkommen spaßlos.

(Für die angepöbelten Politiker bei all ihrer Fron oder Kärrnerarbeit vermutlich noch sehr viel unamüsanter!)

Also!

*

Noch zur Künstlichkeit von Oper und virtuellen Realitäten heutzutage:

noch älter als die Oper ist in musikalischen Bereichen jene äußerst artifizielle Figur, die ihre Hochblüte zwar im Musiktheater des Barock entwickelt haben dürfte, aber schon seit dem Mittelalter existierte und seither Volkes Liebling geblieben ist: die Koloratur. Sie ist durch und durch transreal, also künstlich und steigerte sich bisweilen zu den virtuellsten Exzessen.

Eine andere artifizielle Vorform der Oper entstand in den frühen Oratorien mit der Diktion der Evangelisten. Sie waren eine Art Reporter und erzählten biblische Inhalte, aber mit einem Duktus, der zwar fixiert, aber musikalisch völlig ungebunden war: amelodisch, scheinbar formlos, absolut fantastisch, scheinbar beliebig und spätere Improvisationen als Idee schon vorwegnehmend oder anregend, jedenfalls in höchstem Maße artifiziell.

Aber auch manches sonstige Rezitativ, auch in mancher Oper, ist in solchem Sinne realitätsentrückt und scheinbar beliebig.

Denn vermutlich ist die ganze Musik mit dem ganzen Reichtum ihrer Formen ein Beweis für die grenzenlose Liebe des Menschen zu virtuellen Phänomenen und Phantasmen.

Erklärt insofern eigentlich sie erst den unbegreiflichen Siegeszug der elektronischen Wirklichkeitsebenen und all dessen, was wir kurzer Hand als virtuell bezeichnen? Haben Menschen von je her eine Neigung zum Irrealen und Surrealen? Oder eine Sehnsucht danach: bloß weg aus dem Realen?

Es scheint so zu sein.

*

Wie sich ritualisierte Termine, die sich alltäglich und regelmäßig wiederholen, schließlich im Körperlichen verankern, im Bios. Ihretwegen braucht man untrüglich keinerlei Uhr mehr: der Körper sagt unüberhörbar Bescheid, wann es wieder so weit ist. Auf die Minute genau.

Man könnte die Uhr vielmehr nach seinen Angaben stellen.

Vielleicht erklären sich so auch manche unbegreiflich scheinenden Pünktlichkeiten von Haustieren.

*

"Seid froh dieweil", rät ein Choral in Bachs *"Weihnachtsoratorium"*.

Den Linguisten trifft da primär die verloren gegangene Vokabel *dieweil* zentral ins Herz.

Er will sie *dieweil* in seinem vielfach mißbrauchten Gedächtnis behalten, in seinem verarmten Herzen bewegen und sie so oft wie möglich dieweil verwenden.

Denn dieses Wort ist so viel praktischer und heimeliger als sein synonymes *währenddessen*.

Die Grimms übersetzen es außerdem auch mit *weil*, ins Lateinische daher mit meinem beliebten *quoniam*, aber kennen überdies die noch reizvollere Variante *dieweil**en*** und verweisen sogar auf gelegentliches *alldieweilen*.

Mit alledem ist ein Linguist wirklich froh dieweil: vielen Dank dieweil, verehrter Picander dieweilen oder wer auch immer alldieweilen!

*

Außerdem überrascht in diesem selben *"Weihnachtsoratorium"* die Besetzung der Jungfrau und Gottesmutter Maria mit einer Altistin. Ich hätte gerade in ihrem Falle auf einen reinen und glockenhellen Sopran, eher noch auf eine ätherische, präsexuelle Knabenstimme getippt.

Aber nein, der große Erotiker Bach mit seinen beiden Ehefrauen und zwanzig Kindern hat sich bei dieser unbefleckten Madonna für eine Altistin und deren so viel sinnlichere, fleischlichere, sehr viel mütterlichere Stimmlage aus dem Unterleibe entschieden. Ist das nur antikatholisch oder sehr viel mehr? Oder lediglich sein persönliches *penchant*?

Das würde schnell an seinen Kollegen Rossini erinnern, der ja im Zentrum seiner meisten Opern den weiblichen Eros bevorzugt mit Mezzosopran oder Alt besetzte: das muß ihm sehr viel verführerischer oder sexueller und nachvollziehbarer geklungen haben als das bisweilen Schrille und Scharfe eines obligaten und eindeutig hohen Soprans. Soprane können auch aggressiv sein, Altistinnen schwerlich.

Vermutung: was diese Komponisten sich auch im eigenen Leben von Frauen erhofften und versprachen, dürfte wohl eher im Mütterlichen gelegen haben als im Megären- oder Mädchenhaften.

Insofern konnte auch Bachs Urmutter Maria nur mit der Stimm- und Seelentiefe einer Altistin singen.

Außerdem:

Da seinerzeit Frauen in Kirchen nicht singen durften, wude Bachs Maria unzweifelhaft von einem präpubertären Knaben gesungen. Da mochte für die Gottesmutter ein pueriler Altus doch noch etwas passender scheinen als ein Piepssopran. (Und die geboten unbefleckte Unschuld hatte da einer wie der Andere ohnehin!)

*

Aber das Wort *barrierefrei* gibt es bei den Gebrüdern Grimm so noch nicht. Auch in meinem Duden (noch von 1996!) nicht.

Trotzdem hört und liest man es jetzt allenthalben und leidet an peinlicher Unbildung, falls man es nicht kennt und augenblicks versteht.

Es bedeutet *Mit Fahrstuhl für Rollstuhlfahrer*.

Oder eben *Freie Bahn für Behinderte*.

Oder auch: *Para-Olympics des Öffentlichen Verkehrswesens*.

Insofern würde es sich zum *Unwort des Jahres* eignen.

Welches Sprachgenie mag sich sowas ausgedacht haben?

Und wie wurde es so schnell populär?

Der Volksmund scheint damit keinerlei Probleme zu haben: ist hierbei selbst total barrierefrei.

*

Einer unserer jüngsten und erfolgreichsten Operntenöre,
dessen Name hier nur aus Datenschutz unerwähnt bleiben soll
(weil derlei selbst für Prominente im schamlos begehrten Rampenlichte
noch gelten sollte), dieser Tenor also

singt nicht nur atemberaubend schön, sondern ist es auch von Angesicht –
eine makellose *beauté*, die ihr Publikum schon in allen Metropolen
des Planeten zu betören vermag: eben nicht nur mit Timbre und Technik
eines schönen Gesanges.

So weit, so erfreulich: jedenfalls für Pasolini und mich.

Denn dieser junge Weltstar aus Italien
könnte in all seiner jungenhaften Volkstümlichkeit
ein Geschöpf jener armseligen *borgate* am Stadtrande Roms sein,
wo der große Pier Paolo viele seiner unsterblichen Filmfiguren
leibhaftig entdeckte, sie mitten in ihren *slums* noch bewunderte, verteidigte
oder selbst auch liebte.

Mich meinerseits erinnert dieser Sänger an jenen jungmännlichen Typus,
den ich in den Romkapiteln der *“Hahnenschreie”*
willkürlich als *Fulvio* bezeichnete:

“Er ist ein Fulvio;
einer jener Jünglinge, wie die antiken Marmorbüsten sie oft präsentieren:
rundköpfig, rundgesichtig, mit kurzem, aber welligem Haar, das
nicht schwarz, das dunkelblond sein dürfte, und mit kleinem Munde, der
beim Lächeln noch kleiner wird und die Lippen kräuselt; helle Augen:
nicht eben blau, aber hell;
von eher großem Wuchs und nicht allzu hager, angenehm vollschlank
mit so griffigem Fleisch auf den Hüften wie sogar der Apoll
im Cortile del Belvedere*; und eben rundköpfig, rundgesichtig,*
mit kleinem Munde und rund.

Wie der Merkur aus dem 4. Jahrhundert vor Christus
im Etruskischen Museum *des Vatikan.*

Oder wie jener besonders bezaubernde Marmorjüngling aus dem
karischen Tralles, ein ganzes Jahrhundert jünger, aber im fernen İstanbul”

(und schon vom *connaisseur* Cocteau seinerzeit für den Umschlag
einer Buchausgabe seiner frivolen *«Enfants terribles»* verwendet;

beide antiken Mannesschönheiten finden sich
in Cécile Beurdeleys legendärem *"Amour bleu"*,
im *Evergreen label* des *Benedikt Taschen Verlages* von 1977
auf den verräterischen Seiten 31 und zweimal 31 = 62).

Denn mitten im hochkonzentrierten Arien- oder Liedervortrag
dieses singenden Fulvio also gibt es, sogar in der Dresdener Frauenkirche,
jählings unbewußte, unkontrollierte Bruchteile von Sekunden
etwa mitten im Atemholen: da scheint in diesem römischen Twen
(dessen 36 Jahre ihm beileibe nicht anzusehen sind)
noch das frühere Doppelleben einer zweiten Existenz durchzuschimmern.
Sie dürfte dann primär auf der *Via Veneto*, dem *Corso*, dem *Colle Oppio*,
auf der *Piazza Rotonda* vor dem Pantheon
oder sonst einer modisch wechselnden *piazza* der römischen *jeunesse dorée*
stattgefunden haben.

Denn schon bei seinem schlaksig saloppen Betreten eines Konzertpodiums
immer in sportlichstem *look* und mit
maßgeschneidert knackig engen Röhrenhosen über leicht erhöhten Hacken,

doch in manchem unbewachten Reflex seiner Augen,
zumal wenn er sie ungeschützt all dem Scheinwerferlichte
und jenen unbarmherzigen Kameras feilhält, die sie
akribisch protokollieren und gnadenlos vergrößern,

da blitzt dann jeweils für die Dauer einer Nanosekunde
durch all sein einwandfrei mustergültiges Benehmen noch durch,
was man in Rom einvernehmlich meist oder gern als *moretto* bezeichnet.

Ein *moretto? Una moretta* ist da eine Blondine. Was aber ist *un moretto*?

Nein, keinerlei Xanthos oder Blondchen, erst recht kein Blondi: weit gefehlt.
Denn sogar Langenscheidt übersetzt dieses Wort delikat und diskret,
also wirklich vornehm und mit nur interlinearem Subtext
als einen *willenlosen Parteigänger.*

Willenlos oder nicht:
tatsächlich gehören solche *moretti* zur Partei der erotischen Subkultur
jener *Ewigen Stadt* (und sind dort nicht minder ewig und anscheinend

ebenso unverzichtbar wie zum Beispiel jener reizvoll junge Massimo,
der mir in der Herrentoilette der einschlägig wohlbekannten Bar *“Hangar”*
auf dem römischen *Colle Oppio*
nach entsprechend schnell taxierendem Seitenblick weiland offerierte:
“Lo faccio per soldi”).

Auch auf den dortigen Pisten
verraten sich solche *moretti* just wie bei internationalen Konzerten
durch *“schnell taxierende Seitenblicke, ohne sich freilich
selbst dabei offenbaren oder festlegen zu wollen” (“Hahnenschreie”)*.
Dabei verfärbt sich ihre changierende Iris im Sonnen- oder Scheinwerferlicht
in ein so unromanisch trügerisches Hellstbraun,
daß man unwillkürlich nur noch zitieren kann, was Thomas Mann
in seinem wohlinformierten *“Tonio Kröger”* weiland mit lübischer Klarsicht
an solchen Söhnen ihres Landes bedauerte, aber festschrieb:
sie *“haben kein Gewissen in den Augen”*.

Nur wenige Sätze vorher hat er da freilich schon zugegeben:
“Die ganze bellezza *macht mich nervös”*.

Das tut sie bei all den so gern frequentierten Auftritten
dieses schönen Sängers jetzt auch mir an: selbst noch mitten in seinem
makellosen, seinem betörendsten, sei es verräterisch sakralen *belcanto*:
besonders während seiner schnell taxierenden Seitenblicke
mit hellstbraunen Augen ohne Gewissen. *Lo fa per soldi*?

Vor einer Fernsehausstrahlung
seines höchst verführerischen Herzogs von Mantua in *“Rigoletto”*
versuchte er doch tatsächlich, sein ungebildetes Glotzenpublikum
schnell noch mit dem vorausgeschickten Eingeständnis zu beeindrucken,
er singe gleich die ganze Partie nur mit einem einzigen Stimmband.

In solchen Momenten werde ich sonderlich nervös
und ist dieser Sänger der perfekte *moretto*: oder ein Strizzi. Ein Felix Krull.
Halt ein Gigolo: ein wahlloser Parteigänger.

Freilich lese ich in der Vita dieses siegreichen Welttenors,
er habe schon in frühesten Jahren zum Kinderchor
der *Sixtinischen Kapelle* gehört, schon dreizehnjährig in der römischen Oper
den Hirtenknaben der *“Tosca”* gesungen und sich in der *Scuola puerorum*
der *Sixtinischen Kapelle* musikalisch ausbilden lassen.

Vielleicht ja hat er sich ebendort nicht nur musikalisch ausbilden lassen –
na, als Seminarist all der lebenskundigen Pädagogen
und klerikalen *professori* jeglicher *paideia* daselbst?

Vielleicht hat er ja da schon juvenil gelernt,
in seinen weniger musischen Mußestunden als *moretto*
über den *Corso* zu flanieren
und dabei *“schnell taxierende Seitenblicke”* schweifen zu lassen,
“ohne sich freilich selbst dabei offenbaren oder festlegen zu wollen”.

Vielleicht hat er ja damals schon ein Doppelleben geführt?

Vielleicht tut er das ja bisweilen heute noch?

Wer weiß das schon!

Oder ich spinne
und tue diesem zweifellos außerordentlich strebsamen,
zweifellos hochbegabten Welttenor mit seinem unübersehbaren Faible
auch noch für jene geistliche Barockmusik seiner sixtinischen Jugendjahre
rundherum pures Unrecht.

Dann jedoch genüßlichst: mit deutlichem Vorsprung

zum Beispiel vor seinem Kollegen Peter Schreier aus dem
sächselnden hiesigen *Kreuzchor* und mit all seinem spießigen Goldschmuck

oder dem wahl- und hemmungslosen Jonas Kaufmann
aus bayrischen Schülerchören mit Weihnachtsliedern
auf dem Münchner Marienplatz in all seiner tumben, gerissenen
und unsensiblen Kaufhaus-Schönheit *à la mode* und querbeet;

nein, dann doch sehr viel lieber diesem mehrschichtigen Gigolo *per soldi*.

Denn mir jedenfalls berührt er mit seinem dekorativen Kunstgesang
zweierlei Seiten in der Seele und verführt mich selbst so
zu einem eigenen unsichtbaren Doppelleben.

Mille grazie, morettino bellissimo: sing weiter so schön
mit deinen schnell taxierenden Seitenblicken, sing bitte weiter!

*

Bei erwähntem *“Weihnachtsoratorium” in toto* wissen auch die Musikologen nicht so recht, wer da dem großen Johann Sebastian das Libretto zugeliefert hat. Daß es auch diesmal der umstrittene und verrufene Picander war, bleibt Vermutung und läßt sich nicht hieb- und stichfest beweisen.

Aber jener Eingangschor des *Dritten Teils* scheint mir ganz unmißverständlich diesen kecken Pionier anachronistischer Katachresen oder Kakozelonen zu verraten:

"Herrscher des Himmels, erhöre das Lallen".

Wer das im Auditorium noch erschreckt und schuldbewußt für einen eigenen Hörfehler (oder lieber für ein mangelhaftes Artikulieren dieser Chorsänger) hält, wird unverzüglich eines Besseren belehrt. Denn dieser Chor fährt fort:

"Laß dir die matten Gesänge gefallen,
Wenn dich dein Zion mit Psalmen erhöht!"

Das alles scheint mir unverkennbar authentischer Picander zu sein. Runde zweihundert Jahre, bevor sowas auch für Lyriker wie Rilke, Gottfried Benn oder Paul Celan und letztendlich gar für Journalisten rebellische Mode wurde, kombinierte dieser tollkühne Wegbereiter bereits Allerunzusammengehörigstes und paarte oder kontrastierte also den *"Herrscher des Himmels"* mit menschlichem Lallen, dieses wiederum mit dem *Erhöhen* Gottes in den *Psalmen Zions*:

damals für Gottsched und Leipziger Konsorten nur ein unbegabter Stilbruch und noch für den sehr viel späteren Albert Schweitzer nichts als schlechter Geschmack und literarisch unbotmäßiges Collagieren ganz unvereinbar erachteter Welten. Gerade die aber scheint dieser mutige und talentierte Picander beim Namen zu nennen und bewußt zu machen getrachtet zu haben.

Was für ein Freigeist! Ich applaudiere diesem unbekümmerten Eisbrecher auch noch zweihundertachtzig Jahre später: Kotau!

*

Wohl in der ersten Hälfte des Jahres 1733
schrieb der 48jährige Johann Sebastian Bach im Vollbesitze
seines musikalischen Könnens, was er selbst seinerzeit am liebsten
als *dramma per musica* bezeichnete und als schüchternen Opernversuch
gemeint und empfunden zu haben scheint. Heute nennen die Musikologen
sowas besserwisserisch eine *weltliche Kantate* und führen sie
im Bachwerkeverzeichnis BWV unter Nummer 213.

Selbiges Werk trug ja den Titel *"Hercules auf dem Scheidewege"* und wurde wie die meisten profanen Kompositionen Bachs von den halbwegs professionellen Studenten des *collegium musicum* in jenem Leipziger *Zimmermannschen Kaffeehaus* uraufgeführt, das damals noch *Zimmermannisches Caffe-Hauß* hieß, ein veritables frühes Café war und dem Studentenorchester allwöchentlich für Konzerte vorwiegend weltlicher Musik zur Verfügung stand. Sommers wurde im Kaffeegarten am *Grimmaischen Steinweg*, sonst im Saal vor 150 Zuhörern gespielt, die freien Eintritt hatten und so zur Gründung der späteren Gewandhauskonzerte beitrugen. (Die waren dann aber nicht mehr gratis.) 210 Jahre später wurde dieses historische Café von angelsächsichen Fliegerbomben bedenkenlos und unwiederbringlich in Schutt und Asche gelegt. (Heil Hitler!)

Bachs *"Hercules"* wurde da am 5. September 1733, also je nach frühherbstlicher Wetterlage im Freien oder schon im Hause uraufgeführt. Ihr Text war von jenem etwas zwielichtigen Picander, Bachs Lieblingslibrettisten, geschrieben worden, der auch Mitglied des *collegium musicum* gewesen zu sein, also mitgespielt zu haben scheint.

Gleich nach seinem berühmten Eingangschor, dessen Text *"Laßt uns sorgen, laßt uns wachen"* auch als anderer Titel dieseses Dramoletts verwendet zu werden pflegt, wird die erste Arie dieses Werkes von der allegorischen *Wollust* gesungen: mit Sopranstimme und diesem Picander-Text:

"Schlafe, mein Liebster, und pflege der Ruh,
Folge der Lockung entbrannter Gedanken.
Schmecke die Lust
Der lüsternen Brust,
Und erkenne keine Schranken."

Das singt da die personifizerte Triebhaftigkeit mit einer höchst verführerischen und stetig wiederholten Melodie, deren Süße den Titelhelden Hercules einlullen und zu Müßiggang, Faulheit und hemmungsloser Hingabe an die unreflektierten Wonnen verderblicher Sinnlichkeit stimulieren oder einschläfern soll.

Diese Melodie könnte auch jeden Zuhörer leicht zu genüßlichstem Schlendrian verlocken: so süß und betörend schmeichelt sie sich wieder und wieder in sein Gehör und seine Seele.

Insofern darf sie als zweckentsprechend und besonders gelungen gelten.

Was Musikologen oder Bach-Experten schon seit Ewigkeiten wissen, überrascht den naiveren Hörer jetzt nur umso mehr:

diese süße Melodie taucht nur ein Jahr später unverändert und ungetarnt auch im sogenannten *“Weihnachtsoratorium”* desselben Komponisten (erst unter BWV 248) auf, das sechsteilig schon zum Jahreswechsel 1734/35 in sechs verschiedenen Leipziger Weihnachtsgottesdiensten uraufgeführt wurde: also nicht in jenem Studenten-Café, sondern mit dem Thomanerchor in der Nikolai- und der Thomaskirche.

Als dort am Zweiten Weihnachtsfeiertage 1734 aus diesem Oratorium erstmals jener Zweite Teil ertönte, der die Freude seiner Umwelt über die Geburt des Gottessohnes zum Gegenstande hat, vernahmen alle sensibleren Ohren der Leipziger Gemeinde unverhofft jene unvergeßlich süße Melodie der Wollust aus dem Kaffeegarten, sogar mit nur wenig verändertem Wortlaut:

“Schlafe, mein Liebster, genieße der Ruh,
wache nach diesem vor aller Gedeihen!
Labe die Brust,
empfinde die Lust.
Wo wir unser Herz erfreuen.”

Nun weiß man natürlich, was Bach und seine Zeit unter einer *Parodie* verstanden und wie sie diese komfortable Praxis zu handhaben pflegten: man plünderte sich selbst und verwendete frühere Erfindungen noch weitere Male, getrost auch in konträrem Zusammenhang. Das kennt man also!

Aber ein und dieselbe Musik mit fast gleichem Text zunächst noch im Munde schamloser Wollust, dann jedoch ausgerechnet der Gottesmutter Maria als ihrer ersten Verlautbarung nach der Geburt Jesu Christi?

Das ist starker Tobak. Heutzutage wäre das Grund für einen Medienskandal. Damals scheint das niemanden irritiert zu haben.

Aber mehr als solche amusisch-modische Indolenz des Publikums beschäftigt mich, was in Kopf und Seele der Autoren hierbei vorgegangen sein mag. Denn zumindest dieser Komponist dürfte da als viel zu religiös erwiesen gelten, um Madonna und Metze dieselbe Tonfolge singen zu lassen. Das mit purer Bequemlichkeit oder Faulheit zu erklären, ist mir im Falle dieses fleißigen Genies zu simpel.

Außerdem hätte jener reife Bach damals auch im eigenen Fundus
schon reichhaltig sehr viel weniger prekäre Melodien
zum Wiederverwenden vorgefunden als ausgerechnet
diesen Honig skrupelloser Lüsternheit.

Was also mag ihn da bewogen haben?

Eine Entlarvung von *"unbefleckter Empfängnis"*
als promiskem Lebenswandel der Maria
ja *anno Domini* 1734 wohl noch schwerlich. (Oder gar?)

Eher vermutlich dasselbe
wie bei all seinen vielen andern sogenannten "Parodieen",
die ein damaliges *crossing over* von sakraler zu profaner Musik
(oder umgekehrt) geradezu begünstigten: seine Frömmigkeit.
Sie wußte und fühlte offenbar, wie sehr hienieden
alles immer Gotteswerk ist und ewig in seinen Händen ruht.
(*Pre-"He's got the whole world in His hands."*)

Insofern ist Alles mit Allem zumindest verwandt, wenn nicht sogar eins.
Gegensätze lösen sich in dieser Schöpfung ineinander auf,
gehören also zusammen. Kosmische Einheit
mag diesem gottbegnadeten Künstler die entscheidende Welt-
und Lebenserfahrung gewesen sein und ihn über allzu irdische Spießer-
oder Pseudomoral erhoben haben. Er könnte es gar
als seinen persönlichen Auftrag empfunden und verstanden haben,
gerade die Einheit des Konträrsten zum Ausdruck zu bringen
und bewußt zu machen.

Darum können auch Hure und jungfräuliche Gottesmutter
schadlos dieselben Lieder singen. Beide sind sobeschaffene Gottesgeschöpfe
im Universum ein und desselben Gottes.

(Wenn man dann noch bedenkt, daß beide Partieen
in den Uraufführungen unter Leitung dieses Komponisten,
Maria also ebenso wie Wollust von einem präpubertären Knaben
gesungen wurden, der alles das ahnungslos mit der neutralen Distanz eines
unschuldig außergeschlechtlichen Außenseiters vortrug,
dann wird das alles nur immer spiritueller und interessanter.)

Brisant.

*

Ob dem Gesetzgeber dauerhaft bewußt ist, daß viele seiner Verbote fast automatisch zum Bumerang werden, der sich verhängnisvoll gegen die vermeintlich beschützte Gesellschaft richtet: Prohibition, diverse Untergründe, abgerichtete Schutz- und Kampfhunde, sogar die ganze gutgemeinte Polizei und deren amerikanisch globalisierte Datenverletzung und mancherlei mehr noch?

Zwickmühlenproblematik. *Cave canem!*

*

Als Titel für eine *altera cosa* möglich: *Narranda?*

Das Fragezeichen würde noch zum Titel gehören.

Aber spätestens auf Seite 5 müßte dieses Gerundivum für alle Illiteraten erläutert werden.

Wer bis dahin gar nicht vordringt, dürfte diesen Titel getrost für einen Frauennamen und das Fragezeichen für eine Unsicherheit bei der Namensgebung eines Neugeborenen halten; von mir aus auch für einen diesbezüglichen Ehe- oder Elternstreit: Carlotta Narranda oder Narranda Gwyneth?

Anschließend hieße dann eine ganze Generation von Frauen auf jeden Fall Narranda. Oder irgendwas mit Narranda Bindestrich.

Wäre das vielleicht schon das erste *narrandum* dieses Buches? Oder sein letztes?

Auch dergestalt mißverstanden, würde dieser Titel vielleicht neugierig machen und sich insofern wenigstens kurzfristig bewähren.

[Bei *“Piazza im Walde“* schon 2015 partiell praktiziert.]

*

Mein nächstes Buch gibt es schon irgendwo im Kosmos. Ich muß es bloß zu finden wissen.

Bloß.

Einem vagen Wetterleuchten folgen.

Kennt Ihr Wetterleuchten? Die Natur hat nichts Vageres.

Dennoch verheißt es eine Art meteorologische Schwangerschaft.

*

Wer um unser geistiges Weiter- und Ewigleben so genau Bescheid zu wissen vermeint wie ich allmählich, der fragt sich hartnäckig immer wieder, was da aus Adolf Hitler geworden sein mag, nachdem er seinen Körper endlich weggeknallt hatte.

Wo in diesem Universum mag noch ein Platz für diese Psyche gewesen sein, wer wollte die haben, was konnte aus der noch weiterentwickelt werden, welche Zukunft konnte die noch haben?

Die schwersten Fragen der Welt.

Oder entsorgt auch dieses Weltall manchmal seinen Unrat?

Eher nicht. Es verbessert ihn *peu-à-peu.*

Aber diesen?

(Meine zähen Versuche, diesen Unhold nur für einen miserablen oder völlig weltfremden Realisator gut gemeinter Absichten zu halten, sind inzwischen hoffnungslos gescheitert. Seine massenmörderische Bosheit war bewußt und so gewollt.)

Also wohin damit?

*

Längst ist es mir ein stellvertretender Sport geworden, in langweiligen Fernsehspielen den leeren Schauspielergesichtern anzusehen, ob sie im betreffenden *take* noch einen Satz zu sprechen haben oder nur noch gelangweilt abwarten, daß irgendjemand *“Cut!”* oder *“Schnitt!”* ruft. Inzwischen irre ich mich fast nie mehr. Wer noch Text hat, bleibt in Spannung, wer nicht, hält situationslos nur noch hin. Keinem der sogenannten Regisseure scheint das jemals aufzufallen.

Er brauchte diese unprofessionellen Mimen bloß auf Jessye Norman hinzuweisen, die jedes Nach- oder auch nur Zwischenspiel ihres Pianisten oder Orchesters gleich anfangs dazu benutzt, tief Atem zu holen, eine neue Spannung aufzubauen, diese auch mimisch und körperlich mit der gebotenen inneren Situation aufzufüllen und ihrem Publikum zu suggerieren, daß sie da nicht nur notgedrungen abwartet, sondern höchstkarätig vorbereitet: gleich explodiert sie mit unverhofft neuen Emotionen, und das Leben geht weiter!

*

Dito Daniele Gatti zwischen den Sätzen eines Konzertes!

*

Aber gestern kulminierte statt derlei meine diesbezüglich ärgerliche Fernseherfahrung tatsächlich, als ich Juan Diego Flórez, diesen sehr bewunderten peruanischen Spitzentenor der Sonderklasse, Rossinis rare Oper *"Matilde di Shabran"* in einer Aufzeichnung aus meinem Pesaro singen sah.

Nachdem er diese Schwindel erregende Monsterpartie von fast vier Stunden mit all ihren Klippen und Fallen bravourös gemeistert und überstanden hatte, saß er in der letzten Szene da und hörte der langen Abschlußarie der Sopranistin zu. Von Olga Peretjatko wirklich meisterlich gesungen, wollte dieses späte Gesangsjuwel gar kein Ende nehmen und bot auch mir die Gelegenheit, meine Augen schweifen zu lassen. Konzentriert, aber völlig ausgelaugt saß Kollege Flórez da im Hintergrund der Szene und wartete unverkennbar nur noch auf das Ende. Ich sah ihm an, daß er nach all den Millionen Koloraturen, Finessen und Spitzentönen, nach all den Höhen und Höhen seiner mörderischen Partie nun keinen einzigen Ton mehr zu singen brauchte. In jeglichem Sinne war er fertig und verheimlichte das ahnungslos kaum noch.

Aber ihm verzieh ich das sehr viel leichter als all jenen fantasielosen und bequemen Fernsehstars nach ihren mediokren Minitakes von wenigen Minuten.

*

Was am akuten Eklat eines nur halbwegs überführten und überstürzt kriminalisierten Voyeurs oder Onanisten aus der politischen Szene am allererschreckendsten zutage tritt:

wir leben schon in einer Zeit (und gehen nur umso mehr einer Ära entgegen), in der ein Mensch kein Geheimnis mehr haben kann, ohne daß es auffliegt und öffentlich vorschnell abgeurteilt wird:

von der Meute einer neuzeitlich aufgerüsteten Inquisition oder NSA.

Recht eigentlich wird hier das Ende allen Privatlebens eingeläutet.

Himmler, Berija und Mielke global *redivivi*.

Und niemand realisiert das so, niemand tritt dem entgegen, niemand schlägt ernsthaft Alarm.

Stattdessen werden juristische Haarspaltereien ohne Belang und unbegründete Rührseligkeiten künstlich aufgebauscht, um von der eigentlich drohenden Lebensgefahr tunlichst abzulenken.

Denn ohne geheime Privatsphären dürfte ein Menschenleben weder möglich noch auch lebenswert sein.

Lebenswert ist letztlich nur, ist einzig und allein das private Leben, alles öffentliche bestenfalls punktuell, aber eigentlich tyrannisch und kannibalisch, also überhaupt nicht.

Also steht die totale Veröffentlichung ab jetzt als ein Horror am Pranger: als die Eisspitze allen Terrors.

Leute, verriegelt eure Türen, löscht eure *websites,* entsorgt eure Rechner, und igelt euch ein: verheimlicht euch!

Bekämpft und verteufelt die entsetzlich pervertierte Mode-Ikone *Transparenz*!

Sonst seid ihr allesamt bald Kafkas unschuldig abgeurteilter Geheimniskrämer Georg Bendemann aus dem Jahre 1912: *"zum Tode verurteilt durch Ertrinken"*.

Aber die Exekution vollzog dieser Delinquent dann freiwillig höchstpersönlich: just wie wir jetzt mit unserer hilflosen Selbstauslieferung an all diese mörderischen Medien und *face*-book oder onlines.

Cave canem!

*

In einem so ungebildeten und manisch volkstümlichen Jahrhundert wie dem Jetzigen halte ich täglich mehr die inzwischen mehrheitlich unbestrittene Praxis von Opernaufführungen in originaler Sprache für puren Snobismus.

Seine musikalische Berechtigung von *anno dunnemals* hat sich spätestens erledigt, seitdem fast niemand mehr über die erforderliche Musikalität verfügt, um so minimale Klangunterschiede allenfalls überhaupt zu goutieren.

Fakt ist, daß selbst ein so bildungsbelasteter Fan wie ich schon einer italienisch gesungenen Oper nicht zu folgen vermag. Heute nachmittag sehe ich mich gezwungen, das übersetzte Libretto zu Rossinis *"Matilde di Shabran"* nachzulesen, um Qualität von Musik und aufgezeichneter Aufführung überhaupt annähernd würdigen zu können. Und Librettolesen pflegt meist kein reines Vergnügen zu sein. Niemand außer mir tut sowas freiwillig.

Aber wieviel mehr würden auch weniger gutwillige und vorgebildete Opernbesucher an deutschem Gesang profitieren.

Eigentlich wäre das längst ein demokratisches Gebot oder *sine qua non*.

Die Unsitte, alles im Original zu singen, ist ja auch erst sehr jung. Als ich in den fünfziger und sechziger Jahren anfing, in die Oper zu gehen, wurde hier überall alles noch deutsch gesungen. Ich kann mich noch an Skandal und Souffleur- oder Chorstreik erinnern, als Snob und Geschäftsmann Karajan 1963 in der *Wiener Staatsoper* per Dekret (und zur Begünstigung des internationalen Marktes, versteht sich) die Originalsprache vorschrieb. Bis dahin wurde meines Erinnerns nur in Salzburg original gesungen, und dort trug das vor lauter vermeintlichen *Connaisseurs* zur professionellen Qualität bei. Oder als Abelsmal dieses hohen Grales, absolut chick, unik und snobby.

Jetzt singen Krethi und Plethi, was sie selbst kaum je und was ihre Kunden überhaupt nicht verstehen. Lauter Scheinveranstaltungen: Hilfe!

Denn Kassen und Zuschauerräume leeren sich nachvollziehbar schnell.

*

Kann es sein, daß das ein Zeichen für Todesnähe ist: wenn man sich fortgesetzt für nichts und niemanden mehr ernsthaft zu interessieren vermag –

es sei denn für Kosmisches, das aber leider unzugänglich bleibt?

Man wüßte nichts mehr, was noch mitzuteilen oder sonst zu teilen wäre.

Das schlägt einem auch die bisherigen Beschäftigungen aus der Hand.

Eigentlich ist alles gesagt oder nicht mehr der Rede wert.

Langweilig ist es sowieso.

Mir scheint das sehr auf Übergang hinzudeuten.

Die hiesige Weide ist abgegrast.

*

Erstes lyrisches Zufalls- oder Abfallprodukt nach fast 56jähriger Pause:

Volksmund

Manchmal ging ein Krug so lange zum Brunnen,
bis er brach.
Oder eine einzige falsche Bewegung genügte, um jene Blase,
die reif war,
platzen zu lassen.

Aber manche Scherben und Hautfetzen
sind dann von keinem Alleskleber mehr zu kitten,
Und das kranke Kind
wird mit dem Bade ausgeschüttet,
bevor es in denselben Brunnen fällt,
zu dem der Krug so lange hingegangen war, bis er
bei der einzigen falschen Bewegung einer Luft- oder Gallenblase brach.

Ein neuer Krug muß her.
(Und/oder neue Kinder?)

*

Wenn ich aus meinem Fenster auf den gegenüberliegenden Bürgersteig schaue, der sich just in gebotener Entfernung darbietet, oder unterwegs meine Blicke schweifen lasse, um Passanten einzuschätzen,

bleibe ich mit Vorliebe an Personen hängen, die im richtigen Abstand (und entsprechender Verkleidung) nicht erkennen lassen, ob sie männlich oder weiblich sind.

Von solchen will sich mein Blick dann überhaupt nicht wieder trennen.

Ich will auch gar nicht wissen, ob sie nun heutzutage eher Frauen oder Männer sind und stelle sie mir am liebsten in indifferenten Pagenkostümen vor, in deren Anmut oder Liebreiz sie sich dann tunlichst auch entfernen und verlieren sollten.

Täten sie das aber nicht und böten sich eindeutig dar, was wäre mir dann lieber: Herr oder Dame?

Ich denke, beides würde mich enttäuschen. Es wäre die Halbierung einer Verheißung, eine armselige Hälfte, nur ein schaler Rest.

Bleibt lieber unklar und rätselhaft, ihr Gynander oder Doppelte aus Aphrodite und Hermes – und trollt euch so: als veritable Mignons!

Wo sind die nächsten?

*

In der dauerhaft tiefgefrorenen Erde Sibiriens haben Biologen dieser Tage in einer Tiefe von dreißig Metern unverhofft Riesenviren entdeckt, die sich bei ihrem Auftauen wiederbeleben und auf ein Lebensalter von etwa 30 000 Jahren schließen ließen. In Worten: dreißigtausend.

Was ist da noch jener chinesische Lotos-Same mit seinen 1300 Jahren (→ Reflexe vom 18. November 1995 und 28. Juni 1998) ?

(Aber gegen die 250 Millionen Jahre der Mikrobe im Salzburger Salzstock kommen auch diese sibirischen Riesenviren nicht an: siehe hier Seite 34!)

Jetzt werden uferlose Fantasieen und Hochrechnungen aktiviert. (März 2014)

*

Was *wikipedia* über das Schicksal jenes Orientalisten Theodor Hopfner nachzutragen weiß, auf dessen preziosen Plútarch-Kommentar zu Isis und Osiris sich *Reflexe 3* und *"Piazza im Walde"* gern mehrfach beziehen:

"Nach der Zerschlagung der Rest-Tschechei durch das Deutsche Reich wurde Hopfner zwar nicht seines Amtes enthoben, er musste aber berufliche Repressalien ertragen. Er wurde nicht als Reichsbeamter übernommen und aus der Akademie der Wissenschaften und Künste ausgeschlossen.

Nach dem Zweiten Weltkrieg wurde er zusammen mit anderen Prager Einwohnern deutscher Nation deportiert und starb in einem Internierungslager bei Prag": am 9. Februar 1946, noch nicht ganz sechzigjährig.

Sein erwähnter Plútarch-Kommentar in zwei Bänden ist heute nur noch antiquarisch zu erwerben, aber kaum unter runden 150 Euro: prezios.

*

Es gibt Bassisten, die singen ihre Partieen nicht, sondern knarren sie und finden das dann auch noch unwiderstehlich sexy.

*

Die Bergpredigt als hochkarätiges Poesiealbum des antiken Judentums begreifen.

*

Die Proletarisierung des ganzen öffentlichen Lebens scheint in den westlich demokratischen Gesellschaften gar nicht mehr gebremst werden zu können. Täglich beschleunigt sie sich eher noch und geht schon Hand in Hand mit radikaler Brutalisierung, Verblödung, Deprofessionalisierung, Kriminalisierung und Boulevardisierung ihrem unaufhaltsamen Niedergang entgegen.

Dank technischer Bravour verschmilzt sie global mit den Primitivismen der noch weniger entwickelten Völker in der *Dritten Welt* zu einem kulturellen Kollaps ohne jede Chance.

Schon gleicht das alles einem Kamikaze-Sturzflug.

Das Resultat kann da nur ein gnadenloser Absturz sein.

Wir trudeln dem entgegen.

Vermutlich zum Heile unseres liebenswerten Planeten: das tröstet immerhin beträchtlich.

*

Schon vor just zwanzig Jahren, am 4. Mai 1994, machte Sawaang in *Ao Naang* den unaufhaltsamen Untergang der Menschheit zum Thema seines virtuellen ersten Buches: indem er ihn mit der Ausrottung der Saurier verglich: unübersehbare Parallelen! (*"Reflexe 1"*, Nr. 716)

*

Dieser Tage wurde in Bangkok die amtierende Ministerpräsidentin des Königreichs Thailand von einem Gericht mit sofortiger Wirkung ihres Amtes enthoben.

Ich kann mich dort an keinerlei vergleichbaren Vorgang erinnern. Er ist der vorläufige Höhepunkt politischer Unruhen, die dort seit rund einem Jahr das Land erschüttern.

Um meine Anteilnahme an alledem zu demonstrieren, fragte ich daher gleich danach meinen brüderlichen Freund Hmuh, der ganz im Süden des Landes auf der kleinen Insel *Go Lann Tah* lebt, was die Thais da in ihrem Bangkok eigentlich tun.

Hmuhs Antwort ließ ein paar Tage auf sich warten. Dann lautete sie, übersetzt, so:

"Ich weiß nicht, was das soll. Manche Leute sind ein bißchen verrückt, man-

che sehr und manche gar nicht."

Wenn das kein Lehrsatz in angewandtem Buddhismus ist!

Außerdem placiert er den Schwerpunkt des Satzes auf höchst professionelle Weise an sein Ende: *daß manche dort überhaupt nicht verrückt seien*. Ich vermute, daß das dort im Gewande einer schmorenden Pointe die versteckte Botschaft an mich sein sollte: ein geistesverwandtes Gutheißen dortiger Rebellionen.

Für einen intellektuell gänzlich ungeübten Menschen vom Lande scheint mir diese Antwort taktisch beachtlich. Darum steht sie jetzt auch hier.

Außerdem hat sie den ganzen komischen Charme der Thais.

*

Für Sachlichkeit und kleine Karos in juristischen Texten oder Argumenten kann ich viel Sympathie, bisweilen gar Bewunderung entwickeln.

Aber solches Millimeterpapier kann leicht auch zum Labyrinth entarten, in dem das pralle Leben sich verheddert oder heillos verläuft.

Da gibt es dann bloß noch Hals über Kopf eine Flucht in den Bauch: zur *Inneren Stimme*, zur Kopflosigkeit. Soll dann den Prozeß gewinnen, wer noch mag …

*

Dieser Tage ist einer der größten Schaupieler mindestens der letzten Jahrhunderthälfte gestorben: Rolf Boysen, 94jährig.

Ich habe ihm viel zu verdanken.

Die elektronischen Massenmedien ignorierten diesen Tod: kurz nachdem sie das Ableben zweier Kollegen des Souterrains scheinbar endlos und überschwänglichst zelebriert hatten: von Heinz Schenk und Mareike Carrière.

"Man trägt Verantwortung, jawohl, Verantwortung", hat Boysen über seinen Beruf gesagt: *"auch für das, was der Autor geschrieben hat; man muss versuchen herauszufinden, was der Kern eines Textes, einer Rolle ist"*.

Aber auf die Frage, worauf es ankomme, wenn er einen Text erarbeite, sagte er: *"Auf inneres Feuer"*.

Das eben fehlt all den coolen heutigen Furtwänglers.

Aber ob er auch damit Recht hat, was er mal in einem Interview des *Bayerischen Rundfunks* sagte:

"Ich finde, ein Mensch, der noch kein Theater gesehen hat, müsste verzweifeln" – ?

*

Seinerzeit im Aeugstertal wurde ich von Sawaangs aktueller Präsenz vollends durch seinen Hinweis überzeugt, daß sein Mörder derzeit ausnehmend hilfsbedürftig sei.

Damals nahm ich diese besonders typische und unverwechselbare Auskunft primär als Beweis seiner Anwesenheit und der Glaubwürdigkeit jenes vermittelnden Mediums auf.

Erst kürzlich, runde neun Jahre später also, erschloß sich mir aus dieser Mitteilung noch sehr viel mehr:

Tote beobachten uns hienieden. Zumindest können sie das bisweilen.

Das beantwortet schlüssig jene ewige Menschheitsfrage, ob unsre hingeschiedenen Lieben uns dort irgendwo überhaupt noch im Blick haben oder ob der Kontakt irreparabel abgebrochen ist.

Die Nachricht vom aktuellen Befinden jenes Mörders enthält auch die immer gesuchte Auskunft hierüber.

*

Max Reinhardt soll zu oder über Hans Moser gesagt haben:

"Das ist kein Schauspieler, das ist ein Wahrspieler."

Diese Unterscheidung einer höchsten Instanz ist für Schauspieler nicht sehr schmeichelhaft.

Schon fängt man selbst an zu zählen, welchen Wahrspielern man im Laufe der Jahrzehnte begegnet ist. Es sind erschreckend wenige.

Die meisten Schauspieler wüßten nicht einmal, wovon da die Rede ist.

Heutige Fernsehdarsteller sind inzwischen weder Wahrspieler noch Schauspieler, sondern meist pure So-als-ob-Spieler. Sie markieren alles nur noch, halten hemmungslos einfach bloß ihr Lärvchen hin und werden damit Stars.

Das ist dann Schwundstufe oder Kapitulation dieser ursprünglich magischen

Profession.

*

Schulkinder, lese ich irgendwo in Internet oder Teletext, entwickeln heutzutage keinerlei eigene Handschrift mehr.

Ich vermute, daß das von den Tastaturen ihrer Computer so verursacht wird.

Langfristig dürfte es zur Folge haben und bedeuten, daß sie keine eigene Individualität und Identität mehr entwickeln: nur noch Geklontes.

Die Folgen hiervon dürften unabsehbar sein.

*

Jeder Eros, mithin auch jede Sexualität, ist als populäre Anziehungskraft eine animalische Variante der Gravitation, wie sie unsern ganzen Kosmos bis in galaktische Dimensionen hinein dominiert.

Insofern stehen Sexmuffel auf verlorenem Posten. Sie versuchen, sich einer der physikalischen Grundkräfte ihres Universums zu entziehen und zu widersetzen. Das kann nur aussichtslos sein und scheitern.

Oder zu psychischen Deformationen gereichen.

*

28. Juli 2014:

Gestern überfiel mich plötzlich der Wunsch, den großen Carlo Bergonzi wieder einmal singen zu hören. Ich legte seine Doppel-CD mit Arien, Duetten und Szenen auf, die er zwischen 1958 und 1975 von Puccini, Mascagni, Verdi, Leoncavallo, Ponchielli und Cilea aufgenommen hat,

und ließ sie zunächst wiederholt im Hintergrunde meinen Alltag begleiten: als Preziosen des Allergekonntesten.

Heute nun versuchte ich, diese gestrige Versündigung wieder gutzumachen, indem ich mich ohne Tätigkeit ausschließlich auf den Gesang dieses Jahrhunderttenors konzentrierte. Wieder einmal ließ er mein Herz lachen. Wieder einmal beglückte er mit dem Gottesgeschenk seines Timbres, aber nicht minder mit seinem technischen Können, seiner Musikalität, seiner mühelosen Bewältigung von Allerschwerstem. Seinem Kunstverstand. Wieder einmal: er ist der beste Spinto-Tenor des 20. Jahrhunderts.

Lebt er eigentlich noch? Wie alt mag er sein? Denn mein Fernsehmitschnitt jenes eindrucksvollen Arienabends des 56jährigen stammt aus dem Lugano von 1981.

Zehn Minuten nach Verklingen von Cileas finalem *"L'anima ho stanca"* weiß der Teletext zu melden, daß Carlo Bergonzi vor fünfzehn Tagen, am 13. Juli also, neunzig Jahre alt geworden, aber vorgestern oder vorvorgestern in Milano gestorben sei: am 25. oder 26. Juli 2014.

Was vor just achtzehn Jahren mit Pilar Lorengar in mein Leben einbrach und sich seither gespenstisch über viele Persönlichkeiten diverser Künste erstreckte, hat nun mit dem großen Bergonzi eine magische Fortsetzung gefunden: telepathische Todesnachrichten. Sie dürften unerklärlich bleiben.

*

"Singen ist größtenteils geistige Arbeit", hat der heutige Startenor Juan Diego Flórez jetzt in einem Interview gesagt und hinzugefügt, daß alle großen Sänger das immer gewußt und so gehandhabt haben.

Leuchtet ein.

*

Flórez hat im selben Interview auch preisgegeben, daß er seine Partieen am liebsten allein und autark erarbeite.

Also ohne Lehrer, ohne Korrepetitor, ohne Dirigenten.

Auch das ist plausibel: Selbstverwirklichung.

*

Je älter ein Mensch wird, desto weniger Wünsche bleiben ihm offen oder unerfüllt. Das meiste Erlebenswerte hat er schon erfahren, auf Vieles verzichtet er auch gern im Voraus. Sehnsüchte schwinden unbemerkt. Wunschträume reduzieren sich schmerzlos gegen null.

Ich meinerseits hätte nur noch eine einzige dringende Bitte, die das Schicksal mir jedoch selbst bei größtem Wohlwollen nicht erfüllen kann.

Das wäre?

Ich würde gern in einer Rossini-Aufführung inmitten lauter bester Sänger an einem der genialen Ensembles beteiligt sein und da auf magische Weise irgendwie mitsingen dürfen. Ich stelle mir das im Falle guten Gelingens absolut beseligend vor: wie kaum was sonst auf diesem Planeten. Weil es eigentlich jede Menschenkraft weit überträfe. Es hätte schon was Überirdisches. Insofern noch was Wünschenswertes.

Da dieser Wunsch aber hierzulande schwerlich erfüllt werden kann, vertage ich ihn getrost auf andere Sphären. Dort wird dann vielleicht sogar Maestro Rossini persönlich das ganze Glück dirigieren.

Oder selbst mitsingen.

Mit solcher Aussicht warte ich gern und geduldig noch ein bißchen.

Warte nur, balde … !

*

Was Heródot im 5. Jahrhundert vor Christos für wichtig genug hielt, im Zweiten Buche seiner *"Historien"* festgehalten zu werden:

"Die Ägypter nennen alle, die nicht die gleiche Sprache wie sie sprechen, barbaroi.*"*

Hat er damit die Keimzelle des Faschismus bezeichnet? Es scheint so.

Zumindest erklärt sich hiermit das Scheitern des sogenannten *"Ägyptischen Frühlings"* 2010.

*

Außerdem berichtet Heródot von diesen archaischen Ägyptern:

"Die Frauen urinieren im Stehen, die Männer im Hocken."

Dies allen heutigen Emanzen und fanatischen Sitzpinklern hämisch in die dummen Stammbücher gestanzt!

*

In seiner frühen Prosa verwendet Pasolini die überraschende Formulierung *"feto adulto"*.

Bei mir schlägt sie ein.

Sind wir das nicht alle: *erwachsene Föten*?

Zumindest alle weiter und höher Entwickelten.

*

In seiner gefilmten Volksbefragung von 1964 will der interviewende Pasolini von den angesprochenen Frauen gern Beschwerden über Eheleben und sonstige Unterdrückungen durch die machistische Gesellschaft hören.

Teils tun die Frauen ihm, sei es zögerlich, den Gefallen.

Aber eine sagt unüberhörbar: *"Es ist bequem, unterlegen zu sein"*.

War sie vielleicht die Ehrlichste in diesen ganzen neunzig Filmminuten?

*

Aber im selben Film bilanzieren Pasolini und seine Kamera die Resultate jener Volksbefragung in einem Gespräch mit Alberto Moravia und dem Psychologen Cesare Musatti (= Pionier von Gestalttherapie und Psychoanalyse in Italien).

Da findet sich zum Thema der *Entrüstung*, mit der da viele der gefilmten Italiener auf Pasolinis Fragestellungen reagierten, der folgende Dialog:

Moravia:
Ich entrüste mich höchstens über Dummheit.

Aber das stimmt nicht.

Ich denke, man muß immer zu verstehen versuchen. Es gibt immer eine konkrete Möglichkeit, etwas zu verstehen. Was man versteht, entrüstet einen nicht.

Pasolini:
Kannst du dir das Phänomen der Entrüstung innerlich vorstellen?

Moravia:
Ein Mensch, der sich entrüstet, ist jemand, der etwas sieht, was anders ist als er selbst oder als das Bild, das er von sich hat.

Entrüstung ist im Grunde die Angst vor Identitätsverlust.

Pasolini:
Wer sich entrüstet, ist also unsicher? Das hieße praktisch: ein Konformist?

Moravia:
Ja, genau. Wer sich entrüstet, ist zutiefst unsicher.

Musatti:
Auch der Glaube, daß alles seine bestimmte Ordnung haben, daß es mit bestimmten Konventionen und Institutionen überein stimmen muß, hat eine psychologische Funktion. Es schützt vor Aggressionen und den eigenen instinktiven Impulsen. Wir haben Angst vor unseren Instinkten und schützen uns vor ihnen mit eben dieser Form von Konformismus.

Pasolini:
Entrüstung also als Teil des Selbsterhaltungstriebes?

Moravia:
Ich würde sagen, daß eine Überzeugung, zu der man über den Verstand und eine genaue Prüfung der Realität gelangt ist, elastisch genug bleibt, keinerlei Anstoß zu nehmen.

Aber eine Überzeugung aus Tradition, aus Bequemlichkeit oder passiver Erziehung zu übernehmen, ohne zu überprüfen, worauf sie sich gründet: das ist Konformismus.

Pasolini:
Konformismus also die starrsinnige Gewißheit der Unsicheren?

Moravia:
Tief religiöse Menschen entrüsten sich nie. Ich glaube nicht, daß Christus sich je entrüstet hat. Entrüstet haben sich die Pharisäer.

*

Im September 2010 war bei ZEIT ONLINE ein Interview zu lesen, das Rabea Weihser mit Stefan Knüpfer, dem jungen Cheftechniker der Firma Steinway, geführt hat.

Hieraus ein aufschlußreicher Ausschnitt:

“Knüpfer:
... Gute Flügel machen zufriedene Pianisten. Zufriedene Pianisten spielen gut. Unsichere, unzufriedene Pianisten können auch keine schönen Konzerte spielen.

ZEIT ONLINE:
Wann sind Lang Lang, Pierre-Laurent Aimard oder Alfred Brendel zufrieden?

Knüpfer:
Herr Brendel achtet auf Gleichmäßigkeit. Jeder Ton muss die gleiche Farbe

haben. Eine unglaubliche Herausforderung. Die Töne müssen alle blau sein. Oder je nach Anschlag und Artikulation den gleichen Farbverlauf nehmen. Zwischen den Hellblauen darf kein Hellgrüner sein. Das einzustellen, dauert Tage.

Aimard hingegen sagt: 'Warum ist das nur Blau, warum nur Grün? Ich hätte gern alles. Geben Sie mir einen Regenbogen, und ich tusche mir die Farben mit den Fingern hin.' Er will den Klangreichtum und stimmt die Töne durch sein Spiel. Das ist irre.

ZEIT ONLINE:
Ist Lang Lang auch so speziell?

Knüpfer:
Er hat einen Instinkt für einen guten Ton. Ich bin mir nicht sicher, ob er überhaupt weiß, was er macht. Er schlägt den Ton an, und der klingt. Er ist absolut pflegeleicht, aber natürlich weiß er einen guten Flügel zu schätzen."

*

Im vielfach preisgekrönten Film *"Pianomania"*, der Knüpfers Arbeit 2009 sehr sorgsam dokumentiert hat, behauptet dieser technische Klangvirtuose, ein guter Flügel sei nach einem guten Konzert nicht mehr derselbe wie vorher: er habe die Energien, den Geist, all das Eingegebene, Hineingespielte gespeichert und sich um alles das angereichert.

Lavoisier? Helmholtz? Robert von Mayer?

*

In einem andern *online*-Gespräch mit *Die Presse.com* berichtet derselbe Stefan Knüpfer 2013 dies:

"Da war dieser Rubinstein-Flügel. Er stand in Tel Aviv in einer offenen Garage herum. Drinnen wucherte schon das Moos, teilweise war er von Mäusen zerfressen."

Alles sei reparabel gewesen, sofern nur *"die DNA intakt ist und man sie zu bewahren weiß"*.

Mittlerweile habe Barenboim auf diesem (wie Lazarus auferweckten) Instrument gespielt.

*

Am 8. September 2014 ist in Milano die große Sängerin Magda Olivero gestorben: 104jährig.

Eine mehr!

*

Wie verhaltensgestörte Zeitgenossen des frühen 21. Jahrhunderts ihre Realitätsverluste gern durch Eskapismus in Scheinwelten kompensieren: in moderne Technik, in Internet und Börse.

Diese Flucht in schwer Kontrollierbares soll alle Arten von Unvermögen kaschieren und wird entsprechend rund um die Uhr von Aufspielereien nach Gutsherrenart flankiert.

Sympathieen zu sammeln, mißlingt da meist. Sie sind auch unerwünscht.

*

Historiker-Votum einer einschlägigen Fernsehsendung:

von mehr als 600 000 überlebend belangbaren Nazi-Verbrechern wurden von der bundesrepublikanischen Justiz erheblich weniger als 1 Prozent zur Verantwortung gezogen und verurteilt. Es wurde tunlichst vermieden.

Das bedeutet: mehr als 99 Prozent dieser vermeintlichen Straftäter wurden laufen gelassen. Mitten unter uns allen. (Uns andern allen?)

*

Was sich Picasso 82jährig in seinem Tagebuch von 1963 notierte:

«La peinture est plus forte que moi

elle me fait faire ce qu'elle veut:

Die Malerei ist stärker als ich.

Ich muß tun, was sie will."

*

Vergleichbar:

Igor Strawinskij noch 1962, also 80jährig und ein halbes Jahrhundert nach dem Erwähnten:

"Ich war das Gefäß, durch das 'Sacre' [= "du printemps"] hindurchging."

*

Ein alter Mann mit weißem Bart ist wohl eher ebenso irrig wie jede andere personale Gottesvorstellung.

Was nach achtzigjähriger Beobachtung am plausibelsten erscheint:

ein bewußter dynamischer Experimentierprozeß des ganzen Universums. Oder eben all der vielen Universen. Des Alls. Wo alles, All und Allmacht zusammenfallen: ein und dasselbe sind, verschmelzen.

Also: alles ist göttlich.

Ohne Anfang und Ende.

Trotzdem *in progress*, im Wandel: unterwegs.

Wenn das nicht göttlich ist, was sonst?

Creator oder *creatio mundi*. Aber *semper creando, ad infinitum*.

Insofern also eigentlich ein Spiel.

*

Sandra Maischberger, neunmalkluge Gouvernante unserer Fernsehnation, versuchte sich dieser Tage zum Wohle effektvoll Hilfsbedürftiger im Erraten von Quizfragen. Dabei scheiterte sie am Wort *Tragöde*, das sie offenbar noch nie vernommen hatte.

Trotzdem gehört sie zu unserer Bildungs- und Pisa-Elite!

Aber eine *Tragödin* ist sie sicherlich in keinerlei Betracht.

*

Zu Mozarts Zeiten (1777) schrieben (und sagten?) die Deutschen nicht *entweder*, sondern *eintweders*.

Und statt *inzwischen* noch *entzwischen*.

Warum nicht?

*

Wie sich mir jene Botschaft des “Aeugstertals” noch über nahezu ein ganzes Jahrzehnt hinweg nur in Raten völlig entschlüsselt:

so erschließt sich mir jetzt erst, daß Sawaang dort und damals nicht nur reagierte und meine Fragen authentisch beantwortete, sondern durchaus auch die Initiative ergriff und mir seinerseits ungefragt Informationen zukommen ließ.

So zum Beispiel, begreife ich allmählich, ließ er mich aktiv, von sich aus und über unser Medium hinweg, erfahren, daß sein Tod tatsächlich ein Mord war;

dann ließ er mich auch ungebeten wissen, daß er sich im Bildschmuck meiner Hamburger Wohnung, also meiner noch immer frequentierten Wohnung, also in meinem irdischen Leben auch jetzt noch auskennt, an ihm teilnimmt und irgendwie präsent ist.

Warum erkenne ich die Dimensionen so schwerwiegender Auskünfte erst nach so langer Zeit?

Sie demaskieren sich wie Zeitzünder.

Aber als umso gewichtiger geben sie sich schließlich zu erkennen.

*

Wie auch historisches Bewußtsein sich verirren kann, wenn es unreflektiert bleibt:

circa wir alle halten das *Deutsche Kaiserreich* für so stabil und genuin seriös, daß wir es unreflektiert mit langer Lebensdauer gleich setzen. “Deutsches Kaiserreich” ist, zumal im Vergleich mit den sehr viel kurzlebigeren Staats- und Regierungsformen von erster Republik und Nazireich, fast ein “gefühltes” Synonym für das 19. Jahrhundert – (oder nicht gar für Karl den Großen etwa? Wann lebte der? So um 800? Oder?) – für jene “gute alte Zeit” also, die wirklich dauerhaft und lange beständig war.

In Wirklichkeit ist das Gegenteil richtig. Das *Deutsche Kaiserreich* währte von 1870 bis 1918 und wurde demnach grade mal 48 Jahre alt = ein historischer Wimpernschlag.

Demokratie oder Republik hat es jetzt auf gleichem Boden schon von 1918 bis 1932 und seit 1949, also 14 plus 45 = 59 Jahre lang gegeben. Was sind dagegen jene lumpigen 48!

Aber Hitlers 12 erst recht.

Fazit: nicht die Anzahl der Jahre setzt Zeichen.

Sondern?

*

Etwa Ende 1914, jedenfalls zu Beginn des *Ersten Weltkriegs* oder jetzt just vor hundert Jahren, schrieb der Schauspieler Alexander Granach als 24jähriger Soldat der österreichischen Armee aus seiner Garnison an seine damalige Frau Martha Guttmann:

"Es ist nicht möglich, daß ich nicht sein kann. So lange das All ist, werde ich sein, und wenn ich nicht sein werde, wird auch das All nicht sein. Also, da ist einem doch wohl ums Herz!"

*

Das schlampig verschlissene E der deutschen Dativ-Endung wiederzuentdekken und als Differenzierungsmitel beizubehalten, gar unentbehrlich zu machen trachten? Oder gar ihr N: zum Beispiel *an Schillern*? Wie bereichernd!

(Auch diese alterväterliche Silbentrennung eben von ck zu k-k, kultusministeriell untersagt, also dennoch beizubehalten trachten? Als ebenso liebwerten Spleen wie unser international unbrauchbares ß?)

Bewahren wollen. Oder nicht verlieren, *"das ist's"* (reiner Maria Rilke).

*

Manchem sind Abende die liebste Tageszeit. Man hat das Pensum eines Arbeitstages hinter sich und muß nichts mehr. Das Telefon kommt auf seine Ladestation. Erst morgen wieder: weit weg. Heute läßt sich nur noch genießen.

Vergleichbar ist der Lebensabend. Man hat sein Pensum hinter sich und kann genießen. Das Telefon schloft jetzt den ganzen Tag auf seiner Ladestation.

Wie schön offenbart sich da plötzlich die deutsche Vokabel *Feierabend* –

erst recht das vermeintlich erzgebirgische "Volkslied", das der populäre böhmische Sänger und Unterhaltungskünstler Anton Günther just aus Gottesgab im tschechisch-sächsischen Grenzland 1903 mit diesem Kehrreim schrieb:

" 's is Feierohmd 's is Feierohmd
's Tochwark is vullbracht,
's gieht alles seiner Hamit [= Heimat] *zu,*
ganz sachta schleicht da Nacht."

Aber als ihn die *NS*-Nacht umschlich, wurde Günther schwermütig und nahm sich 1937 das Leben: 61jährig. Heute versucht die AfD, ihn zu vereinnahmen.

2015 (80- bis 81jährig)

Ob es auch Depressionen gibt, die sich nicht lethargisch äußern, sondern aggressiv?

Oder:

Sind Aggressionen – bisweilen oder immer – latente Depressionen?

*

Eines Tages sprengt die Seele den Kokon.

Und dann?

*

Das Geheimnis [aller großen Kunst], sagte der 82jährige Wladimir Horowitz 1985 in eine New Yorker Fernsehkamera, *sei dies: man müsse mit der Welt vertraut sein.*

Im originalen Wortlaut: "*That is the secret that you have to have acquaintance with the world.*"

Er bezog diesen Satz auf eine Bildungsempfehlung Alexander Skrjabins aus dem Jahre 1915 und ergänzte sie runde siebzig Jahre später so:

aber die Welt verfalle grade. Das sei nicht so gut:

"The world is sinking now – 's not so good".

*

Derselbe Horowitz sagte über seinen eigenen Berufsstand, daß es nur drei Arten Pianisten gebe: *jüdische, schwule und schlechte.*

Einzig zur dritten Art zählte er selbst ganz bestimmt nicht.

*

Unternehmer, die aus Gründen ihrer Profitmaximierung auch nur einen einzigen Angestellten ohne Rücksicht auf dessen Zukunftschancen skrupellos entlassen, gehörten vor Gericht gestellt und wegen Verstoßes gegen Menschenrechte und Menschenwürde zu empfindlichen Strafen verurteilt.

*

Einmal mehr:

Knabenchöre sind so homogene Klangkörper, wie es sie sonst eigentlich nirgends gibt oder jemals gab.

Wieso das?

Weil sie noch fast ohne Individualitäten musizieren, ohne persönliche Eigenheiten: einheitlich gleichsam jenseits des sogenannten Sündenfalles, unisono in akustisch allgemeinem Partnerlook, meist ja auch tatsächlich in egalisierender Schul- oder Internatsuniform – einer wie der andere, also chorisch ideal

und überdies ein frühes Forum von Virtuellem: ihr Gesang präsentiert nur erfahrungslos Potentielles, außernatürliche Scheinwelt oft in irreal lateinischer Sprache und mit fiktivem Inhalt, was Künstliches, leiblos Immaterielles, nur Mögliches: ganz wie heute die elektronischen Monitore.

Außer bei solchen Knabenchören fand man das seinerzeit nur bei Klosterbrüdern und Künstlern: in deren imaginären Antiwelten.

Domspatzen oder Sängerknaben sind in der Tat halbe Mönche und halbe Artisten.

Extrasozial, fast exterrestrisch – aber *user*freundlich.

*

In Zeiten unumgänglichen Energiesparens, ohne das uns abhängigen Menschlein bald die Puste ausgehn dürfte, wird ein möglicher kosmischer Zusammenhang mit jenem Naturgesetz auffällig, das vor mehr als hundertfünfzig Jahren Robert von Mayer entdeckte und Hermann von Helmholtz schließlich formulierte: das vom Erhalt aller Energie. Es besagt, daß in diesem Universum keinerlei Energie jemals wieder abhanden kommt.

Aber wie erreicht das Mutter Natur? Wie verhindert sie in dieser sterblichen Welt den drohenden Verlust angewandter, also ausgenutzter Energieen?

Vielleicht so:

in ihrer Weisheit hat sie ihre eigene Unendlichkeit in lauter Endlichkeiten unterteilt, von denen jede nur einen rationierten Anteil der Gesamtenergie zur Verfügung erhält, benötigt und verbraucht.

So trüge letztlich der allgemein vorprogrammierte Tod all dieser Endlichkeiten wie ein gigantisches Konzept zum kosmischen Energiesparen bei.

Oder das Prinzip des Sterbens ermöglicht das Weiterverwenden benutzter Energieen.

Demnach ginge also auch unsere eigene Energie nach dem Ableben keineswegs verloren, sondern würde weiterverwendet.

Weitergereicht?

Vielleicht ja je nach vorhandener Menge divergent?

*

Einstein wurde vom Schweizer Schriftsteller Carl Seelig gefragt, ob seine Begabung eher mütterlicherseits oder väterlicherseits vorgegeben sei, und antwortete brieflich:

"Ich habe keine besondere Begabung, sondern bin nur leidenschaftlich neugierig."

*

Andere Einstein-Aphorismen:

"Falls es in mir etwas gibt, das man religiös nennen könnte, so ist es eine unbegrenzte Bewunderung der Struktur der Welt, so weit sie unsere Wissenschaft enthüllen kann."

(In seinem Briefe vom 24. März 1954 an den italienischen *US*-Immigranten Joseph Dispentiere, einen ihm unbekannten Techniker in *New Jersey*)

*

"Die Majorität der Dummen ist unüberwindbar und für alle Zeiten gesichert. Der Schrecken ihrer Tyrannei ist indessen gemildert durch Mangel an Konsequenz."

*

Etwa in den neunziger Jahren des 20. Jahrhunderts wurde der Begriff der Globalisiserung populär.

Ich erinnere mich noch lebhaft seiner negativen Belegungen und meiner eigenen Opposition gegen einen vermeintlich wirtschaftlichen Terror, der sich da weltweit über unser Leben zu ergießen schien. Globalisiserung war damals vorherrschend ein Begriff ökonomischer Unterdrückung: was Totalitäres, eine Internationale gnadenloser Gleichmacherei, die Dikatatur des Kollektiven und das drohende Ende alles Kreativen, Spezifischen, fantasievoll Individuellen.

Folgerichtig wurde Globalismus damals nicht nur abgelehnt, sondern mit den schwachen Kräften eines Einzelmenschleins auch tunlichst bekämpft und zumindest verabscheut.

Zwanzig Jahre später stellt sich dieselbe Globalisierung ganz anders dar. Sie ist unausweichlich und zur einzigen Hoffnung geworden, die uns alle noch vom "nachhaltigen" Fluch des Nationalismus erlösen könnte. Wer heute nicht global denkt, ist reaktionär. Wer nicht kosmopolitisch empfindet, der dient den vorgestrigen Kräften des Kampanilismus und ist insofern heillos destruktiv.

Heute ist Globalität tatsächlich die einzig verbliebene Chance.

*

Manch anderer Perspektivwechsel
wird dem aufmerksamen Beobachter oder Hörer
auch auf musikalischem Felde von außen aufgenötigt.

Ich spreche jetzt von Dirigenten und ihrem Dirigieren.

Als überragende Titanen und Überväter
fanden wir in diesem Metier zwei unbestrittene Wegweiser vor:
Arturo Toscanini (1867-1957) und Wilhelm Furtwängler (1886-1954).
Beide haben all die zahllosen Konzerte ihres langen Berufslebens
ausnahmslos immer nur auswendig dirigiert. Filmaufnahmen
belegen das noch heute. Toscanini soll sich sogar damit gebrüstet haben,
so wichtig war ihm diese riesige Gedächtnisleistung.

Aber das war sozusagen noch "vor unserer Zeit".
Von den großen Maestri meiner eigenen Konzertbesuche haben
zumindest solche Giganten wie Sergiu Celibidache und Daniel Barenboim
beim Dirigieren nie in eine Partitur gelinst. (Es war auch nie eine da.)

Als Claudio Abbado
kurz vor seinem 80. Geburtstag von einem Dokumentarfilmer gefragt wurde,

warum er immer alles auswendig dirigiere, erklärte er das
vor laufender Kamera zum Psychologikum –
als Dirigent könne man eine Partitur niemals gut genug kennen:
“Se non conosco a memoria un pezzo”, wenn er ein Stück nicht auswendig
kenne, kenne er es noch nicht genügend, um es zu dirigieren:
“non lo conosco abbastanza”.
Auch der Komponist Antonio Guarnieri habe gescherzt, es sei besser,
die Partitur im Kopf zu haben als den Kopf in der Partitur.
Wenn man die Musiker anschauen könne, sei auch *“der Kontakt zu allen
besser. Das geht nur, wenn man auswendig dirigiert”.*

Herbert von Karajan, einem Favoriten schon der Nazis,
wurde von Hitler persönlich bei Strafe untersagt,
noch weiterhin auswendig zu dirigieren: um den vergötterten Richard
Wagner nur ja vor eventuellen Patzern im Orchester zu bewahren;
aber der Gemaßregelte baute sich und seinem Führer da mit Notenpult und
Partitur ein Potjomkinsches Dorf auf und dirigierte trotzdem
immer nur auswendig: *“Ich konnte gar nicht anders”.*

Leonard Bernstein und Günter Wand
benutzen nur in Ausnahmefällen Partituren; ihre repräsentativen Dirigate
der großen Beethoven-, Mahler- und Brahms- oder Schubert- und Bruckner-
Sinfonieen fanden allesamt selbstverständlich aus dem Kopfe statt.
Sie konnten diese Werke auswendig.

Auch Erich und Carlos Kleiber oder Zubin Mehta (noch achtzigjährig!) und
Georges Prêtre habe ich bei ihrem souveränen Dirigieren
nie in aufgeschlagene Noten lauern sehen, den legendären Eugene Ormandy
nur sehr selten, und den wunderbaren Daniele Gatti, ihrer aller Nachfahren,
nie.

Aber inzwischen hat sich das in sein Gegenteil verkehrt.
Die meisten heutigen Dirigenten lesen beim Dirigieren.
Sie schauen nicht zu ihren Musikern, sondern auf die Noten unter sich.
Namentlich der Alleswisser und “Großmeister” Nikolaus Harnoncourt,
ihrer aller Doyen mittlerweile, liest sogar die bekanntesten Mozart-
Sinfonieen (mit den Nummern 39, 40, 41) vom Blatte ab
und signalisiert dann das dort Ermittelte bisweilen sogar leicht verspätet.
Die ganze Inflation seiner lettischen, finnischen und estnischen Kollegen
tut es ihm ehrerbietig nach. Fast alle andern Rivalen

dieses dekorativen Metiers inzwischen nicht minder.

Wir fürchten, sie tun das nicht nur aus Faulheit und Zeitnot so,
sondern aus einer tiefen Unkenntnis dieses komplizierten Berufes.
Sie haben gar nicht bemerkt, was ihre Altmeister wußten:
daß man nur angemessen dirigieren kann, was man bis in seine kleinsten
Verästelungen und Keimzellen hinein erkundet und total verinnerlicht hat.
Nur wer ein Werk so kennt, als habe er es selbst erfunden,
kann sich dann eines Tages vor ein Orchester stellen
und dessen Arbeit inspirieren oder angemessen verfolgen und leiten.
Dazu gehört primär ein so aufmerksames Hören und Zuhören,
wie es ein Lesender gar nicht aufbringen kann. Jeder Laie weiß,
daß er beim Lesen schlechter hört.

Vom großen Fritz Reiner (1888-1963), ungarischer Herkunft,
aber Jahrzehnte lang weltberühmter Chefdirigent vieler *US*-amerikanischer
Spitzenorchester, wird die Auskunft kolportiert,
die Verständigung eines Orchesterleiters mit seinen Musikern
erfolge keineswegs über dessen Gestikulation,
sondern vorrangig (oder gar ausschließlich?) über Blickkontakte
– beim Lesen?

Davon ahnen diese nachgewachsenen Fuchtler allesamt gar nichts.

Erst recht nicht, was ihr großer Kollege Gustav Mahler
ihnen allen hinterlassen hat: “*Alles steht in der Partitur,
nur das Wesentliche nicht.*”

Einzig der junge Gustavo Dudamel, vermeintlicher Autodidakt aus Carácas,
scheint das schon von autarken Kindesbeinen an zu wissen
und beherrscht es so souverän, daß er eine Karriere macht,
die alle andern flugs überflügelt hat und nur noch staunen läßt.
Wie macht er das bloß?

Durch gründliches Studieren, Inhalieren und Kommemorieren jeder Partitur
und folglich freies und notenlos präsentes Reagieren
auf die vielen Musizierenden vor ihm.

*

Wer lange lebt, hat sehen gelernt, wie Moden kommen und gehen.

Je länger er diese Kurzlebigkeit auf allen einschlägigen Gebieten
als ihr Merkmal hinzunehmen gewohnt ist, desto weniger
nimmt er derlei überhaupt zur Kenntnis.
Das traf bislang auch auf Brillenmoden zu. Es gab sie vermutlich immer,
aber sie spielten im öffentlichen Leben keinerlei Rolle.

Anders ist das diesmal mit den modisch gewordenen dunklen Hornbrillen.
Seit kurzem dominieren sie unsere Gesellschaft.

Der erste, der damit auffiel,
war ein sonderlich gesichtsloser bayrischer CSU-Funktionär,
der zweite ein späterer Bundespräsident.

Dann schien das bei andern Politikern und Journalisten
arge Schule zu machen, erstreckte sich schon bald auf sämtliche Trendsetter,
wurde auf Fernsehmonitoren zum allgemeinen Diktat
sogar für vorgebliche Künstler und Intellektuelle und ist inzwischen gar
über Ländergrenzen hinweg eine globale *conditio sine qua non*
auch für Lieschen Müller und Otto Normalverbraucher (die ja inzwischen
geheiratet haben und nunmehr *unisono* beide Mustermann heißen.
Auch als Max und Erika oder Lieschen und Otto Mustermann
tragen sie beide also längst unabdingbar solche dunklen Hornbrillen.)

Dieser Trend ist inzwischen ein Terror geworden.

Andere Brillen
scheinen auch von den Optikern gar nicht mehr angeboten zu werden.
Vermutlich hat die Brillenindustrie da einige Schmiergelder springen lassen,
um sich die frühere Vielfalt zu ersparen. Anders
ist diese Inflationierung des Brillenwesens gar nicht mehr zu erklären.

Denn auch wer seit Jahren
als Träger andersartiger Brillengestelle bekannt und vertraut war,
versteckt sich jetzt hastig hinter einer solchen dunklen Hornbrille.

Selbst Personen, die zum Sehen keinerlei Brille benötigen,
fühlen sich jetzt modisch genötigt, zu diesem entstellenden Gerät zu greifen:
sei es getrost mit Fensterglas. Hauptsache:
dieses modische dunkle Horngestell!

Das jeweilige Gesicht
scheint bei der Auswahl einer solchen Brille gar keine Rolle mehr zu spielen.

Jenes langwierig enervierende Ausprobieren vor gnadenlosen Spiegeln
scheint (samt der gewohnten Beratung seitens hilfloser Optiker) nunmehr
durch zeitsparende Anordnung einer Industrie rentabel ersetzt zu sein:

dunkle Hornbrille und fertig!

In den meisten Fällen werden jetzt
leere, ausdruckslose Gesichter ohne erkennbare Lebenserfahrung,
geschweige mit Augenschwäche durch ein so angsterregendes Monstrum
scheinbar interessant gemacht. In Wahrheit werden sie verbarrikadiert
und unsichtbar. Sie verschwinden hinter einem befremdlichen Gestell,
das vielfach auch noch viel zu groß für das jeweilige Gesichtchen
und nur umso auffälliger ist: zugleich also ihrem Hersteller
auch noch als kostenlose und rentable Werbung dient.

Unsere Gesellschaft läßt sich das nicht nur gefallen –
sie scheint vielmehr süchtig nach dieser Unterwerfung unter solchen Terror.

Ein Ende ist noch nicht abzusehen.

Es wird kommen. Aber wann bloß?

Und durch welchen andern Terror dann entschädigen?

Ratlose Untertanen scheinen ihn zunehmend zu benötigen.

Aber das Gute an diesen dunklen Hornbrillen ist:
man erkennt auf Anhieb, wer sich willenlos
einem solchen Zwang unterwirft. Diese ganze Gemeinde
trägt da ihre Unsicherheit und damit auch jeden anderen Mangel
an Individualität oder eigenem Charakter unübersehbar im Gesicht.
Sie alle entlarven sich so. Die dunkle Hornbrille ist ihr Offenbarungseid.

Denn man weiß sofort genau,
mit wem man es bei einem solchen Horbrillenträger zu tun hat:
mit einem angepaßt eitlen Schwächling.

Entsprechend dosiert man hinfort.

*

Peter Weck, diese vielseitig begabte Theater-, Film- und Fernseh-Ikone aus Wien, sagte dieser Tage wahrhaftig schon 84jährig in eine Kamera hinein etwa dies:

“Was früher fürs Theater die Provinz war, wird heute vom Fernsehen übernommen”.

Das meinte er nicht einmal so geringschätzig, wie wir das gern verstanden hätten, sondern eher vermutlich so:

Was Anfänger und Nichtskönner früher Jahre lang handwerklich auf den unbeachteten Bühnen der Provinz in Hunderten großer und kleiner Rollen nach und nach mühsam erlernten, müssen sie sich heutzutage coram publico, *vor Millionen von Zuschauern, ungeschützt anzueignen versuchen: als hochdotierte, prominente Azubis.*

Aber entsprechend sind natürlich deren Resultate häufig: Lehrlingsarbeiten.

*

Schon Paul Valéry, weiland führender französischer Lyriker, wußte offensichtlich viel vom Beruf eines Schreibenden und dessen Manifesten. In Notizen von 1926, die er *“Rhumbs”* (also *“Kurven auf einer Kugeloberfläche”*, sei es auf dem Globus) nannte und die ein findiger oder windiger Übersetzer als *“Windstriche”* bezeichnete, stehen folgende Sätze:

“Wenn ein Werk erschienen ist, hat die Deutung, die ihm sein Verfasser gibt, nicht mehr Gewicht als die eines andern. [...]

Meine Absicht ist nur meine Absicht, und das Werk ist das Werk.”

*

Rudolf Nurejew auf der Höhe seines Weltruhms als bester Tänzer seiner Zeit:

“Jeder meiner Schritte war blutig”.

*

Rudolf Nurejew als Choreograf zu jungen Tänzerinnen, die sich vor ungewohnten Bewegungen scheuten:

“Probier es aus, los!”

Um diesen Anfangsmut geht es eigentlich immer nur. Er ist das A und O:

ausprobieren, los!

*

Zwei Todesurteile und eine sprachliche Entgleisung tauchen gleichzeitig in den Medien auf und verschrecken uns gleichermaßen.

Zum Tode verurteilt wurden

in Ägypten der erste dortzulande frei gewählte Spitzenpolitiker und Staatspräsident, ein 63jährig genuiner Professor der Ingenieurs- und Materialwissenschaft an *US*-amerikanischen, ägyptischen und libyschen Universitäten,

und in den *USA* ein 19jähriger Attentäter tschetschenischer Abkunft, aber amerikanischer Staatsbürgerschaft: eines Sprengstoffanschlags auf den Marathonlauf in Boston überführt und für schuldig befunden.

Uns aber stellt sich jetzt die Schuldfrage gar nicht. Wir gehen davon aus, daß beide Urteile von der freien Justiz jeweils eines Rechtsstaats gefällt worden sind, und hoffen, mit dieser Unterstellung selbst im Recht zu sein. (Überdies sind diese Urteile beide noch gar nicht rechtskräftig und werden vermutlich noch längere juridische Erwägungen nach sich ziehen.)

Nein, was uns erschreckt, ist da wieder einmal die hybride Anmaßung vorgeblich liberaler Institutionen, über anderes Leben verfügen und es auch beenden zu können. Was ist es, das sie berechtigt, sich als Herren über anderer Menschen Leben und Tod zu gerieren: schon ein simples Universitätsstudium? Oder eine fleißige Karriereleiter *step by step*? Oder einzig die Tatsache, daß die Verurteilten bei ihrer Straftat genau dasselbe taten und Menschenleben beendeten: darf man Strafbares deshalb ungestraft kopieren? Etwa doch noch immer *"Auge um Auge, Zahn um Zahn"*?

Archaik, *quo vadis*?

Diese Frage steht ja immer im Raume, aber stellt sich besonders rabiat, wenn es sich nicht um blindwütig hilflose Angst- oder Haßaktionen totalitärer Regime handelt, sondern um die angeblich wohlerwogenen und fundierten Urteile einer freien und seriösen Justiz. Darf die sowas überhaupt? Wer ist sie denn selbst? Wer ermächtigt sie zu solchen Eingriffen in Natur oder Schöpfung? Woher beziehen Gesetzgeber oder Parlamente die Autorisation zu solchen Maßnahmen?

(Hinzu kommt in den vorliegenden Fällen freilich, daß die Verurteilten beide nicht so anonym sind wie ihre zahllosen Schicksalsgenossen rund um den Globus, sondern medial sozusagen "vertraute" Personen mit wohlbekannter Vita: das vergrößert unweigerlich jegliche Bedenken.)

*

Aber jener zufällig zeitgleiche Fall einer erschreckend unstatthaften sprachlichen Entgleisung hat sich hierzulande ereignet und stammt von einem 75jährigen und sehr populären Medienliebling aus dem feinen Hamburger Stadtteil Poppenbüttel. Er war Zeit seines Lebens Industriemanager in prominenten Positionen, dann auch Präsident des *Bundesverbandes der deutschen Industrie* und der *Leibniz-Gemeinschaft*, ferner Aufsichtsratsmitglied in vielen namhaften Firmen, Honorarprofessor für *Internationales Management* an der Universität Mannheim und jahrelang Dauergast aller hiesigen Fernseh-Talkshows, wo er sich als sonderlich störrischer, besserwisserischer und erschrekkend reaktionärer Widerborst und Euro-Gegner zu profilieren versuchte.

Als solchen kannte ihn jeder deutsche Fernsehzuschauer, also nahezu jedermann und war insofern nicht allzu überrascht, als dieser Hans-Olaf Henkel noch 73jährig Mitglied, bald auch Funktionär der mitbegründeten *Alternative für Deutschland* am rechten Außenrande des deutschen Parteienspektrums wurde: der *AfD*.

Dieser Mann hat nun angesichts eines unappetitlichen Fraktionsgerangels innerhalb dieser reaktionären Gruppierung in einem Interview mit dem SPIEGEL *expressis verbis* nach einer *"Säuberung"* in den Reihen seiner Partei gerufen.

Diese Vokabel kann nur tief erschrecken. Sie ist untrennbar mit den Massenmorden des Stalinismus verbunden und diente in der Sowjetunion jener Ära und ihren erbärmlichen Schauprozesse als weltbekannte Beschönigung für jahrelange Pogrome gegen alle Unliebsamen.

Mehr noch: als eine solche *"Säuberung"* von Staatsfeinden war seinerzeit auch das Massaker der Nazis an Hitlers Rivalen Ernst Röhm und dessen Mannen erklärt und gerechtfertigt worden,

und schon jener historische *Wohlfahrtsausschuß*, terroristisches Exekutivorgan des Pariser *Nationalkonvents,* hatte von 1793 bis '95 unter seinem blutrünstigen Wortführer Robespierre jene Massenexekutionen der *Französischen Revolution* euphemistisch als *"Säuberungen"* verklärt und legitimiert.

Diesem Begriff nun *anno* 2015 in der politischen Szene der vermeintlich so rechtsstaatlich friedlichen Bundesrepublik aus dem Munde eines zweifellos Wissenden wiederzubegegnen, schockiert wahrhaftig.

Aber die Medien gingen gleichmütig darüber hinweg. Störte es sie gar nicht mehr, oder waren sie viel zu ungebildet, um noch zu realisieren, was das heutzutage unweigerlich mitschwingen läßt und nur noch bedeuten kann: *Säuberung*?

Warum sagte Herr Henkel, der das alles gewußt haben dürfte, nicht gleich *Selektierung*?

Noch ein weiteres Mal: das alles *summa summarum* erschreckt recht tief – falls man noch auf Humanismen und freien Rechtsstaat baut.

*

Unsereins pflegt Pflanzen,

selbst gigantische Bäume in biblischem Alter, in unserer selbstgemachten Hierarchie aller Lebewesen

seit Menschengedenken durchaus unterhalb der sträflich und anmaßend verachteten Tierwelt anzusiedeln.

Nicht zuletzt mag das (abgesehen von unserer Ahnungslosigkeit und Dummheit) an der vermeintlichen Bewegungslosigkeit dieser Gottesgeschöpfe liegen. Was sich nicht bewegt, muß minderwertig sein. Bewegung ist Existenzdiplom.

Alles das aber dürfte ein weiterer Irrtum so inkompetenter Betrachter sein. Denn nicht nur verfügen Pflanzen ja über ein unübersehbares Wachstum zum Lichte hin, auch in die Breite und im Wurzelboden. Sie bewegen sich auch im Übrigen je nach Art fast unausgesetzt mit Hilfe von Winden oder temperierten Luftströmungen, die ihr Geäst und Blattwerk pausenlos in natürlicher Unruhe halten. Gar kein Zweifel, daß diese permanenten Bewegungen ihren Einfluß auf das innere Geschehen und Erleben, auf die chemischen Vorgänge im Inneren einer Pflanze haben.

Hieraus ist schlüssig abzuleiten, daß nicht nur sogenannte Zimmerpflanzen, sondern auch sämtliche Gewächse in Treibhäusern vermutlich Folterqualen erleiden, indem ihnen dort jede Bewegung durch Wind oder Luftzug vorenthalten wird. Zwar überleben sie meist auch diesen existentiellen Entzug auf ihre bewundernswert anpassungsgeniale Weise, aber ihr Wohlgefühl dürfte in solchen künstlichen Unterkünften stark reduziert sein.

Windstille dürften sie als Mißhandlung empfinden.

Vielleicht leiden sie ja auch Schmerzen in so erzwungener Reglosigkeit?

Jede Zimmerpflanze, die man sommers auf den Balkon stellt, lebt dort, weiß man, deutlich "auf".

Vivat humanitas!

*

Täglich fälliger wird eine kritische Haltung gegenüber Männern:
oder deren Opportunismus.

Gegenüber Vorgesetzten und sonstigen Machthabern
würde der zwar nicht für den Charakter dieser Buckelnden, vielleicht jedoch
für deren Intelligenz und listige Überlebensstrategie sprechen:
auch ihren Familien und Kindern zugunsten. Also sei's drum!

Nein, hier ist jetzt die Rede vom grassierenden häuslichen Opportunismus
im Geschlechterkampf.

Seit der aktuelle Feminismus
nicht nur seine angeborenen Rechte wahrzunehmen, sondern auch noch
anmaßend reichlich unverschämte und irreale Blüten zu treiben trachtet,
fällt eine unterwürfige Liebedienerei
jener weiblich hemmungslos verachteten und verleumdeten Männer auf,
die einer solchen Mißhandlung allzu beflissen applaudieren.

In jedem objektiv berechtigten Falle
kann das zwar nur angemessen und willkommen sein.
Aber es ereignet sich ja so
auch in Millionen von Einzelereignissen ohne den geringsten Anlaß.

Nun ist das natürlich durchaus nicht erst eine heutige Dissonanz.
Schon seit Jahrhunderten stellten Männer besonders die eigenen,
aber blindlings auch alle andern Frauen auf den Sockel
ihrer berechtigten ebenso wie ihrer unberechtigten Bewunderung.
Sogenannte Marienverehrung oder wuchernder Madonnenkult (*"In jeder Frau bete ich die Gottesmutter Maria an!")* bezeugen das ebenso
wie jener spießige, aber anhaltend dominante Spielregel- oder
Prioritätenkatalog weiland des Freiherrn von Knigge. Der
und dessen botmäßig fantasievoll-devote Exegeten schrieben dauerhaft fest,
daß Frauen prinzipiell immer und überall den Vortritt haben:
"Meine Damen und Herren", "Darf ich Ihnen in den Mantel helfen?", «Après vous, Madame», "Sehr geehrte Damen und Herren" – alles das,

man kennt diese sinnlosen Unarten bis zum Erbrechen.
Noch das Klischee vom *“schwachen Geschlecht“*
ist nur scheinbar geringschätzig und beansprucht in Wahrheit
die “ritterlichen” Hilfestellungen des “Kavaliers” oder männlichen Lakaien
rund um die Uhr.

Mit diesem ganzen Kanon
solcher Konventionen ohne jede innere Legitimation
haben Männer sich seit Jahrhunderten wehrlos zu Pantoffelhelden gemacht.
Dieser Prototyp ist im Endergebnis ihre eigene Leistung,
weil kaum jemals abgewehrt und verhindert.

Doch die Vermutung drängt sich auf,
daß das seinerzeit keineswegs ihr eigener Wunsch und Wille, sondern
eine bauernschlau ausgefuchste Inszenierung jenes selben Frauentyps war,
der heutzutage durch das modische Entree des sogenannten Feminismus
dieselben Machtansprüche stellt wie eh und je.

Das mag zwar durchaus ihr gutes Recht und so manchen Vorstoß wert sein.

Die Frage ist hier und jetzt nur,
wie die Gedemütigten und Entmündigten darauf reagieren.

Ob und wie sie das früher taten, ist jetzt ohne Belang.

Inzwischen geht es um den heutigen Kotau
fortgeschritten aufgeklärter Männer
vor behaupteten und unerwiesenen Qualitäten oder Leistungen.
Denn inzwischen brüsten sich Frauen
nicht mehr mit mütterlichen oder fürsorglichen Zuwendungen
in Familie und Haushalt, sondern
mit ihren uferlos ehrgeizigen Imitaten männlicher Errungenschaften –
wie im Kindergarten: *“Laß mich auch mal!”*

Mit dieser nur scheinbar emanzipatorischen Devise
auf ihren immer noch häufig männerbetörend geschminkten Lippen
beanspruchen sie nicht nur alles, was Männer in Jahrtausenden
erdacht, erprobt und geschaffen haben, sondern auch
jedes exklusive Nutzungsvorrecht. Sie melden jetzt schamlos
Patente auf männliche Erfindungen an.

Auch das sei ihnen unbenommen.

Denn in der Tat haben Männer alles das nicht nur zum eigenen,
sondern meist zum allgemeinen Gebrauch entdeckt und installiert.
Die meisten männlichen Lebensleistungen
der ganzen Zivilisations- und Kulturgeschichte waren familienfreundlich
und niemals geschlechtsspezifisch konzipiert. Insofern kann jede spätere
Weiterentwicklung, Verbesserung oder Ausbreitung durch Frauen
nur im Sinne der genuinen Ingenieure erfolgen und jeden Applaus verdienen.

Nein, es geht um die mittlerweile zahllosen Fälle von Anmaßung,
in denen Frauen unberechtigte Urheber- oder gar Exklusivrechte anmelden
und militant in Szene setzen, ohne je eine Hand
für die usurpierten Pioniertaten ihrer Männer gerührt zu haben.
Sie leugnen sogar jeden männlichen Anteil am Erreichten
und verweigern die Mitbenutzung.

Jeder Mann sieht sich heute mit solchen illegalen Enteignungen konfrontiert.
Sie gipfeln nicht selten in der schamlosen Bezichtigung,
die einzige historische Hinterlassenschaft der Männer
seien ihre vielen Kriege.

Aber wie reagieren sie darauf? Nur darum geht es hier.
Melden sie gegen solche Plagiate ihre legitimen Patentrechte an?

Viel zu selten. Meist kuschen sie subaltern
und lassen sich jede gewaltsame Unterdrückung anstandslos gefallen.
Noch in unsern atheistischen Zeiten und Zonen behaupten sie,
gern oder zähneknirschend, in jeder Frau
die Madonna auf dem Sockel zu sehen, und verehren sie blindlings
auch noch für Gaben, die sie gar nicht hat.
Wehrlos lassen sie sich scheinbar genüßlich nicht nur enteignen
und bestehlen, sondern buhlen sogar noch
um die brutal verweigerte Gunst jener Diebinnen.

Diese längst erkannte und durchschaute Schwäche der Männer
nutzen die Frauen seit Jahrtausenden aus
und profitieren auf diese Weise effektiv an fremden Vorgaben.

Insofern sind sie ideale Symbionten, geniale Parasiten oder Nutznießer,
hochbegabte Trittbrettfahre/-, unbegrenzt anpassungsfähige Imitato/rinnen:
also echte Lebens- und Überlebenskünstlerinnen, gar kein Zweifel.
Für jede Brut unverzichtbar. Vielleicht ja auch

als Partnerinnen unübertrefflich.

Nur darf inzwischen kein Mann mehr behaupten,
er habe autark irgendwas erfunden. Vollends jeder Hinweis
auf die zivilisations- und kulturhistorisch gigantische Leistung des Mannes,
geschweige auf die recht exklusiven Resultate
seiner Kunst-, Musik- oder Literaturgeschichte werden
von den heutigen "Feminazis“ frech und naßforsch gekontert:
*das alles können Frauen genau so gut oder besser
und war den Männern in ihrer ganzen unleugbaren Geschichte
sowieso nur möglich, weil die Frauen ihnen immer eine Suppe kochten,
die Strümpfe stopften und die Balgen vom Halse hielten.*

Daß sie das gleichermaßen taten,
während die Männer ihre wohlweislich angekreideten Kriege führten,
unterschlagen sie da gern.

Ihre geschichtlichen Defizite hingegen lasten sie skrupellos den Männern an.
Die nämlich haben durch machistische Verbote und Unterdrückung
"nachhaltig" verhindert, daß Frauen sich kulturhistorisch manifestierten.
Hildegard von Bingen, Barbara Strozzi und Annette von Droste-Hülshoff
oder Rahel Varnhagen von Ense, Henriette Herz und Rosa Luxemburg
werden da je nach Bedarf als Beweise oder einsame Einzelfälle
taktisch ins Feld geführt und sollen dann
zu jedem heutigen Größenwahn berechtigen.

Aber während alles das
mittlerweile schon einige Jahrzente lang so ungut vor sich hin dümpelt
und weitgehend unwidersprochen, unkritisiert geblieben ist,
staut sich ein neuer Verdacht.

Zu den unleugbar gelungensten Plagiaten der Frauen
gehört ihre Okkupation jeder Art von Öffentlichkeitsarbeit.
Die beherrschen sie inzwischen wirklich umfassend, talentiert
und sehr, sehr effizient – sei es mit Hilfe einer Frauenmehrheit
in den meisten Redaktionen. Daher stehen die Medien heute
uneingeschränkt und vorbehaltlos im Dienste
an dieser vermeintlichen Emanzipation der Frau.

Und diffamieren chorisch die Männer.

Besonders seitens der wenigen Rest-Männer in den Medien.

Könnte die vorstehende Kritik sich vielleicht in Wahrheit
gegen diese Art von Männern richten, die sich auch noch beruflich
zu Nuttigkeit und Markthurerei verdonnert erachten?

Denn tatsächlich sind ja die Medien heutzutage,
was früher die Feudalherren waren: allmächtig. Ihnen zu gefallen,
muß daher "nachhaltig" auch das Fernziel jedes Opportunisten sein.
Wer heute Frauen glorifiziert und Männer verleumdet,
hat Chancen, ein Liebling der Medien zu werden und insofern
allenthalben, wo auch immer, zu florieren.

Was sonst wollen Opportunisten?

Sie (nicht die Frauen!) seien hiermit allerheftigst kritisiert und gescholten!

(*Post scriptum*: all den zarten und empfindlichen Frauen
nachdrücklich ins Stammbuch eventueller Eitelkeiten hinein vermerkt:

ihnen sei auch hier selbstverständlich jedes nur erdenkliche Recht
auf jegliche Chancengleichheit gewünscht und ausbedungen,
aber auch ein durch und durch emanzipatorisches Recht auf Fairness,
Objektivität und gebotenen Respekt, diese Rudimente
genuin maskuliner Moral und Ethik – von *anno dunnemals*, ich weiß!)

*

Wie traurig das immer und immer wieder macht, wenn der Flieder verblüht. Keiner einzigen sonstigen Blüte der ganzen Flora trauern wir so untröstlich nach.

*

Aber auch den ganzen Monat Mai wollen wir hierzulande am liebsten festhalten: ihn nicht ziehen lassen.

Man sollte ihm einen Trick des Buddhistischen Kalenders zuteil werden lassen, der bisweilen einen ganzen Monat einfach wiederholt: ihn zweimal hintereinander stattfinden läßt.

Das wäre dem Zauber unseres Mai durchaus zu wünschen: aber dann gleich für immer und ewig so festgeschrieben!

*

Gestern kamen mir in der Eppendorfer Curschmannstraße zwei junge Männer entgegen, die sich lebhaft unterhielten.

Beim Vorbeigehen schnappte ich einen ihrer Sätze wenigstens als Fragment auf:

" ... so wie das Schöne wieder das Häßliche liebt, so ... ".

Unverkennbar dienten diese Worte nur einem Beispiel, das was Übergeordnetes erklären oder belegen sollte.

Ich hörte diese wenigen Wörter und war beglückt.

Denn sonst hört man von Passanten heutzutage nur noch Gespräche über Preise, über Fußballergebnisse, das Wetter oder ihre Autos und deren Versicherung.

Ein Austausch über Dinge, die sich ebenso dialektisch pervertieren wie zum Beispiel die Liebe des Schönen zum Häßlichen, dürfte im 21. Jahrhundert allenthalben eine kostbare Rarität sein: unter Twens auf einer Großstadtstraße nur umso mehr.

Danke, meine Herren, für diese Gelegenheit einer Anteilnahme an Ihrer Erörterung jener geistigen Gesetzmäßigkeit, die bisweilen in ihr eigenes Gegenteil umzuschlagen neigt –

als Unikat ein Solitär.

*

Gestern sind unerfindlich und rätselhaft zwei meiner Uhren stehen geblieben.

Aber entsprechend justiert, liefen sie anschließend wieder ungetrübt weiter.

Also war ich auf eine Todesnachricht gefaßt.

Denn seit dem Sterben Sawaangs vor nunmehr fast fünfzehn Jahren hat sich derlei in meiner Wohnung nie wieder ereignet.

Aber bislang ist 24 Stunden lang keinerlei Schreckensmeldung eingetroffen.

Was also hat da stattgefunden: welche energetische Irritation?

Wer sind wir, und wo leben wir?

*

Ein Pemón-Indianer, Leiter des Nationalparks im venezolanischen Canaima, gesteht für seinen Volksstamm in eine deutsche Fernsehkamera hinein:

“Wir haben keine Religion. Wir glauben an die Natur”.

Hat er wirklich *“glauben”* gesagt? Oder ist das nur eine Gedankenlosigkeit des deutschen Dolmetscherdienstes? Vermutlich. (Oder eine Höflichkeit dieses Indio?)

Denn an die Natur kann man schwerlich glauben. Man kennt sie, man weiß um sie, man fühlt sich ihr angehörig. Man ist Teil von ihr.

Zu glauben läßt sie da gar nichts übrig.

*

Für das Finale der seinerzeit ungemein populären Oper *”Una cosa rara“* von Vicente Martín y Soler (1754-1806) schrieb Librettist Lorenzo Da Ponte 1786 diese Schlußverse:

“Quel ch'è fatto è fatto
e non si può cangiar [= *cambiar*]”.

*

Zitate von Sergiu Celibidache
(wiedergegeben nach Klaus Umbach, *Celibidache – der andere Maestro. Biographische Reportagen*, München Zürich 1995):

“Man will nichts, man läßt es entstehen.”

+

“Der Dirigent ist Testamentsvollstrecker des Komponisten [...] Diktator? Ich? Ein Tyrann? Nein, nie. Mozart ist der Diktator, der unbarmherzige, der sich von uns nicht das Dis zum Cis verändern läßt, sondern auf dem Dis besteht.”

+

“In den Funkhäusern saßen und sitzen nur freundliche, manchmal sehr freundliche Verbrecher, die irgendwelche Geschäfte betreiben und Musik verramschen wie Zigaretten und Klopapier. Vom Wunder der Musik bleiben sie zeitlebens unberührt.”

Celibidache angeblich über vermeintliche Kollegen:

Rafel Kubelik: *“Ein großer Musiker, ein kleiner Dirigent”;*

Lorin Maazel: *"Ein zweijähriges Kind, das von Kant redet";*

Herbert von Karajan: *"Wenn auch kein Genie, so ist er doch der Größte. Wie er seine Mayonnaise anrührt beim Dirigieren, erinnert frappierend an De Sabata. Ich weiß, er begeistert die Massen. Coca-Cola auch";*

Georg Solti: *"Als Pianist hervorragend. Als Dirigent ein mediokres Ohr, wenig Technik";*

Karl Böhm: *"Je mehr ich von ihm höre, umso klarer ist mir der Abstand zwischen ihm und dem, was Musik eventuell sein könnte"*;

Arturo Toscanini: *"Werde ich bis zu meinem letzten Blutstropfen bekämpfen. Hat überhaupt keine Musik gemacht, nur Noten. Eine reine Notenfabrik"*;

Riccardo Muti: *"Hat ungewöhnliches Talent, ist aber ein Ignorant wie Toscanini"*;

Eugene Ormandy: *"Wie konnte so ein mittelmäßiger Kapellmeister Nachfolger Stokowskis werden?"*;

Leopold Stokowski: *"Ein König der Farben"* [= statt der Klänge];

Claudio Abbado (weiland Chefdirigent bei vormals Celibidaches *Berliner Philharmonikern*): *"Ein völlig unbegabter Mensch. Eine Qual. Bei ihm werde ich wütend"*;

Bernstein: *"Sicher ein intelligenter Mann. Er hatte überhaupt keine Ahnung. 'Ich sehe das so!' Aha, er sieht das so. Was sieht er so? Was soll das? Mein Gott! Was für ein Schwachkopf! Wie sieht man das Meer?"*

Karajan, Bernstein, Mehta, Muti: *"Sie leben nicht in meiner Welt"*;

im Funkhaus: *"Seit fünfundzwanzig Jahren vegetieren dort die Musikdirektoren vor sich hin [...] Das Funkhaus wimmelt von Verbrechern. Ich weiß nicht, wie und warum ich das ausgehalten habe. Alles kriminell, alles kriminell"*;

Theodor W. Adorno (genuiner Musiker): *"Der größte Schwätzer der Weltgeschichte"*.

Peter Kehm, weiland Programmdirektor des *Süddeutschen Rundfunks* in Stuttgart, über Celibidache:

*"Der Maestro unterschrieb keine Verträge, grundsätzlich nicht.
Er bevorzugte althergebrachte Formen. Ein Handschlag unter Männern,
ein Blick ins Auge des Partners genüge."*

Wieder Celibidache selbst:

*"Eine Probe ist eine Summe von unzähligen Nein.
Nicht so schnell! Nicht so laut! Nicht so flau! Nein, nicht so! Nein,
nicht, nicht! Wie viele Nicht gibt es? Billionen.
Und wie viele Ja? Nur eins!"*

Zum Orchester des *Schleswig-Holstein Musik Festivals* bei einer Probe zu Mozarts *Jupiter-Sinfonie* in Salzau, 1988:

*"Sagen kannst du alles,
aber wenn du Dinge sagen willst, die stimmen,
dann sag am besten gar nichts!"*

+

"Intellekt ist nein, Musik ist ein Ja."

+

*" ... So hat Celibidache, mit vierundzwanzig, sein erstes Klavierkonzert
noch mit all dem vollgriffigen, manuell effektsicheren Beiwerk angereichert,
nach dem sich die Virtuosen die Finger lecken. [...]*

*Im Sommer 1993 nun, mit einundachtzig, schreibt er den Nachfolger,
'ein Konzert für pianistische Analphabeten'. Warum das?
'Damit die Vorstellung, durch große, wichtigtuerische Virtuosität
werde in der Musik irgend was erreicht, ein für allemal verschwindet'.*

*Nichts von alledem wird öffentlich gespielt oder irgendwo aufgeführt;
es ist und bleibt Celibidaches Kopfmusik [...] .
Für ihn ist das stille Musik ... ".*

+

*"Er hat, wie er beteuert, nie daran gedacht, seine Werke selbst zu dirigieren.
[...] Er brauche keine wirklichen öffentlichen Darbietungen seiner Stücke,
aber er brauche die Stücke und den Prozeß ihrer Entstehung."*

Dacapo: *"Er brauche keine öffentlichen Darbietungen seiner Stücke, aber er brauche den Prozeß ihrer Entstehung."*

+

"Ich gehe niemals ins Kino. Ich verabscheue Romane.
Ein einziges reales Leben ist mehr und mehr wert
als tausend erfundene Geschichten. [...] Ich bin überzeugt,
daß die Phantasie bessere Dinge schaffen kann, als es die Literatur vermag.
Jeder Mensch hat, wenn er sich öffnet gegenüber sich selbst,
mehr Phantasie im Kopf als alle Romane zusammen."

+

"Der Kalender belegt, daß er jetzt, mit über achtzig,
auf dem Weg zum Methusalem ist. Aber er hat angeblich
'absolut noch kein Gefühl des Älterwerdens'. Natürlich,
der Körper, der Rumpf, zeige Verschleißerscheinungen,
'aber nicht der Kopf.
Warum bin ich innerlich so jung? Weil ich etwas erlebt habe.
Wenn ich nicht suchen und immer weiter suchen würde,
wäre ich längst gestorben'."

+

"Nein, vor dem Tode hat er keine Angst, 'warum?
Es kommt etwas anderes, das weiß ich. Das merke ich,
wenn ich mal nicht mehr denke. Dann habe ich
Kontakt zu Erscheinungen, die mir absolut unerklärlich sind'."

+

"Er glaubt nicht an Gott, *'weil ich weiß, daß es ihn gibt'.*

Er gehört keiner Kirche an, *'ich bin in einer Kathedrale genau so selig*
wie in einer Moschee. Es gibt keine falsche oder richtige Religion.
Folgen Sie einer, irgendeiner!

Alles, was Menschen für Gott halten, ist Gott nicht.

Gott ist keine Vorstellung.

Man muß aufhören, sich das Unerklärliche erklären zu wollen'."

*

Wer sich selbst mehr und mehr als ein willenloses Werkzeug übergeordneter Geister oder Kräfte zu verstehen oder zu empfinden lernt, der muß sich dann auch eines Tages dazu bequemen, sich den Entscheidungen dieser spürbar latenten dämonischen Mächte generell zu fügen oder anzuvertrauen: sich ihnen dankbar zu unterwerfen und sie gutzuheißen:

na gut, dann macht was mit mir!

Der Rest wäre gutgelauntes Abwarten.

Gäbe es was Sinnvolleres?

*

In seinem grandios recherchierten Mozart-Buch, das lange Jahre als unabdingbar galt, verärgern mich Wolfgang Hildesheimers moralinsauer besserwisserische Unterstellungen von Unbeweisbarem mindestens ebenso oft,

wie mich manche seiner Reflexionen und Informationen entzücken.

Aber zwei- oder dreimal berühren sie mich weit über Mozarts Geschicke hinaus auch persönlich und stellen unterirdisch postume Verwandschaften her:

"Seine Einsamkeit war zwar extrem, zugleich aber war sie ihm auch ein Schutz vor Verletzungen seines Ego."

+

"Im letzten Sommer seines Lebens [...] entbehrte er niemanden mehr, seine Beziehung zur Umwelt wurde zu einem, oft hektisch forcierten, Ablauf."

+

"Er hatte viele Leute recht gern, was nicht bedeutete, daß sie den Radius seines Interesses allzu weit durchdrangen, und er duldete beinahe alle."

Mozarts Schwägerin Sophie, Schwester seiner Frau, hat aus seinen letzten Jahren berichtet:

"Er war immer guter Laune, aber selbst in der besten sehr nachdenkend, einem dabey scharf ins Auge blickend, auf alles, er mochte heiter oder traurig seyn, überlegt antwortend,

und doch schien er dabey an etwas ganz Anderem tiefdenkend zu arbeiten".

*

Die Bereitschaft, Zufälle nicht nur hinzunehmen, sondern auch zu respektieren – sie anzuerkennen: als Prinzip mit eigener Berechtigung …

*

Demokratie als Idee könnte ja ein Resultat von Evolution sein.

In praxi sabotiert und verhindert sie aber jede Evolution.

Wohin muß eine solche Gegensätzlichkeit schließlich führen?

Zu einer mittelalterlichen Vierteilung, gar kein Zweifel. Denn die Kräfte ziehen in konträre Richtungen.

Wann zerreißt das Opfer?

Und wie?

Oder ist schon die Idee der Demokratie gar nicht so evolutionär, wie die vermeintlichen Aufklärer das glauben?

Sollte sie schon theoretisch ebenso wie auch praktisch deutlich anti-evolutionär sein, dann dürfte nur ein gemütlicher Kollaps das Endergebnis eines so unvitalen Experimentes sein, und bald wäre dieser ganze Spuk dann verschwunden und vergessen.

Aber was dann an seiner Stelle?

*

Einmal mehr:

Täglich gnadenloser manifestiert sich derzeit in unsern "westlichen" Gesellschaften ein schleichender Offenbarungseid.

Ihre unumstrittene, unangefochtene, längst schon als selbstverständlich hingenommene und akzeptierte Unterteilung in Mehrheiten und Minderheiten entlarvt sich als zutiefst undemokratisch.

Denn sie teilt uns alle diskussionslos in Begünstigte und Entwürdigte auf.

Das ist eine andere Art von Unterdrückung, Diktatur und Terror.

Mehrheit und Minderheit sind heute durchweg sanktionierte Euphemismen

für das, was früher Gläubige und Ketzer oder Linientreue und Renegaten, Arier und Semiten, Führertreue und Widerständler, Kommunisten und Volksfeinde, weiße und schwarze Schafe waren.

Wer nicht mit dem Strom schwimmt, wird in vermeintlichen Demokratieen ebensowenig geduldet wie in absolutistischen Strukturen. Nur vollzieht sich das schleichender, undramatischer, eher zwischen den Zeilen als in deren Schlagzeilen. Ineffizienter ist es *à la longue* deswegen nicht gerade.

Was ist hieran abzulesen?

*

Die Unmengen an empirisch Angesammeltem werden so lange nach und nach als Reichtum, Schatz und verfügbares Reservoir empfunden, bis sie sich eines Tages unverhofft als Reife entpuppen:

Reife für ein Nächstes, treppauf.

*

Die meisten Frauen gestalten ihren alltäglichen Einkauf als Nahkampf.

Gegen wen?

Gegen einen doppelten Todfeind: die Konkurrentin und den Mann.

Letzterem geht diese Sinnlosigkeit zunehmend auf die Nerven.

Aber die Nervende bemerkt das nicht einmal.

(Die Konkurrentin vermutlich auch nicht.)

*

Ist es ein Kennzeichen unserer Zeit, daß sie Dummheit und schlechten Geschmack zu Dogmen erklärt hat: unabdingbar?

*

Die *"Frankfurter Allgemeine Zeitung"* hat einen neuen Literaturchef. Er habe sich bisher, legitimiert sie diese Ernennung, als Fachmann für *Comics* einen Namen gemacht.

Könnte man sich 2015 in diesem hochtrabend anspruchsvollen Blatte eine angemessenere Bestallung denken?

*

99,9 Prozent aller Arten von Lebewesen, gaben kompetente Experten kürzlich bekannt, habe *Mutter Natur* im Laufe ihrer Entwicklung wieder fallen lassen oder zurückgepfiffen: also fast alle.

Sie wurden jeweils durch neue Versuche ersetzt.

Insofern sollten wir auch uns wohlweislich als dergestalt zwischenzeitliche Platzhalter für neue Versuche oder was Gelingenderes betrachten.

Sehr tröstlich: wir sind wirklich nur Vorläufige.

Und nach uns?

Wird (hoffentlich oder sicherlich?) kommen was Nennenswerteres.

*

Japanisches Sprichwort: *"Wenn du es eilig hast, mach einen Umweg."*

Anders übersetzt: *"Der schnellste Weg ist der Umweg".*

*

Der Körper wird einem Alternden immer lästiger.

Aber auch entbehrlicher.

Da korrespondiert was insgeheim.

*

In jüngeren Jahren galt ich meiner Umwelt oft als allzu kritisch.

Heute ertappe ich mich bei allzu manischer Suche nach Lobenswertem: wo oder was auch immer. Ich giere danach, zu loben und das dem Lobenswürdigen auch tunlichst mitzuteilen.

Das befriedigt, wie keinerlei Bekritteln das jemals vermocht hat.

Wohl weil es unterirdisch jener Weltharmonie auf der Spur ist, die man eigentlich nur noch sucht. Denn sie allein versöhnt.

*

Die überraschende Ablehnung einer hiesigen Olympiade durch die Hamburger Bevölkerung ist für viele Kommentatoren so unbegreiflich, daß sie die Gründe einzig im Finanziellen zu finden meinen. *Anders sei ein so irrationaler, aber mehrheitlicher Glücksverzicht gar nicht zu erklären:* nur als verabscheuenswürdig knauserige Angst vor vermeintlichem Mißbrauch unserer Steuerleistungen.

Aber jede eigene (angefragte oder auch unerfragte) Begründung, unsere Gesellschaft sollte doch tunlichst nicht noch weiter in Sieger und Verlierer – zeitgemäßer in *winners and losers* – aufgeteilt werden, findet überraschend schnelle und mühelose Zustimmung.

Sollte dieser längst schon schleichende Prozeß einer globalen Aufspaltung in Überlebende und Scheiternde im Unterbewußten der Bevölkerung tatsächlich die sehr viel größere und ausschlaggebendere Befürchtung gewesen sein: die Angst vor Blamage und Absturz unweigerlich der Allermeisten?

Denn dieser "olympische" Gedanke ist ja tiefinnen wesens- oder artverwandt mit dem heillos torkelnden Kapitalismus in unsern sozialen Geschicken: nur einer macht da überall immer nur das Rennen; alle andern bleiben auf der Strecke.

War insofern das hiesige *Nolympia* eine Art Götterdämmerung? Ein nahendes *Ragnarøk* mit Chancen?

Denn die Hamburger Ablehnung eines so lukrativen Bestensiebes, rechnen die Aufmerksameren jetzt schon gern wollüstig vor, war ja keineswegs die erste, sondern steht in einer ganzen Sequenz so schwer verständlicher Plebiszite

auch schon in Barcelona und Graubünden, in München, Krakau, Oslo, Boston, Stockholm und Lwiw

oder sonstwo alles: lauter hellsichtige Bevölkerungen?

Oder verängstigte Bevölkerungen?

*

Zum Thema etwa zeitgenössischer Aktualität von Kunstwerken

oder ihrem resonanzlosen Überleben mit eventueller Spätzeitwirkung

ist auf keinen Geringeren als den unerschöpflich sprudelnden Produzenten Wolfgang Amadeus Mozart zu verweisen.

In seiner äußerst lesenswerten Studie über *"Mozart und Constanze"* gibt der britische Historiker Francis Carr (1924-2009) nicht nur sensationelle Neuigkeiten zu Mozarts möglicher Todesursache preis, sondern (gleichfalls just 1983) auch diese beschämende Enthüllung:

Mozart habe zu Lebzeiten lediglich siebzig seiner Werke veröffentlichen können (oder wollen?), *aber mehr als fünfhundert unpublizierte und unbekannte Werke postum in seiner Wohnung vorfinden lassen.*

Also auch er sogar: *sang for the song, boys ...*

*

Eher durch Zufall geriet ich dieser Tage in eins der wenigen Fernsehspiele, wie sie hierzulande vormals ein international umneidetes Flaggschiff dieses Mediums waren, aber heutzutage zum Aschenputtel unseres kriminalistisch verhurten Bildschirmterrors degeneriert worden sind:

nur um dort den Schauspieler Hanno Koffler wiederzusehen, diese beglükkende Sumpfblüte, die die telegen allgemein verwahrlosten Überreste seiner Branche unverhofft an ihre hochkarätigen Traditionen längst verwehter Blütezheiten anzubinden und vielleicht eines Tages unbeschädigt an kommende Generationen weiterzureichen imstande sein könnte.

Diesmal spielte Koffler den kleinen Angestellten einer Rüstungsfirma, der eines Tages eher durch Zufall das weltweit mörderische Export-Geschäft seines Brötchengebers zu durchschauen, zu bekämpfen und schließlich sogar zu besiegen begann.

Koffler tat das abermals so überzeugend und bewegend, daß ich mir dieses ganze exotische Fernsehspiel, das eigentlich als *“Spielfilm”* gedreht wurde, nicht nur bis zu seinem märchenhaften Ende anschaute, sondern auch mit leichtem Schauder als eigenes Damaskus-Erlebnis begriff:

dieser unserer paralysierten Epoche sind solche Helden, wie unsere Generation sie lange gemieden, verlacht und für überflüssig oder überlebt gehalten hat, plötzlich wieder global viel benötigter und interessanter als alle Opfer, die wir so lange bevorzugt und genüßlich bemitleidet hatten.

Dieser Film von 2015, der *“Meister des Todes”* heißt, signalisierte jählings einen erschreckenden Zeitenwandel: wir brauchen wieder dringend solche heroischen Retterfiguren und nachahmenswerte Vorbilder, die uns in all der labyrinthischen Wirrnis dieser Zeit noch Wege zeigen und dabei glaubhaft sind.

Dieser Hanno Koffler ist imstande, sie uns wieder einleuchtend zu präsentieren. Freilich hatte er diesmal einen Produzenten, der auch (gemeinsam mit dem vielseitig verdienstvollen Gert Heidenreich) sein eigener Drehbuchautor und Regisseur war: Daniel Harrich. Er gilt unsern Medien immerhin als Pionier eines *"investigativen Spielfilms", whatsoever.*

*

In Mozarts *"Così fan tutte"*
gilt seit zweihundert Jahren die überführte Promiskuität zweier Brautpaare
als das eigentlich unlösbare Inszenierungsproblem.

Zu Unrecht.

Denn daß Menschen so gebaut sind, haben wir inzwischen
erfahren, erkannt und freudianisch mehr oder minder genossen
oder zähneknirschend hinzunehmen gelernt.

Nein, das eigentliche (und vielleicht wirklich unlösbare) Problem
dieser scheinbaren Opernkomödie ist die Rolle des *Don Alfonso.*

Wer ist dieser Mann? Wie spielt und singt man ihn? Geht das überhaupt?

Denn welchen Menschen kann es reizen,
zwei gückliche junge Liebespaare so auseinander zu scheuchen
und sie gleichzeitig über Kreuz wieder aufeinander zu hetzen,
wie dieser Mann es erfolgreich tut?

Mir scheinen diese Fragen auch nach zweihundertjährigem Ausprobieren
auf unzählbar vielen Bühnen in aller Welt noch immer unbeantwortet
und vielleicht sogar ewig unbeantwortbar zu sein.

Denn dieser rätselhafte Strippenzieher
fädelt genüßlich und listig, mit populärer Welt- und Menschenkenntnis,
die vermeintlich vorhersehbare Untreue
jener vier scheinbar unbeirrbar verliebten Verlobten
persönlich ein und gewinnt dabei ziemlich mühelos
die eingangs diesbezüglich abgeschlossene Wette:

Frauen seien hemmungslos verführbar
und wechseln ihr "Bäumchen" leichthin bedenkenlos – eben così fan tutte.
(Daß aus seinem *tutte*
unweigerlich ein geschlechtsübergreifendes *tutti* werden
und Mannsleute unumgänglich einbeziehen muß – ja, übersieht
und verkennt er das? Oder weiß er das, akzeptiert und praktiziert er das
ohnehin als entschuldbar und üblich, als gesellschaftlich normal

und hingenommen? Ein erstes Rätsel!)

Im Personenverzeichnis des Librettos

und in Programmheften sorgsamer Dramaturgen älterer Schule
wird dieser *Don Alfonso* noch vorsorglich als *vecchio filosofo* ausgewiesen:
als *alter Philosoph.*

So haben ihn frühere Generationen auch
am liebsten zu präsentieren versucht. Aber das blieb meist auf der Strecke:
weil seine szenisch praktizierte Lebensweisheit allzu leicht
als flach und anfechtbar, als wenig philosophisch durchschaut werden muß.
Menschen sind nicht so simpel manipulierbar,
wie dieser merkwüdig hagestolze Alfonso das vorlaut zu wissen behauptet.

Alle besseren Regisseure, die noch Autorenwünsche umzusetzen versuchten,
flüchteten sich daher häufig gern
in den Zynismus jenes Philosophentyps der antiken Kyniker
und ließen diesen Alfonso insofern als intelligenten, aber
enttäuschten und illusionslosen Pragmatiker spielen, der alle Romantik
aus seinem Frauenbild und jedem Geschlechterverhältnis vertrieben hatte.

Hieraus resultierte dann oft
ein verbitterter Weiberfeind mit schlimmen Liebes- und Lebenserfahrungen,
bisweilen gar ein alternd impotenter Pessimist und lustloser Skeptiker,
gar eine misogyne Tunte ohne eigene Frauenkenntnis,
in modischeren Inszenierungen schließlich
ein unbedachter Kaffeehaus- (Kašlík) oder Party- (Haneke) - Schwätzer,
der sich mit seinem Salonschwadronieren nur in Szene setzt,
ohne Konsequenzen zu überblicken. (Wie langweilig!)

In Salzburg schließlich
mündeten alle diese wenig überzeugenden Versuche kürzlich (Bechtolf)
im Rollenkonzept eines pedantisch experimentierenden Wissenschaftlers,
der das Leben mit Lupe und Botanisiertrommel nur noch katalogisierte
und in realitätsferne Details oder Theorieen zerlegte;
ihm blieb letztendlich angesichts dessen, was er unter lebenden Menschen
angerichtet hatte, nur ein kopfloser Freitod: also eine Sackgasse –
schwerlich Da Pontes und Mozarts angepeiltes Fazit.

Fazit:
auch nach einer mehr als zweihundertjährigen Bühnenpraxis scheint es

in dieser genialen Oper noch immer ein absolut ungelöster Knackpunkt
zu sein, wer ihre reichlich exotische Handlung, die weiland
abstrus und heute ungewöhnlich lebens- und menschenkundig anmutet,
überhaupt in Gang setzt und mit welcher Motivation, mit welchem Ziel –
warum?

Also immer noch: wer ist dieser *Don Alfonso*?

Sollte ich selbst noch unverhofft mit einer Inszenierung
dieses göttlichen Werkes betraut (oder abgestraft) werden:
wie würde ich diese Partie besetzen und begründen oder "anlegen"
und führen? Vielleicht als welt- und menschenkundigen Spieler: als Jongleur
mit gewagtesten Möglichkeiten, als tollkühn experimentierenden Fantasten
mit sehr viel Humor und Zivilcourage, mit empirisch abgesicherter
Lust am Irritieren und Ausprobieren – letztendlich
als feixenden, tänzelnden Durchschnittsmenschen? Der keine Ahnung hat
und nur durch kopf- und ahnungslose Versuche überlebt:
eine Art Mustermann, jener bürokratisch verbreitete Platzhalter
oder eben *joker*?

Dieser Don Alfonso also ein *jolly joker*?

Das würde das ganze Geschehen
vielleicht auch günstig beflügeln und schweben lassen,
es vor Bierernst, Machismen, Manipulationsverdächtigungen
und allzu teutonischer Verbindlichkeit bewahren,
ihm seine genuine Mediterraneïtät bereichernd zurückerstatten – oder?

Einen Versuch wäre auch das vielleicht letztendlich noch wert.

*

Demokratie scheint mir nur in ihrer Frühphase eine solche Beglückung zu sein, wie die Menschheit sie ganze Generationen lang ersehnt und erkämpft hat: wenn sie die Mißstände einer vorausgegangenen Diktatur oder Monarchie just abgeschüttelt hat und sich befreit fühlt,

wenn sie in ihrem Alltag aber insgeheim noch genügend einsame Entschlüsse überlebender Einzelautoritäten ermöglicht, die einen Fortschritt des gesellschaftlichen Lebens begünstigen.

In ihrer festgefahrenen oder deformierten Spätzeit scheint Demokratie unweigerlich zu einem majoritären Massenterror zu entarten, dessen Kultur-

und Fortschrittsfeindlichkeit letzten Endes in grassierender Dummheit mündet und unaufhaltsam zur Selbstzerstörung einer solchen Gesellschaftsform führt.

Dann könnten sie schließlich nur noch kluge Anordnungen retten.

Aber wessen und woher noch?

Vielleicht seitens demokratisch gewählter, aber parteilos sozialistischer Oligarchen?

Demokratieen scheint es bislang nur in unentwirrbaren Symbiosen mit sogenannt *"Freier Marktwirtschaft"* gegeben zu haben, wo Völker ihre Emanzipation oder Autonomie mit kapitalistischer Versklavung bezahlten.

Da ersetzten sie ihre bisherigen Autokraten nur durch neue Unterdrücker: ebenso gnadenlos dominante, aber unbelangbare Pfeffersäcke, Rockefellers, Banker oder Nabobs. Aus der verhängnisvollen Polarisierung ihrer Bevölkerungen in Mächtige und Ohnmächtige wurde da die nicht minder fatale Konfrontation von Reichen und Verarmten oder Siegern und Verlierern. Demokratisch war hieran in Wahrheit gar nichts mehr: denn jeder versuchte nur noch, mit allen Mitteln so reich wie irgend möglich zu werden – sonst galt er nichts und

wurde sozial zur Null.

Sozialismus hingegen scheint es bislang offiziell nur in Diktaturen gegeben zu haben. Da aber war dann in Wahrheit gar nichts sozialistisch: denn jeder versuchte nur noch, den Anordnungen der Befehlsgewaltigen möglichst untertänig Folge zu leisten und ebenso liebedienernd zu gehorchen wie weiland seinem landesfürstlichen Blutsauger.

Insofern wäre jetzt eine wahrhaft und wortgetreu sozialistische Demokratie ohne jede Bindung an kapitalistische Wirtschaftsformen eine letzte und einzig verbleibende politische Utopie.

Daß sie die Menschheit erlösen könnte, bleibt gleichwohl anzuzweifeln.

Aber erproben sollte man sie unbedingt noch: eigentlich schon als unser aller gesellschaftlich letzte Chance.

*

Unter den klugen, sehr lesenswerten Aphorismen des kürzlich dahin gegangenen Schauspielers Rolf Boysen finde ich auch diesen:

"Erinnerung ist der Atem der Kunst. Erinnerung ist die eigentliche Wahrheit.

Sie ist durch nichts zu widerlegen."

Ja, richtig: *"Dem Amte wohl bekannt"* (von Kleist = Boysens dramatischem Favoriten, *salut!*).

*

Das Internet speichert ein Zitat von Rossini:

"Ich gebe zu, dreimal in meinem Leben geweint zu haben:

als meine erste Oper durchfiel,

als ich Paganini die Violine spielen hörte

und als bei einem Bootspicknick ein getrüffelter Truthahn über Bord fiel."

Der das gesagt und deshalb dreimal geweint haben soll, lebte von 1792 bis 1868. Gab es für Tränen damals keine anderen Gründe als diese drei diskrepanten Eisbergspitzen?

Wer weiß!

*

Rossini hat 38 oder 39 Opern geschrieben,

von denen ich etwa 19, also die Hälfte, kenne
und gehört oder auch gesehen habe. In elektronischem Speicherzustand (und
diversen Besetzungen, versteht sich) besitze ich auch all diese neunzehn.

Ich teile die Ansicht seiner globalen Gemeinde seit zweihundert Jahren:
am überzeugendsten, gewinnendsten und auch heute noch
absolut unwiderstehlichsten sind da seine *opere buffe*: *"Il barbiere
di Siviglia"*, *"L'italiana in Algeri"*, *"La Cenerentola"*, manche mehr.

Aber der "Kenner" weiß ja trotzdem,
daß dieser Meister der Komik sehr wohl auch *opere serie* geschrieben hat:
historische oder pseudo-historische (*"Elisabetta"*, *"Aureliano in Palmira"*),
prähistorisch-mythische (*"Semiramide"*, *"Mosè in Egitto"*)
und leicht oder sehr, sehr romantische (*"Armida"*, *"La donna del lago"*).

Was er kaum je weiß: Rossini hat sich auch politisch festgelegt –

indirekt vermutlich schon in seiner *"Matilda di Shabran"*,

einem seiner musikalisch besten, gleichwohl unpopulärsten Werke,
das eine tragikomisch-lyrische Satire auf jene gnadenlos verkrusteten und
brutalen Feudalherren oder Landesfürsten darstellt, die seinerzeit sogar
Kunst (Poesie) und Liebe (Frauen) generell unter grausame Strafen stellten,
vor beiden aber letztendlich kapitulieren müssen;

aber noch sehr viel dezidierter und 1829 belangbarer
in seiner letzten Arbeit für die Bühne: *«Guillaume Tell»*, also Wilhelm Tell.
Das ist nun pur politisches Theater
zugunsten eines demokratischen Aufbegehrens und Freiheitskampfes
gegen alle obrigkeitlichen Unterdrücker.

Kaum jemand realisiert noch heute, daß dieses Werk
das vorsätzliche Schlußwort eines erst 37jährigen Komponisten
auf seinem eigensten und erfolgreichsten Territorium war: der Opernbühne.
Wilhelm Tells Attentat
auf einen barbarisch gefühlkskalten Menschenverächter und Despoten
wurde so nach mehr als zwanzig höchst respektablen, teils spektakulären
Bühnenjahren zu seinem theatralischen Schlußwort und Vermächtnis.
(Immerhin lag ja damals auch die *Französische Revolution*,
in deren Land und Sprache diese Oper entstand, erst dreißig Jahre zurück.)

Dieses also nicht-italienische Bühnenstück ist nun plötzlich (oder endlich?)
hochpolitisch – aber gleichwohl auch szenisch höchstkarätig.

Außer seiner überstrapazierten Ouvertüre ist es weitestgehend unbekannt –
weil aus politischen Gründen vermutlich längerfristig unerwünscht.
Da Rossini damals vermutlich schon wußte,
daß das sein theatralischer Schwanengesang sein sollte, waren ihm
Erfolg oder Mißerfolg, Verbote, Geringschätzungen oder gar Verfolgungen
in seinem französischen Exil wohl nicht mehr allzu wichtig.

Dieser *"Wilhelm Tell"* verdient jedoch, nachhaltig beachtet
und von Theaterleuten, Musikologen, Rezensenten und Publikum energisch
festgeschrieben zu werden.

*

Richard David Precht präsentiert sich als Philosophen nicht unter Philosophen, sondern unter Medienvertretern.

2016 (81- bis 82jährig)

Einmal mehr und täglich unverkennbarer:

Demokratie ist ein Schreckensregiment von Idioten.

Wohlverstanden: all die erlittenen autokratischen Vorgängerformen waren das meist zumindest gleichermaßen.

Aber:

von der Demokratie hatten wir alle uns den Himmel versprochen …

*

Aus meinem *e-mail*

an Hans-Ulrich Jörges, den potenten Wortführer des aktuellen Journalismus,

im Anschluß an medial hochgespielte Tätlichkeiten *"mit migrantem Hintergrunde"* in der Kölner und Hamburger Silvesternacht 2015/16:

"Europa, Christentum und Abendland haben ja nicht nur die vielzitierten orientalischen <u>Kreuzzüge</u> auf dem Gewissen,

sondern auch

gute vier Jahrhunderte lang einen weltweit gnadenlosen <u>Kolonialismus</u> mit brutalster Unterdrückung der halben Weltbevölkerung

und 350 Jahre lang den erbärmlichsten <u>Sklavenhandel</u> von Afrika in die 'Neue Welt'.

Alles das war viele Millionen Male schlimmer und unverzeihlicher als die Silvesterexzesse in Köln und Hamburg.

Die Verschuldung von damals ist noch lange nicht gesühnt oder abgetragen.

Dies den hysterisierten Medien und Politikern eines inzwischen reichlich ungebildeten 'Volks der Dichter und Denker' *in die leeren Stammbücher!"*

Aus der prompten Reaktion des Belehrten immerhin:

"Ihr Hinweis auf die Kolonialverbrechen ist sicherlich angebracht. Hier liegt die historische Wurzel des Problems."

*

Ein technisch bedingtes Durchforsten des eigenen Archivs bringt die Aufzeichnung eines Theaterabends aus der Berliner *Freien Volksbühne* ans Tageslicht und in die Erinnerung zurück.

Es handelt sich dabei um ein Stück, das *"Ghetto"* heißt,
1984 vom israelischen Dramatiker Joshua Sobol geschrieben
und sofort gleichzeitig in Haifa und Berlin gestartet wurde. Die Berliner
Aufführung war sehr hoch besetzt und wurde allenthalben gepriesen.

Ihr hiesiger Regisseur war Peter Zadek,
den ich im *Siebenten Bande* der *"Reflexe"* unter den Nummern 289 und 357
ziemlich gnadenlos abgehalftert habe. Ohne das widerrufen zu wollen,
bleibt nun aber aus Redlichkeit nachzutragen, daß er
zumindest dieses israelische *"Ghetto"* sehr seriös,
fantasievoll und handwerklich meisterhaft in Szene gesetzt hat. Fazit:
er konnte also, wenn er wollte.

Bleibt zu vermuten, daß er nicht immer wollte.

Oder daß dieser Zwangsemigrant und Zögling des britischen Boulevards
spezifisch traumatisiert geblieben, tief gespalten war und
eine seriöse Charakterhälfte neben seiner versnobt-blasierten
zur Verfügung hatte.

Oder daß der betreffende Darstellungsgegenstand den Ausschlag gab.
Ein jüdisches Ghetto im faschistisch okkupierten Litauen
hatte ihn jedenfalls so ernst und bemüht werden lassen, wie es sich gehört.

Das Ergebnis war wirklich fabelhaft: *Chapeau claque!*

*

Wie Sachlichkeit, diese achtbare und spezifisch männliche Fähigkeit des Menschen, sich emotionslos auf bestimmte Inhalte zu konzentrieren, auch in Extreme getrieben werden kann:

sie entartet, degeneriert dann und kann sich zur Entpersönlichung mit offiziellem Anstrich pervertieren: zur Amtssprache, zum Behördendeutsch, zur Fachidiotie, zum elektronischen Kauderwelsch.

Oft überschreitet sie dann auch die Grenze zur Unhöflichkeit, zur Arroganz und wird kontraproduktiv, kommunikationsfeindlich, menschenverachtend.

Also wie aus Plus flugs ein Minus werden kann …

*

Ich glaube, Sergiu Celibidache war es, der das Schimpfwort *"Notenspieler"* eingeführt oder gar erfunden hat. Er bezeichnete damit musizierende Kollegen, die bienenfleißig und notengetreu eine Komposition zu Gehör bringen können, ihr aber trotzdem alles Erforderliche schuldig bleiben und nur rechtschaffen langweilen: weil sie vor lauter akademischer Akribie den eigentlich kreativen Prozeß unterschlagen.

Nur wenn ein Sänger, Instrumentalist oder Dirigent alle "Noten" wirklich einwandfrei wiederzugeben vermag, kann ja jener schöpferische Vorgang überhaupt erst beginnen, um den es einzig gehen muß und der aus notierten Protokollen bestenfalls Kunstwerke oder aus "Notenspielern" Künstler zu machen Chancen hat.

Wer das je verinnerlicht hat und nachzuvollziehen vermag, wird bald erkennen können, wie viele solche "Notenspieler" unterwegs sind, auch Karriere machen und immer häufiger auf diese Weise Weltruhm erringen: nur weil sie imposant alle Noten im rechten Augenblick richtig zum Klingen bringen –

– aber eben nicht zum richtigen Klingen: zur Idee oder Konzeption oder Aussage oder sonstigen eigenen, aktuellen Mitteilung wessen auch immer.

Eine Liste von Hochprominenzen (oder auch *"Fleißigen Lieschen"*), die indifferent und einfallslos nichts als die vorgeschriebenen Noten spielen, wäre da schnell und leicht zu erstellen …

Sie würde überraschen: auch und gerade mit prominenten Medienfavoriten.

*

"Das Auch ist das wichtigste Theaterwort."

An diesem Satz, den der 84jährige Otto Schenk 2014 in einem Fernseh-Interview sagte, ist nur das Wort *Theater* falsch. Oder unzulänglich.

Denn das *Auch* ist nicht nur im Theater, es ist immer und überall das wichtigste Wort. Es markiert den Einbezug von Alternativen und Konträrem.

Wo es weggelassen oder gar angefochten wird, stimmt was nicht.

*

Aber im selben Interview pointierte dieser Schenk auch noch:

"Viele Schauspieler stranden im Fernsehen",

und er zitierte (extra für das fragende Wirtschaftsmagazin?) einen Werbeslogan seines vormals eigenen Wiener *Theaters in der Josefstadt*:

"Kultur kostet Geld, Kulturlosigkeit noch viel mehr".

*

Es gibt eine Religiosität, die keinerlei Glauben benötigt.

Auch keinerlei Kitsch oder sonstige Krücke.

Sie beruht auf Beobachtungen, also Einsicht und Wissen.

Und auf Nüchternheit.

Umso stabiler wird sie täglich.

*

Kunstgesang, und werde er von den weltbesten Koryphäen vorgetragen, kann einen Hörer bisweilen aufdringlich aggressiv anmuten.

Denn er behelligt unvermeidbar mit den Schicksalen wildfremd aufgenötigter Persönlichkeiten – sei es des Komponisten, des Poeten, des Sängers oder derer aller Fiktion in Arie oder Lied.

Insofern kann Gesang wahrhaftig stören und belästigen.

Oder gar überfordern.

Daher meide ich in gewissen Stunden jeden Gesang, wie er mir noch vor wenigen Jahren als psychische Offenbarung eines Mitmenschen völlig unverzichtbar und am allerinteressantesten erschien.

Instrumentalmusik mutet meine stetig dünner werdenden Nerven da sehr viel rücksichtsvoller und behutsamer an. Sie drängt sich nicht so auf, verzichtet elegant auf Mitteilungen meiner eigenen unüberhörbaren Sprache(n) und schont mich höflichst.

Sie verzichtet auch auf die Doppelbelastung einer literarischen Parallelwelt und konzentriert barmherzig auf einen einzigen einzelnen Fokus im *off*.

Ist dieser mein Wahrnehmungswechsel ein Symptom für Qualitätsmaximierung? Oder für Vergreisung?

*

Irgendwann 2012 habe ich (hier auf Seite 50f.) die Idee einer “Komischen Novelle” skizziert und dabei die rätselhaften galaktischen *Schwarzen Löcher* als Einsteins “Wurmlöcher” (aus der Feldgleichung seiner *Allgemeinen Relativitätstheorie*) oder auch als praktische Durchgangskorridore in andere Universen fantasiert: eine Spielart unverbindlicher *science fiction*, weiter nichts.

Gestern Abend nun geriet ich mit meinem Fernsehgerät beim allnächtlichen Zappen rein “zufällig” in eine Wiederholung jener *US*-amerikanischen Dokumentarserie, die in zahllosen Folgen produziert und seit 2010 weltweit ausgestrahlt wurde: *“Die Mysterien des Weltalls”*, original *“Through the Wormhole with Morgan Freeman”*.

Denn ihr Produzent und Moderator ist der Schauspieler, fünffache Oscar-Preisträger und hochgradig glaubhafte Sympathieträger Morgan Freeman, da schon etwa 75jährig und sowas wie der *Liebe Gott* persönlich, also so vertrauenswürdig wie sonst kaum jemand hier-, geschweige dortzulande.

Er präsentierte mir da unverhofft den etwa 35jährigen polnisch gebürtigen Physiker Nikodem Popławski, der an der Universität *New Haven* die Theorie von *Schwarzen Löchern* als Zugang zu einem andern Universum zumindest entscheidend weiterentwickelt hat:

jenseits dieser Passage werde aus jedem Schwarzen Loch*, diesem gnadenlosen Schlund ohne Wiederkehr, ein Weißes Loch, aus dem alles diesseitig Aufgesaugte und Verschlungene wie aus einer regenerativen Quelle wieder hervorsprudle, dort also neugeboren weiterlebe.*

Hieraus leitet Popławski auch seine Deutung unseres obskuren Urknalls als eines solchen Durchgangs von einem anderweitigen *Schwarzen Loch* ab, aus dessen Umkehr in ein hiesiges Weißes Loch seinerzeit unser eigenes ganzes Universum hervorgesprudelt sei.

Touché!

Tatsächlich, lese ich nach, haben *“National Geographic”* und *“Science”*, also führende naturwissenschaftlichen Zeitschriften, diese Theorien zu den zehn Spitzenleistungen weiland des Jahres 2010 erkoren.

Diese unverhoffte Konfrontation mit einer inzwischen also esoterisch schon mehr als sechs Jahre alten Theorie und ihrem faszinierenden Erfinder ließ mich unverzüglich an jene vergleichbare Bekanntschaft mit dem *US*-amerikanischen Astronomen Saul Perlmutter (gleichfalls slawisch abendländischer Abstammung) denken, dem ich viel früher auf ebenso "zufällige" Weise beim Zappen begegnete (siehe auch meinen *Reflex* vom 7. September 1999): wie er da seine Entdeckung eines beschleunigten Auseinanderdriftens unseres Universums erläuterte und es demnach zwingend *"nach beiden Seiten offen"* sah (hier auch auf Seite 38). Er blieb solange mein vermeintlich "privater Geheimtip", den hier kaum jemand kannte, bis er 2011 für eben alles das den Nobelpreis erhielt.

Seit heute Nacht nun ist dieser Nikodem Popławski plötzlich in meiner Sympathie und "Privatgunst" Saul Perlmutter's Zwilling: die beiden!

*

Ist das nun Einbildung, ist es Vorurteil, oder stimmt es wirklich:

bei vielen bedeutenden Musikern verändern sich, sobald sie Brahms zu spielen beginnen, Gesichtsausdruck und Körperhaltung. Sie verkrampfen sich, und ihre Augen werden böse.

Man möchte ihnen dann privatim lieber nicht begegnen.

Stimmt das tatsächlich?

*

Seit einigen Jahren werden die Opernhäuser der westlichen Welt von russischen Sängern überschwemmt, die vermutlich billiger einzukaufen sind als die eingeborenen, aber vielfach auch über begnadete Stimmen in technisch höchstkarätiger Ausbildung oder Schulung verfügen: also bestens einsetzbare, meist auch zuverlässig und geduldig strapazierbare Ensemblemitglieder sind.

Wenn man sie dann von einer Bühne herab oder auch in elektronischen Aufzeichnungen auf dem Bildschirm sieht und hört, überraschen und überzeugen sie meist tatsächlich mit betörendem Timbre und grenzenlosem Können.

Aber trotzdem!

Trotzdem was?

Oft sind sie trotzdem sehr langweilig. Sie singen wunderschön, doch es nimmt kein Ende, und der Zuhörer mopst sich während seines schwelgerischen Musikgenusses, denkt insgeheim an seine Steuererklärung.

Wie geht das zu?

Da kann der Gelangweilte nur raten:

weil das so häufig der Fall ist, vermutet er einen genuinen oder grassierenden Persönlichkeitsmangel. Aus unprofilierten Bediensteten können keine faszinierenden Protagonisten werden.

Aber warum sind diese Menschen in all ihrem unübersehbaren Drange nach Höherem und nach Scheinwerferlicht gleichwohl so abgrundtief unbedeutend – und gleich rudelweise?

Vermutlich weil sie noch immer im Schatten ihrer vielen tyrannischen Jahrhunderte geboren wurden und leben: Erben von Leibeigenschaft und Bolschewismus. Künstlich unmündig gehaltene Kreaturen ganzer Generationen von unduldsamen Obrigkeiten. Vergewaltigte Knechte und Mägde.

Sollte diese Deutung richtig sein, offenbarte sie zugleich die Nachhaltigkeit autokratischer Herrschafts- und Gesellschaftssysteme: deren langlebig nachwirkendes und gnadenloses Verdikt aller Inidivualität oder jedes frei fantasierenden Wucherns. Stattdessen nur Reglementierungen. Schablonen. Unterwerfungen. Gleichmachereien.

Ergo lauter meinungslos abgerichtete graue Mäuse auf den westlichen Opernbühnen: ohne persönliche Entscheidungen und Bekenntnisse. Ohne eigene Vorlieben und Proteste: ohne Mut. Ohne Zivilcourage. Ohne subjektive Offenbarung, eigene Überzeugung und Kreativität oder tollkühne Behauptungen. Fantasielos. Im Gestrüpp oder Labyrinth von Partituren, Regieanweisungen und sonstigen Vorschriften bis zur kompletten Unsichtbarkeit versteckt und gehorsamst abgetaucht.

Das Endresultat: gepflegte Langeweile. Schlafmittel. Gleichgültigkeiten. Dank all den Zaren, dank Stalin, Chruschtschow, Breschnew, auch noch Putin und solchen Konsorten.

Es erinnert plötzlich an die verschreckten Bürger der DDR in den neunziger Jahren: verantwortungsscheu überforderte Freigelassene ohne Orientierung und Tatendrang, zuinnerst mutlose und verängstigte Untertanen ohne Chefetage – recht eigentlich bedauernswerte Waisenkinder. Im Stich gelassene Mündel. Sklaven, die plötzlich bestimmen und regieren sollten.

Wie kann das funktionieren?

*

Aber Ähnliches läßt sich natürlich auch "hierzulande" keineswegs übersehen. Auch hier wirkt der Schatten vermeintlich längst vergangener Despotenherrschaft und Unterwürfigkeiten aus menschenverachtenden Systemen ungebrochen fort.

*

(Und es gibt auch mutwillig fantasievolle, intelligente und interessante russische Sänger: Olga Peretjatko, Ildar Abdrasákow, Aida Garifullina, Michail Kasakow, manche sonst noch.)

*

Was der heutige Volksmund, ohnehin manisch kulinarisch orientiert, gern seinen Bauch nennt, ich selbst bisweilen als *Innere Stimme*, auf der *PIAZZA IM WALDE* sogar als Schutzengel bezeichnet habe, könnte man in aller gebote--nen Ratlosigkeit vor diesem Phänomen auch getrost als eigene Wünschelrute ausgeben. Das käme den Fakten vermutlich am nächsten, und respektierte auch gleichwohl die Unbegreiflichkeit.

Das Problem ist hierbei nur: man muß a) auf diese Wünschelrute achten lernen und b) ihren Einflüsterungen dann auch zu folgen bereit sein.

Dann ginge so Manches besser.

*

Aber noch sehr viel Unerforschlicheres tischte mir das Fernsehen kürzlich mit einer ganzen Serie von Dokumentarfilmen auf, die es meines Wissens vom sehr viel höherkarätigen *British Broadcasting Corporation* bezogen hatte und hierzulande *"Tricks der Natur"* titulierte.

Noch treffender hätte sie vielleicht als *"Ideen der Natur"* bezeichnet werden sollen. Oder als *"Strukturen der Natur"*, als *"Konzept der Natur"*.

Denn was es da in mehreren Folgen aus verschiedenen Bereichen der Botanik und Zoologie zu sehen gab, war deren magisches *team work* aller Beteiligten. Oder deren okkult unverzichtbares Zusammenwirken. Also das Planvolle der Natur. Das beizeiten Durchdachte. Das sehr, sehr Kluge. Und dessen grenzenlose Fantastik. Oder einfach Fantasie: ein uferloser Artenreichtum an Varianten oder Ideen eines Überlebens, das nur in Gemeinschaften möglich ist.

Aber solche Gemeinschaften eben sind überwältigend einfallsreich. Das dokumentierte diese Serie: am überraschendsten mit dem Beispiel jener unverzichtbaren Symbiose von Paranußbaum und Nagetier Aguti, zwei südamerikanischen Sonderlingen, die ohne einander nicht existieren könnten und das zu wissen scheinen.

Sie sind zwar ein Extrem, aber keineswegs ein Einzelfall. Eher die Norm. Alles geht nur so.

Was mir bei alledem am interessantesten erscheint, ist sein unübersehbarer Hinweis auf einen genuïnen Antrieb solcher Prinzipien. Denn schwerlich können sie sich in solcher Breite und Fülle autark und rein zufällig so entwickelt haben. Unabweisbar verkünden sie einen mindestens initialen *spiritus rector*, eine treibende Kraft oder einfach Autor. Einen Urheber. Wie wir den nennen, ist belanglos. Aber ihn (oder eben Es) zu leugnen, ist nach diesen Filmen des *BBC* nicht mehr möglich.

Zugleich machen sie Kirchen und Konfessionen überflüssig.

Es gibt auch nichts mehr zu glauben: weil man hiermit weiß.

*

Was aber, fragt man sich im Anschluß an eine erste unvermeidliche Herzerwärmung hierdurch, was macht wohl solch ein *spiritus rector* mittlerweile – während seine Direktiven und Ideen diesen ganzen Kosmos rotieren und funktionieren lassen und er erkennen muß: *“Siehe da, es war sehr gut”*?

Ruht er sich von alledem aus: an einem endlos langen *Siebenten Tage*?

Oder überwacht er seine Kreation genüßlich und ohne Unterlaß? Greift auch bisweilen noch ein und repariert?

Oder ist er längst mit Nachfolge-Universen beschäftigt und erprobt da ganz andere Spielregeln, noch viel bessere oder ausgeklügeltere Mechanismen und Gesetze?

Ich vermute eher Letzteres.

Irgendwo müssen wir ja auch hin, wenn wir hierzulande ausgelöffelt haben und gehen.

*

Unter dem Eindruck des neuen und auch hierzulande erschreckend erfolgreichen Rechtsradikalismus gibt es jetzt endlich plötzlich, Ende März 2016, eine öffentliche Diskussion über den Zusammenhang von Demokratie und allgemeiner Verblödung.

Der Begriff einer *"Bequemlichkeitsverblödung"* ist da jählings im Schwange und wird von Medien und Politologen als akute Gefahr für die Demokratie aggressiv umstritten.

Das ist ein Novum und als längst überfälliges Sensorium für ein soziologisch brisantes Symptom nur zu begrüßen.

Aber leider ist es noch viel zu unkritisch, um die akuten Zusammenhänge schon richtig anzuordnen. Nicht diese richtig diagnostizierte Verblödung gefährdet die Demokratie (die da noch immer als sakrosankte Kuh vergöttert wurde), sondern die Demokratie hat ihrerseits, vermutlich unumgänglich, eine Verblödung der Gesellschaft zur Folge.

Das dürfte jetzt noch so lange dauern, bis der eingeleitete Diskurs das entdeckt und sich eingesteht. Trotzdem ist es als erste zaghafte Verletzung eines bisher kopflos strikten Tabus doch ein vager Hoffnungsschimmer auf dem Wege zu einer politischen Therapie oder Utopie – wie auch immer.

*

Die Schauspielerin Suzanne von Borsody hielt es für angebracht, die letzten Worte im Sterbemoment ihrer prominenten Kollegin und Mutter Rosemarie Fendel dem animierten Kreise einer Fernseh-Talkshow preiszugeben.

Die Sterbende habe überrascht und freudig ausgerufen: *"Ach! ... Ja, halloh! ... Wie schön!"*

*

gmx-news am 8. April 2016:

"2015 sind in den USA insgesamt 149 Menschen freigelassen worden, nachdem sie unschuldig im Gefängnis gesessen hatten – jeder durchschnittlich 14,5 Jahre lang.

Das hat die Rechtsfakultät der Universität von Michigan im Februar mitgeteilt.

Zwei Drittel der Betroffenen gehören ethnischen Minderheiten an, die Hälfte von ihnen sind Afroamerikaner.

Die Dunkelziffer der unschuldig Verurteilten liegt den Autoren der Studie zufolge deutlich höher. © *SPIEGEL ONLINE"*

American way of life!

*

An einem sonderlich kalten Märztage wandelte hier ein unverkennbarer Morgenländer in gestandenem Mannesalter über die unübersichtliche Kreuzung zwischen *Eppendorfer Landstraße*, *Eppendorfer Baum* und *Eppendorfer Weg*. Über seiner authentischen Kleidung trug er einen verschlissenen kornblumenblauen Morgen- oder Bademantel aus Frottee.

Ich begriff (oder unterstellte?): dieser "Flüchtling" aus Syrien oder Afghanistan hatte sich von einer mildtätigen Kleiderspende dieses unbekannte Kleidungsstück ausgewählt oder schenken lassen, ohne seinen eigentlichen Verwendungszweck kennen zu können. Also hielt er es seinem äußeren Zuschnitt nach für einen Mantel und geeignet, den Fröstelnden gegen hiesige Witterung zu schützen.

Aber vielleicht war er ja seiner familiären Abkunft nach ein Beduine und hielt die getragene Kleidung eines anderen, eines fremden Menschen ebenso für die allerintimste und ehrenvollste Freundesgabe wie die antiken Griechen schon zu Zeiten Homers und manche andere Gastkultur gleichfalls. Dann war dieser abgetragene, zerschlissene Bademantel für ihn auch noch emotional preziös und eine Art Auszeichnung. Denn er konnte ja nicht wissen, daß benutzte Kleidung hierzulande keinerlei Huldigung oder Anerkennung und Geste eines persönlichen Einbezuges, einer fast liebevollen Nähe bedeutet, sondern was Verachtetes ist: was Unbrauchbares, Herabgewürdigtes, Verbrauchtes und Entwertetes, ein Symbol der Geringschätzung.

Bis hierher vermengen sich Komik und Mitleid mit Beschämung.

Was aber am erstaunlichsten (und erfreulichsten) war: all die deutschen Passanten rings um diesen Mann übersahen dessen Mißgriff generös. Sie lächelten nicht einmal. Drehten sich auch nicht nach ihm um. Gerierten sich tatsächlich als Weltbürger einer Weltstadt, wo alles möglich ist, alles toleriert wird. Das wäre hier vor kurzem noch kaum vorstellbar gewesen und mag schon ein frühes Symptom für die vielbeschworene und erhoffte Bereicherung durch den jetzigen Flüchtlingsstrom sein: bisweilen wird also mancherlei Fremdes schon hingenommen, auch völlig Anderes und Konträres.

Die beglückende Entspießerung eines klassischen *"Tors zur Welt" – salut!*

*

Männer leben meist schlank – Frauen eher ausladend.

Was damit gemeint sein könnte, muß jeder selbst erfahren.

Es dann nicht zu bewerten, sondern hinzunehmen, ist am schwersten dran.

*

Gehirn und Körper kommunizieren auch jenseits unsres Bewußtseins. Der Verdauungsapparat erst recht. Sie alle sind Komplizen "hinter unserm Rükken".

Das zu bemerken, kann gleichermaßen erschrecken und beglücken.

Insgeheim wird unser leibliches Reagieren intelligenter und übersichtlicher dirigiert, als "wir" es wissentlich je vermöchten.

Miraculo.

*

April 2016 – zum akuten Problem der Flüchtlingsinvasion aus überwiegend islamischen Ländern:

als dort Anfang 2011 die ersten Volkserhebungen gegen autokratische Despoten in Tunesien und Ägypten, im Libanon und Jemen stattfanden, jubelten wir alle über diesen *"arabischen Frühling"* und begrüßten einen solchen Befreiungsschlag unterdrückter Moslems unverkennbar auch als Folge von ("westlichem") Fernsehen, ("westlichem") Internet und westlichen Touristenströmen seit vielen Jahren.

Zwar warnten schon damals einige besonnenere Stimmen vor unvermeidbaren Rückschlägen und Krisen, Aber sogar noch der Aufstand in Syrien wurde 2011 als beglückendes Symptom einer demokratischen Revolution gewertet.

War es wohl ursprünglich auch. Die Völker wollten so leben, wie sie es von den Medien inzwischen dem Westen scheinbar mühelos nachzumachen lernten. Das gefiel auch uns natürlich. Möglichst die ganze Welt sollte unbedingt schleunigst so leben wie wir: besonders alle Moslems, die ja von ihrer Religion noch in ihrem eigenen Mittelalter festgehalten werden. Deren Emanzipation versprach globalen Fortschritt vom Feinsten und Wünschenswertesten.

Aber dieser Entwicklungssprung, der historisch natürlich absolut fällig ist, kann sich nur langsam und qualvoll vollziehen. Inzwischen hat er in mehreren Ländern zu endlosen Bürgerkriegen und abscheulichsten Massakern geführt: wohl unvermeidlch. So große Befreiungsaktionen und Fortschrittsprozesse benötigen sehr viel längere Zeit, als Ungeduld und Beschleunigungen unserer nervösen Epoche ihnen zugestehen. Das führt zu den entsetzlichsten Verwerfungen in Syrien und Afghanistan, im Irak oder Jemen.

Also flüchten die mißhandelten, blutenden Bevölkerungen. Wohin flüchten sie? Überall hin, wo sich besser oder so wie in der Werbung des westlichen Fernsehens leben läßt – also auch zu uns. Hier jedoch wird ihnen bestenfalls nicht nur ein bombenloses Vegetieren, sondern auch ein Dach über ihrem Kopfe, tägliches Essen, nach und nach auch Arbeit und Integration in eine völlig andere Kultur geboten und ermöglicht. Nach beträchtlichen Anfangsschwierigkeiten für alle werden die meisten von ihnen sich an diese fremden Lebensbedingungen, diese andere Kultur gewöhnen und ein vermeintlich demokratisches, freiheitliches Leben führen lernen. Was sie zu Hause nur auf ihren Bildschirmen beneideten, wird ihnen hier und jetzt leibhaftig zuteil.

Erst später werden sie begreifen, daß ihre Flucht insofern Teil ihrer Revolution war. Die Geflüchteten werden sich schneller aus den verkrusteten Fesseln ihrer überalterten Konfession emanzipieren als die nicht Geflohenen. Also werden sie – von hier aus oder nach ihrer Heimkehr – den unverzichtbaren Modernisierungsprozeß fördern und beschleunigen. Das kann auch uns angemaßten Besserwissern nur recht sein.

Insofern ist die beschwerliche Flüchtlingswelle dieser Monate nur ein zukunftsträchtiges Symptom und Detail jener großen islamischen Reformation, die zur Zeit stattfindet und die weltweit nur ein Segen sein kann.

Insofern sollten wir sie als Fortsetzung des damals bejubelten *"arabischen Frühlings"* verstehen und nachhaltig begrüßen lernen. Jeder einzelne muselmanische Flüchtling trägt auch hierzulande zur Emanzipation und neuen Blüte einer Weltmacht ganz in unserm eigenen Sinne bei.

Auch bei uns ging Vergleichbares seinerzeit nicht ohne langwieriges Blutvergießen ab. Man denke nur an Luthers Versuch, das Christentum zu reformieren, und den hieraus resultierenden *Dreißigjährigen Krieg* mit all seinen unvorstellbaren Grausamkeiten und Menschenopfern hierzulande!

Wieviele Menschen damals irgendwohin geflohen sind und um Obdach gebeten haben, weiß heutzutage keine einzige Chronik mehr. Es hat sich nivelliert und ist inzwischen ohne jeden Belang.

*

Alle Welt registriert und beklagt hierzulande die täglich weiter um sich greifende Kriminalisierung unserer Gesellschaft. Straftaten aller Art wuchern ringsumher und gefährden, verunsichern oder erschweren unsern Alltag immer beträchtlicher. Die Hemmschwelle vor Verstößen gegen unsere Rechtsordnung wird heutzutage immer unbedenklicher überschritten und zunehmend gänzlich abgebaut.

Aber wieso das?

Nur einerseits ist es eine Folge unseres Jahrzehnte lang einzig Ausschlag gebenden Kapitalismus. Er erzieht dominant und verleitet zur Gier ohne Maß und um jeden Preis.

Aber andererseits mag auch mitwirken, daß fast jeder in unserer Gesellschaft täglich mehrere Stunden vor seinem Fernsehgerät verbringt. Dort wird er systematisch und in gigantischem Ausmaß zur Kriminalität erzogen und angeleitet. Was sich da als Unterhaltung geriert oder eigentlich schon maskiert, ist in Wahrheit Unterricht in diversen Spielarten von Verbrecherwesen. Was früher noch als Fernsehspiel jeglicher Couleur auf dem Bildschirm erschien, ist heute fast ausnahmslos und täglich mehrmals ein “spannender Krimi”. Aber dieser “Krimi” ist in Wahrheit nur die heimtückische Verniedlichung einer verführerischen Anleitung zu Rechtsverstößen. Man lernt da, wie es sich am raffiniertesten einfädeln läßt und die möglichen Fehler gleich mit.

Unübersehbar ist eine solche Programmgestaltung außerordentlich erfolgreich und beliebt. Denn sie ist das skrupellose Resultat von Quotenmessung und Demoskopie. Je verbrecherischer, desto größer die Einschaltziffer.

Was aber auf den Fernsehschirmen vielleicht noch unklar bleiben dürfte, wird dann vom Internet minutiös ergänzt und nachgeliefert: bis hin zur Bastelarbeit an Sprengstoffgürteln oder Molotowcocktails.

So wird unser Volk systematisch kriminalisiert.

Denn wir alle befinden uns rings um die Uhr vor unsern diversen Monitoren in einer permanenten Schulung und Anleitung zu Delikten und Missetaten. Wir alle sind Azubis des Unrechts und der Gesetzesübertretung. Oder schon Gesellen, schließlich Meister und Bachelors zunächst nur in Lug und Trug oder Ellenbogenmoral und skrupelloser Übervorteilung jedes Partners, dann aber bald auch schon in Diebstahl, Einbrüchen, Überfällen, Vergewaltigungen oder Mord und Totschlag – aber selbst dann noch immer Schüler unserer "sozialen Netze" und Massenmedien: lauter *primi inter pares*.

Warum strengt da keines der vielen Opfer, keiner unserer zahllosen Prozeßhansel je eine Klage an: gegen diese medialen Verbrecherschulen oder auch getrost gegen Unbekannt? Wegen öffentlicher Anstiftung zu Rechtsverstössen? Damit der Straftatbestand dieses völlig enthemmten Treibens *ex cathedra* zumindest dingfest gemacht und justiziabel wird?

À la longue könnte das die stetig wachsende Verbrecherstatistik unseres Volkes der Dichter und Denker mit Sicherheit verringern.

Aber es hat den Anschein, daß an diesen Fakten im Grunde niemand was ändern will. Alle partizipieren hieran letztlich und profitieren irgendwie davon. Alle sind Komplizen und Nutznießer, merkantile oder hedonistische Schmarotzer dieser allgemeinen Kriminalisierung. Warum dann also dagegen angehn?

Also weiter so: jeder raffe, was er kann und ohne Rücksicht auf die Verluste oder Schädigungen seiner Mitwelt!

Nur das Jammern über diese Mißstände sollten wir uns dann hinfort doch lieber wechselseitig ersparen: wir wollen es wohl gar nicht anders.

Einzig deswegen ist das alles so, wie es ist.

*

Zu folgenschweren Konzentrationsschwierigkeiten kann es auch führen, wenn sich ein hyperaktives, ein rotierendes Gehirn fast anhaltend überschlägt und allzu Vieles gleichzeitig zu bewältigen trachtet.

Das gelingt ihm dann vielleicht sogar, aber oft in der falschen Reihenfolge. Das Ergebnis dann: Scherben.

*

Oskar Werner sei Dank!

Aber Josef Weinheber sei nicht minder Dank!

Namentlich dessen Gedichte *"Anbetung des Kindes"*, *"Mutter mit dem Kinde"* und *"Judaskuß"* haben mir gestern – jedenfalls so, wie Oskar Werner sie

1979 einem Wiener Publikum vorgelesen und das Fernsehen sie damals aufgezeichnet hat – runde 36 Jahre später unverhofft die Augen für die latente Poesie des zentralen Personals und Geschehens in den Evangelien geöffnet.

Das sogenannte *Alte Testament* (einschließlich seiner Vorläufer in der Torah und Varianten im Koran) vermag ich mit all seinen märchenhaften oder visionären Fantasmen schon seit vielen Jahren als lebenskluge Konzentrate zu verstehen. Aber vom *Neuen Testament* glaubte ich bislang immer noch, ich müsse es historisch einordnen und als Tatsachenbericht respektieren. Das wird mir mit zunehmendem Alter immer unmöglicher: eben weil die Quellen so dubios sind.

Dank Josef Weinheber und Oskar Werner jedoch weiß ich nun, daß auch alles, was uns da von diesem Jesus Christus erzählt wird, ziemlich hochkarätige Poesie ist: also sehr viel wahrhaftiger als jede Geschichtsschreibung es jemals war und sein kann. Das alles bildhaft zu begreifen, macht es erstmals nicht nur zugänglich, sondern auch glaub- und vertrauenswürdig, veritabel und insofern endlich auch real.

Jetzt könnte sich, wer will, darauf einlassen, ohne blindlings auf gut Glück daran "glauben" zu müssen. An Kafkas Poesie muß man auch nicht glauben.

*

Nach langem und gründlichem Studium aller zugänglichen Symptome:

zentrales Merkmal und Movens des *homo sapiens* ist primär und dominant nur eins: seine Dummheit.

Sorry!

Aber einzig aus ihr erklären sich alle Fehlschläge, Mißerfolge, Katastrophen und Debakel individueller Tragödien und der gesamten Humangeschichte.

Mit intelligenteren Protagonisten wären sie fast alle vermeidbar gewesen. Sie waren unnötig.

Chancen: hierorts derzeit keine.

*

Während man Tag um Tag, also Jahr um Jahr in ein und derselben Stadt, dort in ein und demselben Stadtteil seine Runden dreht oder all die vorsorglich und praktikabel festgelegten Rituale seiner Werk- und Feiertage absolviert, während alldessen pflegt sich, ohne daß man es merkt, alles um einen her total zu verändern. Muß man dann, wirklich nach Jahr und Tag, plötzlich zwingend irgendwohin, wo man sich früher wie in seiner Westentasche auszukennen pflegte, findet man sich nunmehr kaum noch zurecht. Namentlich Geschäfte, die vormals zum tradierten Hamburger Stadtbild gehörten, sind unverkennbar längst durch fremde, häufig kurzlebig konzipierte Computer- oder Imbißläden ersetzt. Neue Gebäude, ganze Hochhäuser irritieren die Orientierung, und langjährig wohlvertraute Straßenzüge haben ein verändertes Gesicht mit unbenutzten Radwegen oder funktionieren verkehrstechnisch nicht mehr wie gewohnt. *Dove son, w*o bin ich, wie komme ich hier von A nach B, was muß ich hier schleunigst lernen, was nicht?

Aber noch erschreckender kann unverhofft auch ein politisch oder ökonomisch bedingter Wechsel in der Soziologie eines solchen fremd gewordenen Viertels sein. Seine Bewohner und Passanten sind nicht mehr dieselben. Besonders deutlich war mir das schon vor vielen Jahren am Hamburger Hauptbahnhof geworden (siehe *Reflex* Nr. 892 vom 20. März 1999 !).

Das Leben war weiter gegangen: ?

Weiter?

Was ist weiter? Vielleicht auch rückwärts?

Denn gestern mußte ich nach nur halbjähriger Pause wieder in die hiesige Stresemannstraße. An der Grenze zwischen den Stadtteilen Eimsbüttel und Altona gelegen, hat sie niemals zur hanseatischen *bel étage* gehört. Schon längst war sie das Quartier eines bunten Völkchens aus Freaks und mancherlei Alternativen, mit mittellosen Lebenskünstlern aus aller Welt und einem Bodensatz angestammt kleinbürgerlicher “Restbevölkerung” noch aus andern Zeiten: eine Art Kiez, was immer genau das auch sein mag – typisch schon für manche Gegend im authentischeren Altona.

Irgendwie “riecht” es hier auch noch unbewältigt oder “nachhaltig” nach dem berüchtigten Feuersturm der “Operation Gomorrha” von 1943: nach Zerstörung, Vernichtung, Unwiederbringlichkeiten. Nach heillos kaputt Gegangenem.

Dieses herkömmlich harte, aber kumpelige Pflaster mit seinen irgendwie harmonisch eingespielten Symbiosen aus Aussteigern, Hökern, Gammlern, Bastlern, Krämern und mehr oder minder ausgeflippten *outdrops* fand ich nun gestern *anno Domini* 2016 unverhofft als das gnadenlose Ghetto armer Schweine, nein: ärmster und allerärmster Schweine vor. Holsten- und Stresemannstraße waren mit all ihren Nebenstraßen zu einem Laufsteg nicht einmal von drogensüchtigem Gesocks und alkoholischem Gelichter oder kriminellem Abschaum geworden, sondern der nackten Aussichtslosigkeit: purer Chancen- und Hoffnungslosigkeit, auch endgültiger Lustlosigkeit, nüchternster Illusionslosigkeit, eines hingenommenen Nichtweiterkönnens, auch nicht mehr Weiterwollens: einer Internationale also sozialer, aber hauptsächlich psychischer Endstationen in rauhen Mengen, noch und noch, eigentlich ausschließlichst.

Die entgegen kommenden Augen nicht einmal mehr verzweifelt oder verängstigt lauernd: mehrheitlich erloschen, halb tot schon, ersterbend und ohne jeden Rest von Impuls oder Impetus.

Wer kümmert sich hier noch um jene vielbeschworene Integration? Zweifellos niemand mehr. Hier läßt sich vermutlich nichts und niemand mehr "integrieren".

Wie es in der Bibel nur die Leprastationen waren.

Orte der Aussätzigen.

Ich kam mir da wie ein Exot und geschmackloser Paradiesvogel vor: deplaciert und schuldig.

Und ebenso hilflos.

Ab jetzt mied ich diese Gegend, der ich mich nicht mehr gewachsen fühlte, und wechselte meinen dortigen Friseur.

Aber auch keine Lösung der Probleme.

*

Schon mehrfach registrierte ich in den letzten Jahren, daß mir als Methusalem in einem Linienbus oder U-Bahn-Wagen niemals von den jüngeren Fahrgästen ein Sitzplatz angeboten wird, wie das zur Zeit meiner eigenen Jugend eigentlich selbstverständlich gang und gäbe war.

Nun ja, dachte ich dann immer: so ist das heute halt, so sind jetzt die jungen Leute! Wahrscheinlich nehmen sie unsereins auch überhaupt nicht zur Kenntnis! (Oder ich sehe vielleicht ja auch einfach noch gar nicht so hilfsbedürftig und klapperig aus – : ? Tatsächlich – ?)

Aber gestern plötzlich: im Bus von der schreckenerregenden Holstenstraße zur harmlos friedlichen Eppendorfer Löwenstraße (mit all ihren pittoresken Fassaden und Bäumen), da wurde mir schon beim Einsteigen in einen ziemlich vollbesetzten Wagen gleich zwiefach ein Sitzplatz angeboten – zwar nicht gerade von der Jugend, sondern von zwei reiferen Frauen: die eine mit Enkelkind, die andere deutlich weißhaariger als ich, aber immerhin!

Die erste Offerte schlug ich noch erschrocken aus: sehe ich plötzlich schon so vergreist aus? Aber die zweite akzeptierte ich dann schon recht gern, vielenvielen Dank, sehr freundlich!

Hat also gestern plötzlich meine auffallend unübersehbar tatterige Senilität begonnen? War das der Stichtag: 12. Mai 2016?

(Aber vielleicht war es ja auch nur der Schreck über das just frequentierte Ghetto der armen Schweine, der mir so ins Gesicht und in die Knochen gefahren war, daß ich unverhofft wie ein Pflegefall aussah!)

Meine Seele war auch tatsächlich einer.

*

Frauen und Mütter waren wohl schon seit *Olims Zeiten*, scheint mir, immer und überall die Chefs. Also, Chefinnen, natürlich: zumindest hausintern – aber meist auch weitreichend emanativ. Ihre lauthals beklagte Unterdrükkung dürfte sich insofern allenfalls auf außerhäusliches Parkett bezogen haben oder aber in seiner modischen Verallgemeinerung überhaupt eine Mär sein.

Doch vermutlich mußte das alles auch so sein, damit die ganze Chose weiterging und lief: also recht so!

Aber seit sich die Frauen zu "emanzipieren" glauben, haben sie diese häusliche Oberaufsicht und Herrschaft skrupellos delegiert: vornehmlich an die Väter und Ehemänner, denen das Jahrtausende lang nicht zugetraut oder vorenthalten, strikt verweigert wurde: *"davon verstehst du nichts, das ist Frauensache!"*

Und siehe da: es funktioniert jetzt zumindest ebenso gut, wenn nicht meist sogar viel besser: nämlich unhysterischer, unnervöser, friedlicher, ruhiger, liebevoller. Sachlicher.

Wohl auch ergebnisreicher. Ergiebiger: Kinder zum Beispiel hören oft lieber auf den Vater als auf die Mutter.

Nanu!

Was nun?

Noch 2015 wollten angeblich 41 Prozent der befragten jungen Frauen lieber zu Hause bleiben als in einen Beruf hinaus.

Sakra nochamal!

*

In den ersten hundert Seiten des derzeit wiedergelesenen *"Don Quijote"* fällt da gleich eingangs der immense Kunstverstand, die schriftstellerisch fast beiläufige Raffinesse und listige Geschicklichkeit dieses Autors auf, der 67jährig just vor vierhundert Jahren starb: just am selben Tage wie sein Kollege Shakespeare.

Dessen 400. Todestag wurde kürzlich sei es linkisch und boulevardesk irgendwie begangen, der seines spanischen Konviven generös übersehen: warum wohl?

Vielleicht weil er schlechter verfilm- und boulevardisierbar ist als der aus Stratford mit seinen handlicheren Stoffen?

Unsinn!

Denn auch nach vierhundert Jahren ist noch immer gut lesbar und amüsant, was dieser Cervantes da vor gut vierhundert Jahren auf Spanisch formuliert und sehr serientauglich publiziert hat: *¡enhorabuena!*

*

Demokratie entartet täglich mehr zu einer Selbstauslieferung an die Inkompetenz.

Täglich wird das lebensbedrohlicher: für alle.

*

Daß Schiller *anno* 1782 als 22jähriger Flüchtling aus seiner württembergischen Heimat ins ferne kurpfälzische Mannheim desertierte,

hat eine sehr, sehr breite Masse von Verehrern und Germanisten runde zwei Jahrhunderte lang mit Entsetzen, Bedauern und Beschämung erfüllt: ein solches Nationalgenie ohne Obdach!

Diese Flucht ging als hochdramatisches Skandalon in die Kulturgeschichte ein.

Heutzutage, *anno* 2016, relativiert sich dieses Schicksal bis zur Unerheblichkeit: was bedeutet eine solche Umsiedlung über runde 130 süddeutsche Kilometer inmitten eines Füchtlingsstromes von 65 Millionen Obachlosen interkontinental und weltweit?

Fast wird Schillers Misere da zum beneidenswerten Glücksfall: wie im Jahre 2016 das ganze Jahr 1782 – *die hatten es damals gut: "gute alte Zeit"!*

*

Das mehrheitlich anscheinend eher senil orientierte Plebiszit reaktionärer Briten, *Brexit* genannt, sehnt sich nach einer Rekonstruktion des weiland verscherbelten *Commonwealth* und fügt sich insofern nahtlos in einen weltweit grassierenden Irrweg ein.

Unisono nicht nur mit europäisch allseits wiederbelebten Vorgestrigkeiten vom französischen *Front National* bis zur neudeutschen *Alternative für Deutschland*,

sondern unterirdisch durchaus auch mit so mittelalterlich erstarrten Islamismen wie jener blutigen orientalischen Kalifatsbewegung

ist da unter der Hand und global ein restaurativer Chauvinismus am Werke: strikt regressiv und völlig zukunftslos.

Unsere eigenen Rechtsradikalen täuschen zwar Feindschaft gegen salafistischen Terror vor, aber sind in Wahrheit vom selben Ungeist beseelt wie ihre vorgeblichen Gegner.

Sie alle weben da gemeinsam und mörderisch an einem Leichentuch für allen menschlichen Fortschritt.

Ihre latente Fusion und deren Brisanz ist von der Öffentlichkeit noch gar nicht zur erschreckenden Kenntnis genommen worden (Ende Juni 2016).

*

Dieser unsägliche Donald Trump könnte, so er denn tatsächlich bald schon der nächste Präsident der *Vereinigten Staaten von Amerika* werden sollte, den längst überfälligen Offenbarungseid der demokratischen Idee leisten und sie der Selbstzerstörung durch unaufhaltsamen Willen des Volkes ans Messer liefern.

Was dann?

Oder gibt es dann vielleicht gar kein Dann mehr?

Ist die Demokratie vielleicht ein letztes Wort der Menschheit? Deren *ultima ratio* und Schwanengesang? Ihr unaufhaltsamer Suizid?

Aber sowas überschätzt sie vermutlich.

*

Wenn heute irgendwas für modern gilt … ,

bin ich schon gelangweilt.

Warum?

Weil es morgen veraltet sein muß. Und übermorgen schon von vorgestern.

Damit irgendwas Anderes sich dann als modern gerieren kann.

"Modernes" ist immer das programmiert Altmodische.

*

Kompromisse pflegen in unseren Gesellschaften den *Hautgoût* der Nachgiebigkeit, der Schwäche zu haben. Der Kompromißler ist sowas wie ein *"loser"* und verachtenwert.

Aber in einer Welt aus gegensätzlichsten Individuen mit den konträrsten Interessen

wird der Kompromiß am Ende aller Tage unweigerlich als die eigentliche Kulturleistung des Menschen verstanden werden müssen und überleben. Nur er wird die Menschheit bestenfalls jeweils ein Schrittchen vorangebracht haben.

Die unflexiblen Prinzipienreiter, scheinbar viel ehrenwerter und respektabler, sorgen bestenfalls nur für Erstarrung und Stillstand.

*

Die adäquate Musik für das heutige Weltbild mit Mikro- und Makrokosmos samt Quantentheorie wird noch nicht geschrieben. Es mag für Komponisten noch zu elitär und exotisch sein.

In der Not bedient sich da der Eingeweihte eines Substituts und erfreut sich überrascht der Barockmusik des 17 und 18. Jahrhunderts: sie war bereits so universal und “kosmisch”, wie aktuelle Musik, die sich informiert und begreift, es heutzutage sein müßte. Barockmusik reflektierte schon genau jene Ordnung, die uns zeitgenössische Astrophysiker als Weltprinzip bestätigen.

Just deshalb mag die Musik des Barock einen Kundigen so beglücken: sie stimmt.

*

Die psychologistische Musik seit Beethoven mag mit ihrer Nabelschau, ihrer Ego-Pflege und larmoyanten Selbstüberschätzung des Menschen auch nicht ganz “unstimmig” sein, doch sie langweilt allmählich mit ihren ewigen Wiederholungen: wie ein wehleidiger Hypochonder, wie Heulsuse, Weichei und Jammerlappen alle miteinander.

Das mag im 19. Jahrhundert mit seinen Entdeckungen der humanen Psyche legitim gewesen sein, geriet jedoch im 20. Jahrhundert, als zwei Weltkriege und totalitäre Zerstörungen eine organische Weiterentwicklung der Musik brutal verhinderten, in die notgedrungene Schwemme endloser Dacapi dieser Jammermusik von gestern und vorgestern.

So wurde künstlerische Musik unumgänglich und unmerklich zu einem Synonym für menschliches Lamento. Das registrierte nach und nach auch die breite Masse so und ließ sie daher irgendwie und -wo kritiklos versickern. Noch heute dominiert sie klassisch weinerlich so Konzertsäle wie Plattenindustrie.

Immer noch fehlt eine zeitgemäß überzeugende Fortentwicklung dessen, was bei Richard Strauss und Strawinskij, bei Prokofjew und Schostakowitsch stehen geblieben scheint. Seit dem 1. August 1914 hat es der Musik eine Sprache verschlagen, die gehört werden will.

(Die vielen Versuche seither seien allesamt respektiert, aber sie waren offenbar nicht vital genug für eine Rezeption, die liebevoll genug gewesen wäre, um eine effiziente Weiterentwicklung zu gewährleisten.)

Gottlob steht uns in dieser Not die Barockmusik zur Verügung, die wir jetzt nach Einstein, Heisenberg und Bohr vielleicht sogar so gut hören und verstehen lernen wie noch niemand je zuvor.

*

Vage Behauptung quer durch alle Musikbereiche wann auch immer: “gute” Musik erweist ihre Qualität durch den Erweis von *Gültigkeit*.

Was aber wäre eine gültige Musik?

Eine stimmige, angemessene Musik, die vorhandene innere, sei es historisch begrenzte Gegebenheiten oder Gesetzmäßigkeiten reflektiert. Die nicht nur Dekor und Ohrenschmaus oder Divertimento ist, sondern Wahrheiten ausdrückt.

Was aber wären Wahrheiten?

Nicht unbedingt Bewiesenes, aber irgend Verifizierbares, sei es in den Dimensionen des Vermuteten, Gesuchten – des jedenfalls Möglichen …

*

Daß die kulturhistorische Leistung der Weltmacht *USA* überwiegend aus Imitaten des europäischen Erbes besteht, weiß man und respektiert es halb geschmeichelt und halb ungeduldig. Denn wie können auch Epigonen was Anderes liefern als Epigonales?! Jahrhunderte oder (asiatische, afrikanische) Jahrtausende lang originell und eigenständig gewachsen ist da vermeintlich (nach Vernichtung alles Indigenen) gar nichts oder allzu wenig.

Aber dieser Tage sah ich einen Dokumentarfilm von Gene Kelly über *US*-amerikanische Tanzfilme und begriff:

da hat sich aus dem Zusammenwirken afrikanischer und europäischer Tanzkünste mit den technischen, aber längst auch schon künstlerischen Kapazitäten des Choreografierens, des Beleuchtens von Räumen und Tanzenden, des Fotografierens und Schneidens, also des Verfilmens ein sehr spezifisch und schwerlich imtierbarer, also recht originärer *US*-amerikanischer Ausdruck entwickelt, dessen hohe Qualitäten eine eigene kulturgeschichtliche Leistung fixiert haben dürften.

Sowas können wir andern allesamt höchstens unsererseits imitieren, aber längst nicht so brillant und autark werden lassen. Unsere eigenen Revuefilme mit ihren kaum noch wiedererkennbaren Urahnen zu vergleichen, wäre schon Gotteslästerung. Da hat sich wirklch was *US*-emanzipiert.

Surprise und *Kotau*!

*

Elektronische Wiederbegegnung mit dem Wiener *“Schwanensee”* von 1966, also mit Rudolf Nurejew, dann auch mit dessen Filmporträt von 1991 und ausgesuchten Höhepunkten seiner Glanzzeit: aus dem *«Corsaire»*, aus *«La Sylphide»* und *«Don Quichotte»*.

Fazit: seine Beine sind zu kurz, sein Hintern zu dick, seine Nüstern deuten auf riesigen Ehrgeiz, sein Trikot auf riesige Mümmelmannspfote.

Aber sein Gespür für Sinn und Stellenwert jeder einzelnen Bewegung und Position ist überwältigend, völlig unvergleichlich. Sein Ausdruck ändert sich so schnell wie bei einem Oktopus und in den Künsten sonst nur bei Mozart: jeden Moment was Anderes, Neues. Und noch sein einfaches Dastehen wird zum Urstehen, jedes ungetanzte Gehen zum Urgehen. Alles und jedes führt er auf seine Urbedeutung, Urfunktion zurück, blitzschnell. Aus längst Inflationiertem wird wieder eine Stunde Null: der Entstehungs-, der Erfindungsmoment.

Ihm zuzuschauen, macht einen leicht zum Zeugen des Zenits allen klassischen Balletts. Wer Nishinskij nicht kennt, muß diesen Nurejew für den besten *primo uomo* einer Tanzgeschichte halten, die, zumal im *ballet russe*, immer nur hervorragende Primaballerinen kannte: die Pawlowa, die Karssawina, die Ulanowa, die Plissezkaja. Aber auch noch in den moderneren Ablegern dieser Kunst herrschten immer die Frauen: Isadora Duncan, Mary Wigman, Gret Palucca, Dore Hoyer, Pina Bausch. Erst durch Nurejew schienen sich die Männer da zu emanzipieren, sich gleichrangig herauszufordern und da strahlend zu bestehen.

Zugleich aber war das dann vielleicht auch schon das Ende dieser Tanzart? Was soll hiernach noch kommen? Wirklich scheint Nurejew ohne Nachfolger geblieben zu sein. War er Höhe- und zugleich Endpunkt dieser Kunst des 19. Jahrhunderts?

Fast sieht es so aus: ein Schwanengesang …

*

Nebengedanke: war dieses *Klassische Ballett* mit seinen absolut virtuellen Posen und technischen Tricks vielleicht seinerzeit schon ein Vorläufer dessen, was die junge Generation jetzt im Computer so liebt und bewundert: eine durch und durch künstliche Welt, von allem Natürlichen äonenweit abgenabelt?

*

Mit Ruggero Raimondi und Cecilia Bartoli
in den wunderbar komödiantisch gesungenen Hauptpartieen
zeichnet Rossinis komische, aber selten gespielte Oper *"Il turco in Italia"*
in der Zürcher Aufführung von 2002 (und ganz im Gegensatz
etwa zur Fernsehinszenierung von Franco Enriquez 1971)
auch Librettisten und Regisseur mit wohlverdienten Sonderpreisen aus.

Denn sie verdeutlicht zunächst,
daß dieser Genueser Felice Romani (1788-1865) seinerzeit zurecht
der favorisierte Librettist der *Mailänder Scala* war.
Im Falle dieses *"Turco"* von 1814 (!),

als Europa seinen Vergewaltiger Napoleon in die Verbannung schickte
und sich auf dem Wiener Kongreß neu zu ordnen versuchte,
als Goethe den *"West-östlichen Divan"* schrieb,
Iffland in Berlin die *Königlich Preußischen Schauspiele* leitete,
Beethoven seinem *"Fidelio"* endlich seine heutige Gestalt gab,
die ganze Romantik noch vor uns lag
und es noch mehr als hundert Jahre dauern sollte,
bis Brecht sein *Episches Theater* postulierte,

da also, 1814, verfremdete dieser Romani seine Handlung bereits perfekt
im Laufe ihres dramatischen Geschehens auf offener Bühne,
indem er diese ganze Oper vor den Augen des Publikums
von einem *"poeta"* namens Prosdocimo erfinden und ausprobieren ließ.
Das geschah auch noch brillant und höchst professionell.
Denn natürlich ergriff die Story, wie jeder gute Autor das kennt,
mehr und mehr die Initiative, erfand die Fortsetzungen autark
und ließ den vermeintlichen Initiator des Ganzen
zum komisch hinterher hechelnden, teils auch noch
aufgespalten vervielfachten Protokollanten werden,
der nur noch notieren konnte, was sich da eigenmächtig weiter entwickelte.

Auf diese Weise wußte Romani
seine Story nicht nur geschickt zu brechen und zu ironisieren,
sondern auch zu differenzieren und zu dynamisieren. Er integrierte auch
schon seine eigene oder jegliche Kritik an der Gattung der *Komischen Oper*
unmittelbar ins Bühnengeschehen hinein: meisterlich.

Das aber wurde zum Beispiel 1971 unter jenem Enriquez
noch überhaupt nicht, aber in Zürich nunmehr in der Inszenierung
von Cesare Lievi ganz beglückend und lobenswert deutlich.
Er stellte Entstehung und Fortgang eines solchen Operngeschehens
prononciert und einfallsreich in Frage: glossierte es quasi provokant
und ließ es nach solcher Infragestellung nur umso betörender gelingen.

(Leider hatte er sich darauf eingelassen,
die so entstehende Komik noch zusätzlich
in Bühnenbild und Kostümen zu unterstreichen.
Diese überflüssig epische Verdoppelung langeweilte
und verdarb bisweilen den Spaß.)

Dennoch ein Hosianna für Romani und Lievi.
(Für die Bartoli und Raimondi sowieso.)

*

Wie sehr ich zu jeglichem sprachlichen Ausformulieren prädisponiert bin, ist mir erst jetzt allmählich, nach annähernd hundertjähriger Praxis, ganz bewußt geworden.

Auch daß es sich bei dieser unverdienten Gegebenheit um ein inkommuniziables *secretissimum* handelt.

Denn meinen nachkontrollierbaren Produkten kann auch der aufmerksamste Konsument oder Wünschelrutengänger nie und nimmer ablesen, was ich vor einer solchen Niederschrift alles wittere oder ahne und befürchte oder kommen sehe, was ich alles auszuklammern, zu verhindern, rechtzeitig abzuändern, zu verdeutlichen, zu präzisieren, unmißverständlich zu machen, zu verschönern und völlig überraschend in die einzig sachgemäße Wortfolge einzuordnen weiß.

Alles das bleibt für immer und ewig unbeschreibbar: unmitteilbar. Es ist unerklärlich, auch für mich selbst.

Recht eigentlich identifiziere ich mich aber so. (Etwa nur so?)

Insofern ist das also nicht nur mein unlüftbares Geheimnis, sondern sowas wie meine streng okkulte Selbstverwirklichung.

Formulieren hat für mich einen ähnlichen Stellenwert wie Atmen und Essen: na, nicht ganz vielleicht, aber fast durchaus. Es formuliert in mir auch nachts und bei jeglicher noch so ungeeigneten Gelegenheit.

Schon zwanghaft?

Oder eher befreiend?

Egal: unvermeidlich. Ununterdrückbar.

Und sehr wohlig.

*

Die nervöse Fiebrigkeit in den Augen singender Sänger gibt es nur bei klassischer Musik.

Die Augen singender Pop-Sänger sind da eher flach und stumpf: ohne jenes Wissen um eine andere Welt. Auch ohne sie zu ahnen.

*

Außer all den Fakten, Gedanken, Gefühlen oder Körperteilen, die wir vor andern lieber verheimlichen,

gibt es auch Intimes und eine Intimität, von denen wir selbst nichts wissen. Aber es gibt sie: zuallertiefst verborgen und sehr mächtig.

Vielleicht das eigentliche Selbst?

*

Bachs Musik kommt meist, jedenfalls in ihren besten Momenten, ganz ohne Punkte aus: ohne Einschnitte, Ruhepausen, Abschlüsse, Unterbrechungen. Sie ist dann endlos. Oder ewig.

Insofern gleicht sie da unserm Kosmos, der Natur: endlosen Ewigkeiten.

Aber sie gleicht dann auch unserm Leben. Das ist zwar scheinbar keineswegs endlos, aber pausenlos, unentwegt, ohne Einschlüsse, Ruhepausen, Abschlüsse, Unterbrechungen. Unser Gehirn ist ja sogar ruhelos aktiv, wenn wir zu schlafen glauben.

Vielleicht darum muten besonders Bachs Fugen uns zuallerinnerst so heimelig, wohlvertraut und tief verwandt an. Sie sind wie wir und wie alles.

Vielleicht verweisen sie uns auch auf unsere eigene okkulte Endlosigkeit.

*

Heutigen Zeitgenossen gestattet die elektronische Technik, problemlos aus dem Hinterhalt über andere Menschen, auch völlig Fremde herzufallen und sie öffentlich so schmerzhaft wie möglich zu verletzen. Man nennt das *Face*-book. Denn tatsächlich zeigen die Schreiber da ihr wahres *Gesicht*: ihre hochgestauten Aggressionen.

Aber sie zeigen da nicht nur ihre überhebliche Intoleranz und dämliche Besserwisserei. Sie offenbaren noch viel mehr von sich und uns allen: den tief eingeborenen menschlichen Sadismus, die Lust am öffentlichen Quälen. Tiefenpsychologische Zusammenhänge mit Faschismus, SS und Konzentrationslagern werden da unverhofft sichtbar: alles, was uns bisher unbegreiflich pervers und abwegig schien. Plötzlich ist es Allgemeingut und landläufig üblich. Jeder tut es, und jeder darf es.

Und – : alle nehmen es hin.

Denn es entschleiert nicht nur die massiv gespeicherten Negationen in den Angreifern. Es muß unweigerlich auch negative Energieen in den Angegriffenen zur Folge haben. Denn natürlich sind die wütend, beleidigt, rachedurstig oder angeschlagen.

Aber warum lassen sie es sich so wehrlos gefallen? Aus latentem Masochismus?

Zerstörerisches breitet sich da ungeahndet in einer Gesellschaft aus, die überwiegend und mehrheitlich aus Schlägern und Leidenden zu bestehen scheint.

Einmal mehr aus Tätern und Opfern

Wie eh und je.

Nur: Zivilisation, wo bist du?

Und du, Gerechtigkeit: wo?

Oder erst mal du, Kultur: wo?

*

Geistiger Besitz stabilisiert nicht nur.

Er fundiert und verwurzelt auch.

Dadurch wärmt und beheimatet er.

Als Obdach und Klausur immunisiert er weitgehend: schützt.

Er ist auch unentwendbar; “einbruchssicher”, ein perfekter Tresor.

Insofern ein unschätzbarer Schatz.

Daher diskretionsbedürftig.

Unpublizierbar.

Ein Mysterium – vielleicht das wahrste und sicherste: geistiger Besitz.

*

Was uns die Körpersprache der älteren Dirigentengeneration mitteilt:

Karl Böhm: *“Null Fehler mache ich einzig und allein immer nur durch pflichtbewußte Routine – hoppla!”*.

Herbert von Karajan: *“Her mit der ganzen Musik – alles wird gerafft, reingeschaufelt und verschlungen: weil es mir gehört, nur mir allein – mir!”*

Harnoncourt-Unverzagt (zum Orchester): *“Nicht so nah, nicht so nah! Weg mit euch! Schleicht euch! Weg! Oder ihr kommt in die Hölle – weg!”*

Was die jüngere Dirigentengeneration mit ihrer Körpersprache mitteilt, verschweige ich

im Falle von Simon Rattle aus Liverpool, Mariss Jansons und Andris Nelsons aus Lettland oder Christan Thielemanns sonstwoher vor lauter Höflichkeit,

von Seiji Ozawa in diskreter Verliebtheit in so asiatische Grazie

und von Daniele Gatti aus sprachloser Bewunderung, selbst gern vor so souveräner Könnerschaft knieend.

*

Was mir nach langem Leben wirklich erst heute früh, am 14. Dezember 2016, so bewußt und verständlich wurde:

jene spontane, aber unüberwindliche Abneigung, die ich als Schüler (sofort und Jahre lang) gegen die Lehrfächer Chemie und Physik empfand (auch nie zu überwinden versucht war),

entsprang schon meinem prinzipiellen Desinteresse an allem Materiellen.

Instinktiv muß ich da gespürt haben, daß es sich bei alledem nur um Vehikel handelt, um Lastenträger: nie um das Substantielle, Essentielle.

Die Materie muß ich da schon als Domestiken des Eigentlicheren durchschaut und mit jugendlich törichtem Klassenbewußtsein geringer eingestuft haben.

Interessant ist das auch heute (gegen Ende all der materiellen Hilfsdienste jegliches Physischen, sei es Chemikalischen) nur umso mehr:

fast schon sowas wie ein weiterer Beweis für die wahre Hierarchie.

*

Heutzutage populärstes und unwiderlegliches Indiz für Qualität ist der Spaß, den irgendwas und alles zu bereiten oder eben nicht zu bereiten vermag.

"Das hat unheimlich Spaß gemacht" ist in aller Munde der als untrüglich erachtete Nachweis seines Werts. Was keinen Spaß macht, taugt nichts. Einzig der Spaß zählt. Nee-echt, Roberto: *"Spaß muß sein."*

Natürlich ist das purer Unsinn. Spaß kann für nichts ein Kriterium sein.

Aber seine Überbewertung als Kategorie verrät viel über Geisteszustand oder sonstige "Befindlichkeit" unserer Gesellschaft.

Es mutet spätrömisch an, erinnert also an eine klassische Verfalls- oder Untergangsepoche und sollte uns als typische Boulevard-Maxime ein Menetekel sein.

Freilich: bedarf es heute solcher Flammenschrift überhaupt noch? Alles liegt offen zutage. Vergnügliche Idiotie herrscht: Trump- und Twitter-Zeiten.

*

Prognose: wie auf den amüsanten römischen Ruin ein langes und unvergnüglich finsteres Mittelalter mit all dessen Schrecken und endlosen Nachwirkungen folgte,

so könnte jetzt als schleichende Reaktion auf jene neunziger Jahre des 20. Jahrhunderts, in denen ja jene allgemeine Boulevardisierung ihren verhängnisvollen Anfang nahm, wiederum eine qualvolle Phase unaufgeklärter Ignoranz und tumber Düsternis, bildungsloser Unwissenheiten und ausbeuterischer Unterdrückungen folgen.

Fast sieht es zur Zeit in vielen Ländern gleichermaßen nach solcher chronologischen Automatik aus: eins zieht da unaufhaltsam immer wieder und wieder dieselben Konsequenzen nach sich – ein unentrinnbarer *circulus vitiosus*?

Jeglicher Fortschritt würde da zur Schimäre und Farce.

(Aber sind Farcen nicht was Spaßiges? Na, dann … !)

*

Ein Quäntchen irrationaler, aber angeborener oder mitgebrachter Menschenkenntnis hat sich in langen Berufs- und Lebensjahren mit Beobachtungen und Erfahrungen allmählich dahingehend verbunden, daß ich zu überstürzten physiognomischen Diagnosen neige. Augen, Münder, Nasenflügel und Blicke verraten mir flugs, mit wem ich es da jeweils zu tun haben könnte. Als vorschnelles Vorurteil immer wieder verworfen, hat sich diese Unart inzwischen oft genug als stimmig erwiesen. Nach mühsamen Umwegen bestätigt sich fast immer schließlich: mein erster Eindruck war sofort richtig.

Natürlich ist das durch ein Jahrzehnte langes Starren auf Schauspielermimik nur noch sensibilisiert worden.

Aber es versagt total vor der eigenen Visage.

Pflege ich grade deshalb mein Spiegelbild hartnäckig eher zu meiden?

Denn falls ich es je zu betrachten, gar zu studieren versuche, sagt es mir gar nichts. Vor diesem Antlitz versagen meine sonstigen Antennen, Tentakel und Sensoren. Alle sonst immer zuverlässigen Indikatoren lassen sich im eigenen Falle gar nicht erst erblicken, geschweige deuten. Mein Gesicht verrät mir gar nichts.

Was ist das: ein kluger Trick, ein vorsorgliches Täuschungsmanöver von *Mutter Natur* in all ihrer Liebe und Güte? Bewahrt sie einen da vor was Lebensfeindlichem? Es könnte sein.

Aber von dieser Schlappe vor der eigenen Physiognomik läßt sich da natürlich ohne jeden Umschweif auch auf alle sonstige Selbstbeobachtung und Selbsterkenntnis schließen: die fällt uns allenthalben schwer.

Vielleicht sehen wir uns prinzipiell im Ganzen immer falsch.

Könnte einleuchten.

Denn sähen wir uns in unserer Wahrheit, könnten wir wahrscheinlich gar nicht mehr weiterleben. Wir benötigen da dringend eine Täuschung, ein Phantom, ein Wunschbild oder Ideal, mit dem wir uns förderlich identifizieren.

Vermutlich funktioniert bewußtes Leben nur mit solcher Krücke.

*

Eine Rückbesinnung auf klassische Werte ist heutzutage mehr denn je in aller Munde. Politiker, Journalisten, "Volksvertreter", Kulturfunktionäre, Pfarrer und Psychologen reklamieren sie unausgesetzt,

aber führen ihr eigenes öffentliches, umsomehr natürlich ihr geheimes Leben ohne solche klassischen Wegweiser schamlos *ad libitum* und profitabel.

Das kennt man schon seit Langem so als übliche Heuchelei, als kommodes und kommunes Doppelleben.

Aber inzwischen akkumuliert das alles immer brisanter und vermutlich lebensgefährlich. Nicht nur die christlichen und humanistischen Ideale "des Abendlandes" werden jetzt weiterhin so ignoriert wie schon seit Langem oder immer:

auch die Maximen der *Französischen Revolution*, der Aufklärung und Ratio, Darwin's und seiner Evolution, des demokratischen Gemeinwesens, des Rechtsstaates, aller neuzeitlich vermeintlichen Moral

bröckeln zunehmend irreparabel und scheinen als unsere unverbrüchlich erachteten Ikonen gescheitert zu sein.

An ihre Stelle tritt täglich mehr und täglich globaler, täglich allmächtiger der Terror von Dummheit und Brutalität, Anarchie und Chaos.

Sie alle lassen sich von den vielbeschworenen Schein-Werten einer vermeintlichen Ethik nicht länger gängeln. Sie beanspruchen die totale Herrschaft und ergreifen sie bereits allenthalben.

Aber vielleicht sind sie ja der fruchtbare Boden für neue und bessere Kreationen als die bisherigen sogenannten Werte. Nur im Tohuwabohu kann ein potentes Bedürfnis nach Ordnung keimen. Nur dort liegen seine Chancen, womöglich eine Zukunft von Effizienz.

War das nicht schon immer so?

*

Obwohl man es längst weiß,
überrascht es jedesmal erneut: wie klug doch dieser Hofmannsthal
schon 1910 war, als er in seinem Libretto zum *"Rosenkavalier"*

die Marschallin sagen und singen läßt:

"Hab' mirs gelobt, ihn lieb zu haben in der richtigen Weis',
daß ich selbst seine Lieb' zu einer andern
noch lieb hab' – ".

Oder hat er das schon bei seinen Quellen so vorgefunden:
bei Jean-Baptiste Louvet de Couvray,
diesem eigentlichen Kopf der *Französischen Revolution*
und Autor des Romans *«Les amours du chevalier de Faublas»* von 1787-90,
oder beim allwissenden Molière
in dessen Komödie *«Monsieur de Pourceaugnac»* schon von 1669?

Oder doch erst in Goethes erster *"Stella"*
mit ihrem prärevolutionären Finale schon von 1775:
"Jede soll ihn haben, ohne der andern was zu rauben"? Mehr noch
mit ihrem fast plakativen Schlußsatz *"Wir sind dein!"?*
Und seinem folglich implikativen *"Ich bin euer"*?

Aber vielleicht hat das ja keiner dieser (spät-) barocken Vorgänger
den 36jährigen Hofmannsthal so gelehrt,
sondern sein eigenes Leben und Begreifen?

Zuzutrauen wäre das seinem kultivierten Spürsinn durchaus.

Nur: warum folgte dann hierauf global so viel lebensfeindliche Dummheit,
so viel zerstörerisch eifersüchtiger und exklusiver Besitzanspruch?

Den meisten Lebensläufen
fehlt halt eine so bewanderte Cäcilie oder Marie-Theres …

(Oder ist etwa einzig Richard Strauss daran schuld:
weil er diesen kostbaren Text so vertont hat, daß kein Hörer ihn je
in seiner Dienlichkeit recht zur Kenntnis zu nehmen die Gelegenheit erhält?
Schön wär's ja …)

*

Eigentlich braucht man hier nur die Natur zu beobachten: schon ist man fromm. (Evolutionsfanatiker nur umso viel mehr, Ihr gedankenlosen Mormonen *wheresoever*!)

Denn gottlos können in diesem Universum nur die Unaufmerksamen bleiben.

Sela.

*

In Fritz Kortners Memoiren lese ich von der philosophischen Bestätigung physikalischer Erkenntnisse, *“daß nichts im Weltall ruhe”*. Alles sei überall in stetiger Bewegung, *“auch noch im Nichts gäbe es keine Ruhe, alles sei bewegte Materie”*, zum Stillstand komme nie was irgendwo.

Ich bemerke, daß mir dieser Gedanke, der vermutlich wissenschaftich erwiesen und fixiert ist, nichts eigentlich Neues bringt: seit irgendwann und irgendwo ist er mir längst vertraut.

Überraschend kombiniert er sich jetzt aber plötzlich mit unsern Todesbegriffen. Wenn es nie je irgendwo einen Stillstand gebe, kann auch das menschliche Sterben keiner sein: nicht wie aufgeklärte und atheistische Materialisten das meiner Generation unermüdlich und unbeweisbar weiszumachen trachteten.

In einem Universum ohne Stillstand müßte demnach auch unser Tod nur eine Weiterbewegung sein: wohin, spielt dabei die kleinere Rolle.

Jedenfalls wäre auch er dann kein Schlußpunkt, bliebe demnach nirgends stehen, sondern zöge rastlos weiter …

*

Wie ein Mensch sich im Laufe seines Lebens nicht nur beruflich, sondern gottlob auch mental vom Dramatiker zum Epiker entwickeln kann: vom theatralisch agierenden Polarisierer innerhalb zum gelassen tolerierenden Betrachter außerhalb.

*

Wie marktwirtschaftliches *business* dasselbe Ziel der Bereicherung oder zumindest Besitzstandssicherung hat wie seit grauer Vorzeit auch der orientalische Basar mit seinem Teppich- und Kamelhandel:

nur ohne dessen Charme und Witz

und anstelle poetisch verspielter Fantastik unter Kollegen nur mit unverhohlen mörderischer Brutalität und verächtlicher Grausamkeit gegenüber Schwächeren.

Diese Mutation nennt man zivilisatorische Entwicklung.

2017 (82- bis 83jährig)

In unserm Universum
gibt es nur Phänomene, die es gibt.
Was es nicht gibt, gibt es da gar nicht erst.
Also gibt es da auch keinerlei Nichts.
Denn das Nichts ist ja das, was es gar nicht gibt.
Also gibt es gar kein Nichts.

Gäbe es irgendwo je ein Nichts,
könnte es sich allenfalls außerhalb dieses Universums befinden.
Innerhalb wäre es kein Nichts mehr, sondern sofort ein Etwas.

Universum, kann man also folgern, ist ein Synonym für unser *es gibt,*
das italienische *c'è*, das spanische *ay*, das französische *il y a*
und das englische *there is*.
There is bedeutet aber zugleich *es ist da.*
Was da ist, kann nie und nimmer nicht da sein.

Also kann dieses Es sich auch nie und nimmer in ein Nichts auflösen,
weil es dafür in diesem vorhandenen Universum weder einen Platz gibt
noch auch irgend eine Beschaffenheit oder Artung.
Nicht einmal eine Idee davon.
Mehr noch: wen es in diesem Universum gibt,
der kann sich ein Nichts nicht einmal denken.
Nicht einmal fantasieren.

Kein Künstler hat hier je ein Nichts zu figurieren vermocht.
Auch nie versucht.

Denn wirklich ist es unvorstellbar.

Das verrät viel.

Oder sollte uns zumindest viel verraten: *up to you, now.*

*

Was Rudolf Schock aus Duisburg und Josef Metternich aus Hürth im Rhein-Erft-Kreis schon 1952 als Alvaro und Carlo in Verdis *"La forza del destino"* unter Hans Schmidt-Isserstedt (aus Berliner Kaufmannskreisen) vielleicht mit einem Übermaß an Inbrunst verströmten, das liefern in meiner Kollektion ihre viel berühmteren und einschlägig mediterranen Kollegen Mario del Monaco aus Firenze und Aldo Pratti aus dem lombardischen Cremona 1953 sogar noch unter dem achtbaren Maestro Mitropoulos aus Athen am Mittelmeer fast also zeitgleich

mit einem Unmaß an Routine ab.

“Bitte wählen Sie jetzt!”

*

Stoßseufzer: Ach, den Kosmos wechseln!

*

“Als ob Presseangriffe”, trotzte Fritz Kortner in seinen Memoiren, *“den Durchbruch des Außerordentlichen je hätten verhindern können!”*

Beim ersten Lesen scheint das tröstlich und trifft sich mit jener Maxime, mit der mich literarisch reputierliche Gurus in meinen jungen Jahren irregeleitet haben: *daß Qualität sich letztlich immer durchsetze.*

Heute würde ich da Fritz Kortner und meine damaligen Quellen gern befragen, was sie da weiland unter Durchbruch oder Durchsetzung verstanden haben. Ich fürchte, sie meinten Ruhm, Popularität, Prominenz.

Heute würde ich das nicht als Durchbruch oder Durchsetzung bezeichnen, sondern als hinderliche Verstrickung in Nichtigkeiten.

Wahre Durchsetzung findet unbeachtet in der Anonymität einer Dunkelkammer statt und besteht aus konzentriertem Weitermachen, ausprobiertem Besserwerden, sich selbst Genügen: aus der einsamen Pflege der eigenen Kreativität –

also gerade ignorieren, was andere Menschen mit ihren lediglich individuell berechtigten Kriterien befinden,

und nur nach der eigenen Stimme suchen, ihr unbeirrbar folgen.

(Für einen Schauspieler wie Kortner kann das freilich so nicht gelten, das ist wahr: Theater in der Dunkelkammer wäre abstrus und sinnlos.

Aber ist Theater vielleicht überhaupt was Abstruses und als jugendlicher Umweg zu fernen Zielen dienlich, die nur in Wesentlicherem zu finden sein können?)

*

Kortner jedoch, dessen “Durchbruch” als Schauspieler in den Zwanziger Jahren Berlins gelang, fand sich dort damals unverhofft ins Spannungsfeld einer publizistischen Dauerfehde hineingeraten, die zwischen zwei unerbittlich kontroversen, aber einflußreichen Kritikerpäpsten ausgetragen wurde: dem *“regelfanatisch deutschen”* Herbert Ihering und dem *“Troubadour”* Alfred Kerr, der sich unaufhörlich in Bühnenvorgänge verliebte oder *“verhaßte”*.

“Bewundernswert an dieser Pressefehde war, daß sie stattfinden konnte”, erinnerte sich Kortner in späteren Jahren ohne sie: denn

“daß ein Kritiker das Urteil des anderen öffentlich kritisierte, war das Bedeutsame dieser Kontroverse. Damit war der Kritik ihre Unfehlbarkeit vom Kritiker selber aberkannt” und sie erklärte sich nur selbstüberschätzend für so *“unfehlbar, wie sie nicht ist”*.

*

Überraschend: es gibt auch ein inneres Ohr. Damit meine ich keineswegs unser anatomisches Innenohr, sondern die Fähigkeit des Menschen, auch in Gedanken zu singen. Er kann Melodieen nachvollziehen, ohne sie dabei zu verlautbaren: also unhörbar, intern.

Oder auch: Musik ist imaginierbar.

Ist sie also primär vielleicht überhaupt nur was Imaginiertes?

Dann wäre ihre Äußerung in hörbaren Tönen eher sowas wie eine Bühne lediglich zur Multiplikation und Popularisierung: also faktisch im Grunde entbehrlich?

Komponisten befragen! (Mozart hat das nachweislich so schon bestätigt.)

Aber neu war für mich ja hierbei nicht das genial Kreative, sondern jene allgemeine Befähigung eines Jeden, sich selbst auch innerlich was vorzusingen.

*

Die aktuellen Freiheitsbeschränkungen durch den neuen amerikanischen Präsidenten Trump geben sich leider nicht als bedauerlich verirrten Einzelfall, sondern eher als Symptom eines grassierenden Zeitgeistes zu verstehen, der rückwärts gewandt ist und ins Biedermeierliche zurückstrebt.

Das bietet Anlaß, die legendären Leistungen der *Französischen Revolution* zu durchleuchten: inwiefern sie ihr Versprechen, die aufgeklärt postfeudale Neuzeit recht eigentlich einzuläuten, nachhaltig überhaupt eingelöst hat.

Von ihren drei sprichwörtlich gewordenen Devisen ist hier die vielbeschworene *égalité* schon mehrfach als widernatürlicher Gedankenfehler überführt worden: als ein sympatischer, aber verhängnisvoller Irrtum. Es gibt sie nicht.

Die *fraternité* ist ein eher psychisch-erotischer Wunschtraum und gesellschaftlich kaum je nachkontrollierbar: aber als Fetisch oder *idée fixe* in privaten Bereichen vielleicht zumindest liebenswert und bisweilen hilfreich.

Aber drittens die *liberté* als die eigentlich politischste jener drei rebellischen Thesen von 1789:

sie führte gleich eingangs nach einem Umweg über ein unvorstellbares Blutbad an Wehrlosen zuerst ihr Entstehungsland Frankreich, dann ganz Europa in die napoleonisch größtmögliche Unfreiheit, die sich dann allenthalben noch ganze anderthalb Jahrhunderte lang in blutigen Variationen verbreitete und vermehrte. Neureiches Monarchentum verquickte sich mit unüberwindlich scheinenden Konventionen zu biedermeierlichem und materialistisch industriellem, also wirtschaftlichem Terror, der schließlich victorianisch, wilhelminisch, faschistisch und bolschewistisch vollends aus dem Ruder lief und nur noch zertrümmerte.

Nachhaltige Freiheit im Sinne jener Revolutionäre von 1789 entstand eigentlich erst runde zweihundert Jahre später, etwa seit "1968": zuerst vermutlich in London, dann auf dem Kontinent in Paris, Amsterdam und Berlin, später sogar in Barcelona und weltweit, sei es noch so martialisch – eine allgemeine Emanzipation entstand da endlich und gipfelte einerseits in der Sumpfblüte Gorbatschow,

andererseits aber auch im sogenannten *Arabischen Frühling* mitsamt seinen syrischen Entartungen, die wieder an ihre blutige Keimzelle 1793 in Paris erinnern und anzukoppeln scheinen.

Heute müssen wir erkennen: diese Freiheitsphase hat sich höchstens vierzig Jahre lang entfalten oder entwickeln können und wurde just in London schon nach einem kurzen freien Jahrzehnt seit 1979 von Margaret Thatcher und deren internationalen Nachfolgern drastisch zurückgepfiffen.

Ihr Urenkel Donald Trump globalisiert nun diese Restauration am radikalsten und spektakulärsten.

Liberté, quo vadis?

Und die *Französische Revolution* als angebeteter Urknall der Moderne: eine Schimäre, ein Popanz?

Will die Menschheit gar nicht gleichberechtigt, brüderlich und frei sein?

Oder will sie es nur in ihren Träumen, aber kann es gar nicht?

*

"In die Ewigkeit eingehen."

Wohin?

In die Ewigkeit.

Nicht in die Grube?

Nein, in die Ewigkeit.

(Aber lehrt das *Mutter Natur*? Oder ein Pappa im Vati-kann?)

*

Der Siedepunkt. Der Gefrierpunkt. Die Lichtgeschwindigkeit.

Oder 100 Grad. 0 Grad. 299 792 458 Meter pro Sekunde.

Drei anscheinend fixe Größen oder Halte- und Orientierungspunkte im ewigen Flusse des *πάντα ῥεῖ* : wie besänftigend und beruhigend.

Aber wer hat sie so festgesetzt?

Auch: warum? Und was alles derlei noch?

*

Gefallen wollen: menschlicher Grundimpuls ebenso wie Selbstbetrug.

Nach Lage der Dinge kann keiner einem andern je dauerhaft wirklich gefallen.

Warum nicht?

Weil jeder vollkommen anders ist als alle Andern. Dafür hat *Mutter Individuation* beizeiten vorgesorgt.

Also findet jeder was Anderes gut, was Anderes schlecht. Schön und häßlich *dito*.

Und das Allgemeinmenschliche, das Verbindende, das allen Gemeinsame? Der Massengeschmack, unser lieber *“main stream”*?

Ist ein Trugschluß. Oder Denkfehler. Aber terroristisch.

Der Globalismus?

Eine Sackgasse.

Der Sozialismus?

Eine sympathische Theorie, unpraktizierbar.

“Liebe deinen Nächsten wie dich selbst”?

Wie wen?

Dich selbst.

Ein Windei, leider: unmöglich und weltfremd.

Was wäre denn möglich und nicht so weltfremd?

“Liebe in deinem Nächsten das völlig Andere”.

Also liebe den völlig Anderen?

Nur das hätte Chancen.

Aber geht das überhaupt?

Was jetzt, genau?

Einen lieben, der mir gar nicht gefallen kann?

Probier's mal: *“Liebe deine Feinde”*!

*

Sind passive Beleidigungen, unser beliebtes Gekränktsein, immer ein Symptom für chronische Selbstüberschätzung?

Es sieht ganz danach aus.

Aber ganz bestimmt signalisieren sie einen Minderwertigkeitskomplex, der sich in Selbstüberschätzung kompensiert.

*

Elisabeth Grümmer, deren Gesang und persönlicher Kultur ich, seit ich sie im Berliner Frühjahr 1956 die Ilia in *"Idomeneo"*, dann die Fiordiligi in *"Così fan tutte"* und anderthalb Jahre später beim Kölner Mozartfest die Pamina der *"Zauberflöte" live*, dann auf CDs und DVDs auch wiederholt die Donna Anna in *"Don Giovanni"* singen hörte und sah

diese Elisabeth Grümmer aus Lothringen

mit den makellos unfalsettierten Höhen scheinbar ihrer grenzenlosen Bruststimme, mit all ihrer jungfäulich-fraulich integren Ausstrahlung, allzeit bestechend reiner und ehrlicher Hochkarätigkeit speziell in Mozart-Partieen und mit jener unprätentiösen Demut einer hoheitsvoll aufrichtigen Dienerin ihres immunen Auftrags

(der genau ich seither so verfallen bin, daß ich ihr zum Beispiel ein Gastspiel an unserm Wiesbadener Theater mit der Elsa in *"Lohengrin"* künstlerisch so verübelte, daß ich es mied)

und die später, *"umfangen von ihrer Wärme"*, nicht nur ihrer jüngeren Fachkollegin Edda Moser als *"Ideal stimnmlicher Reinheit"* diente, sondern sogar von einer Jahrhunderterscheinung wie Jessye Norman aus *US*-Georgia zu ihrem einzigen "Vorbild" erklärt wurde,

diese Elisabeth Grümmer also, die unserm heutigen Opernwesen empfindlich fehlt und die ich noch auf den wenigen und technisch unvollkommenen Tonträgern, die es von ihr gibt, mein Leben lang bewundere und liebe,

diese Elisabeth Grümmer schlußendlich hat mich erst jetzt, nach Jahrzehnten uneingeschränkter Verehrung und Zuneigung, in ihr Geheimnis eingeweiht,

daß in all der wohlbehüteten Unschuld ihres leuchtenden Stimmtimbres (auch noch in reiferen Jahren)

doch zugleich immer auch eine Schwermut mitsang: ein Schatten, eine Belastung, eine latente Trauer, also die ganze Dunkelseite unseres magisch doppelgesichtigen Mondes. Was zum Beispiel bei der extravertierten Maria Callas jeden Hörer sofort und unverkennbar deutlich anspringt, ist bei dieser so viel vornehmeren Stimme gleichfalls vorhanden, nur dezenter dosiert – und umso mozart-gemäßer.

Kann das damit zusammenhängen, daß sie recht eigentlich erst zur Sängerin erblühte oder sich selbst entdeckte und entdecken ließ, nachdem ihr Ehemann, der Konzert- und Kapellmeister Detlev Grümmer, Vater ihrer Tochter, 1944 in ihrer gemeinsamen Aachener Wohnung von Fliegerbomben des

Zweiten Weltkriegs ermordet worden war?

Schwang dieser Verlust seither heimlich immer ebenso mit wie der Ehename Grümmer? Sangen die immer alles mit?

Es klingt so …

*

Nachtrag zur Hamburger Tagebuchnotiz vom 14. Juli 2010 in
“Nach oben offen. Reflexe”, Band 7, Seite 349f. (und in *“Musick mit arsch”*,
Seite 282) über die Frivolität der Zerlina in Mozarts *“Don Giovanni”*:

wie sie schon am Tage ihrer Verheiratung mit Masetto
zu einem Seitensprung mit Don Giovanni sofort und skrupellos bereit ist.

Erst jetzt entdecke ich, daß der kluge Lorenzo Da Ponte
diese Unglaubwürdigkeit abgefedert und motiviert hat,
indem er diese junge Braut schon bei ihrem ersten Auftritt
gleich mit einem eingangs gesungenen Text versehen hat,
der extreme Lebenslust oder Amüsierbereitschaft offenbart
und gleichsam als Rollenmotto mit ihrem quasi philosophischen Bekenntnis
zum ungehemmten Hedonismus Epikurs
auch ihre jungen Begleiterinnen oder Freundinnen (im Chor)
inständigst auffordert:

“Giovinette che fate all'amore,
Non lasciate che passi l'età:
Se nel seno vi brulica il core,
Il remedio vedetelo qua.
Che piacer, che piacer, che sarà!”

Ganze Generationen von Opernsoubretten
haben das in deutschsprachig einplanierten Aufführungen so gesungen:

“O ihr Mädchen, zur Liebe geboren,
Auf, benützet die blühende Zeit!
Wenn ihr schmachtet, in Sehnsucht verloren,
Seht die Hilfe, sie ist schon bereit.
O die Freude, die Freude ist da!”

Noch deutlicher wurde erst beim privaten Fernsehsender *sky classica*
die philologisch überraschend akribische und seriöse Untertitelung der Verfilmung jener bahnbrechenden Inszenierung von Peter Sellars *anno* 1990. Da riet Braut Zerlina ihren Geschlechtsgenossinnen schriftlich:

"Junge Mädchen sollten jede Chance nutzen, sich zu verlieben.
Vergeudet nicht die schöne Zeit. Genießt das Vergnügen".

Im Original wiederholen die so beratenen Mädchen im Chor:

"Che piacer, che piacer, che sarà":

Das Vergnügen, das Vergnügen wird sein –

– also schon bevor ihr gleichgesinnter Schloßherr
auf diese lebenslustige Zerlina aufmerksam wird: *das Vergnügen,*
das Vergnügen wird sein!

Wenn es dann aber schließlich
mit diesem ihrem Feudalherrn doch nicht stattfindet,
liegt das bestimmt nicht an dieser Zerline.

Ihr Masetto (der später berechtigt so eifersüchtige Bräutigam) steht ihr anfangs noch zur Seite und rät auch den jungen Männern (des Chors):

"Poco dura de' matti la festa [...].
Che piacer, che piacer, che sarà!"

In der heutigen Untertitelung sogar schriftlichst:

"Wenn schöne Augen lachen, genießt das Vergnügen!"

Zerlina und Masetto wiederholen dann gemeinsam
und also nur umso beschwörender:

"Vieni, vieni carino/carina, e godiamo,
E cantiamo e balliamo e suoniamo [...],
Che piacer, che piacer, che sarà".

Lakonisch so untertitelt:

"Wir wollen singen und tanzen,
das Vergnügen genießen".

Bei einer so eingestellten und gestimmten Braut
hatte Don Giovanni in diesem frisch aufgeklärten Rokoko
selbst an ihrem Hochzeitstage einleuchtend leichtes Spiel:

"Là ci darem la mano – Reich mir die Hand, mein Leben ... ", und

"das Weitre verschweig' ich, doch weiß es die Welt – il resto nol dico, già ognuno lo sa ... voi sapete quel che fa – nun, ihr wißt ja, wie's da geht".

Solche Lustbereitschaft wurde dann erst vom nachfolgenden Biedermeier und dessen Protagonisten (der Queen Victoria und deren Enkel Wilhelm II.) wieder verboten, unterdrückt, diffamiert und "christlich" verleidet. Das saß dann!

Aber was meine Tagebuchnotiz von 2010 noch allzu flott oder vorschnell zu unterstellen schien, wird durch diese Beweise des Librettos nachträglich verifiziert: *così è se vi pare*.

*

Dem ganzen eigenen Leben treu bleiben.

Bitte, wem?

*

Zwei Tagebuchnotizen des 23- und 41jährigen André Gide aus den Jahren 1893 und 1910 hätten sich in meinem Mozart-Buch besser gemacht als hier, wurden aber zu spät entdeckt und sollen nun wenigstens nachstehend zugänglich werden:

I

"Die Freude Mozarts:
eine Freude, die man als dauerhaft empfindet; die Freude Schumanns
ist fiebrig, man fühlt sie zwischen Schluchzen aufsteigen.
Die Freude Mozarts ist aus überlegener Heiterkeit gemacht;
und die Phrase seiner Musik ist wie ein ruhiger Gedanke;
seine Einfachheit ist nichts anderes als Reinheit;
es ist ein kristallisches Gebilde; alle Empfindungen spielen darin,
aber wie schon ins Himmlische übertragen.
'Mäßigung besteht darin, gerührt zu sein, wie Engel sind' (Joubert).
An Mozart muß man denken, wenn man das richtig verstehen will.

An die Freude denken muß mein fortwährendes Bestreben sein."
(im Yport der Normandie, Herbst 1893)

II

"Mozart ist der Musiker,
von dem unsere 'Epoche' uns am weitesten entfernt hat:

er spricht nur mit halber Stimme, und das Publikum hört nur noch Schreie."
(in Paris am 1. Dezember 1910)

*

Im selben *Ersten Bande* dieses frühen Tagebuches von 1889 bis 1939 (das ich in frühen Studentenjahren erworben und seither Jahrzehnte lang übersehen zu haben scheine) finden sich noch zwei andere Passagen, um die ich ihren Autor André Gide beneide, weil ich sie gern selbst geschrieben hätte.

I

"Ich bewundere Dostojewskij mehr,
als ich je glaubte, bewundern zu können"
(in Cuverville/Seine-Maritime, Mai 1903) –

ja, genau so erging es auch mir vor nunmehr runden zehn Jahren (also viel zu spät).

II

"Ein Untertauchen in Einsamkeit
ist mir jeden Tag ebenso unentbehrlich wie der Schlaf bei Nacht.
Ich entknittere mich dabei."

Diese lapidare Notiz vom 8. August 1905, auf der Eisenbahnfahrt vom atlantischen Cuverville nach Paris geschrieben, hat noch einen zweiten Teil:

"Es war meine größte Stärke zwischen 18 und 23 Jahren,
diese Art Freuden denen der Gesellschaft vorzuziehen."

Meine eigene Stärke leider erst Jahrzehnte später: viel vergeudete Zeit zuvor!

*

Wofür die biblische Schöpfungsgeschichte sechs Tage benötigte, wird von heutigen Kosmologen meist mit dreizehn bis fünfzehn Milliarden Jahren beziffert.

Was die Kosmologen dabei ebenso gern oder leicht übersehen wie jene prähistorischen Rhapsoden: im physikalisch nachweislich Zeitlosen kann es sich bei jeglicher Zeitangabe nur um einen Irrtum handeln.

Oder um vorsätzliche Irreführung.

Gleichwohl können diese beiden irrigen Zeitangaben bestenfalls auch durchaus zutreffen: als Metaphern.

Beide dürften dann nach Metaphernart ebenso irreal wie schön und brauchbar sein. Sie würden dabei mit rätselhaft verführerischer Verschlüsselung auf eine unergründlich unzugängliche Wahrheit irgendwo dahinter verweisen.

Oder darüber.

Gleichnishaft.

Rein poetisch.

Da sind dann sechs Tage leichthin genau dasselbe wie fünfzehn Milliarden Jahre, und alle militanten Mormonen dürften sich getrost beruhigen.

Denn das eben *"sei euch unverhalten, ihr Lieben"*, soll Petrus, der Jesusjünger Simeon, allen Gemeinden, *"denen Abfall durch Verführung droht"*, brieflich mitgeteilt haben: *"daß ein Tag vor dem Herrn ist wie tausend Jahre, und tausend Jahre wie ein Tag"*.

Ob dieser Menschenfischer vom See Genezareth da schon den 90. Psalm kannte, dessen vierter Vers vermutlich sehr viel älter ist als seine Briefschaften, steht dahin:

"Denn tausend Jahre sind vor dir wie der Tag, der gestern vergangen ist".

Aber auch Stephen Hawking und all den andern heutigen "Urknall"-Aposteln dringendst zur Lektüre anempfohlen.

*

Alternde Baritone und Bässe ersetzen ihren ursprünglich angestrebten Wohlklang unmerklich mehr und mehr durch Geknarre. Ihre Stimmbänder klingen nicht mehr, sondern knarren.

Ihre Ohren scheinen diese Mutation gar nicht wahrzunehmen. Denn meist sind diese Knarrer höchst selbstbewußt und halten ihr Knarren für künstlerisch unverzichtbare Meisterschaft, die nur ja kein Ende finden darf.

Aber die Meisterschaft hatte da eher *Mutter Natur*: zugunsten von Sängerseelen, die vermutlich nur durch so taube Selbstüberschätzung überleben können.

*

Im Fernsehen wird mit den boulevardesken Mitteln einer unumgänglich gewordenen Quiz-Sendung eine Ahnenforschung in prominenten Familien vorgetäuscht und in so fadenscheinigem Kontext auch ein Ururenkel Theodor Fontanes präsentiert.

Er behauptet, sein Urahne sei überhaupt erst nach 1960 angemessen entdeckt worden, als die deutsche Nachkommenschaft zu grübeln begann, wie der Nationalsozialismus in ihrem Lande möglich geworden war, wieso und aus welchen Wurzeln er dort hatte entstehen können und was da vorher gewesen war – und ihn insofern begünstigt hatte.

Bei der Beantwortung dieser Frage sei man dann unumgänglich auch auf Fontane gestoßen, dessen Texte die Wurzeln all dessen freizulegen behilflich seien.

Zumindest dienlich mag das dabei gewesen sein. (Aber gelesen hat so mancher mehr ihn auch schon vor jenem Aufruhr der Ungebildeten von 1960; glaubt mir das, bitte, ihr Bildungslosen!)

*

Mit achtzig Jahren durch konsequente Isolation einen nachweislich absoluten Höhepunkt der eigenen Existenz zu erklimmen:

beweist das die genuine Idee von Greisenalter als eigentlichem Entwicklungsmaximum?

Wurde die vielbejammerte Altersvereinsamung in solchem Sinne als Krücke zum eigenen Besten ersonnen?

Denn verhindert wird solche Spätblüte meistens primär durch die abträglichen Ablenkungen von sich selbst durch vermeintliche Kommunikationen, die aber gar keine sind.

“Bei sich zu sein” oder “anzukommen”: ist das der Sinn allen Alterns?

*

Dort kann man dann bestenfalls auch erfahren, daß das menschliche Gehirn über eine Aktionsebene auch außerhalb seines Bewußtseins verfügt.

Jedenfalls meins.

Oder sogar oberhalb?

Denn sie erweist sich als recht zuverlässig.

*

In seinen Texten über *"Literatur und Moral"*, die das Tagebuch des jungen André Gide undatiert zwischen 1896 und 1902 placiert, die also um jene Jahrhundertwende notiert worden sein dürften, finden sich auch diese erfreulich wahlverwandten Formulierungen:

"Beweisen wollen, daß Gott ist,
ist ebenso absurd, wie behaupten, er sei nicht.

Denn unsere Behauptungen und unsere Beweise
erschaffen ihn weder ... noch vernichten sie ihn.

Ich ziehe es vor zu sagen, daß im Augenblick, wo etwas da ist,
dies Gott ist."

Das ist so gut und klug, daß es hier sofort wiederholt werden muß:

"Ich ziehe es vor zu sagen, daß im Augenblick, wo etwas da ist,
dies Gott ist."

Aber Gide fährt da mit seiner Suche nach Gott noch fort:

"Ihn zu erklären, ist mir kein Bedürfnis;
er erklärt sich selbst durch die ganze Natur;
das ist seine Art zu existieren".

Nach dieser Maxime gelebt, hätte der Menschheit ihre Konfessionen oder Religionen und zumindest millionen- und abermillionenfaches Leid erspart.

*

Beileibe nur als Beispiel für all die andern möglichen Parallelfälle verstanden:

täglich mehr unterscheidet und distanziert sich mein Körper von mir selbst.

Wie das?

Mein Körper baut ab, ich selbst baue auf.

Ganz unverkennbar: diese zwei beiden gehen getrennte Wege.

Wohin? Vom Einen weiß man's, vom andern noch nicht.

Jedenfalls ist der Körper nicht das Selbst.

*

Was an Peter Hall's *"Figaro"*-Inszenierung in Glyndebourne 1973 immer noch wohltätig auffällt und besticht, ist

> (außer einer heutzutage beglückenden und interessanten Werktreue, die zumindest drei Akte lang diese Meisteroper ohne aufgepfropfte Fremdzutaten oder Besserwissereien so präsentiert, wie ihre genialen Autoren sie gemeint haben dürften),

was da überdies besticht, ist also ein choreografisches Stereotyp oder Leitmotiv, das grade in unserer Ära grassierender Manierismen und vermeintlicher Raffinessen durch seine Rückbesinnung auf Einfachstes und Originärstes überrascht und überzeugt:

wieder und wieder nämlich läßt Peter Hall jeweils zwei seiner Protagonisten, so lange es die betreffende Szene gestattet, völlig aktionslos im Abstande *circa* eines Meters und im Profil einander gegenüber stehen, ohne zu agieren. Sie schauen sich nur reglos an, singen vielleicht oder singen auch nicht, lassen ihre vier Arme einfach herunterhängen, verharren möglichst lange in dieser klassischen Grundposition und lassen unweigerlich eine wachsende Spannng entstehen, die so stark wird wie keine ausgetüftelt "originelle" Positionierung das sonst erlaubt. Plötzlich konfiguriert sich da ein klassisches Elementarverhältnis, das Urmuster menschlichen Miteinanders: die Konfrontation schlechthin und weiter gar nichts, sei es in einer Art verlängerter Schrecksekunde, einem kurzzeitig eingefrorenen Standbild.

Immer wieder und wieder solch ein *vis-à-vis*, zumindst drei Akte lang.

Aber man begreift das erfreut als die Keimzelle aller schlummernden, unterlassenen oder künftigen, aller denkbaren und jeweils möglichen Interaktionen oder Spannungen überhaupt. So fängt alles immer an und so verbleibt es latent auch, insgeheim oder offensichtlich, bis zu seiner finalen Veränderung wie auch immer. Adam und Eva sind da plötzlich unter uns. Oder Kain und Abel. Hero und Leander, Romeo und Julia, Faust und Mephisto. All diese Urpaare: stehen sich da einfach in ihrer Ursituation gegenüber und kommen nicht mehr voneinander los. Sind unentrinnbar verschmolzen.

Aber kommen auch gar nicht so recht zueinander. Oder was?

Dieses unsteigerbare, unverbesserbare Arrangement riskierte Peter Hall da mit gleichsam einfallslos "abgestandenstem" Mittel, das aber unverhofft durch seine Unverbrauchbarkeit überrumpelte. Seine deutlich unverfallene Wahrhaftigkeit erwies sich als unverzichtbar.

Chapeau!

*

Der Bestsellerautor Peter Wohlleben, bürgerlich ein Förster, präsentiert sich als ein Columbus der Bäume, des Waldes, der ganzen Flora: als derer aller Anti-Darwin.

Anhand zahlloser Beispiele und Beobachtungen oder Untersuchungen hat er nämlich nachgewiesen, daß eine der zentralsten Behauptungen der Evolutionstheorie einfach falsch ist: daß einfach immer nur der Starke oder Stärkste überlebt und die Schwachen heillos zugrunde gehen und verschwinden.

Wohlleben hat entdeckt, daß im Walde das Gegenteil richtig ist: hier helfen die Stärkeren den Schwächeren durch Informationen, differenzierende Alarmsignale, auch durch chemische Zufuhr oder durch Symbiosen.

Also gibt es ein Sozialleben der Pflanzen, das Darwin's Thesen vom gnadenlosen *catch as catch can* der Natur widerlegt. Aber dieses offenbarte Zusammenwirken der Flora folge keinen caritativen Impulsen, sondern holistischen: immer gehe es allen um das Ganze, um dessen Erhalt und Stabilität.

Der ohnehin bröckelnde Sockel der Evolution, dieser vermeintlich heiligen Kuh der "aufgeklärten" Neuzeit, dürfte also einer prinzipiellen Überholung oder Revision bedürfen.

*

Als die Mannheimer Sängerin Aloisia Weber 1778 ihren Verehrer Wolfgang Amadeus Mozart abblitzen ließ, heiratete der ihre Schwester Konstanze.

Dasselbe spielte sich, *mutatis mutandis*, in Schillers Leben ab.

Dasselbe hat sich wohl auch im Leben meiner eigenen Eltern abgespielt.

Es scheint ein nicht gerade seltenes Muster zu sein: die Abgelehnten nehmen mit einem Ersatz vorlieb, um im Umfelde der eigentlich begehrten Person zu bleiben. So führen sie eine Stellvertreter-Ehe und ein Leben im Notbehelf.

Da das wählerische Ablehnen Ungewollter

unter Menschen (und Tieren) seit Olims Zeiten (auch im vorsorglich unterbewußten Hinblick auf den Nachwuchs) vermutlich häufiger stattfindet als die Zustimmung, dürfte es eine Mehrzahl dergestalt verfehlter Lebensläufe geben. Erklärte auch das vielleicht den Zustand unserer Gesellschaft, die demnach aus lauter Enttäuschten, Unbegehrten, aus erotischen Notnägeln besteht?

Im Falle Mozarts und Schillers wurde dann die Fassade zwar bis zum Ende gewahrt, aber beide Ehen waren nicht gerade, was man "glücklich" zu nennen pflegt. Im Falle meiner Eltern kann ich das nicht beurteilen, aber deren langes Zusammenleben *usque ad finem* funktionierte wohl nur, weil meine Mutter wußte, daß sie Lückenbüßerin war, und sich ihrem (auch noch viel jüngeren!) Pascha daher willenlos unterwarf – auch nicht sehr empfehlenswert.

Arbeitslose Soziologen und Psychologen könnten sicher hochrechnen, wie viele mißlingende Ehen und gestörte Familien an solchen Folgen einer vorausgegangenen Ablehnung scheitern und zu Katastrophen führen.

Dieser Aspekt ist nicht sehr populär.

*

Aber *"bisweilen"*, habe ich in meinen *"Doppelsonnen"* von 2006 im Zusammenhang mit Schillers schiefer Eheschließung festgehalten, *"schützt sich ein Mann vor der unausweichlichen, aber ungewollten Bindung an eine Frau durch eine Rivalin. Jede der beiden Frauen bewahrt ihn dann vor der anderen"*.

Aber "bisweilen" schlägt solche Strategie auch fehl. (Zum Beispiel im Falle Schillers.)

*

Aber das Scheitern von Ehen dürfte 1139 auf dem *Zweiten Laterankonzil* des Vatikans durch die Sakramentierung jeder Trauung wissentlich und heimtückisch vorprogrammiert worden sein. Vorher gab es keinerlei "kirchliche Trauung". Aber 1139 wurde sie als Sakrament auch noch mit prinzipieller Ausschließlichkeit und Unauflöslichkeit kombiniert.

Damit wurde eine Widernatürlichkeit vorsätzlich festgeschrieben.

Denn das Naturell des Menschen ist unabänderlich ebenso promisk wie bei allen Primaten (denen er paläontologisch ja zugehört).

Insofern wurden unvermeidliche Verletzungen dieses Sakraments nicht nur bewußt in Kauf genommen, sondern gewünscht und angestrebt. Denn sie mußten so Schuldgefühle und Versündigungsbewußtsein entwickeln und sie über Jahrhunderte und eine ganze internationale Gesellschaft hinweg verbreiten, die so mit ihrem permanent schlechten Gewissen nicht nur in die Beichtstühle getrieben, sondern dort auch geziehen, bestraft und gedemütigt wurde.

Mit solcher Pseudo-Moral, die aber durch die verführerischen Feierlichkeiten eines sinnlichen Zeremoniells (mit *"weißer Braut"*!) bald allgemein zementiert wurde, war die Gemeinde leichter zu beherrschen und zu gängeln.

Also war die Sakramentierung der Eheschließung

eigentlich nur eine zielstrebige Nötigung der Menschheit, sich mit ihrem unwiderstehlichen Naturell unweigerlich und unaufhörlich zu "versündigen",

und wurde so unmerklich zu einem scheinmoralisch effizienten Machtinstrument der "christlichen" Kirche.

Eine kirchliche Hochzeit ist in Wahrheit also eine bedingungslose Unterwerfung unter eine lebensfeindliche und anomale, also perverse Fremdbestimmung.

Das sollte allen Brautpaaren rechtzeitig mitgeteilt werden.

(Oder ein nächstes Laterankonzil widerruft seinen bösartigen Beschluß von 1139. Nein, nicht nötig: das Leben hat ihn allmählich selbständig ausgehebelt – oft freilich unter nicht unerheblichen Schmerzen.)

*

Wer die filmische Aufzeichnung von Schuberts *Messe Nr. VI Es-dur* in einer Aufführung der *Wiener Hofkapelle* von 1976 zu hören und sehen die Gelegenheit hat, erschrickt.

Denn unverhofft sieht er da, was das Leben aus Menschen macht.

Diese Messe wird von zwei Chören gesungen: hier und diesmal von den *Wiener Sängerknaben* links und dem *Herrenchor der Hofmusikkapelle Wien* rechts.

Links die unberührt intakten und ernsthaft konzentrierten Gesichter meist etwa 11jähriger Unschuld und Integrität mit lauter erschrockenen oder leicht bekümmerten Augen ob all der lateinisch unbegreiflichen Gesangstexte,

rechts die profan verschlissenen, verrunzelten, enttäuschten Visagen 50- bis 60jähriger Gleichgültigkeit und abgewrackter Routine mit müden, erloschenen Augen.

Beide Gruppen bleiben am geistlichen Inhalt dessen, was sie da singen, gleichermaßen unbeteiligt, aber die linken aus Ahnungslosigkeit und gutgläubig hingenommener Überforderung, die rechten aus lustlosem Desinteresse. Den einen ist es völlig fremd und exotisch fern, den andern wurscht.

Gemeinsam verkörpern sie den Verlauf des menschlichen Lebens: die einen das Vorher, die andern das Nachher. *Avant* und *après*.

Wenn sie dann auch noch einen so abgebrühten Kapellmeister haben wie Karl Böhm, der hier 82jährig eher als indifferentes Metronom fungiert, all die Singenden keine Sekunde lang irgendwie zu motivieren versucht, sondern auch seinerseits unengagiert nur einen ungeliebt uninteressanten Dienst nach Vorschrift abzuwickeln scheint,

zeigt das Resultat erschreckend, was Leben aus Menschen macht.

(Daß Schubert sich auch gegen so viel Indolenz noch immer durchsetzt und immer noch klingt und klingt: das ist da ein Wunder der eigenen Art.

Aber er schrieb ja diese Messe auch 31jährig nur vier Monate vor seinem eigenen Tode: also weder ahnungslos noch verschlissen. Sondern wissend und weise.)

*

Wem Jahrzehnte lang zum Arbeiten und Erfinden leere Bühnenräume zur Verfügung gestanden haben, die in Opernhäusern bisweilen sogar riesig waren, der kann für die heutigen Mini-Formate von Handies, i-pads, Youtube, smarts und all den Wischgeräten nicht einmal ein Interesse mehr aufbringen. Schon Kinoleinwand und Fernsehschirme engen seine Fantasie nur ein.

Ich muß da an den genialen Schauspieler Horst Caspar denken, der selbst in seinen Ufa-Zeiten kaum je gefilmt hat, weil seine gigantischen und unberechenbar eruptiven Gesten jede Kamera überforderten.

Heute leben wir mit dem Terror aller dieser Verkleinerungsmaschinen und sollen sie bewundern.

Warum eigentlich: wofür?

*

Dieser Tage ist Agnes Giebel, langjährig namhafte Oratorien- und Liedersängerin von Rang, gestorben: 95jährig.

*

Zu gewissen Stunden weicht man sogar der Musik aus: weil sie einem dann zu aufdringlich ist, zu herrschsüchtig, auch zu indiskret. Wirklich duldet sie ja keinerlei Abstand. Dadurch kann sie dann lästig werden und mit ihrer vermeintlichen Rücksichtslosigkeit sogar behelligen. Leiser stellen hilft da nicht viel. Sie geht einem dann auf die Nerven oder stört leibhaftig – auch die allerschönste und geliebteste, wirklich.

*

Flüchten sich junge (und oft auch weniger junge) Bühnenregisseure heutzutage vielleicht nur deshalb gern in solche Äußerlichkeiten wie die falschen Kostüme einer historischen Zwangsverpflanzung, weil sie sich vor einem literarischen Text und/oder einer Partitur und der interpretatorischen Deutungshoheit oder Deutungsverpflichtung eines Inszenators leicht überfordert fühlen? Versuchen sie, mit solchem Blendwerk von eigenen Unzulänglichkeiten abzulenken?

Es sieht ganz danach aus.

Zu ihren Unzulänglichkeiten scheint dann abschließend auch zu gehören, daß sie selbst gar nicht zu realisieren vermögen, daß die Rache solcher vergewaltigten Vorlagen aus Konfusion und Langerweile im Zuschauerraum besteht.

*

Vor meinem Fenster kam dieser Tage von irgend woher ein Eichhörnchen angeflitzt, hielt am Straßenrande kurz inne,

vergewisserte sich mit einem hastigen Blick nach links, daß just kein Auto dort des Weges kam,

huschte dann über den Fahrdamm bis zum wuchernd bepflanzten Mittelstreifen, hielt dort kurz inne,

vergewisserte sich mit einem hastigen Blick nach rechts, daß auch dort kein Auto just des Weges kam,

huschte dann über diesen zweiten Fahrdamm bis zur angestrebten andern Straßenseite

und dort blitzschnell stammaufwärts zum vermutlich eigentlichen Reiseziel in einer Baumkrone:

unverkennbar hatte dieses Eichhörnchen also seinen Führerschein!

Zumindest kannte es die Straßenverkehrsordnung haargenau.

(Bewunderung hierfür – oder doch eher Entsetzen?)

(Warum nicht beides?)

*

Die Begegnung mit eigenen Talenten oder Fähigkeiten, deren Entdeckung also und ihre Erprobung

sind schon ihr eigentlicher Sinn und Wert.

Wie das?

Man hat sie primär als Valeur seines eigenen Lebens mitbekommen: als subjektive Bereicherung, individuellen Mehrwert oder "besonderes Merkmal",

als seinen beglückenden und unverwechselbar spezifischen, identifikatorisch ureigensten Lebensraum

unentwendbar, unverfremdbar, lebenslänglich "zur Hand".

Oder auch: *Vom zuverlässigen Wohlbehagen bei sich selbst.*

*

Meine Vormittage pflegen sich nahezu rituell in drei Teile zu gliedern: in erste Arbeitsphase am jeweils neuen Manuskript, in kurze Frühstückspause etwa ab 11 Uhr 15 und drittens eine zweite Arbeitsphase wieder am jeweils neuen Manuskript meist bis haargenau 13 Uhr 25. Hiernach pflegt gekocht zu werden.

Bei alledem registriere ich zwei unerklärliche Auffälligkeiten.

Die erste: die beiden zitierten Uhrzeiten lese ich niemals penibel an einer Uhr ab. Sie teilen sich mir täglich telepathisch, aber absolut unübersebar, unüberhörbar pünktlich mit – als Unruhe, Überdruß, Arbeitsunlust, Konzentrationsdefekte, Ermüdungssymptome, derlei. (Na und: ein durch Gewohnheit und zahllose Wiederholungen vermutlich automatisiertes Zeitgefühl, nichts weiter – *so what*!)

Die zweite: während jener erwähnten ersten Arbeitsphase werde ich so gut wie niemals angerufen. Kaum bin ich in der Küche und bereite oder verzehre mein karges Frühstück: schon geht das Telefon, gern auch mehrfach.

Aber während der zweiten Arbeitsphase am Schreibtisch oder auch am Computer gibt es wieder keinen einzigen Anruf, erst beim späteren Kochen wieder sofort und gern auch wieder mehrfach.

Alltäglich so.

Schon neige ich da dazu, auf okkulte energetische Signale oder Strömungen zu verfallen, die den Kontakt mit anderen Menschen begünstigen oder verhindern, je nachdem. (Oft gehen ja diesen oder auch anderen Anrufen lebhafte Gedankenübertragungen voraus, das kennen doch die meisten: na, also!

Aber vielleicht ja auch immer nur ein Zufall? O ja, ein Zufall: unser aller heißgeliebt probates Schlupfloch, dieser ewig opportune *Jolly Joker*).

*

Eine ähnliche Rätselhaftigkeit spielt sich fast allabendlich mit meinem Fernseher ab.

Die Überzahl heutiger Sender und deren aller finanzielle Miseren haben unweigerlich zur Folge, daß in all den zahllosen präsentierten Programmen inzwischen pausenlos Wiederholungen kürzlich oder früher präsentierter Filme stattfinden.

Da ist es leicht erklärlich, daß ich beim üblichen Zappen, meinen präferierten Schnelldurchgängen durch all die vielen Programme dieses immer uninteressanter werdenden Mediums, auf solche Repetitionen von bereits Bekanntem, von früher bereits Gesehenem stoße.

So weit, so plausibel.

Was ich mir hierbei aber nicht erklären kann: ich treffe bei solchem Wiedersehen von Vertrautem fast immer oder immer, jedenfalls überwiegend auf genau dieselbe Szene oder Bildfolge, die ich schon seinerzeit bei ähnlichem Zappen kurz betrachtet habe. Es könnte ja in einem wohlbekannten Film auch gut eine anderer Teil, eine andere Sequenz, ein anderes *take* sein – aber nein, es ist immer genau derselbe Ausschnitt, den ich schon kenne. Manchmal sogar dieselbe Textstelle, derselbe Dialog.

Das ist mir nicht mehrfach so passiert, auch nicht häufig oder meist, sondern seit vielen Jahren schon viele Hunderte von Malen. Ich wäre bereit, das zu beeiden. Es ist wie ein Fluch oder ganz spezifischer Segen.

Anfangs glaubte ich bei alledem noch an geheime Absichten eines okkulten

Supervisors, eines übergeordneten "Zufalls"-Generators oder transzendenten Chefdramaturgen, der mich auf diese Weise auf Bestimmtes hinweisen, mir bestimmte Informationen zuspielen wollte. Aber die Häufigkeit dieser Fälle läßt sich so beileibe nicht erklären. Es sind auch überwiegend ganz unbedeutende, eher gut verzichtbare Bilder, die ich da wieder und wieder zu sehen bekomme.

Warum bloß?

Außer mir scheint das niemandem so zu widerfahren: was also findet da bloß statt?

*

Zu alledem gehört dann als Steigerung oder gar recht eigentliche Krönung jene Unbegreiflichkeit, die ich am 25. Mai 2008 in *"Nach oben offen. Reflexe"*, Band 7, von den magischen "Zufällen" auf der Suche nach einem bestimmten Humboldt-Zitat ausführlich beschrieben haben: dort mehrteilig unter Nr. 228 nachlesbar!

Es lohnt sich.

*

Das alles gehört zusammen und ins Reich des für unsereinen Unergründlichen.

Vermutlich gibt es täglich in jedem Menschenleben noch sehr viel mehr davon – vielleicht sogar mehr als das viele scheinbar gut Erklärliche (das wir eventuell meist sogar irrig deuten und einfach vereinfachen) – *chi sa*?

*

© NASA, ESA and Allison Loll/Jeff:

"Jedes Ende ist im Weltall auch ein Neuanfang. Nach einer Supernova hat die in alle Richtungen zerstreute Materie den Krebs-Sternennebel gebildet." (Juni 2017)

*

© ESA/Herschel/PACS/SPIRE/HOBYS Key Programme consortium:

"Die gewaltige Energie, die eine Supernova freigibt, kann auch die Geburt neuer Sterne auslösen. [Foto] *Diese Aufnahme des Herschel-Teleskops zeigt*

die Entstehungsphase neuer Gestirne aus den Überresten einer Supernova."

*

Auszüge aus Bachs Kantate *"Ich habe genug"* von 1727 (zum Text eines unbekannten Autors):

"Ich habe genug!
Nun wünsch ich, noch heute mit Freuden
Von hinnen zu scheiden.

Ach! möchte mich von meines Leibes Ketten
Der Herr erretten;
Ach! wäre doch mein Abschied hier,
Mit Freuden sagt ich, Welt, zu dir:
Ich habe genug.

Schlummert ein, ihr matten Augen,
Fallet sanft und selig zu!
Welt, ich bleibe nicht mehr hier,
Hab ich doch kein Teil an dir,
Das der Seele könnte taugen.
Hier muss ich das Elend bauen,
Aber dort, dort werd ich schauen
Süßen Friede, stille Ruh.

Mein Gott! wann kömmt das schöne: Nun!
Da ich im Friede fahren werde
Und in dem Sande kühler Erde
Und dort bei dir im Schoße ruhn?
Der Abschied ist gemacht,
Welt, gute Nacht!

Ich freue mich auf meinen Tod,
Ach, hätt er sich schon eingefunden.
Da entkomm ich aller Not,
Die mich noch auf der Welt gebunden."

*

Im Botanischen Garten München-Nymphenburg hat ein Titanwurz aus Sumatra im Alter von circa 18 Jahren seine erste Blüte entwickelt. Mit ihrem Durchmesser von fast einem halben Meter ist sie die größte Blüte der Welt. Während ihrer zweitägigen Lebensdauer wechselt sie nach ihrer ersten Nacht, die sie als weiblicher Trichter verbringt, das Geschlecht und hat in der zweiten und letzten Nacht ihres Lebens männliche Staubblätter. Insofern gilt sie als regulärer Zwitter.

In beiden Nächten verströmt sie einen leicht süßlichen Aasgeruch von verwesendem Fleisch, der Insekten zur Bestäubung und angesichts der braun-violetten Färbung dieser Blüte auch zur Ablage ihrer Eier oder Larven verlocken soll.

Summa summarum sei diese Pflanze sonderlich empfindlich: *"ein sensibler Riese"*.

(Vergleiche jene Seerosen auf dem Amazonas – hier Seite 33f.)

*

Schon im Herbst 1914, gleich nach Ausbruch des *Ersten Weltkriegs*, publizierten der pazifistische Mediziner Georg Friedrich Nicolai (bis 1897 Georg Lewinstein) und Albert Einstein einen *"Aufruf an die Europäer"* und schlugen ihnen einen *"Europäer-Bund"* vor, der die Wissenschaftler aller verfeindeten Nationen in friedlicher Zusammenarbeit vereinen sollte.

Das besagt: schon sofort zu Beginn der globalen Jahrhundertkrise entstand in einigen klugen Köpfen die Europa-Idee als einziger Ausweg aus der Misere des mißglückten 19. Jahrhunderts mit seinen argen Nationalismen.

Wir basteln noch heute daran herum, aber angefangen hat das tatsächlich sofort 1914: zeitgleich mit Ausbruch der Katastrophe.

Jener Appell Albert Einsteins und Georg Lewinsteins wurde damals, im Herbst 1914, von nur vier Gesinnungsgenossen unterschrieben.

Sie sollten als Pioniere oder Eisbrecher heute in Brüssel ein *Walk* oder *Hall of Fame* erhalten.

*

Was hier zum Beispiel noch Ende der neunziger Jahre, vielleicht sogar noch zu Beginn dieses neuen Jahrtausends eine florierende Klappe war, ist inzwischen ein sobezeichnetes *"Bürgerhäuschen"* mit regulierten Öffnungszeiten und Dienststunden – weiß Gott, zu welchem Behufe!

Es ist der Weg aus einer freisinnig ambitionierten Gesellschaft mit tolerierten anarchischen Freiräumen zurück ins Biedermeier. Aus der Libertinage in reglementiertes Spießertum.

Dies nur als Beispiel für einen soziologisch und psychologisch unaufhaltsam regressiven Tsunami kleingeistiger Verbürgerlichung als aktuellem Zeitgeist.

Andere Klappen sind hier zu "Kaffeestübchen" mutiert.

*

Spinnen zum Beispiel scheinen unsereinen trotz ihrer vielgerühmten Intelligenz gar nicht wahrnehmen zu können: weder flüchten sie, noch verstecken sie sich bei unserem Nahen. Wir sind vermutlich viel zu groß für sie: bewegen uns in einer Dimension, die ihre Kapazitäten bei Weitem übersteigt.

Dasselbe trifft auf die meisten (oder alle?) Insekten zu.

Frage: wen gibt es, den unsereins nicht wahrnimmt, weil es viel zu groß für uns ist?

Seit einiger Zeit glauben wir zu kennen, wer für unsere Wahrnehmung *naturaliter* viel zu klein ist: Bakterien, Bazillen, Mikroben, Viren, derlei. Schon Milben sind für unsere schwachen Augen unsichtbar.

Wer ist dann, fragt sich hartnäckig, viel zu groß für uns?

Nach Adam Riese müßte es sowas geben – vielleicht sogar in rauhen Mengen?

Nein, nicht Wale und Elefanten: die sehen wir ja mühelos. Sehr viel größere.

Sowas wie Engel und Teufel? Oder was unsere Hilflosigkeit sich sonst noch gern als unsichtbare "Geister" ermöglicht?

Nimmt jedes Lebewesen nur den zur Kenntnis, den es dringend benötigt oder vor dem es sich ängstigen muß?

Vermutlich: *such is* halt *universe*.

Aber *stop*: laut *wikipedia* kannten wir Menschen jedenfalls 2006 wahrhaftig ganze 95 bis 99 Prozent aller existierenden Winzlinge überhaupt noch gar nicht: viel zu klein für unsere Antennen. Aber sie nützen oder schaden uns ja bekanntlich gleichwohl meist ganz lebensentscheidend.

Folglich tun das jene imaginären Riesen wahrscheinlich unbemerkt gleichfalls: zum Beispiel als "Schutzgeister" oder "-engel" und "Pferdefüße", gute oder böse Dämonen, "weiße und schwarze Magie" und "Haken an der Sache": ebenso dienlich oder schädlich wie jene Mikroorganismen? Möglicherweise ja ebenfalls zu 95 bis 99 Prozent?

Fazit: für potentielle Wahrnehmung muß es noch ganz andere Kriterien geben als unsern Nutzen:

aber welche?

*

I

Wenn zum Beispiel in Amsterdam Denis Leonidowitsch Mazujew aus Irkutsk
die *"Drei Sätze aus Petruschka"* von Strawinskij spielt

oder in Paris Lang Lang aus Schenjang das Dritte Klavierkonzert von Prokofjew und in New York die *«Réminiscences de 'Don Juan' de Mozart»*
von Franz Liszt

oder in Lyon Daniil Oljegowitsch Trifonow aus Nishnij Nowgorod
die *«Études d'exécution transcendente»* desselben Komponisten,

dann kann das in keinem dieser Fälle mit rechten Dingen zugehn.
Da muß Magie oder Hexerei im Spiele sein.

Denn kein menschliches Gehirn kann in solcher Geschwindigkeit
so komplizierte, komplexe und technisch unvorstellbar schwierige Tonfolgen
erinnern und denken, auswendig und zehnfach in Tastendruck umsetzen
und dann auch noch beizeiten
mit ständig sekundenschnell wechselndem Ausdruck versehen.
Schon das passive Wahrnehmen von Details
geht da eindeutig über Menschenkraft, und jeder dieser Pianisten
hat da Millionen solcher Details kreativ zu bewältigen.

Wie bewerkstelligen diese jungen Virtuosen das bloß?
Was geht dabei in ihren exotischen Gehirnen vor?
Irgendwas Orientalisches? Nein, auch viele Europäer und Amerikaner
können sowas.

Man müßte einen kompetenten Neurologen befragen,
inwiefern sowas physiologisch möglich werden kann.

Vermutlich liegt der Schlüssel in der unvorstellbar fleißigen Vorarbeit,
die dann im Ernstfall fertig Vorgestanztes lediglich abruft
und von einem rätselhaften Automatismus makellos wiederholen läßt.

Aber diese Wiederholung darf ja keine Sekunde lang
zum puren Mechanismus entarten: sie muß pausenlos
nach spontaner Erfindung des Augenblicks klingen.

Wird es durch diese Erklärung, die annähernd stimmen könnte,
weniger magisch? Nein, eher noch viel mehr. Denn wo
kommt dieser Automatismus her: wie funktioniert der
so anscheinend unkontrolliert und insgeheim unmerklich schon roboterhaft?

Was geht da vor, wie kommt das zustande?

II

Denn daß menschliche Gehirne schon vor Jahrmillionen
so programmiert wurden, daß derlei eines Tages möglich wird,
wäre das noch größere Mirakel. Wußte *Mutter Natur* da schon was
von Franz Liszt und Strawinskij? Oder auch nur von *Steinway & Sons*?

Das wäre nur denkbar, falls es da für sie noch keinerlei Zeit gab
und sie auch alles scheinbar Spätere schon gleichzeitig überblickte.

Oder wen ließ sie irgendwann solche Spezialisten- und Virtuosengehirne
ersinnen und ermöglichen: wen? Und warum?

Nein, für unsereinen wird es immer unbegreiflicher.

Bewundernde Kniefälle
helfen da in Amsterdam, New York und Lyon oder sonstwo
viel pragmatischer, poetischer und liebenswürdiger aus solchem Dilemma
als jeder noch so kundige Neurologe.

*

Ist ein *container*, dieses *sine qua non* aller neuzeitlichen Handelsschifffahrt, in Wahrheit nichts Anderes als ein moderner Seesack?

Oder: ist ein Seesack, unverzichtbares Utensil jedes See- oder Fahrensmannes für all seinen Kram, die Vor- und Urform jenes *containers*, der heutzutage Waren aller Art im Gewicht bis zu 30 000 Kilo in sich vereinigt?

Oder war der Archetyp für sie beide zunächst einmal eine Truhe oder Kiste?

Oder recht eigentlich die Handtasche jeder Dame? Deren Pompadour oder Ridicule?

Grundbedürfnis der Menschheit, alles zusammen in ein Behältnis zu stopfen, möglichst wahllos und unsystematisch: als Sammelsurium.

Oder ist die Uridee all dessen das menschliche Gehirn?

Sind *container* heute solche Speicher wie weiland unser Gedächtnis?

Etymologisch möglich: *continere* hieß im antiken Rom *zusammenhalten, enthalten, bewahren*, auch *nicht auseinander lassen, festhalten, eingeschlossen halten* und sogar *das Wesen einer Sache ausmachen* – was sehr Zentrales, Essentielles also, dem ewigen Wunsche nach Aufbewahrung und Schutz vor Verlusten entspringend, sicher einem Urbedürfnis.

*

Artur Rubinstein, polnischer Pianist von Weltrang, wird weltweit R**ú**binstein genannt: mit der Betonung auf der ersten Silbe. Auch schon die russischen Pianisten und Brüder Anton und Nikolaj Rubinstein ein halbes Jahrhundert zuvor werden immer Rúbinstein genannt: mit der Betonung auf der ersten Silbe.

Mit Bewußtsein hörte ich Artur Rúbinstein erstmals von einer Schallplatte seine Domäne Chopin spielen, als ich siebzehn Jahre alt war und mich im Sommer 1951 in Worpswede aufhielt (siehe *Reflexe 1*, Nummern 1 bis 13). Ich erinnere mich vage einer dortigen Einladung beim Schriftsteller Gustav Schenk, der das Palaver jener Geselligkeit mit Klaviermusik von Chopin und diesem Rúbinstein unterlegen zu müssen für angemessen und schick hielt.

Ich weiß noch genau, daß meiner Ahnungslosigkeit in Dingen des Lebens ebenso wie der Musik gleichwohl auffiel, eine wie unüberhörbare Klanqualität jeder einzelne Chopin-Ton dieses Pianisten hatte: er wurde nicht nur angeschlagen, sondern gleichsam über sich selbst hinaus erhöht – wie in eine Potenzierung seiner selbst hinein.

Ich vergaß das nie, aber hielt es in all den folgenden Jahrzehnten meiner überheblichen Chopin-Abstinenz für den spätpubertären Kitsch eines musikalisch völlig unerfahrener Unterprimaners.

Erst jetzt, runde 65 Jahre später, begann ich, mich dem Chopinspiel solcher Pianisten der Weltklasse (etwa Lang Langs, des kritischen Piotr Anderszewski oder Daniil Trifonows) nach und nach zu öffnen, und mußte da zu meiner eigenen großen Überraschung feststellen, daß mein damaliger Eindruck von diesem Rúbinstein sich auch jetzt noch bestätigte: er spielte seinen Chopin mit einer unüberhörbaren Klangqualität, die jeden einzelnen Ton dieses Komponisten nicht nur anschlug, sondern zugleich auch noch über sich selbst hinaus erhöhte – wie in eine Potenzierung seiner selbst hinein.

Erstaunt registrierte ich jetzt mein damaliges Gehör.

Zugleich wurde mir nunmehr bewußt, daß sich die ganze russisch-polnische Sippschaft Rubinstein ursprünglich (und vielleicht ja durchaus auch jetzt noch) ganz gewiß nicht Rúbinstein nannte, sondern natürlich Rub**í**nstein: mit dem Akzent nicht germanisch auf der ersten, sondern mit einer Aufwertungsabsicht dieser jüdischen Familie auf der zweiten Silbe nach jenem roten Edelstein aus Myanmar und Indien: ein preziöser Rub**í**nstein eben.

Potenzierte Qualität nicht nur von Klaviertönen, sondern auch gleich im Pianistennamen: Rub**í**ne!

Artur Rub**í**nstein also von nun an: als Potenzierung seiner selbst!

*

Eine ähnlich verblüffende musikalische Remininszenz verbindet mich mit Verdis *"Otello"* und dem Tenor Peter Anders in der Titelpartie.

Ich hörte ihn damit im Juli 1950 bei den *Ruhrfestspielen* in Recklinghausen und einem dortigen Gastspiel der *Hamburgischen Staatsoper*: nur durch einen magischen Glücksfall erhielt ich da in der aussichtslosen Warteschlange vor der Saalbaukasse noch kurz vor Beginn dieser längst ausverkauften Vorstellung von einer wildfremden Dame zufällig einen auch noch stark verbilligten Gewerkschafts-Platz in der dritten Reihe überlassen, erlebte dort 15jährig meinen ersten Opernabend und war angemessen überwältigt: besonders von diesem Peter Anders und dessen schauspielerischer, auch körperlicher Intensität in einer Inszenierung von keinem Geringeren immerhin als Günther Rennert.

Ganze 67 Jahre später hörte ich in meiner Hamburger Küche ein CD mit diversen Opernausschnitten. Nicht zuletzt sangen da Peter Anders und Sena Jurinac das große Duett aus *"Otello"*.

Ziemlich schlagartig wurde da jene sehr starke und ganz unverkennbare Stimmung aus Recklinghausen, die ich natürlich inzwischen längst vergessen hatte, schon nach wenigen Takten wieder in mir lebendig und verriet mir endlich, wie sehr sie damals wie heute vom sehr persönlichen und unverwechselbaren Timbre dieses längst vergessenenen Ausnahme-Tenors erzeugt und getragen worden war. Jener Sommerabend von 1950 war jetzt im Spätsommer 2017 nahezu so lebendig wie damals.

(Nur bedingt war Maestro Verdi an diesem sehr bewegenden Wiederhören beteiligt. Denn inzwischen habe ich auf Bühnen und Bildschirmen ebenso wie von Schallplatten aller Art diese Oper und ihr zentrales Duett unzählbare Male gehört, ohne daß diese Stimmung aus Recklinghausen mich überkam. Es muß doch sehr an Peter Anders gelegen haben.

Freilich war er bei dieser Aufnahme von 1953 unter Otto Ackermann nur drei Jahre von meinem Recklinghäuser Abend entfernt und noch weitgehend derselbe Mensch wie kurz zuvor, sang also auch das Duett aus *“Otello”* vermutlich ähnlich wie damals und beschwor dieselbe unvergessene Stimmung wie weiland im Recklinghäuser Saalbau. Was sind da schon drei Jahre?)

*

Meine notorische Neigung, das allabendliche Schlafengehen immer weiter hinauszuschieben, habe ich mir selbst bisher gern mit einer Übermüdung erklärt, die die Kraft zum Ab- und Aufbruch nicht mehr aufzubringen vermag.

Seit Kurzem verstehe ich aber das gebotene Beendigen eines Tages auch als ein eher ziemlich erbärmliches Aufgeben jedweder Aktivität. Es ist, als ließe ich, aufbrechend, den gelebten Tag im Stich, als verriete ich ihn. Mein Unterbewußtsein empfindet jedes Schlafengehen recht eigentlich als eine Kapitulation.

Hiergegen verwahrt es sich hartnäckig.

Es will nicht aufhören, nachgeben, kneifen, zurückstecken, resignieren.

Was will es stattdessen?

Weitermachen. Irgendwie, aber eigentlich endlos.

Wehrt sich da schon irgendwas gegen Aufhören oder Sterben?

Ahnt es was von bevorzugter Unaufhörlichkeit, von Unsterblichkeit?

Jeden Abend nämlich dasselbe: ich will nicht schlafengehen.

*

Damit mag tief im Innersten zusammenhängen, daß ich immer deutlicher keinerlei Uhr mehr benötige. Mechanische Zeiteinteilung erübrigt sich, weil in meinem Alltag eine unerbittlich gebieterische Ritualisiserung das Regiment übernommen hat. Sie beendet ja meinen Vormittag täglich um genau 13 Uhr 25: ohne Rücksicht auf Verlauf und Beschäftigung zuvor. Das Ende jedes Vormittags signalisiert sie um 13 Uhr 25.

Vergleichbar ist das Tagesende. Das signalisiert sie untrüglich allabendlich um 23 Uhr 30. (Daß ich dann hinauszuschieben beginnen, ist dann erst die Folge ab 23 Uhr 30.)

Vormittage enden zuverlässig ab 13 Uhr 25 und Abende ab 23 Uhr 30.

Und die Nächte?

Da gibt es noch Varianten, aber nicht sehr viele. Die häufigste ist 8 Uhr 30: sehr, sehr oft genau und pünktlich 8 Uhr 30. Aber am zweitbeliebtesten ist (vermutlich infolge abendlich reduzierter Verzögerung) genau und pünktlich 7 Uhr 50. Eigentlich immer entweder um 7 Uhr 50 oder erst um 8 Uhr 30 wache ich auf.

Ich könnte potentielle Uhren nach alledem stellen.

*

Die Unerklärlichkeit des Amazonas-Beckens in seiner immensen Größe und Fruchtbarkeit basiert auf einem spätestens seit viertausend Jahren endgültig ausgetrockneten See am Südrand der heutigen Sahara: dem Bodéle im Tschad.

Unglaublich. Wie das?

Alljährlich wird an etwa hundert Tagen in stratosphärischen Höhen ein beträchtliches Kontingent Wüstensand oder -staub durch zuverlässige Winde oder Luftströmungen aus Nordafrika nach Südamerika geweht, regnet sich da erst ab und fördert das dortige Wachstum der Flora in seinem einzigartigen Umfang und Übermaß.

Denn dieser Regen enthält auch immer Sedimente mariner Kieselalgen und Mineralien aus den Schwemmböden jener Bodéle-Senke und deren vorzeitlicher, deren längst-längst abgestorbener Fauna und Flora.

So also düngt seit Jahrtausenden die Sahara den Amazonas.

Was sind da noch Zeit und Raum? Schimären. Und *Tod, wo ist dein Stachel*?

*

Ausklang sein …

Wessen?

*

Aus dem riesigen Cembalo-Solo im Ersten Satz des *Fünften Brandenburgischen Konzerts* von Johann Sebastian Bach soll sich ja die ganze Kultur der Klavierkonzerte entwickelt haben. Gut denkbar.

Aber wie Karl Richter es 1970 im *Neuen Schloß Schleißheim* spielte, könnte es auch als latente und nur knapp verpaßte Geburtsstunde des Jazz empfunden oder verstanden werden. Jeden Augenblick glaubt man, gleich Jazz-Improvisationen aus dem Ruder laufen und Saxophone einsetzen zu hören. (Schagzeug erübrigte sich da noch, weil das Cembalo bis dahin ja selbst nur ein solches Rhythmusinstrument gewesen war und das auch noch deutlich hören läßt.).

Daß dann doch alles anders kam, liegt aber weniger an musikalischen Ursachen als an einem übergeordneten Weltbild, das das weder 1717 in Köthen noch auch 1970 in Schleißheim zugelassen hätte.

Aber eine Art Wasserscheide oder Weggabelung könnte dieses Solo schon gewesen sein.

Jedenfalls so, wie Karl Richter es vor fast fünfzig Jahren spielte: immer wieder aufregend. (Denn andere Cembalisten spielen es gar nicht so.)

*

Aber 34 Jahre später gab sich das keineswegs als Marotte Karl Richters zu erkennen.

Denn auch Piotr Anderszewski aus Warschau spielte 2004 in *La Roque d' Anthéron* das Præludium der Sechsten *Englischen Suite* von Bach so, als schere es jeden Augenblick in eine jazzende Improviosation aus: ohne das aber zu wollen. Bach selbst muß unbewußt schon an dieser Weiche gestanden und sich erst in letzter Sekunde anders entschieden haben. Ein Mirakel.

*

Ihre Gilda sang Erna Berger zumindest 1944 in Robert Hegers Aufnahme des *"Rigoletto"* mit zwei verschiedenen Stimmen:

vor der Begegnung mit dem Herzog als junges Mädchen (oder "Jungfrau")

und nach ihrer ersten Begegnung gleich als junge Frau.

Das ist gut unterscheidbar und hörbar. Ob das ihre Stimmtechnik so bewerkstelligt hat oder ihre Psyche, bleibt unerfindlich. Auch ob ihr selbst das so überhaupt bewußt war.

Oder hat Meister Verdi das beim Komponieren so schon vorgegeben? Oder zumindest ermöglicht (denn nicht alle Gilden können oder tun das so)?

Jedenfalls ein Grund mehr, Erna Berger und ihre Gilda zu bewundern.

*

Aber wer sich auf die Mozart-Opern einläßt, kommt nie an ein Ende.

Am unergründlichsten scheint sich uns nach der *"Zauberflöte"*
immer wieder der *"Don Giovanni"* zu gerieren.
Denn wo der Buffo Schikaneder mit seinem poppigen Libretto schmierte,
könnte der jüdischstämmige und so viel kultiviertere Pater
Da Ponte aus dem Veneto so mancherlei listig verschleiert
und hineingeheimnist haben.

Ein Problem für Regisseure
wie eigentlich auch für Zuschauer, die sich nicht selbst belügen wollen,

ist die Figur des Leporello und dessen Verhältnis zum Titelhelden Giovanni:

wieso nämlich können diese beiden da von den andern Figuren ihres Umfelds
wiederholt verwechselt werden: ein Herr und sein Diener?

Wieso gelingt es ihnen zu Anfang des Zweiten Aktes,
mit einer ziemlich bauernfängerischen Maskerade die bestens eingeweihte
Donna Elvira über ihre ziemlich plump ausgetauschten Identitäten erotisch,
wenn nicht gar sexuell zu täuschen (II, 1 + 2 + 7): *"Fanno*

cambio del mantello e del cappello (= sie tauschen Mantel und Hut”)?

Wieso wird Don Giovanni anschließend (II, 4 + 5)
von Masetto für Leporello,

dieser gleich danach von allen fünf wohlinformierten Protagonisten einhellig
für Don Giovanni gehalten

und nur dehalb nicht verprügelt, weil er sich schließlich zu erkennen gibt?
Sonst hätten sie ihren Irrtum schwerlich selbst bemerkt:
so ähnlich also müssen Herr und Diener sich da bisweilen sein.

Aber nur gelegentlich oder immer? (Denn einzig Hut und Mantel,
seien sie noch so ununterscheidbar schwarz wie theaterüblich, dürften da,
selbst bei nächtlichem Schummerlicht, nicht so heikle Verkennungen
im Gefolge haben.)

Dieses ewige Problem des “*Don Giovanni*”
löste sich für den glückhaften Peter Sellars in Purchase, N.Y., weiland 1987,
als es haargenau zweihundert Jahre alt war,
indem er auf die Zwillingsbrüder Eugene und Herbert Perry stieß,
die vermutlich eineiig und sogar mit ihren beiden Baritonstimmen
einander so ähnlich waren, daß er sie zum besseren Publikumsverständnis
durch eine silberweiße Haarsträhne voneinander unterscheiden lassen mußte.
Sonst hätte (in der dortigen Kostümierung) niemand je gewußt, wer wer war.

Aber nur so waren die diversen Verwechslungen dieser beiden Figuren
im Verlaufe der Opernhandlung nachvollziehbar. So weit, so gut.
Man möchte seither diese Oper nie wieder
ohne ein solches Zwillingspaar sehen.

Aber damit erhob sich sofort die Frage, in welchen Situationen denn
vorher (oder nachher) die beiden sonst noch so problemlos
verwechselt worden sein mögen? Sie scheinen da mit ihrer Austauschbarkeit
bewußt zu operieren, zu taktieren, zu manövrieren.

Zu spielen?

Warum? Warum tun sie das?
Normalerweise sind Menschen eher um die Wahrung ihrer Identität bemüht
und weniger um deren Verschleierung. Was also liegt hier vor?

Gleich im szenischen Auftakt der Oper stellt sich Leporello dem Publikum als Don Giovannis Diener *“bei Tag und Nacht”* vor – auch bei Nacht also: *“Notte e giorno faticar”*. Unverzüglich erläutert er:

“O che caro galantuomo!
Voi star dentro colla bella,
ed io far la sentinella!”

Wohl die zuletzt meistgespielte deutsche Fassung von Georg Schünemannn (1884-1945), einem ausgewiesenen Mozart-Experten, übersetzte das vermutlich nicht zufällig frei, aber sicherlich richtig so:

“So ein großer Herr kann lachen!
Tändelt er mit einer Schönen,
Dann muß ich als Schildwach stöhnen”.

Stöhnen? Stöhnen. (Schünemann wußte wohl, was er da übertrug.)

Schon 1941 fuhr er fort:

“Ich will selbst den Herren machen,
Mag nicht länger Diener sein ... “,

weil Da Ponte ihm vorgegeben hatte:

“Voglio far il gentiluomo,
e non voglio più servir”.

Diesen Anspruch auf die Identität seines Dienstherrn wiederholt Leporello dann gleich in den ersten Takten dieser Oper, in welcher Sprache auch immer, hartnäckig und mehrfach – um es unübersehbar festzuschreiben:

“Ich will selbst den Herren machen,
Mag nicht länger Diener sein,

no, no, no, no, no, no
non voglio piu servir!”

Der kluge Regisseur Pier Luigi Pizzi, dem in Macerata 2009 keine singenden Zwillinge zur Verfügung standen, ließ seinen Leporello Andrea Concetti daher schon während der Ouvertüre dieselbe Kleidung anlegen, mit der er unmittelbar zuvor seinen Don Giovanni Ildebrando D'Arcangelo für die Eskapade bei Donna Anna kostümiert hatte: Umhang und Hut in gleich markanter Form und roter Farbe – schon sah er aus wie der! Die Verwechslungen konnten beginnen. Wer also ging gleich zu Donna Anna? Auf jeden Fall ein undefinierbar Vermummter.

Aber fand dieselbe Täuschung vielleicht auch bei manchem andern Schäferstündchen dieses vermeintlich legendären Erotomanen statt? War der Liebhaber da wirklich immer derselbe? Oder wechselten sie sich auch hierbei bisweilen ab? Je nachdem? Wer umarmte da jeweils? Immer ein undefinierbar Maskierter?

Zumindest Donna Elvira hatte kein allzu großes Problem, diese beiden Galane zu verwechseln, abzuwechseln, auszuwechseln, was auch immer (II, 1, 2, 7) . Ihr Verhältnis zu Diener Leporello ist nicht ganz harmlos. Unschuldig wohl erst recht nicht, hatte schon Peter Sellars 1987 im transatlantischen Purchase ahnen lassen.

Pizzi ließ sie daher in Macerata folgerichtig während Leporellos Registerarie auf offener Bühne zur *“mille e quattro”* dieses Männerpaares werden: ach nein, das war ja schon ein Dacapo für sie als Tausendzweite oder -dritte! Nur umso genüßlicher also und wissentlicher kopulierte sie da als *“madamina”* mit dem singenden Diener bei dessen *“mille e tre”*.

Das hat eingeleuchtet. War da doch jeder dieser beiden Männer längst zum *alter ego* des Andern geworden. Dieser Begriff eines *alter ego*, wußten *Dr. mult. wikipedias* Psychologen noch Ende Juli 2017, *“kann ein intensives Verhältnis zwischen zwei Personen bezeichnen, wenn eine Person für die andere eine besonders starke Identifikationsfigur und gewissermaßen zu einem Teil der eigenen Identität geworden ist”*.

Das ist hier zweifellos der Fall. Folgerichtig hat Pizzi in Macerata auch eine Intimität dieser beiden Mannskerle aufgedeckt und sie beiläufig spielerisch, aber sehr bewußt sogar durchaus körperliche Kontakte miteinander pflegen lassen. Ihre Beziehung zueinander wird zwar nie direkt sexuell, aber ist oft und gern sehr erotisch. Nicht genauer erklärlich leben sie als eine Art Paar miteinander.

Vollends bei Don Giovannis Versuch, die Zerlina zu verführen, wird das ebenso deutlich wie verdächtig.

Es findet endlich gegen Ende des *Ersten Aktes* statt.
Im allgemeinen Gewusel und Getanze des offiziellen Hochzeitsfestes
für das Brautpaar Zerlina und Masetto beauftragt Giovanni seinen Leporello,
den Bräutigam Masetto abzulenken, tanzen zu lassen oder wegzulocken (*"A bada tien Masetto = Masetto schaff beiseite"*),
damit er selbst endlich ungestört mit dessen Braut, als willig getestet (ihr
eigenes *"Andiam! Andiam!"*), das fällige Techtelmechtel haben kann.

In fast allen Inszenierungen gelingt es da,
Giovanni mit Zerlina irgendwie verschwinden zu lassen,
ohne daß es jemandem auf der Bühne oder im Publikum sonderlich auffällt
(*"Partono Don Giovanni e Zerlina")*. Auch Leporello und Masetto
werden da zwischen all den Tanzenden jeweils unsichtbar.

Aber plötzlich stößt da Zerlina irgendwo hinter der Szene
einen schrillen Schrei aus, der alle alarmiert und informiert:
"Gente, aiuto, aiuto! Gente! = Ach, zu Hilfe, habt Erbarmen!".

Aber warum schreit sie da so, mit Verlaub?
Hatte sie doch selbst in mehreren Flirts oder *"Löffeleien"* zuvor
unverkennbar nach Sex mit Giovanni gegiert (*"Andiam! Andiam!"*) !
Und war sie doch erst vor wenigen Minuten eigens deshalb
mit Giovanni von ihrem Brautfest weg in ein Hinterzimmer verschwunden!
Dort schrie sie dann bestimmt nicht um Hilfe.
Aber warum sonst stößt sie da jetzt plötzlich einen schrillen Schrei aus,
der ganz gewiß kein Lustschrei sein kann? Schreit sie da nur
aus weiblichem Wankelmut, als es plötzlich ernst wird? Doch wohl kaum.

Dieser Schrei beendet dann sofort und verwirrend überstürzt
das ganze so ausführlich und umständlich angebahnte Liebesspiel.
Unverzüglich kehren Zerlina und Giovanni ins festliche Getümmel zurück.
Dabei treibt Giovanni seinen Leporello vor sich her
und beschuldigt diesen Sündenbock, die junge Braut
unsittlich belästigt zu haben. Vermutlich nur *pro forma*.

Oder stimmt das vielleicht sogar?

Aber wieso war Leporello überhaupt im selben Raum
wie Giovanni und Zerlina? Statt mit Masetto irgendwo abseitig zu tanzen?
Wie war er da plötzlich bis zum Liebeslager seines Brotherrn vorgedrungen?
Und weshalb? Aus purer Neugier

oder sonstigem eigenen Antrieb doch wohl schwerlich.
Dann wäre er da gleich achtkantig rausgeflogen. Aber nicht sein Herr
wurde unwirsch und ungnädig laut,
sondern einzig dessen überrumpelte Gespielin schrie wie am Spieß.

Nein, das muß zwischen diesen beiden Männern so vereinbart worden sein.
Oder sogar so eingespielt. Bloß: warum – zu welchem Behufe,
mit welchem Ziel?

Meist hat es auch niemand im Theater beobachten können,
wie der vermeintlich mit Masetto tanzende Leporello
da irgendwann und heimlich jenem illegalen Pärchen gefolgt ist.
Jählings taucht er dann von dort auf, wieso bloß?

Einzig bei der Aufzeichnung des Berliner *"Don Giovanni"* 1961
in der *Städtischen* (und frisch umgetauften *Deutschen*) *Oper*
der Charlottenburger Bismarckstraße waren Kameramann Hugo Jehle
und Komplizen am Schneidetisch gewitzt oder aufmerksam genug,
präzise zu verfolgen und jedenfalls uns an unserm Bildschirm zu offenbaren,
wie Leporello da in der Inszenierung von Carl Ebert (meiner
damaligen Opern-Ikone) schleunigst und indiskret jenem Liebespärchen
ins intime Abseits folgt: dramaturgisch richtig und hilfreich, aber
trotzdem eigentlich eher spielverderberisch.
Denn Zerlinas unverhoffter Aufschrei kam dann nicht mehr
ganz so überraschend wie immer sonst.

Was also muß da geschehen sein,
fragt sich eigentlich jeder aufmerksame Zuschauer.
Giovannis erste Körperberührung kann
die unverkennbar sehr gern mitgegangene Zerlina
nicht zu einem solchen Aufschrei veranlassen. Irgendeine Entblößung
diese bekennende Hedonistin ja wohl auch nur schwerlich. Was also sonst?
War es das unverhoffte Auftauchen eines plötzlichen Dritten?
Eines einbestellten *voyeurs*? Oder die Einleitung eines Spiels zu dritt?
Oder ein Rollentausch des männlichen Akteurs bei alledem:
trat Don Giovanni jählings seinen Part des Galans einem Domestiken ab
und wollte den mit Zerlina nur dabei beobachten?

Lauter solche Verdächtigungen flitzen einem aufmerksamen Zuschauer
nach Zerlinas Hilferuf unvermeidbar durch den Kopf.

Sie mögen sich ja alle irren, aber irgend sowas muß es gewesen sein.

Aber wenn Leporello nicht nur bei Elvira,
sondern nun auch bei dieser Zerlina mit von der Lustpartie ist:
dann vermutlich auch öfter. Oder immer?
Was aber hat es dann mit Don Giovannis legendärer Liebeskunst auf sich?
Ist sie ganz anders geartet? Oder gar nicht vorhanden?

Hilfe, Meister Da Ponte und Meister Mozart: Hilfe!

Aber diese beiden Mitwisser schweigen verführerisch und überlassen uns
einem fieberhaften Rätseln: Koryphäen ihres dramaturgischen Handwerks,
souveräne Fallensteller.

*

Aber noch was Anderes läßt diesen andalusischen Feudalherrn
mit seinem Diener zu einer bizarren oder magischen Einheit
zusammenschmelzen. Das ist der Tod:
das eigentlich unteilbarste Privatissimum jedes Menschen.

Nur diese beiden, das Paar Don Giovanni und Leporello, sind Augenzeugen
beim Sterben des Komturs: beide auch noch passiv und schuldhaft,
ohne ihm beizustehen oder irgendwie zu helfen.
Schon das verbindet sie zutiefst. Folgerichtig gehen sie später gemeinsam
zum Friedhof und besuchen dort miteinander das Grab des Komturs. Warum?
Sprechen gar beide dort mit dem Standbild dieses Verblichenen.

Auch dieser Tod hat sie zum Paar verschweißt.

Auch als dieser Tote als eingeladener *Steinerner Gast* dann
beim tafelnden Don Giovanni erscheint, um ihn ins Totenreich abzuholen,
sehen ihn nur diese beiden Kumpane: wie Hehler, wie Komplizen,
eine Opfer- oder Schicksalsgemeinschaft.

Zwar scheint dem Leporello die vermeintliche Höllenfahrt
seines mitverschworenen Lehnsherrn noch erspart zu bleiben,
aber als die übrige Gesellschaft den suchen kommt,
weiß dieser eingeweihte Spießgeselle:

“ *Più non sperate*
di ritrovarlo,
Più non cercate.

Lontanto andò =

= Ihr hofft vergebens,
ihn noch zu finden.
Laßt alles Suchen,
Er ist schon weit".

Leporello weiß da Bescheid, daß Giovanni nicht etwa *weg* ist,
sondern *"schon weit",*
und geht, sich *"einen bessern Herrn zu suchen = a trovar padron miglior"*:
wer das da wohl noch sein mag?!

*

Wie bei der jetzigen Sequenz gnadenloser Hurricans im mittelamerikanischen Raum alles zerstört wird, was sich solcher Windstärke irgendwie entgegenzustellen versucht – mit einer einzigen Ausnahme. Das sind die zahllosen Palmen jener Gegend. Zwar werden auch sie von diesen Stürmen unbarmherzig gepeitscht und gebeutelt, aber sie halten ihnen stand. Keine einzige wird da so entwurzelt wie andere Bäume, kein einziger Palmenstamm bricht da je.

Wirklich sind nur sie noch viel stärker als jene Übermacht: selbst eine *"Urgewalt"*

(siehe auch die *"Reflexe"* vom 4. und 11. November 1988 auf *Go Samui* und irgendwann später auch der Fischkutter, der auf *Go Pih Pih* mit einem Drahtseil just an eine Palme gefesselt wurde, damit ihn der *Indische Ozean* nicht zu seinem Spielball machen konnte!).

Warum sind Palmen also stärker als Ozeane und Hurricans? Damit die überlebenden Opfer dieser Sturmkatastrophe wenigstens noch ein paar Kokosnüsse zu essen haben?

Oder damit diese Krone der Botanik, *Mutter Naturs* unvergleichlich schöne Meisterpflanze, nur ja erhalten bleibt?

Oder warum sonst?

*

Im Gegensatz zu uns Lebewesen, lernen wir alle schon in jungen Jahren, sei die Materie leblos. Erst nach einem ganzen Lebensalter wird mir bewußt, daß Materie zumindest häufig auf Temperaturen reagiert.

Also nimmt sie sie wahr.

Was mag sie sonst noch alles wahrnehmen, ohne es uns zu verraten?

Oder sie verrät es uns, und wir sind nicht imstande, ihre Mitteilungen wahrzunehmen:

weil unser eigenes Wahrnehmungsvermögen zu beschränkt ist, um wahrzunehmen, was die Materie sonst noch alles wahrnimmt.

Aber daß sie leblos sei, gerät so einmal mehr ins Wanken.

Die moderne Physik kennt inzwischen *Wärmeleiter* und *Wärmewiderstand* der Materie: *eccolò*.

(Von der Sensibilität des Klimas und der Mondhörigkeit des Ozeans ganz zu schweigen: Reflexe der Leblosigkeit?)

*

Eine Vielzahl heutiger (oder aller?) Germanisten, Kunsthistoriker und Musikwissenschaftler beschreibt nur Oberflächen oder allenfalls Handwerkliches. Hierfür verwendet sie ihr jeweils einschüchternd imposantes Fachchinesisch.

An den Abgründen jedoch, an Auslösern, Herkünften und Entstehungsbedingnissen von Kunstwerken, gar an deren interlinearen Auskünften gehen sie achtlos vorüber: oder recht eigentlich antennenlos, desinteressiert und ahnungslos. Auch an den Dämonieen der Künstler.

So werden sie, ohne es zu wissen und zu wollen, zu sträflichen Simplifikatoren und Feuilletonisten eines intellektuellen Boulevards.

Meist sind sie auch noch Onanisten: auf offenem Boulevard! (Also auch noch Exhibitionisten.)

Gern geschenkt. Nur sollte man festhalten: mit den vorgeblich präsentierten Kunstwerken hat das in den meisten Fällen überhaupt nichts zu tun. Die verhalten sich da wie Muscheln bei Gefahr.

*

Jürgen Flimm, heute noch Intendant der Berliner Staatsoper, sagte dieser Tage Anfang Oktober 2017 und selbst 76jährig in eine Fernsehkamera hinein, wie schön und unvergleichlich doch immer noch die Arbeit in einem Opernhause sei:

man gehe morgens zum Dienst und treffe dort sofort auf seine Assistenten Mozart und Verdi.

Wohlgemerkt: Mozart und Verdi wurden dort als Azubis des Herrn Flimm engagiert. Nicht er stellte seine (wenn auch schwachen und immer überschätzten) Kräfte in den Dienst an diesen Genies, sondern sie wurden seitenverkehrt zu seinen Handlangern degradiert. Niemand im Umkreise lachte da.

Trump-*Time*: *"Flimm first"*, dann erst Mozart und Verdi.

2017.

*

Junge Opernregisseure legitimieren und übertreffen sich heutzutage durch ihr manisches und multiples Visualisieren jeder Oper.

Das offenbart ihr abgrundtiefes Mißtrauen gegen alle Musik.

An die Tragfähigkeit von Gesang können sie selbst mit Besetzungen von Weltrang nicht recht glauben. Wenn auf der Bühne noch so gut und verführerisch gesungen wird, lenken sie durch tausendfache Optik, am liebsten filmischer oder elektronischer Herkünfte davon ab. Sie konzentrieren ihr Publikum nicht auf den Gesang, sondern entführen es am liebsten in ganz Konträres: ihm also bloß kein Zuhören zumuten!

"Wo bleibt der Tacet? Warum tritt der Tacet nicht auf? Wer singt denn hier nochmal den Tacet?" Diese signifikante und branchenweit beliebte Anekdote (die weiland sicher zu Unrecht August Everding, genuinem Kirchenmusiker mit Schauspielwurzeln, aber angeblich ohne Opernkenntnisse zugeschrieben wurde) könnte heutzutage vermutlich als Joker dienen, der auf so manchen dieser vermeintlichen Opernregisseure zutreffen könnte.

Eine Bildschirmgeneration delektiert sich jetzt ausschließlich an Beglotztem. Sie fürchtet unverkennbar das Meditative aller seriösen Musik und flüchtet sich zwanghaft in die Zerstreuungen jedwedes ringsum Sichtbaren.

Damit offenbaren diese Regisseure nur ihre mißlungene Berufswahl. Wer an einem angekränkelten Verhältnis zu Opernmusiken leidet, hätte sich denen besser nicht verschreiben, sondern anderweitig verdingen sollen.

Die grassierende Opernkrise mag nicht zuletzt auch hieran liegen.

*

Ähnliches ließe sich mühelos von den zahllosen Musikredakteuren des Fernsehens sagen. Sie senden Musik prinzipiell nur "verfilmt": mit Entführungen also ins Optische. Sie übersehen dabei, daß Musik eben just die Gegenwelt zu allem Visuellen ist. Sie wendet sich grade nicht ans Auge, sondern exklusiv ans Ohr und könnte weitestgehend sogar getrost mit geschlossenen Augen aufgenommen werden. Eigentlich ist sie es, die uns eine Flucht aus der Welt all der äußerlich wahrnehmbaren Zerstreuungen ins Refugium der Innenwelten ermöglicht und eröffnet.

"Verfilmte" Musik ist demnach ein Widerspruch in sich und kann gar nicht funktionieren.

Insofern also hätten auch all jene cinéastischen oder pseudo-cinéastischen Musikredakteure ihren Beruf recht eigentlich verfehlt. Denn ihre optischen Offerten behindern jedes konzentrierte Hören von Musik und machen es nicht etwa populärer, sondern recht eigentlich unmöglich.

Diese verirrten Abteilungsleiter sollten also schleunigst in jene Sportredaktionen zurückzukehren trachten, aus denen sie ja innerbetrieblich häufig erst hervorgegangen zu sein scheinen.

Vielleicht würden sie dort ja auch auf den Nachwuchs an Opernregisseuren treffen.

*

Waren übrigens die ganzen *"Geflechte"* mit ihren 652 Seiten nur ein Flucht- oder Umweg aus Angst vor dem vorher schon anstehenden und drohenden *"Wirrwarr im Lot"*?

Das wäre möglich und interessant.

Gottlob oder leider wird das ein ewiges Geheimnis bleiben.

Vermuten kann man alles.

*

Vielen Flüchtlingen aus dem Orient wird jetzt politisch untersagt, ihre Familien nachzuholen. Das hat natürlich eine sexuelle Zwangsaskese zur Folge.

Aber wenn dann die Opfer dieser Anordnung, meist junge Männer im potentesten Alter, über gut verfügbare deutsche Frauen herfallen, werden sie als Vergewaltiger kriminalisiert, verhaftet, verurteilt, gewalttätig abgeschoben.

Die eigentlichen Vergewaltiger sitzen aber in unserm Bundestag und in deutschen Behörden.

Im Bundestag, weil dieser fast spießige Familienfetischist da fremden und verzweifelt vereinsamten Familienmenschen sadistisch den Familiennachzug verbietet,

in den Behörden, weil sie diese sprachlos Entwurzelten mit unserer Bürokratie überfallen. Das ist ein Gewaltakt: namentlich für schwer gebeutelte, vereinsamte und erschöpfte Menschen, die sowas nicht gewohnt sind und die Sprache der aufgenötigten Verordnungen nicht verstehen. (Die verstehen ja schon wir Eingeborenen kaum je.)

Ich kann nachvollziehen, daß viele dieser qualvoll Geflohenen irgendwie wieder in ihre Herkunftsländer zurückkehren. Diese Rückkehr ist eine nächste Flucht: vor den Vergewaltigern in der deutschen Verwaltung.

Aber viele können nicht mehr zurück in ihre Heimat. Wohin flüchten die da noch vor den hiesigen Vergewaltigern?

*

Antonio Pappano, britisch-italienisch-amerikanischer Musikdirektor des Londoner *Royal Opera House* und der römischen *Accademia di Santa Cecilia*, hat 2017 und 58jährig in eine deutsche Fernsehkamera hinein daran erinnert, daß Maria Callas so zur Legende und Ikone werden konnte, weil sie nicht nur sehr gut sang, sondern weil alles, was sie tat und darbot oder war, mit ihrer Persönlichkeit vollkommen überein stimmte. Alles stimmte bei ihr.

Damit hat Pappano den heute verschütteten Begriff der Stimmigkeit wiederbelebt und restauriert. Dabei ist er der Schlüssel zu allem: das *sine qua nil*. Kunstprodukte stimmen entweder, oder sie stimmen nicht. Da gibt es kaum je Mittelwerte.

Ob etwas (oder jemand) stimmt, kann wahrgenommen, muß empfunden werden. Aber was das im Allertiefsten und -innersten ist, bleibt ein Rätsel: Magie, ein Wunder. Es hängt wohl mit radikaler Wahrhaftigkeit zusammen: mit rigorosem Verzicht auf Gelogenes, Vorgetäuschtes, Nachgemachtes.

*

Der Sklavenhandel vom frühen 16. bis zur Mitte des 19. Jahrhunderts ist und bleibt ein unstillbar blutender Schandfleck der europäischen Wirtschaftsgeschichte.

Aber seine Folge war nicht nur die *US*-amerikanische Versklavung von vermutlich zwölf Millionen Afrikanern, sondern deren fortgesetzte Verachtung, immer noch andauernde Geringschätzung und skrupellose Mißhandlung bis in unsere “aufgeklärten” Tage hinein. Afro-Amerikaner können dort heute zwar Ärzte, Rechtsanwälte, Filmstars und Staatspräsidenten werden, aber bleiben gleichwohl landauf-landab *underdogs* und Freiwild für bewaffnete Mehrheiten.

Aber Weißhäutige vergehen sich ja nicht nur an ihren farbigen Landsleuten so inhuman und ungesittet.

Dieselbe überhebliche Nichtachtung legen ihre Politiker und Geschäftsleute insgeheim oder unverhohlen inzwischen auch allen sonstigen Nichtamerikanern gegenüber an den Tag. Öffentlich oder subkutan ist die *US*-amerikanische Weltherrschaft spätestens seit Ende des sogenannten “Kalten Krieges” *anno* 1989 ein globaler Terror. Das reicht bis in sprachliche Feinheiten hinein.

Wer sich diesem Terror des *“American way of life”* nicht fügt, wird nicht geduldet, sondern auch heute noch auf vielfach brutale Weise exkommuniziert oder plattgemacht.

Die ganze Menschheit lebt heute noch immer auf einem *US*-amerikanischen Sklavenmarkt. Apple, Google, facebook, Amazon, Genmais, Glyphosat …

Warum?

Weil alle kuschen oder buckeln und sich kaufen lassen.

*

Alles ist vorhanden. Man muß es nur zu finden wissen.

Falls es nicht gefunden wird, bleibt es trotzdem vorhanden.

Also m u ß man es nicht finden: man k a n n es finden.

Nein, man d a r f es finden.

Aber finden kann nur, wer sucht.

Ob er sucht oder nicht, bleibt der freien Entscheidung jedes Einzelnen überlassen.

Aber freie Entscheidungen können nur Freie treffen.

Also suchen nur Freie.

Also finden auch nur Freie.

*

Aber wer ist frei?

*

Manche Stücke und Sätze von Bach enden plötzlich schlußlos: scheinbar beliebig oder zufällig. Sie signalisieren so, daß diese (oder jede?) Musik endlos weitergeht. Sie geht nicht zu Ende, sondern wird nur mutwillig unterbrochen.

Wenn Karl Richter ein Cembalo-Stück von Bach spielt, fängt es auch so an, als ob es gar nicht anfängt, sondern schon seit Ewigkeiten so daher kommt und er nur plötzlich einsteigt: als springe er auf einen fahrenden Zug auf. So gibt er uns gleich eingangs zu verstehen, daß diese (oder jede?) Musik immer da ist: ohne anzufangen und ohne aufzuhören.

Auf diese Weise lehrt uns dieser Komponist, daß ein Urknall sich entübrige und daß niemals jemand sterbe. Alles sei schon immer da gewesen und bleibe auch immer da. Anders gehe es gar nicht.

*

Eine so schematische Instanz wie die vermeintliche Evolution kann sich doch wohl schwerlich eine so komplizierte, aber auch originelle Prozedur wie die Entstehung eines neuen Menschen ersonnen haben.

Das alles könnte vielmehr glatt einem menschlichen Gehirn entsprungen sein.

Ergo: das menschliche Gehirn ähnelt (oder gleicht?) in all seiner endlos unergründlichen Rätselhaftigkeit und Erfindungsgabe jenem anonym divinen Urheber seiner eigenen Entstehung.

Das liest sich schon sehr viel evidenter.

*

Emanuel Schikaneder, Vater nicht nur der *"Zauberflöte"*, sondern auch unzählbar vieler Kinder von unzählbar vielen Müttern, reimte für Mozart wohlwissend:

"Mann und Weib und Weib und Mann
reichen an die Gottheit an" –

an die Gottheit.

*

Google zum Thema Zellerneuerung (auch im Gedächtnis niemals genug erneuert):

"Alle sieben Jahre sind wir – rein rechnerisch – ganz neue Menschen:

Zwischen zehn und 50 Millionen Körperzellen pro Sekunde baut der menschliche Körper ab und ersetzt sie durch neue Zellen. Für nahezu jedes Organ oder Gewebe existieren Stammzellen, die ständig für Nachschub sorgen und zum Beispiel neue Haut-, Blut- oder Schleimhautzellen bilden.

Im Durchschnitt sind die Zellen eines 50-Jährigen gerade mal zehn Jahre alt. Auch sehr statisch wirkende Gebilde wie Knochen baut der Körper permanent ab und wieder auf."

*

Nicht nur der Tod dürfte Mutation oder Übergang zu andern Daseinsformen, demnach Verwandlung sein. Auch während des Lebens findet also permanente Umwandlung und Erneuerung statt. Schon nach sieben kurzen Jahren sollen sich in einem menschlichen Organismus sämtliche Zellen komplett erneuert haben. Sie ersetzen abgestorbene. Wir glauben, pausenlos weitergelebt zu haben, sind jedoch inzwischen materiell schon mehrfach völlig abgestorben: ganz was Anderes, was Neues geworden.

Also ist auch Leben ein Synonym für Tod und Neugeburt. Es lebt nur, indem es unaufhörlich stirbt und sich regeneriert.

Folglich ist auch Sterben vermutlich nichts Anderes als eine solche Erneuerungsprozedur.

*

Schon in meiner Kindheit war bisweilen von Robotern die Rede: als einem Schreckgespenst weit entfernter Zukunftsmusik. Aber sie blieben dann Jahrzehnte lang was Irreales, insofern auch Belangloses.

Neuerdings beginnen sie, real zu werden, mehr und mehr die technische Entwicklung zu bestimmen, große Teile der Menschheit zu faszinieren, folglich auch schon die Märkte zu erobern. Ihr früher negatives Vorzeichen ist zumindest für jede vermeintliche Avantgarde zu einem unaufhaltsam funkelnden Plus mit magnetischer Anziehungskraft mutiert. Seit 1999 gibt es überdies auch *K 4*: ein *"Workflow-Management-System"*, das ein scheinbar autarkes Interagieren von *softwares* ermöglicht und den Menschen zunehmend zu erübrigen begonnen hat.

Roboter und *K 4* scheinen aber nur eine Art letzter Schrei zu sein. In Wahrheit sind sie logisch strikte Konsequenz und Fortentwicklung dessen, was im 19. Jahrhundert mit der siegreichen Erfindung von Maschinen begonnen hat: die Entübrigung des Menschen, seine Selbstabschaffung. Was Lemminge und Wale tun, kann jeden Tag mehr nun auch der Mensch: seine ganze Gattung aus unerfindlichen Gründen, aber zwanghaft beseitigen.

Auch das ist als Resultat oder "Leistung" jenes fatalen 19. Jahrhunderts hinzunehmen und zu registrieren.

*

Eine Elster hüpft das Brüstungsgeländer meines Balkons entlang. Sie tut das so lebenslustig keck, so hemmungslos und angstfrei, als gehöre ihr nicht nur dieser Balkon oder dieses Haus, sondern die ganze Welt.

Tatsächlich tut die Welt das ja auch: sie gehört dieser Elster.

Sie gehört dieser Elster wie auch all ihren andern Geschöpfen.

Nur Menschen kasernieren und untersagen, parzellieren und verpachten oder vermieten und sperren ein. So kerkern sie auch ein.

Für Elstern gilt sowas alles nicht. Sie sind klüger. Darum gehört ihnen auch noch die Welt.

Gab das zu bedenken und flog davon: hinaus in all ihre Welt.

*

Der begnadete russische Pianist Borís Wadímowitsch Beresówskij fällt nicht zuletzt durch seine Fähigkeit auf, sich auf einen einzelnen Ton oder Tastenanschlag dermaßen zu konzentrieren, daß er ihm eine jeweils ganz einzigartige Präsenz verleiht. Im Augenblick dieses Tones gibt es kein Vorher oder Nachher mehr. Nichts außer diesem Ton. Er beherrscht den Kosmos. Ist allein in der Welt und dort allgegenwärtig. Dadurch wird er so interesssant und schön wie sonst nichts hienieden.

Dieser Beresówskij, in meinem Leben erst peinlich spät entdeckt, ist insofern ein Meister nicht nur jedes einzelnen Tones, sondern auch seiner eigenen Konzentration und aller Präsenz: des Präsenten überhaupt. Seinem Vortrag folgend, begreift man erst, was das ist: Präsenz. Eine Art Alleinherrschaft in dieser Welt. Was Unikes.

Es gibt sogar der blöden Modevokabel *entschleunigen* einen unverhofften Sinn und entschleunigt nicht nur die dargebotenen Diabelli-Variationen radikal, sondern die Musik überhaupt. Beresówskij entschleunigt hier die ganze Musik. Plötzlich hat sie jede Zeit der Welt, tritt sogar aus der Zeit hinaus, hebt die Zeit auf und nimmt das Publikum hierbei mit: niemand hat es da noch eilig. Trotz all ihrer Beethovenschen Dynamik steht die Zeit hier phasenweise einfach still. Ruhe teilt allenthalben mit, was das ist: Ruhe. Mitten im Beethoven Ruhe.

Eine Rarität.

Auf diese Weise vermag dieser Pianist, den jeweils angeschlagenen Tönen eine ungewöhnlich große Dosis seines Bewußtseins einzuverleiben. Auch das macht seinen Vortrag so interesssant und schön wie sonst im konkreten Augenblick wirklich nichts auf dieser Welt.

*

Im *"Figaro"* also ist der Cherubin mit seinem Sopran in Pagenhosen Mozarts verspäteter Tribut an den jüngst verwehten Kastratenkult.

Auch erotisch klingt da in diesem *Inbetween* noch was nach. Körperlich figuriert er zwar als Mann, aber musikalisch natürlich immer als Frau. Das führt dann in manchem Duett zu latenter Sinnlichkeit zwischen Frau und Frau: mit der quasi versprochenen Barbarina, mit der angehimmelten Gräfin, aber auch mit der schwesterlichen Susanna und vollends im Terzett am Anfang des Zweiten Aktes als latent tribadische Triole mit letzteren beiden.

Aber auch das Briefduett zwischen Gräfin und Susanna ist hier im Dritten Akt musikalisch eigentlich so lesbisch, daß es die miese Intrige, die es in Wahrheit spinnt, verführerisch süß übertüncht. (Außer in Genf 2017.)

Solcher Eros zwischen Personen desselben Geschlechts ist dann in *"Così fan tutte"* vollends durchgängig aktiv: zwischen den beiden Liebhaberinnen, Dorabella und Fiordiligi, unter dem Vorwand ihrer fast zwillingshaft paarigen Schwesterlichkeit, zwischen ihren beiden Verehrern, Ferrando und Guglielmo, als vermeintliche Kumpanei, die sich freilich sehr, sehr zwillingsbrüderlich geriert.

“Gefühlt” sind diese Vier zwei Paare und deren viele gleichgeschlechtliche Duette von unwiderstehlicher Sinnlichkeit, die der beiden Männer bisweilen überdies mit deren Guru Alfonso zu höchst erotischen Terzetten oder Triolen potenziert.

Das alles kann keinem seiner Hörer je entgehen, es wird auch seit zweihundert Jahren von jedermann genossen und geschlürft, nur das Bewußtsein, was da eigentlich vor sich geht und so betört, wird verweigert.

Darum wird es jetzt hier mal beim Namen genannt. Eros ist überall. Zwischen Sternen, Sonnen und ganzen Galaxieen herrscht er als Anziehungs- oder Schwerkraft. Man könnte ihn auch da getrost als Eros bezeichnen. Oder den Eros zwischen Menschen getrost als Anziehungskräfte. Alles will zu allem, alle wollen zu allen.

*

In Pasolinis *“Medea”* von 1969 sagt der Kentaur Cheiron seinem Schüler Jason:

“Nur im Mythos liegt die Wirklichkeit – und nur in der Wirklichkeit liegt Mythos.”

(Wo auch sonst?)

*

Ende November 2017 läßt sich nicht mehr überhören, daß Journalisten und Politiker eine Vokabel in ihre öffentlichen *statements* einfließen lassen (und dort zu variieren begonnen haben), die bislang absolut *tabu* war: *Führungsschwäche, Führerqualitäten, Führungsstärke, Führerpersönlichkeiten, Anführer,* auch sogar schon *ein Führer*.

Mehr als ein halbes Jahrhundert lang waren in unserm Nazilande alle diese Worte strikt verpönt. Schon wer *fühlen* sagte, geriet bei der ersten Silbe so in Panik, daß er sich mit der zweiten sinnlos beeilte. Damit scheint es jetzt vorbei zu sein – und keineswegs nur bei ahnungslosem Nachwuchs.

Sollte es sich hierbei um erste Anzeichen dafür handeln, daß Ernst von Lasaulx (1805-1861) mit seiner Kreislauftheorie Recht hatte und auf eine solche Ochlokratie, wie sie derzeit unverkennbar die westlichen Gesellschaften dominiert, der starke Mann zu folgen pflegt: wer immer der dann sei?

Erste Reverenzen vor ihm sind jetzt also schon vernehmbar: das ist neu.

*

Der Übergang von den Nationalismen des 19. und 20. Jahrhunderts zu den ökonomisch, politisch, konfessionell und geistig irreversiblen Globalismen unserer Tage scheint einschneidender, tieferlotend und längerwierig zu sein als zum Beispiel die *Französische Revolution* mit ihren lumpigen paar Jahren und vergleichsweise wenigen Todessopfern.

Die akuten Spannungen, Verunsicherungen und nostalgischen Aggressionsstaus allein im kleinen Bayern signalisieren deutlich die Tiefe dieser neuen Mutation ringsum.

Das Internet mit seinen Foren und Erscheinungsformen wohl erst recht.

*

Daß Kunstwerke das Ergebnis okkulter Diktate sind, ist ja nicht nur mein eigener subjektiver Eindruck, sondern wurde im Laufe der Kulturgeschichte von zahllosen Künstlern *con variazioni* verspürt und bestätigt. Unterschiedlich beschrieben und bezeichnet, kann das gleichwohl als Tatsache gelten.

Aber dann dürfte es zum Beispiel auch für einen solchen Giganten wie Johann Sebastian Bach zutreffen. Der scheint sich zwar nie in einem solchen Sinne geäußert, aber gleichwohl in sonderlich reichem und unverkennbarem Maße längst Vorgegebenes "nur" aufgefunden und dann wiedergegeben zu haben: freilich so spursicher wie kaum jemand sonst. Denn seine Resultate zeichnen sich durch ungewöhnliche Authentizität aus: sie artkulieren nicht Erfundenes, sondern Gegebenes, Vorhandenes.

Sowas wie seine Fugen denkt kein Mensch sich aus. Sie sind von Anbeginn als vorgestanzte Gesetzmäßigkeiten in der Welt und müssen als kosmische Struktur nur entdeckt, reflektiert und verlautbart werden. Das alles konnte dieser Diktat-Artist wie kein Anderer.

Aber dieser Text hier handelt gar nicht von ihm, sondern will nur mit seiner Hilfe jenes okkulte Diktieren beglaubigen, "weiter nichts".

*

Menschen wollen bei ihrem notorischen Jammern ums Verrecken bloß eins nicht: irgendwie getröstet werden. Es würde sie von einer Selbstbemitleidung befreien, auf die sie nicht verzichten wollen. Sie benötigen sie zur Selbstbestätigung. Zur Selbstverwirklichung? Durch Jammern glauben sie, bedauernswert und wichtig zu werden, in ein Zentrum vorzurücken. Also wollen sie das bloß nicht entbehren müssen.

*

So kurz wie irgend möglich:

"Die ganze Natur ist verkörperter Geist." (Vormals: *"incarnatus est"*.)

*

Wie viele Fernseh-Schauspieler heutzutage ihren Ahnen im *Fahrenden Volke* des 19. Jahrhunderts wieder ähnlich zu werden begonnen haben:

unstet und ohne Fix- oder Mittelpunkt ziehen sie rastlos vazierend durch die Lande und produzieren alle paar Tage ohne langes Probieren und Ergründen irgendwo und -wie ein flüchtig und oberflächlich markiertes *Als ob*, für das sie sich kaum noch je interessieren können. Alle paar Tage irgendwas Anderes, Neues und Beliebiges. Hauptsache: ihr Thespiskarren, der inzwischen elektronische Flügel hat, zieht weiter, und die Kasse klingelt!

Nur daß aus den laut rufenden Souffleusen ihrer Vorfahren schweigsame Teleprompter geworden sind.

*

Eine neue Mozart-Erfahrung:

wenn die orientalischen Instrumentalisten des *West-Eastern Divan Orchestra* diese Musik in den heimgesuchten *Nahen Osten* ihrer eigenen Herkunftsländer exportieren, ist auch das für einen situationsbewußten Okzidentalen in seiner abendländischen Geborgenheit sonderlich tränentreibend.

Denn wie Mozart auch noch im Bezug zu den dortigen Massakern keineswegs exotisch wirkt, sondern tröstlich und heilsam. Auch in den dortigen Höllen noch ein Balsam und Mirakel!

*

Lisa Della Casa, in all ihrer Schönheit gleichwohl schließlich schwer angeschlagen und eingeschränkt, wurde 93.

*

Ist das sogenannte Jamaica-Debakel unserer Politiker nicht recht eigentlich eine Krise der Demokratie? Koalierzwänge Unvereinbarer als Folge von Mehrheitszwängen? Das könnte allenfalls funktionieren, wenn alle (oder wenigstens viele) sich bis zur Unkenntnlichkeit verbögen und hierbei ihre eigentliche Identität verlören. Also Koaliton als Pervertierung.

Wenn das hehre Ideal der Demokratie sich da heillos im Gestrüpp der Unmachbarkeit verheddert, stellt es sich selbst sehr in Frage.

Wie ja auch in den USA, dem vermeintlichen Musterlande dieser Gesellschafts- und Staatsform, die Tatsache eines Donald Trump auf dem Präsidententhrone ja keineswegs ein Problem dieses tumben Mannes ist, sondern eines Staatswesens, das solche Wahlergebnisse möglich macht: der Demokratie.

Fängt sie also an zu bröckeln?

Oder hat sie als Konzept schon immer gebröckelt, und die rissigen Resultate dieses Bröckelns werden jetzt allmählich unübersehbar?

Denn das Prinzip der Majorität zur unreflektierten Basis des Gemeinwohls zu machen, ist ein sträflicher Gedankenfehler.

Fliegt er jetzt auf? War “Jamaica” nur seine Götterdämmerung?

Was dann?

*

Mein hiesiges Dasein ist unverkennbar erfüllt und eigentlich abgeschlossen. Auf angenehme Weise reift es jetzt täglich deutlicher einem nächsten entgegen.

(Noch) สบาย

*

Aber Überreife pflegt ja in Fäulnis überzugehen.

*

Männer können sachlich sein, Frauen nicht (oder nie ganz, niemals wirklich, nie ausschließlich).

*

Richtiges Erraten von Antworten auf mancherlei Fernseh-Quiz, wie sie Erfahrung und Bewußtsein einem gar nicht eingeben könnten:

was ist das?

*

Bei diesem Komponisten stehe *"kein Punkt am Ende eines Satzes, eher ein Komma oder Fragezeichen. Jede Passage ergibt sich aus der vorausgegangenen. Da ist kein Ende, es ist unendlich. Der nächste musikalische Moment wird immer schon vorweggenommen. Es ist, als ob seine Inspiration niemals rasten würde. Alles ist ständig im Fluß."*

Da kann nur von Johann Sebastian Bach die Rede sein, von wem auch sonst?

Nein, von Chopin.

Das nämlich sagte der junge russische Pianist Daniil Trifonow, 26 und vorher angeblich ausschließlich auf Mozart fixiert, nunmehr nach gründlichem Studium und vielfacher pianistischer Erfahrung mit Chopin in einem Interview 2017 mit dem Fernsehsender *arte*.

Wer diesen Trifonow so ungewöhnlich schätzt wie ich, steht da vor einem Rätsel. Bei Chopin höre ich das alles überhaupt nicht so.

Informiertere anscheinend doch. Das finde ich sehr interessant.

Denn die beschriebene Eigenschaft einer Unendlichkeit ist mir durchaus vertraut und verführerisch. Außer bei Bach auch bei Beethoven, der zum Beispiel im Schlußsatz seiner siebenten Symphonie wahrhaft endlos kein Ende finden kann, sich daher weiter und weiter vorzudringen gezwungen fühlt,

und bei Mozart fast immer, dort aber eher schon in den Anfängen seiner Kompositionen, die bisweilen schon von weit her anzukommen scheinen und gar keinen rechten Anfang haben. Das Phänomen ewiger Melodieen gleicht jenen beschriebenen Eisenbahnzügen, auf die Komponist und spätere Hörer aufspringen, während das Fahrzeug sich gleichmäßig weiterbewegt.

Sowas höre ich jetzt manchmal auch bei Prokofjew.

So anfangslose Anfänge strebten große Dirigenten wie Furtwängler und Celibidache auch bei Sinfonieen von Beethoven oder Bruckner an. Sie gaben ihren Orchestern da gar keine Einsätze zum Beginnen, sondern forderten sie auf, den Anfang solcher Musik zu verunklaren, sie irgendwo unbestimmbar aus dem fernen, fernen Weltall nahen zu lassen. Ich selbst erlebte sowas mit Mahlers *Erster Sinfonie*, als die *Los Angeles Philharmonics* sie 2009 unter Gustavo Dudamel präsentierten: aus welchen vorhandenen Transzendenzen kam das plötzlich hergeflogen?

Warum sollten dann viel musikalischere Ohren als meine derlei nicht ruhig auch bei Chopin vernehmen?

Parallelen im Literarischen finden sich zum Beispiel in Goethes Erfurter Gespräch mit Napoleon über einen *"endlosen Roman"*, und eigentlich ist in der Epik schon jede Tetralogie dergleichen: sie kann und will kein Ende finden (siehe hierzu auch meinen Göttinger Guru Wolfgang Kayser in meinem *"Reflex"* vom 7. Juni 2003).

Auch zwei so uferlose Epen wie *"Ilias"* und *"Odyssee"* sind ja eigentlich durchaus schon sowas wie seriell oder "endlos" und wurden daher von Goethes *"Achilleïs"* leider fragmentarisch, dennoch organisch und sinnvoll weitergedichtet und ergänzt.

Auch das Olongcho, ein tradiertes jakutisches Schamanen- oder Heldenepos, figurierte sich schon in präliterarischen Äonen aus ganzen Zyklen oder Sequenzen und Serien, die bisweilen tagelang das Immerwiederkehrende auch des archaïschen Menschenlebens vortrugen.

Ohne hierüber informiert zu sein, haben heutige Fernsehleute die Form der Serie entwickelt (oder einfach nachgeahmt?).

Ich erinnere mich da auch gern einer Marotte des unvergeßlichen Schauspielers Karl Paryla, der in seinen beachtlichen Inszenierungen manisch darauf achtete, daß nur ja *"keine Punkte gesprochen"* wurden. Wenn ein Schauspieler je einen Satz melodisch abschloß, brüllte er ihn an: *"Keinen Punkt sprechen! Im Leben gibt es keine Punkte! Alles geht immer weiter!"*

Damit traf er wohl den Nerv auch Homers, der Olongchos, Furtwänglers, Bachs und also vermeintlich auch Chopins: es gibt gar keine Punkte, alles geht immer weiter.

Also hat es auch niemals angefangen. Der Urknall ist ein Ammenmärchen für Hilfsbedürftige.

*

Ob am Volant, auf ihren heißgeliebten Fahrrädern oder auch zu Fuß (hinter Kinderwagen oder Rollatoren, vor "Hacken-Porsches" und mit aufgespanntem Riesen-Regenschirm, umgeschnalltem Rucksack oder auch ohne die):

im heutigen Straßenverkehr figurieren Frauen noch viel egozentrischer, unberechenbarer und rücksichtsloser als Männer. Jeder maskuline Großstadtbewohner erlebt das täglich, kennt es also und versucht, damit irgendwie zu überleben.

Aber er könnte auch wahrnehmen, daß sich Frauen hier einfach noch anarchisch verhalten: präzivilisatorisch, urzeitlich, wild, also eigentlich ungezähmt freiheitlich und umso anheimelnd überzeugender. Ebenso sprunghaft und unbeherrscht wie beim Beeren- oder Pilzesammeln weiland in nordskandinavisch archaischen Gehölzen schlagen sie heutzutage jählings und skrupellos auch vor den Schaufenstern in Hamburger Geschäftsstraßen wie dem *Eppendorfer Baum* ihre atavistischen Haken: so unangepaßt und unverdorben spontan, wie ja auch jeder Mann es selbst gern wäre.

Er aber hat sich einem reglementierenden System unterworfen, das ihn unausgesetzt und gnadenlos domestiziert, also unterdrückt.

Frauen haben sich da noch nicht gefügt oder eingeordnet: vielleicht ja rühmlich und bewundernswert. Doch innerhalb einer überzüchteten Straßenverkehrsordnung, diesem recht artspezifisch männlichen Artefakt, ist ihr Verhalten doch nur egomanisch, chaotisch, brutal und hinderlich. Sie stören die männliche Disziplin und Organisation ganz beträchtlich – und nerven unverfroren unsäglich.

*

Was ist wahrscheinlicher: daß es unser ganzes Universum oder daß es gar nichts gibt?

Vor diese (hypothetische) Alternative gestellt, fände ich sehr viel näherliegend, daß es nichts gibt.

Daß es alles das, was es gibt, auch tatsächlich gibt, ist für uns unvorstellbar.

Ließe sich auch hieraus schon auf einen kreativen Weltgeist oder *creator mundi* schließen?

*

Die Polyphonie des Altgriechischen entspricht verblüffend genau den klanglichen Differenzierungen im Thai (oder auch sonstigen asiatischen Sprachen).

Zufall oder Zusammenhänge: beides scheint unwahrscheinlich. Was dann?

*

Dramatisches und Episches sind vertraute, vertretbare und gut erklärbare, weitgehend nachvollziehbare Ausrucksvarianten eines Schreibenden.

Aber Lyrisches?

Mir scheint, um Lyrik schreiben zu wollen, muß man egoman sein. Stark egozentriert. Sonst entsteht das entsprechende Bedürfnis gar nicht erst.

Oder tun wir den großen Lyrikern da Unrecht?

*

Was der 80jährige Verdi im Juni 1894 seinem Verleger Giulio Ricordi nach Milano schrieb:

"Ohne Bedauern bin ich einverstanden, wenn meine Opern nicht aufgeführt werden; aber wenn sie aufgeführt werden, verlange ich, dass es so sei, wie ich sie mir vorgestellt habe."

No comment.

Aber per CC und/oder BCC an alle heutigen Regisseure und Intendanten.

*

Diese Kulturfrauen: eine Landplage.

Es gibt auch männliche Landplagen.

Aber eine weibliche sind die Kulturfrauen.

*

Mutter Natur scheint ihre Meteoriten und Tsunamis für bessere Gelegenheiten aufzusparen als für die fällige Bestrafung einer *species*, die das generöse Geschenk ihrer eigenen opulenten Lebensbasis gedankenlos zerstört. Nein, das läßt unsre weise *Mutter Natur* diese *species* eigenhändig erledigen und weiht sie linkshändig einem kopflosen Suizid. Hiernach wird diese negative *species* weg sein und ihr ruinierter Sockel einer Flora ausgehändigt, die friedlicher, klüger und konstruktiver ist. Quizfrage:

wer bloß mag diese *species* gewesen sein? Na, wer wird da wohl Millionär?

2018 (83- bis 84jährig)

Tennessee Williams war eine Ikone meiner frühen Jahre: sicher einer der meistgespielten und meistverfilmten Dramatiker *circa* der vierziger bis siebziger Jahre im 20. Jahrhundert. *"Endstation Sehnsucht"* war schon zu seinen Lebzeiten sowas wie ein Klassiker. Manches andere Stück fast gleichfalls. *"Die Glasmenagerie", "Die tätowierte Rose", "Die Katze auf dem heißen Blechdach", "Süßer Vogel Jugend", "Die Nacht des Leguan"*, derlei mehr.

Aber meine Generation, die weiland zwischen absurdem und politischem Theater pendeln zu müssen glaubte, verachtete ihn gleich damals. Er war uns mit seinem vermeintlichen Naturalismus und Psychokram viel zu altmodisch, sowas wie ein Strindberg-Epigone. "Opas Theater".

Trotzdem verdiente er seinerzeit weltweit sicher so viele Tantièmen wie sonst höchstens Anouilh noch. Schauspieler wollten seine Rollen spielen, ausverkaufte Zuschauerräume solche Seelenqualen miterleben.

Aber kürzlich sah ich einmal mehr die Verfilmung seines Dramas *"Orpheus Descending"* (oder *"Orpheus steigt herab"*) aus dem Jahre 1957 und war überrascht, daß da nicht nur Marlon Brando und Anna Magnani überaus sehenswert geblieben sind, sondern unverhofft plötzlich auch durchaus dieses weiland und immer etwas verachtete und nicht ganz so viel einspielende Stück. Auch Sidney Lumet's Verfilmung (*"The Fugitive Kind"* oder auch *"Der Mann in der Schlangenhaut"*) soll 1959, liest man, recht problematisch entstanden, die Dreharbeit mehrfach unterbrochen worden sein.

Aber nun also plötzlich Sympathieen auch für dieses Stück und den Autor all dessen. Wie das?

Schon das Thema vom Niedergang eines Künstlers und dessen unaufhaltsamem Absturz, seinerzeit als sentimantal empfunden, offenbart sich jetzt als Prophetie des akuten Verfalls aller Künste, der Kunst. Schon ist es heute unser aller Thema: dieser anscheinend unabwendbar grassierende Kulturschwund unserer profanierten, unserer heillos kommerzialisierten Tage.

Aber mehr noch als solche erstaunliche Hellsicht besticht hier die Menschenkenntnis dieses Autors. Man spürt: da weiß einer über diese Welt und ihre Geschöpfe gut Bescheid und liebt sie "trotz allem". Heute berührt mich das. Ich respektiere und bewundere es. Ich respektiere und bewundere jetzt also plötzlich diesen verachteten Tennessee Williams.

Er hatte mir schon 1959, als ich selbst gerade unsere beruflichen Eierschalen abzustreifen begann, voraus, daß er über Kunst und Künstler bestens wußte, was ich dann erst ganze 58 Jahre später mit meinen *“Geflechten”* in die Welt posaunte:

“Alle großen Künstler sind durch die nächtlichen Verstrickungen des Grauens gegangen und dem Tode begegnet. Erst durch alles das wurden sie selbst und ihre Produkte auch für andere relevant. Sonst bliebe es Dekoration ... ”.

Tennessee Williams hat das 1959 nicht nur schon gewußt, sondern sogar in lauter gut spielbare Stücke und Drehbücher zu verwandeln vermocht, die mich heute endlich sehr bewegen.

Abbitte also auf den Knieen vor einem Verkannten und Verleumdeten.

Dann, immer noch knieend: Kotau!

*

Was wir lieber mit der rechten, was ruhig mit der linken Hand ergreifen und in welcher Reihenfolge, können wir uns natürlich fein säuberlich überlegen und es dann alles richtig machen.

Aber wir können es auch getrost sich selbst überlassen. Nur: wer ist *es selbst*? Unser Unterbewußtsein, unsere Erinnerung, Erfahrung, unser Instinkt, unser Gehirn?

Wer auch immer: es macht alles richtig – auch ohne fein säuberliche Überlegung im theoretischen Vorhinein.

Beachtens-, nein: staunens- und bewundernswert.

*

Auch die höchstkarätigen Mozart-Pianisten unserer Tage stehen unverhofft reichlich naßforsch da, sobald man Rudolf Serkin (1903-1991) je dieselben Werke dieses Komponisten spielen hört.

Was den von seinen jüngeren Kollegen der Weltklasse unterscheidet, ist eine zusätzlich ganz bezaubernde Behutsamkeit, die vermutlich aus Respekt und Ehrerbietung resultiert. Er spielt diesen Mozart mit staunender Vorsicht, fast fragend.

Mancher Jüngere steht dann mit all seiner stolzen Souveränität jählings als ganz entsetzlicher Besserwisser da: also irgendwie als Klugscheißer und Banause, *sorry*.

*

Könnte es sein, daß Chopin zu faul / zu unbegabt / zu fantasielos war, seine opulente Klaviermusik zu instrumentieren?

Orchestriert, hätte sie Chancen haben können, einen Richard Strauss konkurrent bereits vorzubereiten.

*

Wie Mozart bisweilen Instrumentalsätze plötzlich, abrupt und gewaltsam, beendet oder abbricht: einzig den herrschenden Hörgewohnheiten zuliebe. Für ihn selbst sind sie da weder zu Ende, noch haben sie überhaupt je ein Ende. In Wahrheit sind sie unendlich: unendliche Musik mit höflichen Interrupti.

*

Auch in Béla Bartóks beachtlichem *“Konzert für Orchester”* gibt es einen Satz namens *“Intermezzo interrotto”* – er bricht unversehens ab: abrupt.

*

Der akustisch mediale Kontakt mit Sawaang im helvetischen Sommer 2005 war so gewichtig und eindrucksvoll, daß eine optisch eventuell schon vorausgegangene Wiederbegegnung im Februar 2003 nicht entsprechend gewürdigt oder überhaupt begriffen wurde: mit jenem magisch ostasiatischen Redivivus Maik Soehendra, der in der Neurologie des Hamburger Universitätskrankenhauses weiland an meiner Lebensrettung maßgeblich beteiligt war.

War der schon ein Wiedergänger? Natürlich verwarf ich dessen physiognomische Auffälligkeit seinerzeit mit dem eingetrichterten Instrumentarium des Rationalismus. Ich registriere aber, daß ich einzig diesen einen von zahllosen dortigen Medizinern bis heute nicht vergessen habe, mich auch schon tausend Male daran erinnerte, an welchen außerklinischen Plätzen ich ihn hier später noch hartnäckig wiedergetroffen habe: nur ihn, keinen der andern vielen weiland durchaus beeindruckenden Ärzte.

Aber inzwischen hat Sawaang sich abermals optisch in Erinnerung oder Wiederbegegnung eingeschmuggelt: mit der filmischen Aufzeichnung zweier

Klavierkonzerte von Mozart in London 2010. Da sucht und findet ihn mein infizierter Spürsinn bei den Streichern des *Philharmonia Orchestra* ganz klein und unbeachtet am letzten Pult der Ersten Geige. Kamera und Schneidepult präsentieren ihn da nur selten und als einen unbedeutenden Hintergrund, ich aber habe ihn entdeckt und besuche ihn da bei jedem Anhören.

Außerdem erfüllt er mir inzwischen auch die gelegentlichen Bitten meiner zerebralen Hilferufe.

Mein Greisenwissen ist inzwischen so weit in die unerforschlichen Abgründe dieses Universums vorgedrungen, daß ich alles das nicht mehr für unmöglich halten kann. Daher würdige ich es meiner Beachtung, denn:

wer weiß schon, sei es nun so oder so, das alles zuverlässig?

(Auch die vielen nächtlichen Wiederbegegnungen meiner Schwester mit ihrem verstorbenen Ehemann sind hierbei unvergessen. Die uferlose Literatur über alles sowas erst recht.

Und ein so kluger, trotzdem weltgewandter und politisch diesseitiger Autor wie Jean Giraudoux ließ noch seine postume *"Irre von Chaillot"* über die *"Millionen Wesen"* sprechen, die unsichtbar oder irgenwo jenseitig *"nur darauf warten, bis wir unter uns sind. Sie erhalten dann ein Zeichen, das ihnen sagt, in dem Wirrwarr* [Wirrwarr!] *und der Maskerade dieser Welt sei wenigstens ein kleiner Kreis, in dem sie gern gesehen sind. Und sie wissen das sehr genau".*

Auch Giraudoux mit all den weltläufigen Erfahrungen seiner souveränen Diplomatenkarriere also scheint das sehr genau gewußt und entsprechende Erlebnisse gehabt zu haben.)

*

Wonach man sich jetzt noch sehnen könnte?

Nach einem unvorsichtigen Leben: wie in Kindertagen, unbedacht drauf los.

*

Jeder neuzeitlich aufgeklärte Mensch glaubt (abermals!) nicht an Gott, sondern an die Evolution. (Als habe die sich selbst erfunden und selbst installiert.)

Aber die Evolution ist just als Prinzip einer Auslese so erfolgreich: sie ist aristokratisch. Oder radikal elitär. Was Elitäreres gibt es in diesem Universum schwerlich.

Dieselben neuzeitlich aufgeklärten Menschen, die so unerschütterlich an diese Auslese glauben, sind auch überzeugte Demokraten.

Sie übersehen dabei, daß Demokratie das Gegenteil von Auslese ist: strikt anti-aristokratisch, anti-elitär konzipiert.

Eine demokratische Evolution oder evolutionäre Demokratie wäre, was man früher eine *contradictio in adiecto* nannte: *ein Widerspruch in sich.*

Anhänger gleichzeitig von Evolution und Demokratie zu sein, muß schizophren machen und zerreißen.

Hieraus ist abzuleiten, daß die Demokratie nicht lange überleben kann. Sie ist anti-evolutionär. Also blockiert sie jeden Fortschritt.

Vielleicht beruhen die massiven Probleme heutiger Politik auf diesem Gedankenfehler.

*

Das Gilgamesch-Epos aus der 2. Hälfte des 2. Jahrtausends vor Christós trug im altbabylonisch akkadischen, hurritischen und hethitischen Original den Titel: *"ša naqba īmuru = Der die Tiefe sah".*

Da muß weiland einer die Tiefe gesehen haben.

*

Wie strikt noch die winzigste Blütenknospe dem wundersam eingeborenen Gesetz ihrer Unaufhaltsamkeit folgt! Auch eine plötzliche Ermordung durch brutale Trennung vom lebenspendenden Wurzelwerk kann ihre genetische Programmierung nicht im Mindesten irritieren, die Blüte wächst und entfaltet sich da noch gleichsam postum: ein wahres Wunder mehr.

Bei uns scheinen ja nur Haare und Nägel postum noch kurzzeitig weiterzuwachsen.

Allerdings: welchen Unaufhaltsamkeitsgesetzen unsere Seele dann folgt, bleibt hienieden ein Geheimnis. Vielleicht beweist sie sich ja dann und dort gleichermaßen als eine Knospe, die sich wo auch immer weiterentfaltet und ihre genetisch bescherte Blüte da erst ganz durchblüht.

Wenn ich den abgeschnittenen Forsythienzweig mit all seinen ungebremsten und unbremsbaren Knospen in der Sonnenbestrahlung meines Küchenfensters betrachte, scheint mir das eher wahrscheinlich zu sein:

daß auch meine Seele auf einen solchen Sonnenplatz irgendwo wartet, um endlich auch noch als Schnittblume quasi ganz und ungestört in all ihrer mitgegebenen Schönheit sie selbst zu werden.

Denn weshalb sollte *Mutter Natur* ihr verwehren, was sie der Forsythie gewährt?

*

In der Natur ist man von Wundern umgeben.

Aber nicht nur bei Spaziergängen befindet man sich in der Natur. Nicht nur im Schrebergarten. Nicht nur im Schwarzwald oder am Mittelmeer. Nie und nirgends befindet man sich nicht in der Natur. Sondern immer und überall nur in der Natur. Auch mitten in den Metropolen.

Also ist man auch immer und überall von Wundern umgeben.

Aber man ist da nicht nur ab und zu, also mehr oder weniger von Wundern umgeben. Sondern von lauter Wundern. Nur von Wundern.

Man ist nur von Wundern umgeben: immer und überall.

Man ist immer und überall nur von Wundern umgeben.

*

Aber Lobgesänge fehlen ja in der Pop-Musik völlig. Keinerlei *laudate*, nie.

*

In der Barockmusik hingegen wurde runde zweihundert Jahre lang nichts als gepriesen. *Ça c'est la différence*.

*

Neun Jahre lang, von 1997 bis 2006, habe ich diarisch mit Mozarts Liedern und ihren Interpretinnen gerungen: wer ist schuld an ihrem langweiligen Vortrag – die Singenden oder der Komponist?

Jetzt endlich, zwölf Jahre später, weiß ich mit Bestimmtheit: seine Lieder sind ebenso meisterhaft wie alles andere von ihm. Vielleicht kann bloß nicht jeder oder jede sie singen.

Irmgard Seefried konnte das schon 1950 und hat mir jetzt endlich die Ohren geöffnet. Eher noch am Anfang ihrer eigenen beachtlichen Laufbahn, hat sie diese heiklen Preziosen getrost mit vitaler und voller Bruststimme gesungen, aber für die hohen Töne dann eben doch statt jener gängig schrillen Soubrettenspitzen lieber jenes magische Füllhorn aus Mondlicht und seraphischen Himmelsküssen darüber zu ergießen gewußt, das auch ihre Susanna im *"Figaro"*, die Fiordiligi in *"Così fan tutte"* so außergewöhnlich klingen ließ. Von dreizehn Mozart-Liedern, die sie auf einer CD mit Liebesliedern diverser Komponisten vorstellt, sind mindestens elf so hochkarätig: immerhin also genau ein Drittel des vorhandenen Kontingents.

Freilich wird sie von einem außergewöhnlichen Pianisten begleitet: Gerald Moore aus der Grafschaft Hertfordshire. Er war zwanzig Jahre älter als diese Sängerin und könnte sie also angemessen beraten haben. Er klingt auch selbst immer ungewöhnlich kompetent, wenn er Pablo Casals, Kathleen Ferrier, die Schwarzkopf oder Fischer-Dieskau begleitet. Auf Konzertpodien kannte er sich aus wie Wenige.

Das mag auch der Seefried auf die rechten Mozart-Wege verwiesen oder sie dort bestätigt haben.

*

Die nahezu unübersetzbare baltische Vokabel *Fifferullchen*: sie meint sowas wie Affenkram, dummes Zeug, Gedalbere, derlei.

Das landsmännische *Kuddelmuddel* ist auch hierzulande im *Großdeutschen Reich* weit verbreitet, diese *Fifferullchen* kennt hier niemand.

*

Daß es Musik gibt, ist eine Erfindung nicht des Menschen, sondern der Natur. Wie auch Sprache: Erfindung der Natur.

Was man aus beiden machen kann, ist dann Leistung des Menschen. Aber daß es sie gibt, ist Natur.

Der Mensch hat beide schon vorgefunden.

Unausdenkbar.

*

Wie sich im Juli 2018 bei Donald Trump's Besuch der Queen in Schloß

Windsor historische Etikette und verwahrloste Anarchie begegneten:

indem sie sich wechselseitig respektierten.

Aber vermutlich auch gegenseitig irritierten und störten.

*

Wäre nicht eine ausgewogen gesunde Pansexualität für einen Autor oder Künstler prinzipiell ebenso unerläßlich wie jede andere Offenheit innerhalb der goethischen *panoramic ability*: als Bestandteil einer Universalität und Vielseitigkeit, die möglichst allseitig sein sollte, weil ihr nichts fremd bleibt? Schon *anno* 163 *ante Christum natum*: *"Homo sum, humani nihil a me alienum puto"*: sondern tunlichst erlebt, vertraut und gut bekannt. Eben als Allzumenschliches.

*

Haustier des Papstes Leo X. (1475-1521) aus dem Hause Medici war ein indischer Elefant namens Hanno (~ 1510-1516).

Wäre *Hanno* viel später dann vielleicht auch noch ein Synonym für *Haustier?*

*

Eine Erkenntnis, die einen endlich nach langem Leben überzeugt und als Quintessenz beglückt (auch passabel zu Ende leben lassen könnte),

wurde schon vor 340 Jahren in drei Wörtern jenes marranisch jüdischen Portugiesen Bento d' Espinosa publiziert, den die Kulturgeschichte lieber als holländischen und "ehelosen" Philosophen Baruch de Spinoza respektiert:

"Deus sive natura".

Mehr als dieses verbale Arrangement oder alternative Trio braucht eigentlich niemand zu wissen und zu beherzigen. Damit käme jedermann recht weit.

*

Wie mich im Straßenverkehr neuerdings die kurzgeschorenen Hinterköpfe junger Männer zunehmend zu erotisieren vermögen. Na, nicht alle natürlich, aber doch eine Vielzahl!

Woran das liegen könnte? Nicht zuletzt vielleicht an meiner Vorstellung, was die Gehirne dicht hinter diesen Hinterköpfen da jeweils gerade knisternd und hochaktiv produzieren: welche Gedanken, Gefühle, Hoffnungen, Pläne oder Ängste, Erinnerungen, Projekte oder ganze Kreationen.

Dabei bewegen sich diese Hinterköpfe durch ihre turbulente Umwelt, als könne sie kein Wässerchen trüben. Aber innen? Brisanzen, Schwingungen, Strömungen, Turbulenzen, flüchtigste Assoziationen oder auch Geschlechtlichstes, Pervertiertes, ganze Revolutionen sonst wobei: scheinbar in aller Ruhe. Geheimnisvollstes!

Wie soll einen sowas nicht stimulieren?!

*

Wie leicht man junge Ehepaare, die ihre wechselseitige Beglückung demonstrieren oder gar im Kinderwagen vor sich herschieben, als leibhaftig wandelnden Irrtum empfindet. Wann wird ihr ahnungslos programmierter Zeitzünder aktiv und läßt zumindest für zwei aus diesem Trio die Welt in Trümmer gehen, für eins von ihnen in tiefster Enttäuschung und Verwundung, für das Andere in verschreckter Ratlosigkeit: wann? Und was dann?

Eigentlich gibt es hienieden nur wenig Traurigeres.

*

Daß der Eigenname *Google* nur als Anagramm des Eigennamens *Gogol* gelesen werden kann, versteht sich von selbst.

Aber sollte er vielleicht auch ein kryptisches Reïnkarnat signalisieren und mit heutigen Mitteln Gogols lebenslängliche Verspottung aller Dummheit fortsetzen wollen?

Das machte Sinn und versöhnte sogar partiell mit diesem *US*-amerikanischen Bildungsersatz für Faule.

*

Ein Dokumentarfilm aus der Tiefsee macht mit einem exotischen Fisch bekannt, dessen Männchen sich nach vollzogener Paarung nie wieder vom begatteten Weibchen separieren, sondern in ihm aufgehen, lebenslänglich mit ihm verschmelzen, von ihm in die eigenen inneren Organe integriert werden. Fortan sind sie nur noch ein einziges Tier.

Das Fazit: diese Fischart leidet unter Männermangel, *claro*!

*

In einem Interview mit dem STERN sagte Götz George schon 2013:

"Unsere Zeit ist mittelmäßig. Was wir machen, ist Mittelmaß."

Es begann also, auch schon den Erfolgsgekrönten aufzufallen.

*

Nan Merriman, dieser außergewöhnlich wunderbare Mezzosopran aus Pittsburgh, der 45jährig aus familiären Gründen zu singen aufhörte, wurde gleichwohl 92 Jahre alt.

*

Wie man allmählich das ganze Menschsein leid ist:

aber keineswegs nur das eigene.

Sondern auch ringsum: dieses ganze Rumgerenne, Angeziehe, Eingekaufe, dieses Gemaile, Gequatsche und Gerechne, Gewhatse und Gephone, dieses mobil und "in" Sein, den Kalender beachten, Feste mitmachen und sich rasieren, frisieren und stylen Müssen, diese Behördengänge off- und online, Adblocker deaktivieren lernen, *online banking* stabilisieren und Pakete abholen gehen, all die Fernbedienungen unterscheiden können und Termine wahrnehmen –

mit alledem und sehr viel mehr dergleichen tut einem die betroffene Menschheit sehr leid

und nervt zugleich maßlos.

Man hat keine Lust mehr zu alledem: laßt mich gefälligst in Ruhe!

*

Vor rund 75 Jahren korrigierte meine liebe Mutter meine Verwendung des Wortes *selber*, bezeichnete das als "falsches Deutsch" und wies mich an, statt *selber* künftig immer nur *selbst* zu sagen: *nur* selbst *sei richtiges Deutsch.*

Das habe ich seither runde 75 Jahre lang auch immer so beherzigt und mich gegebenenfalls auch *selber* immer entsprechend korrigiert. Denn an meiner Muttersprache zweifelte ich keine Sekunde.

Erst jetzt, runde 75 Jahre später, lese ich bei den Grimms, bei Duden, Google und sonstwo alles, daß das alles so gar nicht stimmt. Meine liebe Mutter hatte hiervon offenbar gar keine Ahnung und völlig Falsches behauptet. Denn *sel-*

ber ist auch regulär und offiziell genau so brauchbar wie *selbst*: gar kein Unterschied.

Frage: warum habe ich die Grimms, den Duden, das Google und all die Andern erst jetzt befragt? Daß ich jetzt noch lerne, manchmal statt *selbst* auch ruhig *selber* zu sagen und zu schreiben, ist unwahrscheinlich. Das schafft *selbst* der beste Wille nicht mehr. (Das schafft der beste Wille *selber* nicht mehr?)

*

Im März 1978 schrieb Peter Hacks mir in einem Brief:

"Ich habe vor, wie Goethe im März zu sterben".

Als er 25 Jahre später 75jährig starb, geschah das keineswegs im März. Es war viel mirakulöser.

Denn was ich zufällig erst jetzt entdeckte: Hacks war an einem 21. März geboren worden – also einen Tag vor Goethes Todestag am 22. März.

Und er starb an einem 28. August – also an Goethes Geburtstag.

Ob er das wohl selbst noch so realisieren konnte?

Daß es zwischen ihnen beiden Seelen- und Wahlverwandtschaften gab, wußte er sowieso: auch ohne solche Machenschaften des Kalenders.

Aber daß sich ihre "Eckdaten" sozusagen spiegeln, hatte sich eigens die fantasievolle *Mutter Natur* ersonnen: sicher zur okkulten Freude der beiden Hauptdarsteller. Denn sowas magisch Pervertiertes verflicht ja noch mehr.

*

Könnte es sein, daß sich *online* gerade ein bislang unbekanntes *Prekariat* zu rekrutieren im Begriffe ist? So nennt die *Friedrich-Ebert-Stiftung* seit 2006 eine neue *"Unterschicht von Abgehängten und Aussichtslosen"*: eine aktuelle Spiel-, nein: Abart von einstigem Proletariat.

In diesem Falle wäre das aber nicht das schrumpfende Heer der Computerlosen, sondern jene Niederung gedächtnisloser *user*, die sich als virtueller und cleaner *slum* des Wissens, *slum* der Moral und des Geistes bereits gegenseitig unterwandern und unterbieten: abwärts in ein gnadenloses Vakuum.

Dessen Auswirkungen sind unabsehbar, aber jetzt schon Entsetzen erregend.

2019 (84- bis 85jährig)

Die Natur habe, wußte kürzlich eine wissenschaftlich glaubhafte Auskunft, von allen irdischen Lebewesen runde 99 Prozent der ausprobierten Arten im Laufe von Jahrmillionen wieder fallen oder aussterben, jedenfalls verschwinden lassen.

Das fügt sich in vermeintliche Erkenntnisse von kosmischem Geschehen generell: es experimentiert permanent und allenthalben. Nichts ist hier irgendwo für immer und ewig etabliert oder festgeschrieben. Alles geht auch anders.

Das dürfte sich ausnahmslos auch auf den sogenannten *homo sapiens* beziehen. Ganz offensichtlich ist er für einen längeren, nach Jahrmillionen bemessenen Aufenthalt keineswegs *sapiens* genug und dürfte sich als gescheiterter Versuch demnächst entübrigen.

Alles deutet darauf hin – allerdings nicht erstmals. Aber irgendwann wird er sich heimisch zu den 99 andern gesellen.

Aber als was dann?

*

Feminismus ist ein aggressiver Rassismus.

Machismo ein latenter.

Beide sind wetterleuchtende Pioniere zum Faschismus *in spe*.

*

Aber eine Liste mit weiblichen Eigenschaften, die von Männern erlitten, verübelt und angekreidet werden, wäre vermutlich sehr viel länger als jedes Register, das Frauen mit klassischen Machomängeln füllten.

Freilich verfügen die Frauen über den Bonus der Kinderaufzucht. Um die Brut einzubringen und durchzuboxen, sind Ellenbogen vonnöten, die den Männern mißfallen müssen oder wehtun.

Ein ewiges Mißverhältnis also.

(Nur daß auch kinderlose Frauen sich ebenso martialisch durchzusetzen wissen.)

*

Aber die um sich greifenden Aggressionen von Feministinnen gegen Männer nähren auch den Verdacht, daß viele Frauen sich immer nur den abscheulichsten und lebenslang anscheinend niemals gütigen, ehrenwerten Männern verbinden oder ausliefern. Als kennten sie nur Kerle aus der Wirtschaft, den Medien, den Behörden oder vom Immobilienmarkt. Klugen und empfindsamen, rücksichtsvollen, hilfsbereiten oder weisen und sensiblen Künstlern, Forschern oder Intellektuellen scheinen sie nie begegnet zu sein – aber zufällig oder absichtlich nicht?

Meiden sie vielleicht instinktiv die überlegen Kultivierten und suchen sich lieber die leichter beherrschbaren Trampeltiere, Monster und Sklaven?

Könnte es auch das sein: latenter Machtkampf also abermals?

Statt Sublimation?

*

Eine andere Vermutung: die Deutschen sind ein Volk der Hysteriker. Denn jeder kleine und kleinste Mißstand in ihrem Gemeinwesen wird mit Vorliebe aufgebauscht und willkommener Anlaß zu kopfloser Massenpanik.

Unsere Medien-Ära leistet dem freilich unguten Vorschub. Aus jedem Furz wird in günstig vermarktbarer Windeseile ein öffentliches Drama, noch lieber: eine nationale Katastrophe.

Noch viel schneller werden jeweils Schuldige gesucht und sofort gefunden: immer sind es irgendwelche Anderen, nie man selbst.

Das alles hat was Pathologisches. Heutigen Medizinern gilt Hysterie ja als neurotische oder dissoziative Störung, innerhalb derer Geltungsbedürfnisse und Egozentrismen, also auch nationalistische Chauvinismen zu psychogener Verhaltensweise führen.

*

Im Straßenverkehr gibt es ein neues Prekariat: die Fußgänger.

Denn Bürgersteige oder sonstige Fußwege werden nun auch noch von E-Rollern behelligt: zusätzlich noch zu all den jetzigen Fahrrädern, Tretrollern, Rollatoren, Skateboards, Hackenporsches, Rollstühlen, Kinderwagen, Zwillingskutschen und sonstigen Gefahrenquellen. Ab jetzt also auch noch elektrische Roller mit feindlichen Geschwindigkeiten! Oder oft und gern in kleinen Grüppchen auch mitten auf dem Trottoir diagonal geparkt!

Die Zeiten, in denen es auf Bürgersteigen und Zebrastreifen noch gemächliche Privilegien für Passanten ohne Fahrzeug gab, sind inzwischen längst *passés* und historisch. Hastewaskannste! Im überfüllten Bali zum Beispiel gibt es auf einer seiner Hauptstraßen schon lange überhaupt keinen Bürgersteig mehr: restliche Fußgänger schlängeln sich da unter Lebensgefahr auf dem Fahrdamm durch Millionen von Fahrzeugen hindurch. In der südostanatolischen Millionenstadt Diyarbakir ist im Herbst 2018 unter zwei schwatzenden Fußgängerinnen plötzlich der Gehweg eingestürzt und hat die beiden verletzt: *"aus unbekannten Gründen"* – na, aus Fehl- und Überbelastung natürlich!

Das politisch vermeintlich so progressive Projekt einer "Fahrradstadt" (Hamburg) läßt Apokalyptisches ahnen. Fußgänger ohne nachgewiesenes Fahrzeug dürften da vermutlich bald TÜV-Plaketten (nach Art von Judensternen), Sondergenehmigungen mit Berechtigungsausweis, bald dann auch Schufa-Nachweise benötigen, um auf Bürgersteigen überhaupt noch zugelassen und geduldet zu werden.

Einmal mehr: *"Ich führe euch herrlichen Zeiten entgegen"*.

*

Horst Günter, 1951 in Recklinghausen mein allerersten Papageno bei einem Gastspiel der Staatsoper Hamburg, ist 2013 nur viereinhalb Monate vor seinem 100. Geburtstag gestorben,

Carlos Feller

(*recte* Kalman Felberbaum: dieser argentinische Baß aus Polen und dreißig Jahre lang Mitglied der Kölner Oper, mir jedoch weiland zu Zeiten meines eigenen dortigen Engagements irgendwie rätselhaft oder eben deshalb entgangen, weil auch an den meisten sonstigen großen Opernhäusern und bei Festivals weltweit bis zur *Metropolitan Opera* hinauf ein vielgefragter Gast),

Carlos Feller starb vor runden drei Monaten, kurz vor Weihnachten 2018 im 97. Lebensjahr.

Immer wieder und wieder also unübersehbar: Sänger werden oft zu Methusalems! Warum wohl?

*

Mit all seinen vielen Vorzügen beginnt “das Netz”, allmählich einem kryptischen Abgrund entgegen zu trudeln. Das erinnert an den *“Zauberlehrling”*: wie auch der die Geister nicht mehr los wurde, die er rief.

*

Was da trösten könne:

die Ära des Computers wird irgendwann einmal vergessen sein wie vor ihr schon zum Beispiel die Romantik, der Jugendstil – oder die Allongeperücke. Als dieser Kopfschmuck üblich war, konnte sich niemand je ausmalen, daß er irgendwann mal aus der Mode kommen könnte. So sehr gehörte er zu jedem anspruchsvollen Leben hinzu.

Heute kann grade das sich niemand mehr vorstellen.

So dürfte es eines fernen Tages auch den Computern ergehen: Schnee von vorvorgestern.

Aber was dann statt ihrer?

Bauchgrimmen.

*

Zumindest in früheren Zeiten hatte sicher eine Mehrzahl aller Menschen ihr Dasein einer heutzutage sogenannten *“sexuellen Belästigung”* zu verdanken – vielleicht ja auch unsere allergrößten Talente und vielleicht global auch heute noch.

Denn was unsereins nunmehr als *“häusliche Vergewaltigungen”* verurteilt, hieß hierzulande früher *“eheliche Pflichten”* und wird andernorts vermutlich auch jetzt noch so begriffen, praktiziert und vergleichbar bezeichnet.

Wie mag dasselbe nach hundert Jahren heißen? Und wie bewertet werden?

*

Wie Bäume im Frühling ihre Energieen synchron proportionieren und dosieren.

Kein einziger Blattsproß wird da als Favorit bevorzugt: auch seine obersten Spitzen nicht, die das ganze Wachstum des Baumes ins Licht da oben doch auszumachen scheinen. Nein, da gibt es kein einziges Lieblingskind. Jedes der vielen hundert oder gar mehr als tausend Blättchen eines solchen Riesen wird da gleichermaßen und gerecht versorgt und weiterentwickelt, vorangetrieben. Sie öffnen sich dann auch allesamt synchron und am selben Tage.

Als hätte der Baum ein Bewußtsein von alledem.

Aber woher nehmen wir die Berechtigung, ihm das abzusprechen?

Nur aus unserer unberechtigten Hybris. (Statt daß sich kinderreiche Eltern an diesen Bäumen ein Beispiel nehmen und orientieren.)

*

Meine Ikone Horst Caspar spielte ihre erste Bühnenrolle, den Römischen Herold in Shakespeare's *"Coriolan"*, just am 19. September 1933: also auf den Tag genau ein Jahr vor meinem eigenen *"incarnatus est"*.

Ich deute mir das gern als engelhaft höchstkarätige Verkündigung mit schmeichelhaftem Trompetenstoß. Als das prophetische Fanfarensignal wahrhaftig eines klassischen Herolds.

Es besiegelte bereits im Vorhinein unsern magisch brüderlichen Bund, der sich später im Recklinghäuser *"Danton"*, in dessen Autogramm, in Willi Schmidt, dem Schillerfilm und vielen eigenen Texten perpetuierte.

(Auch Caspars eigene Geburt war an einem 20. Januar im Anhaltischen mit jenem einschneidenden Schicksalstage meines eigenen Lebens eng verbunden, der mich *anno* 1945, an seinem 32. Geburtstage also, für einige Jahre just in sein Anhaltisches verschlug. Als folgte ich da schon, selbst eben zehnjährig, seiner zeitlosen Spur – oder suchte ihn bereits – wie auch heute noch immer.)

*

Meine erste leibhaftige Begegnung mit einer Oper von Mozart, diesem baldigen Leitstern meines ganzen Lebens und sehr viel später gar Sujet eines eigenen Buches, fand bei einem Abstecher der *Städtischen Bühnen Gelsenkirchen* mit der *"Zauberflöte"* in Marl statt: am 19. September 1950, just meinem 16. Geburtstage also.

Gongschlag!

(Es dirigierte damals der weiland leicht angeschwärmte Ljubomir Romansky, der am 21. Januar 1912 geboren worden war: also einen Tag nach, aber ein Jahr vor Horst Caspar mit seinem Geburtstag am 20. Januar 2013.)

Lauter “Geflechte” – ?

*

Im Rahmen einer Talkshow des Fernsehens präsentierte eine Sportreporterin dieser Tage ihr Buch über Schamgefühle. Lang und breit zelebrierte sie ihr eigenes Schämen für sonstwas alles und bezog auch das Studiopublikum in ihre Schamgefühle mit ein: *sicher schäme sich jeder auch von denen allen für Vieles*!

Für was schäme ich mich? Höchstens für mißlungene Formulierungen. Sonst für gar nichts. (Nein, auch für die nicht.) Jedenfalls fällt mir da nichts ein. Das hängt vermutlich mit gesellschaftlich aufgepfropften Moralvorstellungen zusammen: wenn man getan hat, was dieser Sittencodex verurteilt. Vielleicht eben deshalb bin ich von Schamgefühlen ebenso frei wie von solchen bürgerlichen Moralia.

Oder hängt das bei dieser Dame mit ihrem Sport zusammen?

Mein Leben dem Sport zu opfern, würde “nachhaltig” auch mich schamrot werden lassen.

*

Seit Jahrzehnten folge ich einem *dictum* irgendwelcher Musikwissenschaftler: *Mozart habe für sein* Requiem *in Wahrheit nur wenige eigenhändige Takte hinterlassen; fast alles Andere stamme von seinem Kollegen Joseph Eybler und jenem Franz Xaver Süßmayr, der sein Schüler,* aber bei Frau Konstanze ja vermutlich auch sein sexueller Rivale *war*.

Das alles habe ich blauäugig so geglaubt, diesen nachgelassenen Torso daher immer nur unlustig angehört und das übliche Lamento seiner Aufführungen für uninspirierte Routine gehalten. Meist wurde es auch so gespielt. Vielleicht weil auch die Musizierenden jeweils meiner weitverbreiteten Ansicht waren. Da konnte dann jeweils auch nichts Elektrisierendes entstehen.

Aber seit etwa einem Jahr höre ich jetzt immer wieder und wieder die faszinierende Salzburger Aufführung dieses Werkes durch die *MusicAeterna* und deren Chor 2017 unter ihrem Dirigenten Teodor Currentzis. Plötzlich haben jene Musikologen gelogen. Jeder einzelne Takt dieses Werkes wurde von Mozart komponiert und von niemandem sonst: so hochkarätig ist da ausnahmslos alles. Undenkbar, daß die Herren Eybler und Süßmayr, die uns ja sonst kein einziges Werk von ähnlichem Kaliber hinterlassen haben, jemals solche

Musik geschrieben haben. Nein, so wie dieser Currentzis und seine Musiker das präsentieren, ist jede einzelne Note von Mozart, keine einzige unter dessen Niveau.

Immer wieder und wieder mit Inbrunst.

*

Im medizinischen Zentrum des *Wat Po*, jenes Königlichen Tempels in der Altstadt von Bangkok, bestand vormals, besteht ja vielleicht auch jetzt noch das therapeutische Reservoir neben Heilkräutern und weltberühmten Massagen

auch aus Literatur.

Poesie als Pharmakon, Dichtungen als Medizin: wo in aller Welt gibt oder gäbe es das sonst noch?

Und war das nur ahnungslos oder sonderlich weise? Nur naiv oder sonderlich kultiviert? Die Patienten befragen!

*

Immer häufiger überfallen einen jetzt Momente, in denen man aus diesem ganzen kapitalistischen Terror nur noch weg will.

Wohin?

Egal: bloß weg, in irgend ein *off*. Wo man nicht pausenlos als Spielball von Wirtschaftsriesen mißbraucht wird und wehrlos ist.

Aber hierzulande gestattet der Globalismus keinerlei *off* mehr. Rings um den Erdball nimmt der einen end- und gnadenlos aus.

Entrinnen kann man dem nur, indem man sich dem Universum und dessen wachsender Beschleunigung sonstwohin anvertraut: ohne Mitgliedsbeitrag, Fahrpreis, Verwaltungsgebühren, *Incasso, Schufa* oder Ticket. *Free expansion.*

*

Erstens: keinerlei Trauerfeierlichkeiten oder Gedenkgottesdienste
Zweitens: Krematorium
Drittens: Anonyme Entsorgung (ohne Zeremonie) – tunlichst *naturaliter* und ortlos und alles punktlos

Je Hinterbliebene werden nichts vermissen, wenn sie meine Texte lesen, meine gespeicherten Musiken hören …

Sela.

*

Jetzt weiß ich es endlich: Richard Strauss ist schuld!

An was?

Daran, daß ich meine geplante Notiz über seine Zerbinetta hier nicht niederschreiben kann. Denn seit ich deren Arientext von Hugo von Hofmannsthal gelesen habe, ist mir klar, was Richard Strauss mit seiner Vertonung dieses Librettos alles zugeschüttet und jeglichem Zugang zum eigentlich Gemeinten gnadenlos entzogen hat: sehr, sehr Vieles, liebe Hörer!

Es ist so viel, daß es (wieder mal) die Maße einer hiesigen Notiz bei Weitem überschreitet. Augenblicklich schreit das alles nach einem Essay. Aber ich glaube nicht an Essays. Meist erweisen sie sich beim Schreiben nur als kleine Segmente aus sehr viel weitschweifigeren Zusammenhängen, und nach zwei vorausgegangenen Parallelen bin ich nunmehr gewitzt. Sowohl *"Geflechte"* mit ihren 652 Seiten als auch *"Wirrwarr im Lot"* mit seinen 420 Seiten begann hier als Tagebuchnotiz. Jetzt weiß ich, wie meine Blitzideen (oder Ideenblitze) von ihrer Ausarbeitung jeweils zu Expansionen gezwungen werden, und warte lieber ab.

Nur Geduld also, liebe Zerbinetta! Du weißt, daß Deine imposante Arie (sei es mit zwanghaftem Applaus) von Erna Berger bis Edita Gruberová oder Erna Sack bis Kathleen Battle an die dreizehn Minuten dauern kann, daß Richard Strauss jedoch von Hofmannsthals langem Text mit seinen vielen, vielen Aspekten und Schichten hier eigentlich nur einen einzigen Nebensatz in seine geniale Musik transponiert hat. Welchen?

Den: *daß den Frauen meist der Sinn nur nach einer Offenbarung schmerzlich süßer Schwachheit "zuckt"*. Auf noble Weise meint das die feminine Sexualität, die Strauss hier seine ganze Monsterarie lang genial und schmerzlich süß durch Rezitative, Koloraturen, Glissandi und melodiöse Fetzen wirklich – zucken läßt.

“Von unserer Schwäche sprechen, sie uns selber eingestehn,
ist es nicht schmerzlich süß? Und zuckt uns nicht der Sinn danach?”

Sicher ist das die zentrale Mitteilung dieser Zerbinetta,

aber all Ihr vieles Andere, lieber Herr von Hofmannsthal, scheint erst *in spe* meinen Ausgrabungen und deren Abundanzen vorbehalten.

*

Der *Österreichische Erbfolgekrieg* ist unsereinem höchstens dem Namen nach ein Begriff, anderweitig vermutlich nicht einmal das. Er ist gleichsam entschwunden: *was interessiert uns heute noch eine österreichische Thronfolge im 18. Jahrhundert – oder?*

Dabei dauerte dieser Krieg (nach dem Tode Kaiser Karls VI.) ganze acht Jahre, von 1740 bis 1748 (teilte sich mir jetzt rein zufällig mit), also vier Jahre länger als der *Erste* und zwei Jahre länger als der *Zweite Weltkrieg* und fand zwischen mindestens sechs Nationen statt: Österreich, Preußen, Großbritannien, Spanien und Frankreich wie Holland (den beiden Letzten “samt Verbündeten”).

Die Kriegsschauplätze lagen weit verstreut in Böhmen, Bayern, Holland, Frankreich, Belgien, Schlesien, der Oberlausitz, Sachsen, Italien, Spanien, Indien und Kanada – schon als Skizze eines Weltkriegs.

Die Anzahl der Toten scheint ebenso wenig überliefert wie die der Verwundeten. Niemand hat sie je gezählt. Auch die Zerstörungen blieben unregistriert. Die Kosten erst recht.

Aber die österreichische Thronfolge war dann nach leichten territorialen Verlusten geklärt: Regentin blieb nach wie vor die legendäre Maria Theresia, und Kaiser des *Heiligen Römischen Reiches* allenthalben wurde (als Franz I.) ihr Ehemann Franz Stephan von Lothringen.

Übrig geblieben scheint von alledem nur jene sogenannte *“Feuerwerksmusik”* von Georg Friedrich Händel. Denn König George II., der seinen eigenen britischen Krieg (seinerzeit ausschließlich gegen Spanien) irgendwie in jenen *Österreichischen Erbfolgekrieg* integriert hatte, gab nach dem Friedensschluß in der Freien und Reichsstadt Aachen 1748 seinem Hofkomponisten Händel den Auftrag, für sein groß im Londoner *Green Park* geplantes Friedensfest eine Gelegenheitsmusik zu schreiben: *a"Music for the Royal Fireworks"*.

Diese ganze Fête mißlang: denn die einleitenden 101 Salutschüsse kamen nicht wie vereinbart, die Musik begann infolgedessen zu früh und irritierte dadurch die Feuerwerker, die an besagtem Abend überdies gegen Aufweichungen ihrer Pyrotechnik durch den Londoner Regen, schließlich gar gegen einen veritablen Bühnenbrand anzukämpfen hatten.

Nur Händels Musik überlebte jene barocken Händel und ihre Befriedung bis heute strahlend. Noch 2016 wurde sie von einem Orchester, das sich als *Concert spirituel* auf Pariser Konzertveranstaltungen dieses Namens von 1725 bis 1791 bezieht, vor dem sonderlich großen, sonderlich pittoresken Loire-, Renaissance- und Jagdschloß in Chambord aufgeführt. Vor dieser repräsentativen Kulisse waren Händel-Musik und knallend zischende Raketenschau ganze 17 Minuten lang technisch perfekt und musikalisch so überraschend sensibel synchronisiert, daß ich mir ihre Aufzeichnung durch das Fernsehen meinerseits aufzeichnete und heute auf ein DVD kopierte.

Bei dieser guten Gelegenheit erfuhr ich beiläufig auch, was jene längst verwehten *Österreichischen Erbfolgekriege* waren: letztendlich ein zynischer Anlaß für zeitlos leuchtende Meistermusik. (Tröstet das postum noch all die Kriegsopfer?)

*

Die ganze klassische Musik
ist ja bei unserm Kulturvolk mehr und mehr in Verschiß geraten.
Taucht in all den grassierenden Quizsendungen je eine Frage hiernach auf,
lautet die Antwort fast immer sofort: *"Weiter!"*

Eine *terra incognita absoluta*!

Aber mehr und mehr kann auch ich
all diese scheinbaren Musikmuffel verstehen. Was in unsern Konzertsälen,
auf Schallplatten oder Scheiben, im Rundfunk und auf einer Schwundstufe
des deutschen Fernsehens als sogenannt klassische Musik offeriert wird,
ist fast immer gar keine "klassische", sondern romantische Musik,
überwiegend sogar spätromantische.
Das beginnt allenfalls beim Nationalhelden Beethoven,
tangiert noch flüchtig Schubert und Weber, aber badet dann unaufhörlich und
unbarmherzig mit Brahms und Chopin, mit Schumann und Liszt, mit Dvořák,

Grieg und Sibelius, mit Tschaikowskij und Rachmaninow, Berlioz, Massenet und Gounod, gar mit Wagner und Mahler und derer aller Epigonen noch und noch.

Für Veranstalter und Verkäufer, folglich auch für die meisten praktizierenden Künstler ist *klassische Musik* noch immer unabdingbar, was sie für unsere Großeltern war: die Kompositionen des 19. Jahrhunderts,

und in der Tat jammern und schmachten, wabern und lohen, wehklagen und schluchzen, beweinen und sehnen die sich alle meist heillos, trauern unerlöst und unheilbar vor sich hin: in einer meist formvollendeten, aber hoffnungslosen Melange aus Masochismus und Onanie.

(Freilich erweisen diese Selbstbemitleidung und -befriedigung eine ungeahnte Zähigkeit, Kraft und Vitalität. Runde hundert Jahre lang dominieren sie Musik, Geistes- und Gefühlsleben eines ganzen Volkes mit all den maßgeblich mittleren Schichten seines Bürgertums.
Unromantisch wollte da nie jemand reagieren.
Deutsch sein, kann man getrost behaupten, hieß von Beethoven bis Wagner auch und vorrangig *romantisch sein*.
Franzosen waren damals unerträglich rational, aber Deutsche romantisch: mit Lorelei und Kyffhäuser, Eichendorff, Rückert und E. T. A. Hoffmann oder Caspar David Friedrich
und seinen beiden *"Männern bei Betrachtung des Mondes"*
oder eben Carl Maria von Weber und seinem *"Freischütz"*,
Robert Schumann mit der *"Mondnacht"* und Carl Loewe
mit all seinen pommerschen Balladen. *Sela*.)

Aber grade alles sowas
läßt einen solchen *aficionado* klassischer Musik wie mich radikal selektieren. Seit Beethoven sich selbst und jedes Menschlein endlos zu bedauern begann, langweilt mich die pseudo-psychologische Musik so lange, bis sie bei Strawinskij, Prokofjew, Kurt Weill und Schostakowitsch satirisch, exzentrisch und anarchisch wurde oder fantastisch über alle Stränge schlug. Das erreicht und beeindruckt, das interessiert mich wieder beträchtlich.

Aber beseligt schlürfen kann auch ich die "klassische" Musik nur von Monteverdi bis Mozart: also deren Lobpreis, Jubel und Beheimatung noch anstelle des romantisch aussichtslosen Gejammers in genossener Unzufriedenheit.

Aber nun mache mal einer
eine solche Differenzierung der “breiten Masse” klar! Ich verstehe sie
und schalte auch ebenso oft sei es aus oder ab, wenn “konzertiert” wird.
Nach wie vor herrschen da noch absolut das Weltbild und der Ungeist des
unselig heuchelnden, lügenden und sentimentalen 19. Jahrhunderts.

Tatsächlich in den Orkus damit: zu den Heulsusen!

Vielleicht ist ja die Massenflucht inzwischen schon mehrerer Generationen
in die Niederungen der sogenannten Popmusik
als Absage an die fruchtlos verlogenen Sehnsüchte und Klagen
oder genüßlich verquasten Frustrationen unserer Großeltern zu verstehen.

(Nur daß unsre Jungen da unten in ihrem populären Tief
nicht minder betrogen werden!)

*

Aber so jemand wie Alban Berg zum Beispiel?

Naja, erstens gehört er ja mit Prokofjew, Weill und Schostakowitsch
durchaus zu jener Generation der Gebeutelten, müßte nach Adam Riese also
ähnlich exzentrisch und anarchisch klingen wie diese. Aber tut er das?

Zweitens nämlich habe ich kürzlich seine vielgerühmte *“Lulu”* von 1928/34
wiederzuhören versucht.

Schon nach zwei Minuten hatte sie mich darüber informiert,
daß ihre Autoren selbander die Menschenwelt für abgrundtief böse hielten.
Na, schön: und dann? Dann hielten diese Autoren die Menschenwelt
nachhaltig und dauerhaft immer noch für abgrundtief böse.
Richtig oder nicht: ich gestehe, daß mich das ab der dritten Minute
nur noch langweilte.

Außerdem mutete mich da Urautor Wedekinds unverhohlen mitschwingende
Selbstbemitleidung allzu strindbergisch und ebenso altmodisch an.

Das alles bezog sich freilich vorwiegend auf die dargestellten Personen
und deren Gesangstexte – also nicht gerade auf die musikalische Sprache
dieses Komponisten. Was die da sangen, mutete mich
konform modernistisch und auch musikalisch reichlich fantasielos an.

Exzentrische Fantasie schien freilich das begleitende Orchester zu entfalten.

Aber in einer Oper ist der Orchestergraben mit seinen Klängen
zwar das absolute *sine quo nil*, aber die Bühnenvorgänge
lenken heillos davon ab. So auch hier.

Bestätigt fühle ich mich in diesem Fall durch die Information,
daß auch Berg selbst anscheinend seine Orchestrierung für besser
oder für wichtiger, für aussagestärker oder persönlich gelungener hielt
als die Texte und Figuren von Wedekind.
Denn als das Particell dieses Bühnenstücks weitgehend abgeschlossen war,
unterbrach Berg dessen anstehende Beendigung und begann
mit der Arbeit an einer sogenannt konzertanten *Lulu-Sinfonie*.
Er dürfte empfunden oder selbst schon gehört haben,
daß er mit dem Orchester authentischer arbeitete als mit Sängerstimmen.
Von dieser Sinfonie hinterließ Berg die beiden letzten Sätze, für die er
ganze 390 Takte aus dem Orchesterpart des dritten Opernaktes
entnommen hatte.

Er scheint da also instrumental Ähnliches gehört und bevorzugt zu haben
wie ich Greehorn noch runde achtzig Jahre später
aus den Partituren einer neuen Generation, die sich da
vom 19. Jahrhundert radikal emanzipierte.

Aber irgend ein Anschluß an die romantisch unterbrochene Barockmusik
läßt sich bislang noch nirgendwo entdecken.

Vielleicht steht uns sowas ja noch bevor:
wenn nicht ganz deren Jubel und Lobpreis, dann vielleicht doch
eine neue Art von getroster Beheimatung oder Fluchtburg
irgendwo und -wie …

Fällig wäre ja sowas jetzt durchaus.

*

Für den Kosmos, das Universum, das Weltall, die Schöpfung, den Weltraum, die Unendlichkeit oder Ewigkeit:

für alles das hat der deutsche Volksmund irgendwann und -wo eine seither eingebürgerte Bezeichnung erfunden, die unübertrefflich scheint:

Mutter Natur.

Da vereinen sich die Begriffe und Gefühle

zumindest für Erzeugung, Fruchtbarkeit, Fürsorge, Güte, grenzenlose Hilfsbereitschaft, Geborgenheit, Innenwelt, Ur-Schutz, absolute Zuverlässigkeit und Liebe

mit denen für weltweite Echtheit, unverfälschte Authentizität und Allmacht oder endlose Omnipotenz. Verbindung mit allen und allem. Urchemie. Urphysik. Ururahne. Ur. Und immer. Ur und immer.

Sicher noch für Manches mehr. Für Gefahrlosigkeit, zum Beispiel. Für Angstlosigkeit. Und nicht mehr weiter müssen. Zuhause angekommen sein. Ruhe haben. Bleiben können. Umarmt sein. Geschöpf sein, schlafen dürfen.

Mutter Natur.

Recht eigentlich schwingt da alles mit: der ganze Kosmos eben, das Universum, das Weltall, die Schöpfung, der Weltraum, die Unendlichkeit und galaktische Ewigkeiten.

Mutter Natur.

*

Meine hierorts und anderweitig wiederholten und umso bedauerlicheren Bedenken gegen das Prinzip der Demokratie erfuhren dieser Tage unverhoffte Schützenhilfe just von demokratischer Seite.

Denn ausgerechnet ein Plebiszit des nichtstaatlichen *Pew Research Center* in Washington hat 2018 bei 30 000 Menschen in zehn europäischen und siebzehn außereuropäischen Ländern nachgefragt, wie sie das Funktionieren ihrer heimischen Demokratie beurteilen.

In Deutschland waren nur 56 Prozent der Bevölkerung mit der hiesigen Staatsform zufrieden, aber ganze 43 Prozent unzufrieden: bald also schon die Hälfte des Volkes.

Europäisch ist das aber noch nicht einmal ein Mittelwert. Denn auch in unsern Nachbarländern ist der Prozentsatz der unzufriedenen Demokraten überraschend hoch:

in Schweden 30%,
in den Niederlanden 34%,
in Polen 44%,

in Frankreich 51%,
in Ungarn 53%,
in Großbritannien (demokratischem Musterschüler) 55%,
in Italien gar 70%,
in Spanien 81%
und im schwer gebeutelten Griechenland (weiland Erfinder der Demokratie) ganze 84%, hier also fast schon alle.

In fünf dieser Länder hatte die Zahl der Enttäuschten seit dem Vorjahr sogar noch "signifikant" zugenommen, am meisten in Deutschland um ganze 17 Prozente.

In den *USA* waren 2017 noch 51 Prozent der dortigen Amerikaner unzufrieden mit ihrer Demokratie, nach anderthalb Trump-Jahren nunmehr schon 58 Prozent.

Was ich da seit langem bekrittele, spitzt sich also rapide auch in den demokratisch strukturierten Völkern unübersehbar zu.

Bin ich also leider nicht der Einzige – oder eher gottlob?

(Nur daß meine meist mitgelieferten Motive sich von all den vielen andern Kritikern prinzipiell unterscheiden dürften – sei's drum?)

Aber was wollen denn alle diese demokratisch aufgewachsenen und demokratisch erzogenen Völker stattdessen:

hm?

*

Ein greises Gedächtnis.

Doch es scheint nur, vergeßlich zu sein. In Wahrheit siebt es seinen überfüllten Speicher, sichtet, räumt auf, selektiert und löscht alles überflüssig Gewordene.

Aber manchmal vertut es sich, und entübrigt Erachtetes wird plötzlich noch dringend benötigt.

Dann bricht Panik aus.

Manchmal findet sich noch ein rettender Rückwärtsgang.

Aber oft auch nicht. Dann muß man goethisch entsagen lernen: dann eben nicht! Es geht auch ohne.

Sobald sich die Panik beruhigt, fühlt man sich entlastet: von Ballast befreit.

Wozu das alles noch: Bürde, Joch und Crux, Beschwernis, Schlepperei …

*

Im Internet taucht ein Adam Riess auf: wer ist das? Keine Ahnung, nie gehört.

Wikipedia belehrt: ein *US*-amerikanischer Enkel jenes umstrittenen deutschen Publizisten Curt Riess, an dessen recht ungenaue Bücher über Theater und seine Macher ich mich ungern, aber deutlich erinnere. Ich weiß auch noch, wie er aussah, und vielleicht sind wir uns irgendwann und -wo auch mal persönlich begegnet – aber das mag Fantasie oder ausgestandene Befürchtung sein.

Handfester ist hingegen die Erinnerung an seine zweite Frau, Adams Stief-Omi also: unsere Heidemarie Hatheyer (*recte* Heide Marie Nechansky) aus Villach in Kärnten.

Der Remigrant Curt Riess (*recte* Curt Martin Steinam, *alias* Peter Brandes, *alias* C. R. Martin, *alias* Martin Amstein) hatte nach seiner Rückkehr, behauptete weiland der Theaterklatsch zu wissen, eigentlich lieber Hilde Krahl oder Gisela von Collande heiraten wollen, aber beide winkten ab. Bei deren Kollegin Hatheyer hatte er dann mehr Erfolg,

weil die vorher für die *NS*-großdeutsche *Tobis (Blut-und Boden) Filmkunst GmbH* nicht nur 1939/40 (in "Ötzis" Ötztal und im teutschen Teutgebirg des Teutoburger Waldes) die unverwüstlich heldenhafte *"Geierwally"* zur Kino-Ikone veredelt, sondern 1941 auch noch in einer recht verfänglichen *NS*-Euthanasie-Werbeschnulze (jenem unseligen *"Ich klage an"*) mitgewirkt hatte

und überdies mit dem Sendeleiter des *"Reichssenders"* München, angeblich einem SS-Offizier, verheiratet gewesen war, und alles das vielleicht nach 1945 nunmehr gern zu Seiten eines amerikanischen Juden vergessen machen wollte,

der seinerseits so den ersehnten Zugang in deutsche Theaterkreise fand.

So half jeder der beiden dem Andern in seiner Not,

ich jedoch als weiland ahnungslos aufstrebender Theater-Nachwuchs bewunderte Frau Hatheyers wirklich beachtliche und aparte Schauspielkunst

nicht nur in so manchem Kinofilm (sei es nun vor oder nach 1945), sondern auch mit Schillers rasanter Prinzessin Eboli (*"Bitte ein Autogramm, Frau Hatheyer!": "Jetzt nicht")*, ganz unvergeßlich auch mit Thornton Wilder's Mrs. Antrobus (= Frau Mensch) bei den Ruhrfestspielen, dann mit Schillers schottischer Königin in Düsseldorf, schließlich mit einer alten Klofrau in Dürrenmatts *"Meteor"* als Hamburger Gastspiel bei den Maifestspielen in Wiesbaden

und nach dieser Vorstellung dann endlich im wilhelminisch bombastischen Foyer-Restaurant des dortigen alten Opernhauses auch bei nächtlichem Umtrunk als schweigsam spröde oder uninteressierte Primadonna mit unergründlicher Asiatenphysiognomie neben dem launig sprudelnden Pfau O. E. Hasse weiland:

aber ohne ihren Stief-Enkel Adam da überhaupt zu erwähnen. (Hatte dessen Vater, Curts Sohn, diese stellvertretende Film-, Theater- und *Ufa*-Mutter eigentlich jemals akzeptiert?) Aber Adam war damals, Ende Mai 1966, wie sich heute noch nachrechnen läßt, nicht einmal angedacht, geschweige denn gezeugt. Er wurde erst dreieinhalb Jahre später, Mitte Dezember 1969, im fernen Washington geboren, beim Tode seiner Stief-Omi 1990 also schon 20, aber 27jährig oder 1996 an der *Harvard University* in Massachusetts mit einer Dissertation über *Supernovæ des Typus Ia* promoviert und 2006, also 37-jährig, bereits Professor für Physik und Astronomie an der *University of Baltimore*.

2011, nunmehr 42jährig (also immer noch blutjung) wurde er in Stockholm mit dem Nobelpreis für Physik ausgezeichnet.

Wofür denn das, genau?

Na, nu mal langsam:

jene legendäre "Allgemeine Relativitätstheorie"
des 38jährigen Albert Einstein nämlich

war 1917 in Berlin
noch vom Weltbild eines statischen Kosmos ausgegangen.
Um sich selbst zu erklären, wieso es im Gefolge
der allgemeinen Schwerkraft nicht zu einem Kollaps dieses Kosmos kam,
erfand sich Einstein damals als Notbehelf den Begriff

einer *kosmologischen Konstante*, die notfalls
(als Gegenkraft zu jener allmächtigen Gravitation)
die Ausnahme einer winzigen Ausdehnung dieses Universums zuließ.
Später widerrief er das temperamentvollst als *"Eselei"*.

Aber anhand der Feldgleichungen eben dieser Relativitätstheorie
von Einstein entdeckte 1922 der damals 34jährige Aleksandr Fridman
in Sankt Petersburg, daß unser Universum keineswegs statisch ist. Sondern?
Sondern dynamisch: sich also ausdehnt
(oder auch dynamisch zusammenzieht?).
Einstein bestritt das zunächst, aber bestätigte es schon 1923 als richtig.
Trotzdem blieb Fridmans Erkenntnis in Forscherkreisen
(die später ihre angefochtene Urknalltheorie manisch just hiervon ableiteten)
weitgehend unbeachtet. (Noch 1997, ganze 75 Jahre später,
bezeichnete der *US*-amerikanische Astrophysiker Alan H. Guth
diesen Petersburger Ahnherrn seiner eigenen Wissenschaft
im Fachblatt der kalifornischen *Stanford-University* verächtlich als
"an obscure Russian meteorologist": einen *"zwielichtigen russischen
Wetterforscher"* – oder gleich Wetterfrosch?).

Doch bereits 1927 waren fortgesetzte Berechnungen
des 33jährigen Georges Lemaître, eines belgischen Theologen und katholischen Geistlichen ebenso wie auch Astrophysikers im flämischen Löwen,
zum (christlich ausgeweiteten) Ergebnis gekommen,
daß das Universum expandieren müsse.

Er publizierte das in einem ebenso wenig beachteten belgischen Fachblatt.

Zwei Jahre später, 1929,
entwickelten der 40jährige *US*-Amerikaner Edwin Hubble und dessen
38jähriger Assistent und Landsmann Milton Lasell Humason (oder auch
La Salle Humason) die Berechnungen Lemaîtres in ihrem Kalifornien weiter,
scheuten zwar noch das Etikett einer veritablen Expansion des Weltalls
und vermuteten zunächst eher noch ein bisher unbekanntes Naturprinzip,
das aber alle Galaxieen stetig auseinander streben lasse – (wohin?).
Hubble selbst: in nur "*scheinbarer Geschwindigkeit"*,

seither allgemein: im sogenannten *"Hubble-Fluß (Hubble Flow)"*.

Aber seit 1990 umkreist ein elektromagnetisches Observatorium die Erde,
das sicherlich nicht zufällig den Namen *Hubble-Weltraumteleskop* trägt

und besagte Galaxieenflucht
noch in einer Entfernung von 13,4 Milliarden Lichtjahren
präziser und fortgesetzt zu registrieren vermag.

Mit seiner Hilfe
arbeiteten zwei astrophysikalisch internationale Forschergruppierungen
an der Suche nach weit entfernten Supernovæ.
Eine der beiden hieß *High-Z Supernova Search Team*, wurde 1994
vom weiland 27jährigen *US*-amerikanisch/australischen Brian P. Schmidt
(damals just frisch promoviertem *"postdoctoral scholar"*
der *Harvard University* in Massachusetts) gegründet und zählte dort
einen 25jährigen Bachelor oder Stiefenkel Heidemarie Hatheyers
schon zu seinen Gründungs-Mitgliedern: Adam Riess.
Schmidt *"hat dieses Team zusammengestellt,
auch die ganze Hintergrundarbeit gemacht – wie die Supernovæ
gefunden werden, die Software-Entwicklung und so weiter"*,
hat ihr Kollege Bruno Leibundgut aus Basel später festgehalten, *"und der
Adam Riess hat dann die Daten aufgearbeitet, analysiert und publiziert"*.

Das andere Team nannte sein Pensum ein *Supernova Cosmology Project,*
wurde im kalifornischen Berkeley schon 1988
vom damals 29jährigen Saul Perlmutter aus Illinois gegründet
und seither auch geleitet: mit Mitarbeitern
auch in Baltimore, Batavia/Illinois, im englischen Cambridge, deutschen
Garching, chilenischen La Silla, in Stockholm, Paris und Sydney.

Sie alle arbeiteten an Observatorien in Arizona, in Chile
auf den kanarischen Inseln und anderwärts.

Jedes dieser beiden Teams wollte nachweisen,
daß eine denkbare Expansion des Weltalls im Sinne von Einsteins
kosmologischer Konstante
durch die Schwerkraft der Materie langsam abgebremst und dadurch
effektiv verhindert wird.
Zur gebotenen Entfernungsmessung wollten beide Gruppen
explodierende Supernovæ von jenem sogenannten *Typ 1a* erforschen,
aus dessen Helligkeit sie auf Entfernungen schließen zu können hofften.
Sowas war damals Neuland.

Eine Rivalität zwischen diesen beiden Arbeitskreisen gab es

"vor allem in der Phase, als wir die ersten Messungen durchführten", hat Perlmutter später eingeräumt:

"Beide Teams mußten ihre Beobachtungen und Ergebnisse geheim halten", und Bruno Leibundgut, Schweizer Mitarbeiter bei Schmidt & Riess, bestätigte noch 2011 im *Deutschlandfunk*: *"Es gab diese Konkurrenz. Jede Gruppe wollte die erste sein"*.

Perlmutter: *"Andererseits ergänzten wir uns auch."*

Denn dieser *US*-amerikanische Nachkomme bessarabisch moldawischer Aschkenasim [hier schon auf den Seiten 38f. und 212] hatte dann bereits 1992 sieben, bis Anfang 1997 ganze 42 solcher Supernovæ entdeckt, hierunter 29 vom gesuchten *Typus Ia*, der aus jenen sogenannt *Weißen Zwergen* besteht: aus sehr alten und kleinen Sternen also, etwa so klein wie unsere Erde, aber mit der unverhältnismäßig riesigen Masse unserer Sonne; von einem größeren Begleitstern saugen sie so lange Materie ab, bis sie unter dem Gewicht ihres eigenen erweiterten Massereichtums kollabieren und thermonuklear explodieren. Ihre Helligkeit vergrößert sich dabei um das Millionen- oder Milliardenfache, überstrahlt ganze Galaxieen und kann insofern gut gemessen werden.

Schmidt & Riess entdeckten etwa gleichzeitig 16 solche kosmischen Sprengungen vom *Typus Ia*.

Perlmutter's Mitarbeiter Gerson Goldhaber (aus Chemnitz) rechnete da fix einfach hoch und gab flugs bekannt, daß ihr *Supernova Cosmology Project* schon in den nächsten paar Jahren noch hundert weitere solche weit entfernten Supernovæ entdecken und ausmessen zu können hoffe.
Die bisherigen 49 nannte Perlmutter selbst die *"ersten Schritte einer Kosmologie als empirischer Wissenschaft"*, also nicht nur theoretisch kalkulierender, errechnender, sondern eben auch praktischer, erfahrender Erforschung von sichtbaren, nachprüfbaren Realitäten. Bruno Leibundgut bestätigte 2011, nur gute zehn Jahre später: *"Bis heute haben wir mehr als tausend Supernovæ vermessen"*.
Hieraus hat sich inzwischen weiter hochrechnen lassen, daß

im ganzen Weltall dauerhaft zehn solche Supernovæ pro Minute explodieren: jede Minute zehn!

Was aber beide Teams weiland, als man alles sowas noch nicht wußte, dennoch gleichermaßen überraschte, war die Entdeckung, daß sich die gemessene Expansion unseres Universums keineswegs verlangsamte: wie erwartet. Sondern? Sondern beschleunigte. Jetzt war bewiesen: unser Kosmos dehnt sich aus – immer schneller und schneller. *"Zum ersten Mal"*, so Perlmutter später, *"fing man da an zu sehen, wie was von unserm Universum weggezogen wurde. Vielleicht war das ja jene 'kosmologische Konstante' ... Anfang 1997."*

Für die Fachwelt war das damals eine Sensation. Als Perlmutter sie im Spätherbst 1997 erstmals vor einem Kreise von Kollegen und Experten auf dem Campus der kalifornischen Universität *Santa Cruz* in einem Vortrag bekannt gegeben hatte, erhob sich sofort Joel Primack, renommierter Kosmologe und Direktor des dortigen *High-Performance AstroComputing Center*, und rief in den Saal: *"Bevor jetzt jemand eine Frage stellt, möchte ich allen klar machen, was das bedeutet: die kosmologische Konstante."* (Die scheint auch in dieser Sachverständigenversammlung damals nicht jedem gerade geläufig gewesen zu sein.) *"This is a shock"*, rief Professor Primack: "A *huge deal"*.

Daß es wirklich ein Schock und ein Riesending war, will auch Perlmutter jetzt erst völlig realisiert haben. Kurz danach, Anfang Januar 1998, ging er mit einem Vortrag vor der *American Astronomical Society* in Washington und mit einer Pressekonferenz vollends an die Öffentlichkeit. Aber nunmehr machte diese Publikation nur umso mehr Furore, als Perlmutter's Konkurrenz um Brian P. Schmidt (seit 1995 im australischen Canberra) und Adam Riess (seit 1996 im kalifornischen Berkeley)

etwa zeitgleich zum selben Ergebnis gekommen war.

Kurz vorher schon vage und sechs Wochen später in *Marina del Rey* (inmitten von Los Angeles und in Anwesenheit ihrer Konkurrenten) publizierten sie definitiv dasselbe spektakuläre Resultat: nur daß sie Einsteins *Kosmologische Konstante* etwas handlicher als *antigravity* bezeichneten. *"Über unser Forschungsergebnis"*, bekannte auch Brian Schmidt, *"waren wir selbst völlig perplex"*.

Aber Ende 1998 war dann schon weltweit verbreitet, was Perlmutter selbst später ein *"simultaneous event"* ohne jegliches *"issue of priority"* nannte und lapidar einfach so beschrieb: *"We live in a universe, that will continue to accelerate forever in its expansion"*.

Aber was bloß verursachte eine solche Beschleunigung, die das Prinzip allgegenwärtiger Gravitation in unserm Kosmos nachhaltig überwand? Was bloß war stark genug für einen so gigantischen Kraftakt? Sie alle wußten es nicht. Noch um unser aller Jahrtausendwende von *anno* 2000 tappten da diese Fachleute allesamt hilflos im Dunkeln.

Seither befinden sie sich alle ziemlich fieberhaft auf der Suche nach etwas, was der seinerzeit ausgelachte Schweizer Astrophysiker Fritz Zwicky schon 1933 im kalifornischen Pasadena, 35jährig, prophezeit und sein viel jüngerer Kollege Michael S. Turner dann gleich 1998 in Chicago einfach als *"Dunkle Energie"* etikettiert hat. Dieser Terminus, bis heute nur eine undefinierbare Theorie, verallgemeinert "irgendwie" just das, was Einstein schon 1917 in seinen *"Kosmologischen Betrachtungen zur Allgemeinen Relativitätstheorie"* als *"kosmologische Konstante"* eingeführt (später selbst als die *"größte Eselei meines Lebens"* verworfen, noch später vermeintlich gutgeheißen) hatte:

als fiktive (und zeitlich konstante) Energiedichte eines Vakuums (oder in Gottes Namen eine Art "Expansionskraft"), die ein Universum voller Materie auseinander treibt, es dadurch vor seiner eigenen Schwerkraft und einem demnach unvermeidlichen Kollabs des Ganzen offenbar zu bewahren schien. Perlmutter noch Mitte der 1990er Jahre in solchem Sinne: *"Wir leben in einem gebremsten Universum"*.

Aber als Einsteins Theorie von 1917 sich 1998 zur Tatsache einer unbegrenzten Ausdehnung unseres Universums entwickelte, schrieb Perlmutter:

"We live in an accelerating universe ...
with either a positive cosmological constant or
some other dark energy with strongly negative pressure."

Negativ wäre dieser Druck einer dunklen Energie deshalb, weil er der "positiven" Schwerkraft hierzulande unübersehbar entgegen wirkt.

Für die Richtigkeit all dessen gibt es inzwischen
auch jenseits jener fernen Supernovæ zuverlässige Beweise:
so die Untersuchung der kosmischen Hintergrundstrahlung
durch das *US*-amerikanische Weltraumteleskop WMAP
und die Beobachtung von Galaxieenhaufen mit ihrer Fortentwicklung.
"Diese Ergebnisse", hat Bruno Leibundgut noch als späterer Wissenschafts-
direktor der *Europäischen Südsternwarte ESO* in Chile festgehalten,
*"haben unsere Schlußfolgerungen aus den Supernova-Beobachtungen
entscheidend unterstützt"*.

Für alles das erhielt also Saul Perlmutter 2011, ganze dreizehn Jahre später,
einen halben Nobelpreis für Physik: *"for the discovery of the accelerating
expansion of the Universe through observations of distant Supernovæ"*.

Die andere Hälfte teilten sich damals Brian P. Schmidt und Adam Riess,
beide von der "Konkurrenz". Das schwedische Nobelkomitee
hatte begriffen, daß alle drei Preisträger
*"durch die Beobachtung ferner Supernovæ dazu beigetragen haben,
eine beschleunigte Ausdehnung des Universums zu entdecken
und uns ein Weltall zu enthüllen, das der Wissenschaft
zu einem großen Teil noch unbekannt ist ... Das hat die Kosmologie
in ihren Grundfesten erschüttert"*.

Die Stockholmer Juroren sollen da auch noch festgehalten haben,
daß Einsteins *"größte Eselei"*, jene *Kosmologische Konstante*,
erst jetzt offenbart habe, daß sie wirklich *"brillant war"*.
Auf Schwedisch sollen sie damals sogar behauptet haben:
"Alles ist möglich" – allt är mõjligt?

(Daß sie damit nur Goethe und Robert Musil zitierten,
hätte diese Nobelgeister vermutlich überrascht.)

Wer aber, fragt sich nunmehr seither, wer um Himmels Willen
verursacht denn diese endlos schneller werdende Expansion des Ganzen?
Wer will sie und warum? Wer vermag sie und bewirkt sie, bitte?

Na, jene *Dunkle Energie* natürlich.
Aber wer ist die, wo sieht man, wie trifft man die?

Weiß noch niemand.

Unsere Astrophysiker haben inzwischen nur errechnet,

daß das Universum zu 73 Prozenten aus dieser *Dunklen Energie* besteht:
zu fast drei Vierteln also, das ist viel.
Direkt nachgewiesen wurden sie freilich noch nie.

Zu 23 Prozenten bestehe der Kosmos überdies aus den unbekannten und unsichtbaren Elementarteilchen einer sogenannt Dunklen Materie:
das wäre fast ein weiteres ganzes Viertel.

Dunkle Energie und *Dunkle Materie* ergeben zusammen also
96 Prozente des Weltalls
und können bislang noch immer nicht direkt beobachtet, nur indirekt über ihre Auswirkungen errechnet, erschlossen und theoretisch vermutet werden.
"Die dunkle Materie und die dunkle Energie",
hat jener findige Kosmologe Michael S. Turner
an der *University of Chicago* poetisch zusammengefaßt,
"sind das Yin und Yang des Universums": da mach was draus!

Gut, nur lumpige 4 Prozente machen also aus, was wir mit Augen und deren technischen Verstärkern zur Kenntnis zu nehmen vermögen: also Sonnen, Sterne, Planeten, Galaxieen, Galaxieenhaufen, kosmische Gase und Nebel, auch *Schwarze Löcher*. Sie alle zusammen
betragen nur vier Prozente des Ganzen.

Demnach ist fast der gesamte Kosmos für den Menschen noch Geheimnis.

Das muß man sich wiederholen:
fast der gesamte Kosmos ist für den Menschen noch Geheimnis.
Fast der gesamte Kosmos ist für den *homo sapiens* in all seiner Weisheit
noch Geheimnis. Nu mach doch was draus!

Norbert Straumann, Schweizer Gravitationsexperte
in Zürich, Bern, Amsterdam und Potsdam, hat eingeräumt:
"Die Dunkle Energie *ist eines der grundlegenden Probleme der modernen Physik"*.

Also nu mach doch was draus!

Das scheint nicht so einfach –
selbst für einen Weiterforscher wie Adam Riess (inzwischen Professor für Physik und Astronomie an der *John Hopkins University* in Baltimore)
nur immer mehr.
Denn mit Hilfe der beiden Weltraumteleskope HUBBLE und PLANCK

gerieten er und seine dortigen Mitarbeiter mehr und mehr in die Fallstricke
eines technischen Widerspruchs
bezüglich der sogenannten *Hubble-Konstante*.
Die bemißt sich durch eine systematische Erfassung
von Entfernung und *"scheinbarer Geschwindigkeit"* kosmischer Objekte
in Bezug zur Erde, ist meist sehr aufwendig und insofern
relativ ungenau oder unsicher.
Diese *Hubble-Konstante*, eher gar nicht sehr konstant und eben
wegen ihrer Schwankungen meist in *Hubble-Parameter* umbenannt,
beschreibt die Ausdehnung unseres Universums
und mißt sie in Sekundenkilometern je nach Entfernung pro Lichtjahr:

also in km/s/Mpc.

Erst 2013 hatte PLANCK auf Grund der gemessenen Hintergrundstrahlung
ermittelt, daß diese Hubble-Konstante einen Wert von 67,15 km/s/Mpc hat.
Das hieß, daß Substanzen unseres Universums sich in der Enfernung einer
Megaparsec (= 3,3 Millionen Lichtjahre = knapp 10 Billionen Kilometer)
mit einer Sekundengeschwindigkeit von 67 Kilometern,
bei 10 solchen Megaparallaxensekunden (oder zehnfachen
33 Millionen Lichtjahren) gleich mit 670 Kilometern pro Sekunde ausdehnt.

In Baltimore hatten Riess und seine Kollegen aber schon vorher wie nachher
abweichende Werte für die kosmische Expansion ermittelt.
"Die Astronomiegemeinde hat wirklich Probleme damit",
gestand da Adam Riess, *"diese Unterschiede zu verstehen und zu erklären"*.
Denn auch andere Astronomenteams stießen auf dieselbe Diskrepanz.
Sie könne also nicht einfach nur ein Meßfehler oder Zufall sein,
folgerte Riess, *sondern dürfte wohl*
"die spannendste kosmologische Entwicklung seit Jahrzehnten" werden.

Er packte sie an, indem er dasselbe Hubble-Instrumentarium,
mit dem sein *team* weiland die Supernovae vermessen hatte, nunmehr
irgendwo im fernen Weltraum auf ganze siebzig Cepheiden
der *Großen Magellanschen Wolke*, einer Zwerg-, Nachbar- oder
Satellitengalaxie unsrer eigenen sogenannten Milchstraße, richtete.
Das sind sonderlich leuchtstarke, aber "pulsationsveränderliche",
also periodisch flackernde Riesensterne, aus deren regelmäßig schwankender
Helligkeit (mit ihren fixen Takten zwischen einem Tag und hundert Tagen)
sich schon 1996 kosmische Entfernungen

bis zu 56 Millionen Lichtjahren haben errechnen lassen.

Nach Adam Riess (und Adam Riese) ergab sich nun hieraus eine Hubble-Konstante oder Expansionsrate von 74,03 km/s/Mpc. Im April 2019 publizierte er daher im *"Astrophysical Journal"* seine Erkenntnis, daß sich das Universum heute um neun Prozente schneller ausdehne, als PLANCK das gemessen, errechnet und festgeschrieben hatte. Aber *"das sind nicht nur zwei Experimente, die voneinander abweichen"*, schrieb Riess da, *sondern es handle sich hier um einen fundamentalen Unterschied: "Das Eine ist eine Messung, wie schnell sich das Universum, wie wir es sehen, heute ausdehnt. Das Andere ist eine Vorhersage, basierend auf Messungen und der Physik des frühen Universums* (= Hintergrundstrahlung seit sogenanntem "Urknall" bei PLANCK). *Wenn diese Werte nicht überein stimmen, dann gibt es eine sehr hohe Wahrscheinlichkeit dafür, daß wir im kosmologischen Modell, das diese beiden Zeitalter des Universums miteinander verbindet, etwas übersehen"*.

Was das sein könnte, weiß bis heute (Anfang Oktober 2019) niemand.

Oder eigentlich, noch immer: was jene Ausdehnung unseres Weltalls verursacht, weiß niemand. Alle suchen, aber niemand hat bislang was gefunden.

Manche vermuten ein Kraftfeld, das noch so unbekannt ist wie jenes fiktive fünfte Element der Antike, und nennen es daher ebenso *"Quintessenz"*.

Manche vermuten unbekannte Elementarteilchen, die das Verhalten des Kosmos beeinflussen sollen, und nennen sie *"dunkle Photonen"*.

Manche vermuten, daß sich die Lichtgeschwindigkeit im Laufe dieser kosmischen Ausdehnung verändert, und schlagen daher eine neue Deutung jener Daten der Supernovæ vor.

Manche wieder vermuten, daß jene *Dunkle Materie*, die uns ja gleichfalls noch völlig unbekannt ist, stärker als bisher angenommen auf unsere sichtbare Materie oder Strahlung einwirkt.

Aber die weitaus meisten Forscher und Experten scheinen sich gegenwärtig lieber auf jene *Dunkle Energie* zu kaprizieren und warten

auf deren Entdeckung und Erklärung *in spe*.
Denn inzwischen vermuten sie von dieser unbekannten Größe:
selbst in Zeitabläufen verändert sie sich nicht.
Alle diese Theorieen haben was Verzweifeltes und bleiben
manisch introspektiv, sozusagen innerbetrieblich oder hausintern,
meiden jeden Blick über ihren Tellerrand.

Was ich als "blutiger" Laie da gern beantwortet sehen würde,
aber bei all meinen dilettantisch populärwissenschaftlichen Recherchen
noch nirgends gefunden habe, ist die Frage *wohin*:
wohin denn dehnt sich unser Universum da immer schneller aus?
Wenn es sich ausdehnen kann, muß es doch außerhalb
einen Raum oder sonstwas geben, in das hinein es sich ausdehnen kann.
Was wäre das? Oder was wäre da?
Könnte das da nicht für unsere Expansion primär verantwortlich sein
und sie nicht nur ermöglichen, sondern recht eigentlich verursachen? Nein?

Denn eine jenseitig ufer- und aussichtslos leere Leere
könnte uns doch weder anlocken noch auch hereinlassen und einquartieren.
Oder?
Und in ein solches Nichts hinein
könnte sich unser stoffliches Universum (mit oder ohne *Dunkle Energie und Materie*) doch allenfalls auch nur mit Hilfe so gigantischer Explosionen wie
unserm vermeintlichen "Urknall" gewalttätig Einlaß verschaffen,
dieses populäre Ammenmärchen eines plötzlich materialisierten Nichts also
bis ins Unberechenbare hinauf noch potenzierend:
und zwar pausenlos für immer und ewig. Nein?

Nein, Nichts und Leere führen da ins Leere: ins Nichts.

Einzig bei jenem Adam Riess (der überhaupt nur deshalb
diese ganze hiesige Abhandlung auslösen durfte)
fand ich irgendwo beiläufig die vage Vermutung,

daß es da außerhalb etwas geben könnte, was wir noch nicht kennen.

Das wäre und ist da bereits seit Langem
auch mein eigener unabweislich erster Gedanke: daß es
"da außerhalb" etwas gibt, was uns trotz aller hiesigen Gravitation oder
Schwerkraft, dieser kosmischen Spielart unseres eigenen animalischen Eros,
unwiderstehlich und unabdingbar anzieht.

Ist das trotz all dieser unausdenkbaren Entfernung des ganzen Dramas nicht das Naheliegendste? Das Nächstliegende: irgendjemand oder irgendetwas da draußen will uns verschlingen und einverleiben: eben haben.

Ich zumindest als *greenhorn* deute mir das gern so.

Es wäre das denkbar schmeichelhafteste Kompliment eines andern Universums: "*Herein!*"

"Ja, Geduld, nur die Ruhe: wir kommen ja schon!"

(Und dann? Und dort?)

*

Wie Vieles von dem, in das ich vor runden hundert Jahren mit meiner Generation hineingeboren wurde, liegt inzwischen zertrümmert da: in Scherben. Oder sogar in Staub zerrieben: unauffindbar, irreparabel.

Wir haben das nicht verhindert.

Vielfach versucht, aber vielfach nicht einmal das.

Vielfach sogar dazu beigetragen: meist ohne es selbst zu bemerken.

Ist das Generationenschicksal? Nein, keine Ausreden jetzt: wir waren Zerstörer. Helf' Er uns!

*

Die *Chinesische Akademie der Wissenschaften* hat im September 2011, nur wenige Wochen vor Verleihung des Nobelpreises an Perlmutter, Schmidt und Riess, und seither anscheinend immer wieder in Beitsching veröffentlicht, daß ihre Astrophysiker Rong-Gen Cai und Zhong-Liang Tuo in den letzten Jahren ganze 557 Supernovae vom *Typus Ia* registriert, vermessen und analysiert haben. Dabei widerlegten sie die bisher klassische Annahme, unser Universum dehne sich nach allen Seiten hin gleichmäßig aus. Mit gebotener Vorsicht äußern sie den Eindruck, es expandiere in Richtung des Sternbildes *Fuchs* mit seinen Doppelsternen zwischen den Sternbildern *Schwan* und *Pfeil* an unserm nördlichen Firmament schneller als anderwärts hin.

"Wenn eine solche kosmologisch bevorzugte Richtung tatsächlich existiert", publizierten die beiden Forscher in ihrer Analyse *online, "dann müssen*

anisotrope [= richtungsabhängige] *kosmologische Modelle künftig ernsthaft in Betracht gezogen werden."*

Denn dann dürfte nicht nur das Sternbild *Fuchs* uns alle dergestalt aktivieren. Wer wohl sonst noch alles?

Oder wer auch viel weniger?

Oder wer überhaupt nicht?

Aber *"damit gerät ein weiterer eherner Grundsatz der Kosmologie ins Wanken"*, kommentierte das die *Deutsche Physikalische Gesellschaft*, *"nämlich die Annahme, dass das Universum homogen und isotrop ist, sich also an jedem Ort und in jede Richtung gleich verhält."*

Was sonst noch alles mag diese *Dunkle Energie* da nach und nach in ihrem Überraschungskoffer aufleuchten lassen: leben wir wirklich in immer helleren Zeiten?

*

Wenn unserm "Führer" in seinen "Führerhauptquartieren" allenthalben schon Computer zur Verfügung gestanden hätten – nicht auszudenken!

Aber neue Hitlers werden über Computer verfügen …

*

Die tradierte Unterteilung unserer Gesellschaft in aristokratische Oberschicht und "bürgerliche" (oder gar proletarische) Unterschicht scheinen wir mit demokratischen (oder pseudodemokratischen) Mitteln ausgestanden zu haben. Viele Adlige entadeln sich heutzutage öffentlich selbst (Jutta Ditfurth, Hermann Otto Solms, Harnononcourt) – na, die österreichischen *Edlen* sind ja allesamt sogar staatlich und gesetzlich "entedelt" worden. Klassenunterschiede sind heutzutage überholt und verpönt. Es gibt sie gar nicht mehr.

Gibt es heutzutage keine Klassenunterschiede mehr?

Doch. Mehr denn je. Die "Promis" sind heute unser Adel. Wer aber adelt sie? Wer hat jetzt die *procura*, jemanden zum Promi zu ernennen? Kein Wiener Kaiser mehr, sondern Fernsehredakteure. Denn prominent kann in der heutigen Oberliga nur werden, wer häufig genug auf allabendlichem Bildschirm erscheint. Barbara Schöneberger zum Beispiel: eine wahre Herzogin! Oder Sven Plöger, Ulrich Wickert, Horst Lichter, all dessen Koch-Kollegen, Dieter

Nuhr, Joachim Löw: lauter Grafen! Marietta Slomka, Jörg Kachelmann, Kai Pflaume, Torsten Sträter, Judith Rakers: Freifrauen und Barone von heute! Oder Giovanni di Lorenzo: ein wahrhaft ewiger Traum-Prinz! Oder Reiner Calmund erst mal: ein echter Landesfürst!

In diese Kaste aufzusteigen, bedeutet Knochenarbeit, ein bißchen vermeintliches Glück und massenhaft schleimig schamlose Selbstanbietung oder -biederung *ad infinitum*.

Aber wer das nicht schafft, ist heutzutage Prekariat: ganz weit unten und ohne Belang.

Da sage einer noch, wir haben keine Ober- und Unterschichten mehr.

?

Unterscheidet die beiden überhaupt was?

Was denn?

Preisfrage, wiederverwendbar immer aufs Neue in jedem Fernseh-Quiz: was unterscheidet unsere “Promis” von früheren Aristokraten – a), b), c), d)? Na, Hoëcker befragen! Oder “Elton” erst mal: die wissen sowas alles – heutige *Dres. mult.*: aber ohne “von”, bitte: unbedingt ohne “von”! Sowas haben Demokraten erfolgreichst abgeschafft. (Aber dieser Hoëcker, Quizzers’ *darling*, lese ich, heiße insgeheim eigentlich Hoëcker-von Mühlenfels: na, also!)

*

Die heutige Krimi-Schwemme: allabendlich, gleichzeitig und auf sämtlichen Fernsehkanälen. Also täglich (und allnächtlich) Mord und Totschlag in allen Wohnzimmern, Schlafzimmern, Küchen und Hotelzimmern. Auch in Autos und Fahrstühlen, auch in Restaurants, in U-Bahn-Zügen und Flugzeugen. Noch sonstwo alles: überall Mord und Totschlag, je brutaler, desto lieber.

Und wer zum Inhalieren dieser Grausamkeiten keine Zeit oder keine Lust mehr hat, der schreibt halt eigene *shitstorms* bei *facebook*, *Twitter* oder sonstwo alles: so aggressiv und vulgär wie irgend möglich. Oder je brutaler, desto genüßlicher und lieber.

Da frage einer noch, wieso bloß SS und ISS so grausam waren: zur Volksbelustigung natürlich. Zur Unterhaltung für alle Beteiligten. Spaß muß doch sein!

Such is mankind?

Oder *such is democracy*: jeder macht und bekommt, was er will?

Und minderheitlich dagegen sein, wäre undemokratisch und gilt daher einfach gar nicht.

*

Die *"Alpensinfonie"* von Richard Strauss ist ein Unding, recht eigentlich lächerlich: ein Hochgebirge wie die Alpen mit einem Sinfonieorchester imitieren, sei es widerspiegeln und reproduzieren zu wollen. Nicht einmal ein schwacher Abklatsch von solchen Naturgewalten kann der Musik je gelingen. Nichts an diesen Klängen von 1915 erinnert den heutigen Hörer an seine eigenen Erlebnisse im Gebirge und an dessen gigantische Übermacht. Am ridikülsten ist da das alpine Unwetter von klassischen Musikinstrumenten.

Vielleicht noch armseliger sind da jene drei *"sinfonischen Skizzen"*, die ihr Komponist Claude Debussy 1905 *"La mer"* genannt hat: sehr populär bestimmt nicht deshalb, weil sie einem Meer auch nur im Entferntesten ähnlich klingen. Eher weil sie so viel harmloser sind: eben völlig ungefährlich und genüßlich. Ohne das Wort *"Meer"* im Titel klänge es in vielen Ohren sicherlich ebenso interessant oder angenehm wie jene *"Alpensinfonie"* ohne jede Erwähung jener Berge.

Undsoweiter. Mit einem Wort: Natur ist mit musikalischen Mitteln nie und nimmer wiederzugeben. Sie entzieht sich so kümmerlichen Versuchen mit all ihrer unnachahmlichen Einmaligkeit und Kraft.

Das erinnert prompt an die sogenannten Naturbeschreibungen der klassischen Literatur namentlich des 19. Jahrhunderts. Dort und damals war es sehr beliebt, Idyllen oder Bedrohlichkeiten der Natur mit "malerischen" Worten nachzuempfinden. Was so entstand, war allzuschnell purer Kitsch. Auch hier nämlich: Natur ist mit verbalen Mitteln nie und nimmer wiederzugeben. Sie entzieht sich so kümmerlichen Versuchen mit all ihrer unnachahmlichen Einmaligkeit und Kraft. Und in hochkarätiger Lyrik mag die Natur unverzichtbar sein, doch dient sie da jeweils nur als Vehikel zu metaphorischen Zielen meist oberhalb. Also nie um Imitate.

Wie aber sieht es da nun mit der Malerei aus? Wie keine andere Kunstart sonst hat sie sich Jahrhunderte lang bemüht, Natur mit Pinsel und Farbe zu reproduzieren. Ist das jemals gelungen?

Ja, es sind da sehr schöne Bilder entstanden. Sie alle aufzulisten, ist unmöglich. Aber hat auch nur eins von ihnen wirklich was mit authentischer Natur zu tun? Mit den elementaren Phänomenen und Prozessen der Schöpfung? Sind sie nicht bestenfalls fade Reminiszenzen an angenehme Stimmungen irgendwo und -wann mal? Oder schwachbrüstig ungenaue Vorläufer der Fotografie? Nicht zufällig hat die Muttersprache just so genialer Maler wie Cézanne, Degas, Monet, Manet, Delacroix, Gauguin, Renoir, Pissarro und vieler anderer den Terminus einer *nature morte* erfunden: toter Natur.

Aber *tote Natur* ist ein Oxymoron. Es gibt sie gar nicht – höchstens *ermordete Natur*. (Da ist dann aber schon der Mensch als Autor mit im bösen Spiele.)

Aber als Kunst ist Natur doch immer tot? Denn sie lebt exklusiv immer nur *live* in der Natur.

Der Naturmalerei hat ja denn auch die Fotografie den Garaus gemacht (und sie in die Abstraktion vertrieben): freilich nur, um selbst *nature morte* zu produzieren. Denn auch ihre Landschaftsaufnahmen leben nie und nimmer.

Das geht auch gar nicht.

Also lasse man es auch tunlichst! Es gibt so viele andere und geeignetere Sujets.

*

Aber nochwas muß endlich festgehalten werden:

Freitod sollte nicht nur für heillos Kranke oder Verzweifelte angemahnt, eingefordert und durchgesetzt werden.

Sondern auch?

Sondern auch für Zufriedene.

Für Zufriedene?

Ja, für Zufriedene: für Erfüllte, Fertige, Ausgereizte, Beendete.

Gar für Vollendete?

Wie auch immer: für Zufriedene. Warum die hier noch endlos weiter langweilen oder quälen?

Aber mache einer sowas mal Parlamentariern und Gesundheitspolitikern, gar unsern Ärzten klar!

*

Die Idee von Universen als klassierenden Sieben für Heerscharen von Faktoren oder Verstorbenen:

deren differenzierende Aufteilung auf andere Sterne, Doppelsterne, Sonnen mit Planeten, auf ganze Galaxieen, Galaxieenhaufen –

– um die alle so zu beleben und sinnvoll zu machen.

Nein?

*

Ein Cocktail aus äußeren Ereignissen und Innenleben (in Seele, *anima*, Unterbewußtem, im Hirn oder sonstwo mit Sehnsüchten und Ängsten, Ahnungen und Fantasieen) – wie in jedem Menschenleben:

ein Übereinander und Durcheinander lagernder Schichten also

von Erlebtem, Erfahrenem, Erinnertem, Gesehenem, Gewußtem, Gefühltem, Gedachtem, Erhofftem, Befürchtetem, Assoziiertem, Ersehntem, von Reiz- und Informationsüberflutungen, Querverbindungen, "Zapping" und *linking*, sei es rudimentär von Extrakten, Exzerpten oder fliegenden Fetzen, primär jedoch

von Möglichem!

*

(Sei es sogar auch noch von Unmöglichem *"im Sinn"*).

*

Klimakatastrophe, Gesundheitsprobleme, Verkehrschaotik, Bankenbetrug und -kollaps, Selbstzerstörung schöner Städte, soziologische Paralysen, Arm gegen Reich und hungernde Kinder, diverse Terrorismen, Mediendiktatur, Arbeitslose, Boulevardisierung des öffentlichen Lebens, Bürokratisierung, Werbe-Tsunamis –

– alles das und derlei Nöte, Defekte und Miseren noch und noch

sind nicht das Werk etwa Hitlers. Oder Stalins. Oder Maos, Francos, Mussolinis. Gaddafis oder Saddam Husseins. Nicht also solcher nationalen, internationalen oder globalen Tunichtgute und Galgenstricke.

Sondern?

Sondern der *Sozialen Marktwirtschaft*.

Der *Sozialen Marktwirtschaft*?

Na, gut: dann eben des Kapitalismus.

Ist der nicht schon lange tot?

Dann gebe es das alles nicht mehr.

Was nicht mehr?

Na, Klimakatastrophe, Gesundheitsprobleme, Verkehrschaotik, Bankenbetrug und -kollaps, Selbstzerstörung schöner Städte, soziologische Paralysen, Arm gegen Reich und hungernde Kinder, diverse Terrorismen, Mediendiktatur, Arbeitslose, Boulevardisierung des öffentlichen Lebens, Bürokratisierung, Werbe-Tsunamis –

– alles das und derlei Nöte, Defekte und Miseren noch und noch.

Noch und noch …

*

Kunst ein pubertär beliebtes Synonym für Antitraditionalismus.

Und Kunst für das *Wirrwarr im Lot* von 2019: unumgänglich postmodern.

Also Erbausschläger oder Nachkomme? Neuerer oder Abkömmling?

Reformen oder Regeneration?

Rebellion oder Resteverwertung?

“Alles neu macht der Mai” oder *“Alle Jahre wieder”*?

Ja, was denn nun?

Eben eine Lebensspanne dazwischen.

Mehr als ein halbes Jahrhundert.

Was da?

An Kunstbetrachtung, Kunstprodukten, Kunst.

Oder von Akne und Röteln bis Paradonthose und Polyneuropathie.

Ja, da hat sich was bewegt.

Getan: verändert? Verbessert?

Oder verschleiert, verschludert, verschluckt: verschlimmert?

Helf' Es ihm!

*

Wie es seit einigen Jahren

zum Beispiel auf Bahnsteigen, in Restaurants und Kneipen, sicher auch sonst mancherorts,

wie es da Raucherzonen gibt,

so sollte es auch gegen "Handies", "Smarties" und sonstige Lärmbelästigungen

rigorose Schweigezonen geben.

Oder, alternativ:

jedes Handy, jedes Smarty, jedes sonstige *Mobile* sollte (einer hundertprozentigen "Transparenz" zu dienen) allgemein und von jedermann überall ab- oder mithörbar sein.

(Die NSA und sonstige Abhördienste oder Lauschangriffe bagatellisierten sich da zur Pointe unseres allseits ohnehin wuchernden Boulevards.)

*

Weltschmerz –

seit Franz Schubert, eigentlich die ganze Romantik,
eigentlich von *circa "Fidelio"* bis Sarajewo ein ganzes Jahrhundert lang –

dieser Weltschmerz also um unser *"Dunkel hier"* in *"grauenvoller Stille"*:
"fremd bin ich eingezogen", *"öd ist es um mich her"*, *"mir sträubt sich schon das Haar"*, und *"fremd zieh' ich wieder aus"* – ich, mich, mir und ich!

Dieser unaufhörlich und genüßlich lamentierende Weltschmerz
mehrerer Generationen unseres sogenannt 19. Jahrhunderts
hat mit seiner endlos variierten Negation und schlürfenden Verunglimpfung
von subjektiven Erlebnissen, Umwelt, Erfahrungen, ganzem Weltbild,

hat da was Unerwachsenes, Pubertäres, was Kindisches.
Sein ewiges Jammern ist eine Spielart von Lebensunfähigkeit,
von Masochismus, von Leidenslust: von Leidlust.

Der nahezu explodierende gute Wille der Menschheit, all ihr Positives,
Konstruktives, Kreatives, all die unzählbaren Impulse und Ideen,
die uferlose Schwemme an Talenten und Fähigkeiten, all ihr Geniales:
sowas alles wird vom Lamento der Romantik und Spätromantik
schnöde ignoriert, gar nicht wahrgenommen, geleugnet, verkannt
oder weggenörgelt und kaltschnäuzig wegmusiziert.

Aber das ist nur ein Erstes.

Zweitens beherrscht dieser Weltschmerz mit seiner Leidlust auch heute noch,
rund 150 bis 200 Jahre später, die allermeisten unserer Konzertprogramme.
Eben hierdurch ist "klassische" Musik noch immer recht eigentlich, sei es
unbewußt und fälschlich, ein Synonym für Gejammer, worüber auch immer.

Das mag ursächlich mit der psychischen Disposition der Musizierenden
zusammenhängen. Viele oder die meisten von ihnen sind
heimliche oder offen bekennende Romantiker und fühlen sich
von dieser Art jammernder Musik gut vertreten. Sie schmachten selbst gern
und sehnen sich unzufrieden nach Unerreichbarem, beklagen sich lebenslang
über Unerfülltheit und Ungenügen.
Also wollen sie auch gar keine anderweitige Musik.
Ihr sybaritisch schwelgendes Ja sagen sie selbst exklusiv nur zu
schmerzerfülltem Nein. Für sie ist Kunst generell eine Art Lebensfeindschaft.

Insofern sind Romantiker weltfremd oder lebensuntüchtig.
Auch die romantischen Poeten sind es.
Selbst ein scheinbar so zynischer Kritiker wie Georg Büchner ist es noch.
Das reicht in den Künstlerseelen, umso mehr natürlich auch
in der Publikumspsyche noch weit bis ins 20. Jahrhundert hinein:
Kunst ist da weitverbreitet immer noch sowas wie Leid am Leben.

Also spiegelt sich das unvermeidlich auch in der Mehrzahl ihrer Offerten.
Konzerte mit "klassischer" Musik werden auch heute noch überwiegend
von Schumann, Brahms, Tschaikowskij, Dvořák, Liszt, Chopin, Debussy
und ähnlichen Rabulisten eines komplizierten und schwer erträglichen
Menschenlebens dominiert. Naja, und vom unvermeidlichen
Beethoven natürlich, der alledem mit seinem Leidensdruck und -pathos

erst die Türen geöffnet hat. Brahms und Konsorten wollten dann meist
nur noch tönen wie der. Auch noch solche scheinbaren Neuerer
wie Richard Wagner, Gustav Mahler oder Sergej Rachmaninow
lassen eine neue Musik nur wetterleuchten und bleiben in der Tiefe ihrer
Seelen oder Herzen und Hirne radikale Romantiker,
die von besseren Welten lediglich träumen.

Aber in all der kompositorischen Meisterschaft dieser Ikonen
einer ganzen Ära versteckt sich oft unbemerkt und ungewollt
auch emotionaler Lügenbrei, sei es aus Herkömmlichem und Beliebtem.
Aus unwahr Althergebrachtem. Er verbirgt sich in diesem sicheren Versteck
einer angenehm sinnlichen Harmonieenschwemme und betrügt von dort aus
die Hörer, die sich von Melodie und Rhythmus
nur allzu gern und hingegeben betören, entführen und verführen lassen.

Doch ohne daß sie es merken,
hat sich da allzu oft eine Lebenslüge mit eingeschlichen
und frißt sich unaufhaltsam vor: in ihre Herzen und Hirne.
Dort brütet sie dann nur noch Unheil aus.

Denn diese ganze Romantik huldigt ja samt und sonders
einem verlogenen Weltbild. Während sich zeitgleich
solche Neuentdeckungen wie Chemie, Materialismus, Industrialisierung
und Kapitalismus mit Arbeiter- und Frauenbewegung
zur reichlich unheiligen Allianz oder Scheinblüte
ihrer sogenannten Gründerjahre verzahnten, gaukelte die Romantik parallel
die Utopie einer Gegenwelt vor, in der es das alles gar nicht gibt.
Nicht zufällig prägte ja just mitten in der Hochblüte der Romantik
ein Henrik Ibsen mit den gnadenlosen Demaskierungen
seiner gesellschaftskritischen Dramen den Begriff der *Lebenslüge.*
Ein lügendes oder verlogenes Leben zu führen:
das verheimlichten und offenbarten seine Figuren
in der zweiten Hälfte des 19. Jahrhunderts
eben als Kinder einer weltfremd oder weltflüchtig lügenden Romantik:
Nora, Konsul Bernick, Hjalmar Egdal, Peter Stockmann, all die andern.
Aber in Ibsens *"Wildente"* sorgt gar ein Arzt dafür, daß in seinen Patienten
das *"Flämmchen der Lebenslüge nicht erlischt"*; denn *"wenn Sie
einem Durchschnittsmenschen seine Lebenslüge nehmen,
bringen Sie ihn gleichzeitig um sein Glück"*.

Solches Lügenglück glaubten Musik und Literatur mit all den Heerscharen
ihrer schlürfenden Konsumenten ganze hundert bis zweihundert Jahre lang,
eben in ihrer Romantik zu finden. Darum
liebten sie alle deren Weltschmerz so inbrünstig und unaufhörlich.
Doch das politische Resultat all dessen war dann schon bald
jenes 20. Jahrhundert mit seinen beiden Weltkriegen und mit
Auschwitz, mit Stalingrad, mit Hiroschima, Tschornobyl, *Lehman Brothers*

und manchem derlei mehr.

Aber unsere marktbeherrschenden Produzenten von CDs und DVDs
mit klassischer Musik bedienen natürlich end- und skrupellos
diesen vermeintlichen oder unübersehbaren Käufergeschmack
mit all seiner miesen Angelogenheit und seinem romantisch ewigen Faible
für Schwächen und Schwache (oder Schwaches: bin ich eigentlich
inzwischen der einzige Hörer klassischer Werke, der die Musik eines Brahms
für leer hält: für heiße Luft, für höchst versiertes *second hand*?)

*

Nachsatz und Verdacht: könnte es sein,
daß die grassierende Unlust postromantisch nachgewachsener Generationen
an klassischer Musik eben dadurch gefördert oder überhaupt ausgelöst wird,
daß sie das ewige Gejammer dieser romantischen Vorherrschaft
für unumgänglich "klassisch" halten, gar notgedrungen halten müssen.
Denn wo immer sie jeweils vermeintlich "Klassisches" zu hören
genötigt werden, schmachtet und leidet es vertrackt und meist auch verlogen.

Zu sowas haben die Nachkommen des Expressionismus,
auch einer *neuen Sachlichkeit*, des Surrealismus, einer transromantischen
Postmoderne just als Kinder einer radikal veränderten Welt
und Zeitgenossen der Punk- oder Funk- und Techno-Szene
verständlicher Weise überhaupt keine Lust mehr.

Daß es präromantisch auch Musik gab, die überhaupt nie gejammert hat,
wissen die da meist gar nicht, und die Konzertveranstalter meiden die gern,
weil sie ihnen weniger populär, also unrentabel erscheint.

*

"Geldadel", dieses provokante Oxymoron unverkennbar aus dem 19. Jahrhundert, kombiniert mit zynischer Wollust genuïn Unvereinbares und bezieht aus diesem Mißverhältnis seine kritische und komische, seine satirische Potenz.

Das Wörtberbuch der Brüder Grimm kennt dieses Wort zwar schon, aber registriert es nur auf dem Umweg über die zitierte Definition des Linguisten und Pädagogen Joachim Heinrich Campe oder dessen *“Wörterbuches der deutschen Sprache”* immerhin von 1807-11. (Da waren die Grimms erst Anfang zwanzig. Der erste Band ihres eigenen Lexikons erschien erst fast fünfzig Jahre später.) Da fanden sie also “den Campe” und dessen Verständnis von Geldadel immerhin so schon vor:

“erkaufter adel

oder auch adeliches ansehen, das einem sein vermögen verschafft”.

Demnach hätte *Geldadel* also zwei mögliche Identitäten:

entweder als merkantil legitimen Erwerb (von gar nicht Verkäuflichem)

oder als pekuniär bewerkstelligte Fiktion: als Anschein also oder Täuschung, als Mummenschanz, Maskerade, Spiegelfechterei – als Betrug.

Geldadel – heutzutage ziemlich ehrbar und respektabel, nahezu bewundernswert, ein Vorbild, ein Idol – bezeichnete zu Zeiten seiner Erfindung was jedenfalls Unseriöses. Was eigentlich Illegales, Amoralisches. Was nichtswürdig Anrüchiges.

Ob unser aktueller Geldadel wohl von alledem noch was ahnt, wenn er sich inszeniert und strunzt?

*

Claudio Abbado stand noch im Sommer seines 80. Geburtstags *anno* 2013 in Luzern vor seiner dortigen *Festival Orchestra* und dirigierte, nur wenige Monate vor seinem Tode im Januar 2014, unreduziert vermutlich Mozart und Mahler.

Er trug da unübersehbar die Anzeichen jahrzehntelanger Strapazen im Gesicht. Es war rechtschaffen verschlissen: abmaracht und abstrabatzt, durch immerwährenden Stress, auch lebensbedrohliche Erkrankung und Tausende von Nervenkrisen, die sich da alle gnadenlos widerspiegeln, dauerhaft traumatisiert.

Gleichwohl war das ein Antlitz, das auch an seinem 80. Geburtstag noch wach geblieben war: höchst aufgeschlossen, konzentriert und klug, aufmerksam und fantasievoll, kreativ über gertenschlankem Leibe vor einem Spitzenorchester, das er präsent und verbindlich durch Spitzenwerke von Spitzenkomponisten zu leiten vermochte. In höchster Anspannung und Entspannung gleichermaßen: insofern sehr schön.

Ein schöner Greis mit sichtlich erarbeitetem Leben.

Ein unermüdlicher Experte für musisch höchstkarätige und sehr, sehr seriöse

Erträgnisse.

No anti aging, please!

*

Erst jetzt, fast 85jährig, realisiere ich, daß es zwischen Körper und Gehirn insgeheim Korrespondenzen und Kollaborationen jenseits (oder diesseits?) meines Bewußtseins gibt. Da kungeln welche sozusagen hinter meinem Rücken, aber duchaus zu meinem Vorteil: unverkennbar zwei Komplizen in meinen Diensten, aber strikt okkult.

Von langer Hand offenkundig klug eingefädelt, aber in jüngeren Jahren gar nicht wahrnehmbar.

Wahre Geheimdienste also.

*

Das *WHO*, diese Weltgesundheitsorganisation und "*Koordinationsbehörde der Vereinten Nationen für das internationale Gesundheitswesen*" des Menschen, führt in seinem entsprechenden Register oder Katalog inzwischen ganze 55 000 humanmedizinisch akkreditierte Krankheiten:

55 000!

Könnte ein einzelner Mensch eventuell auch die alle haben?

(Zumindest Hypochonder vermutlich spielend.)

*

Was mir als Exzerpte aus dem kontrovers komplexen Mozart-Buch des teils schwadronierenden, teils aber auch verblüffend hellsichtigen Wolfgang Hildesheimer unverlierbar scheint, sind zwei Zitate, die sich womöglich nicht nur auf den abgehandelten Mozart beziehen:

"Er hatte viele Leute recht gern, was nicht bedeutete, daß sie den Radius seines Interesses allzu weit durchdrangen, und er duldete beinahe alle."

"Im letzten Sommer seines Lebens [...] entbehrte er niemanden mehr."

Beides könnte im Falle Mozarts stimmen und stimmt in manchem kontrollierbareren Falle ganz bestimmt.

*

Wie zum Beispiel diese blitzblank sympathische junge Geigerin Diana Tischtschenko, 1990 auf der Krim geboren, Anfang 2019 bei der *"Folle Journée"* im bretonischen Nantes schon mit den ersten Takten ihres *"Caprice basque"* von Pablo de Sarasate unverzüglich offenbart,

daß sich das Gehirn dieser 29jährigen Ukraïnerin just auf direktem Wege und derzeit eigenmächtig ihres Armes bedient, um sich im Bruchteil einer einzigen Sekunde autonom einem Instrument mitzuteilen oder anzuvertrauen und dessen Potentiale auszuloten, also in unwiderstehliche Klänge umzusetzen.

Die Musik dieser unverhofft überraschenden Virtuosin ist im Moment des Ertönens was blitzschnell vollkommen Unbewußtes. Sie resultiert aus einer okkulten Komplizenschaft oder Kollaboration von Ganglien und Synapsen mit Saiten aus Naturdarm, Kunststoff oder Stahldraht. Das humane Bewußtsein kann Schönheit und Charakter dieser Töne höchstens im Vorhinein beeinflussen, aber nicht mehr im Augenblick des Erklingens. Da ist ihr Tempo unerreichbar autark.

Natürlich ist das nicht nur bei Diana Tischtschenko so, sondern bei allen Meistern eines Musikinstruments. Aber bei den Besten und Klügsten, bei den unverkennbar Bewußtesten fällt es am unbegreiflichsten auf. Bei Lang Lang zum Beispiel ist das immer so. Auch bei Joshua Bell natürlich, bei Maxim Wengerow, Denis Mazujew, all denen:

bei allen solchen Virtuosen, deren Produkte ganz offenkundig jede humane Herstellung scheinbar mühelos überholen, überflügeln, entmachten, dominieren.

Aber was geht da vor?

Wie ist sowas möglich?

Nur indem wir eingangs die Alleinherrschaft unseres Bewußtseins in Frage zu stellen tatsächlich willens sind und zu erlernen trachten.

*

Gekreischte Refrains in den Dialogen einer “vernetzten” Ära von jederzeit bestens Informierten: *“Weiß ich doch! Weiß ich doch!”* (In der Tonart beliehener Psittaciformes.)

*

Gestandene Nationalisten glauben hierzulande vermutlich,

unser Deutschland sei das Werk spätestens Karls des Großen in Aachen
oder Kaiser Barbarossas am Kyffhäuser (oder Kiffhäuser?) im Südharz
oder schon viel früher Hermanns, des Cheruskers, in seinem
Teutoburger Walde (oder recht eigentlich eher seinem *Teutschen Walde*?).

Wann das alles war? Vor Urzeiten. Deutschland muß es
schon immer und ewig so gegeben haben.

*

In Wahrheit wurde es als Nation,
wie wir es heute noch kennen (und lieben oder grade nicht),
erst 1871 gegründet oder ausgerufen, proklamiert:

aber nicht einmal auf vaterländischem Mutterboden,
sondern im welschen Versailles – denn die Demütigung des Erbfeindes
mag da viel genüßlicher empfunden worden sein
als die Etablierung einer eigenen Nation.
Im chauvinistischen Siegestaumel nach jenem Deutsch-Französischen
(keineswegs je etwa Französisch-Deutschen) Krieg 1870/71
waren die meisten all der triumphanten Landesfürsten (oder
-fürstchen und -würstchen) derselben oder einer ähnlichen Muttersprache
zu dieser Unterwerfungsgeste unter das strahlend dominierende
und federführende Preußen schlußendlich irgendwie bereit
und krönten im Gallischen Kaiserschloß den Berliner König
zum *Deutschen Kaiser*.

Nur Bayern spielte da zunächst nicht recht mit:
sich den ungeliebten Hohenzollern unterwerfen? Nein, nie:
nicht mit ihrem Wittelsbacher in Neuschwanstein, Herrenchiemsee,

Linderhof oder im Königshaus auf dem Schachen!
Also verweigerte sich König Ludwig II. in einem dieser vier Schlösser
jener schönen Potsdamer Idee eines deutschen Vaterlandes für alle,
und ohne ihn ging das Ganze gar nicht.

Aber unser Eiserner Kanzler Bismarck ließ sich das nicht gefallen,
sondern machte sich den bavarisch hochverschuldet vielfachen Schloßherrn
einfach finanziell gefügig und bestach ihn mit fünf Millionen Mark.
Schon kuschte da eine bajuwarisch unbedenkliche Korruptionsbereitschaft
vor so unentrinnbarer Gläubigernötigung.

Schon bei der Kaiserkrönung und Reichsgründung in Versailles

ließ Ludwig II. sich von seinem Neffen, jenem Prinzen Luitpold von Bayern,
vertreten, der später von 1886 bis zu seinem eigenen Tode 1912 Prinzregent
drei Tage lang des entmündigten Königs Ludwig II., dann noch ein gutes
Vierteljahrhundert lang des geisteskranken Königs Otto I. von Bayern war
und faktisch immer alle bayrischen Regierungsgeschäfte führte.
("Kini" war da dahoam in Bayern einer, der gar ka Kini net wor):
Herrschaftszeiten!

Aber in Versailles überreichte damals dieser Stellvertreter Luitpold
auf Bismarcks Vorschlag jenen sogenannten *Kaiserbrief*, mit dem
der bayrische König offiziell und im Namen aller deutschen Fürsten und
aller *Freien Städte* den *König von Preußen* bat, als *Deutscher Kaiser*
das Präsidium des künftigen *Deutschen Reiches* wahrzunehmen.

So wußte Bismarck das renitente Bayern ebenso ehren- wie schmachvoll
in seine Reichsgründung einzubinden:
ihm mit einer schmerzhaft eisernen Demütigung zu schmeicheln.

Fazit: das *Deutsche Reich* ist so also
eine *création* irgendwie der Bayerischen Krone.

Insofern ist auch heute noch die *Bundesrepublik Deutschland*
als Rechtsnachfolger des *Deutschen Reiches* recht eigentlich
a Münchner Kindl – wenn auch a gekaufts und a bestocheness.

Mir san mir. Nehmen fremdes Geld und bleiben trotzdem mir.
Verkaufen uns un sin mir. Un dahoam
is auch in Versailles noch immer dahoam.

Bavaria, wo bleibt da die Wahrhaftigkeit?
Oder Veritas, wo bist du?

*

Aber wissen die heutigen Bayern eigentlich,

daß es ausgerechnet ein linksradikaler Sozialist war,
der in der Nacht vom 7. auf den 8. November 1918 ihren
heißgeliebten *"Freistaat Bayern"* ausrief, auf den sie jetzt alle so stolz sind:
Kurt Eisner (auf den sie heute vermutlich weniger stolz sind)?

Aber dieses Mitglied veritabel jener linksradikal rabiaten USPD
stürzte da also den letzten Bayrischen Monarchen
schon ein bis zwei Tage früher,
als Philipp Scheidemann und Karl Liebknecht das am 9. November 1918
in Berlin mit dem *Deutschen Kaiser* taten.

Insofern ist also die bayerische Republik
tatsächlich zwei ganze Tage älter als die deutsche
und hat das *Deutsche Kaiserreich* als Erste ab- und aufgelöst.

Damit brüstet sich heute in Bayern zwar niemand mehr,
aber die Nationalparole *Mir san mir* hat ja viel und alles das
zum chauvinistisch und unverkäuflich außerdeutschen Inhalt. Göll?

*

Aber der "völkische" Zusammenhalt, seine nationale Einheit
erweist sich so von Anfang an als Schimäre oder Lug und Trug.
Alles das auf Sand gebaut!

Umso legitimer scheinen da
die aktuell vielfachen und artenreichen Spaltungstendenzen
dieser vorgetäuschten oder eingebildeten Volksgemeinschaft.

Löst sie sich endlich auf?

Bloß in was?

Die genuinen Bestandteile gibt es alle gottlob nicht mehr.
Via Internet scheinen zwar neue zu entstehen.

Aber wohin die wohl führen mögen!

*

Wie *Youtuber*, Freitagsfuturistinnen, Urheberrechtspiraten, *Facebook*sudler,
Veganer, Feministen und sonstige *user* im Begriffe sind,
einen neuen Chauvinismus ins Leben zu rufen.
Er wird täglich militanter und rassistischer,
verklärt vorhandene oder eingebildete eigene Mehrheiten
und diffamiert schon alle andern.

So spalten sie ebenso energisch wie kopflos.

Gleichzeitig glorifizieren und verkitschen diese Sektierer
alle herbeigeredeten "Gemeinsamkeiten" wie eine neue Religion.

Auflösungstendenzen?

Oder Rückkehr
aus vorgetäuschten Solidaritäten ins unverwüstlich Anarchische?

Na, guckstu.

*

Frauen musizieren anders als Männer (zumindest wenn sie dabei gesehen werden – oder gesehen werden könnten): sehr viel körperlicher und auffällig. Vermutlich auch emotionalisierter (oder sentimentaler?):

Dirigenten befragen (oder männliche Orchesternachbarn)!

*

Wenn es dem französischen Streichquartett *Quatuor Ébène* aus Boulogne-Billancourt (das mir nur als vielfach gelesene Endstation einer Pariser Metro-Linie erinnerlich ist) über längere Zeit gelungen ist, einen solchen Kammermusik-Banausen wie mich als seinen ziemlich besessenen Verehrer zu gewinnen, muß das seine Gründe gehabt haben.

Welche?

Schon beim ersten Anhören einer Aufzeichnung ihres Auftritts 2013
im magischen Verbier fiel mir auf, daß hier
die beiden Geiger Pierre Colombet und Gabriel Le Magadure,
der Bratscher Mathieu Herzog und der Cellist Raphaël Merlin
jedenfalls nicht waren, was Celibidache verächtlich *"Notenspieler"* nannte:

also Musizierende, die sich, quasi 1 : 1, mit einer fehlerfreien Wiedergabe
nur der vorgeschriebenen Partitur begnügen.

Das taten diese Vier,
deren Zusammenspiel geheimnisvoll als *"Ebenholz"* firmiert,
gerade gar nicht. Sondern was?

Jedes Ebenholz teilt zumindest das allwissende *wikipedia*
den außereuropäischen Laubbäumen zu und beschreibt es
als schwarz, sehr hart und schwer, aber ohne innere Jahresringe
als alterslos, zeitlos – daher als sonderlich wertvoll.
Seinen exotischen Namen trägt es, weil es
in Gräbern des antiken Ägypten aufgefunden und dort,
ein Import vom südlichen Rande der Sahara, als *"hebny"* bezeichnet wurde.
Daraus wurde viel später das englische *ebony*, viel früher vermutlich das
hebräische *håvnîm (oder* הָבְנֶה*?)*, irgendwann auch das französische *ébène*
und so eben auch das deutsche *Ebenholz.*

Der Weltmarkt bevorzugte dieses afrikanisch also tiefschwarze
und möglichst feinporige Ebenholz meist aus Kamerun
zunächst für Fenster-, Tür- und Messergriffe, dann auch
für diverse Intarsien und Furniere an sekreten Schatullen und Zauberstäben.
Denn es soll auch über magische Kräfte verfügen
und beim Waffen- oder Hausbau alle bösen Geister verscheuchen.

Alles das ließ es daher schon beizeiten auch für die sonderlich sensible
und musische Herstellung von Holzblas- oder Tasteninstrumenten
sonderlich geeignet erscheinen und bei Streichinstrumenten
vollends von deren Wirbeln und Griffbrettern: ihrer Seele also.

Wenn sich nun 1999 am Stadtrand des heutigen Paris ein Streichquartett
so magischen Instrumenten aus schwarzafrikanischem Gehölz verschreibt,
dürfte wohl erhöhte Aufmerksamkeit geboten sein.
Vollends "schwarze" Musik könnte da – von wo, von wem
und wie auch immer – durchaus erwartet werden.

Ich selbst hörte da von diesen schwarzen Hölzern im walisischen Verbier
zunächst das sogenannte Kaiserquartett von Papa Haydn,
dann das a-Moll-Quartett des 18jährigen Felix Mendelssohn
und Schuberts postumes Quintett (mit schwedischem Stargast

am Zusatz-Cello: Frans Helmerson): was soll an alledem
und an allen denen sonderlich schwarz gewesen sein?

Schon nach wenigen Takten erfuhr ich da, daß diesem Konzertieren
ganz außergewöhnlich zahlreiche, außergewöhnlich gründliche,
intensive und ausführliche Proben vorausgegangen sein müssen:
Proben aber nicht nur als handwerklich technisches Exerzieren,
sondern auch als tiefste Absprachen zwischen diesen vier Instrumentalisten
eines ungewöhnlichen Meister- und Extraformates,
deren stringente und seriöse, deren radikale Berufsauffassung
da äußerst unnachgiebig in einer Art existentiellem Ernst harmoniert
und die Untiefen dieser Welt und unseres Menschenlebens unverflacht
und unbeschönigt ausgelotet zu haben schien – in gnadenloser Schwärze?

Hierbei war unüberhörbar ein Verschränkungsprozeß entstanden,
der gnadenlos magische Qualitäten ermöglichte.
Auf zunächst musikalischer und spiritueller Ebene hatte sich
aus solchem vielfach geschichteten Miteinander sei es vorsätzlich, sei es
unterbewußt ein höchstkarätig agierendes Ineinander ergeben,
das als unauflösliche Verzahnung, Verhakung
mit zwölffacher Abhängigkeit voneinander wahrgenommen werden konnte.

“Wir sind wie tektonische Platten”, hat der Cellist Raphaël Merlin registriert:
*“Es gibt Spannungen beim Kontakt miteinander. Die sind manchmal schön
und manchmal hart, denn es kann Vibrationen geben.”*
Die Vier schienen sich samt ihren komplizierten Instrumenten
tief und undividierbar ineinander verkrochen zu haben:
“Vier Leute machen da einen Planeten.”

Aber mit Hilfe ihrer Komponisten war das dann plötzlich nicht nur spirituell,
sondern plötzlich auch sinnlich, dann unverhofft auch leibhaftig,
auch körperlich so. Reglos an ihre vier Stühle gefesselt, schienen
diese akustisch preisgegebenen, diese musisch offenbarten Männerseelen
sich auch so abgrundtief gut zu kennen (*“besser als ihre eigenen Familien”*,
behauptet Moderator Michael Atzinger drauf los),
daß eine vierfache Identität, auch leibliche Einheit,
ein überpersönlich zeitloser Eros hörbar wurde.

Zwar ereignete sich das viermal unübersehbar
auf Kosten von mitgebrachter Individualität und Persönlichkeit,

aber als vierfach eingeschmolzene Komponenten, Module und Elemente
eines übergeordneten Ganzen entblößte ihr Viergespann
nach und nach auch wechselseitige Körperlichkeiten,
es entschleierte unverkennbar sogar geschlechtliche Kriterien,
eine intellektuelle Spielart zwischenmännlicher Sexualität oder eines *appeal*,
der letztendlich freilich sogar eine geistige Nobilitierung begünstigte und
inzwischen längst zum Sockel eines komplexen Weltruhms geworden war.

Bei späterem Wiederhören von Kopieen aus jenem Verbier von 2013
keimte freilich der Verdacht, daß Qualität und Resonanz dieser Musik (auf
Ebenhölzern!) nicht zuletzt aus deren Homogenität resultierte.
Es war die Musik von vier ungestörten Männern unter sich:
ungewöhnlich in dieser Branche der Streichquartette.
Meist dekorieren sie sich mit einer Geigerin, die das Publikum,
aber auch sich selbst als erotischen Zierat empfindet, versteht und genießt,
ihrem Ensemble dann oft einen neuen und weiblicheren,
sei es den eigenen importierten (Doppel-?) Namen gibt.
Das schmückt ein Quartett dann unübersehbar, unüberhörbar –
freilich oft auf Kosten des musikalischen Gleichklangs und Niveaus.
Ohne solchen "Blumenflor" ist das Musizieren ganz anders –
etwa schwarz *uni*? Na, jedenfalls einmütig. Gleichen Geistes. Analog.
Tiefschwarz gemasert alles: schwarz geädertes, kostbar und
wertvoll stabiles, ring- oder zeit- und altersloses Ebenholz – Kamerun eben.

Was Ganzes.

Gleichwohl tanzte auch damals in Verbier 2013 einer der Vier aus der Reihe:
Mathieu Herzog, der Bratschist – na, bestimmt nicht musikalisch, da war er
ganz unverzichtbar. Auch als optischer und erotischer Blickfang schon.
Denn er bewegte und verbeugte sich anders als die Andern,
kam, agierte und ging seines eigenwilligen, unangepaßten Weges
und blieb schließlich ganz weg. Nach fünfzehn Jahren Ebenholz
ging dessen Mitbegründer vollends seiner eigenen Wege:
anderweitig als Solist, auch als Dirigent, als Arrangeur, als Bizet-Librettist.

Ébène ersetzte ihn zuerst durch den mehrfach preisgekrönten Adrien
Boisseau, den jedoch nach nur drei kurzen Jahren schon durch eine Frau:
eine Revolution oder Liaison, ein Experiment, ein Zugeständnis, ein Trick?
Wie lange die da mitspielen, wie sie die Tektonik verschieben,
dieses vierfache *unisono* verändern, eine Einheit zerstören

und Fronten bilden oder auch alles neu beleben und aufmischen mag: das alles bleibt dahingestellt und abzuwarten, *on verra* … (Nein: *ascolta*!)

Noch freilich scheint der Firmenname *Ebenholz* beibehalten zu werd*en:* ohne jeglichen Bindestrich eines Ehemannes ...

*

Jüngst haben wir unser europäisches Parlament gewählt.

Aber das Wahlergebnis tröpfelte da erst nach und nach ein: streng nach nationalen Gepflogenheiten sortiert. Also zappte ich jenen ganzen Abend lang auf der Suche nach diesen Resultat-Portiönchen durch das ganze Fernsehprogramm: immer wieder und wieder …

Dabei fiel mir auf, daß quer durch ganz Europa die angeklickten Fernsehsendungen (die auf ihre jeweils individuelle Weise Prognosen, erste oder zweite Hochrechnungen, irgendwann zu später Stunde und ohne Gewähr vielleicht auch schon erste Ergebnisse verhießen oder schon verkündeten) überwiegend von Frauen präsentiert wurden. Man kann sagen: diese brisanten politischen Aktualitäten waren von ihren meist weiblich quotierten Redaktionen vorherrschend Moderatorinnen anvertraut worden: wie zeitgemäß und schön!

Denn eigentlich jede dieser Damen sah sehr gut aus: war schick gekleidet, so gertenschlank wie sonst nur Fotomodels der Diätenwerbung, angemessen modisch und frisch frisiert, mit wohlerwogenem *make up* in sorgsam gepflegten, wirklich völlig ungelifteten (oder nur allerbestens, allerteuerstens operierten) Gesichtern, um passenden Schmuck an Ohren, Hals und Händen, auch noch um mancherlei Applikationen angereichert und aufgewertet (oder lieber doch auch wieder entlastet) und alles das mit Bedacht und Geschmack zu einer reizvollen und attraktiven Optik oder Gesamterscheinung aufeinander abgestimmt, mit einem Wort: wahre Augenweiden!

Da es meist etliche Jahre zu dauern pflegt, ehe es jemandem in einer unserer Fernsehanstalten gelingt, sich zur verantwortungsvollen Position einer Wahltags-Moderatorin emporzudienen, waren alle diese gepflegten *Anchorwomen* nicht mehr ganz so jung wie glaubhaft vorgegeben. Nur umso bewundernswerter war ihrer aller sehr, sehr gefälliges *outfit*. Jede von ihnen dürfte am Vortage stundenlang beim Friseur gesessen und am Wahltage selbst geraume Zeit vor häuslichem Kleiderschrank und Spiegel, direkt vor

Dienstantritt oder Sendebeginn auch noch beim Maskenbildner ihres Senders zugebracht haben. Eine große Mühe jeweils, ein beträchtlicher Zeitaufwand, viel Sorgfalt, Bemühung und Einsatz allenthalben diesbezüglich!

Auch vielerlei modische Überlegungen unverkennbar vorneweg: geeignete und fantasievolle Textil-Ideen, rechtzeitige Bestellungen und Besorgungen, endloses Ausprobieren, Anprobieren, Verwerfen, Ergänzen, Umkonzipieren, Zurückschicken, Nachkaufen, Ändernlassen obendrein. Und tunlichst nur Neues präsentieren, bloß nie was wiederholen: ein unübersehbar eisernes Prinzip, ganz unabdingbar!

Schließlich soll man ja an einem solchen Abend
von sonderlich vielen Millionen Menschen gesehen und wohlgelitten werden – na, mindestens! Möglichst ja auch noch bewundert, wenn nicht gar verehrt und von Kolleginnen sogar beneidet werden! Denn jedenfalls national, vielleicht sogar europaweit steht man da mehrere Stunden lang doch wahrhaftig im Zentrum
eines allgemeinen Interesses und Geschehens.

Wer das alles
dann auch noch günstig beleuchtet, wohlwollend fotografiert und vollends mit strahlendem Lachen, mit vielfach erprobtem Charme und mit jener unverzichtbaren Selbstsicherheit, mit der Attitüde einer Siegerin zu präsentieren gar nicht mehr umhin kann, der (oder eben die!) wird dann letztendlich jegliches Wahlergebnis, wie und
zu wessen Gunsten auch immer, so professionell bekannt zu machen wissen, daß ein persönlicher Erfolg ihr sicher ist.

Daß die meisten Zuschauer sich da eher
auf Zahlen, Statistiken, Prozentsätze, Grafiken und parlamentarische Zukunftskonstellationen in Tortenform fixieren als auf die Schönheit unerreichbar ferner Frauen, wird da lieber und sicherheitshalber ausgeblendet: schließlich kann man nie wissen!

Was? Was nicht wissen? Na, egal!

Denn ein so durchdachter und wohlinszenierter Auftritt vor der Kamera beflügelt und stimuliert dann auch meist in einem Maße,

daß alles Mitgeteilte, sei es nun redaktionell längst vorgestanzt oder im Notfall endloser Auszähl- und Wartezeiten bis zur nächsten Hochrechnung einfallsreich improvisiert, in jener sehr beliebten

Mischung aus Geschwindigkeit und vermeintlicher Allwissenheit hervorgesprudelt wird: in einer Art ansteckender Begeisterung für was auch immer.

Das fragte sich dann bisweilen auch der nächtlich ermüdete Europa-Wähler vor seinem Bierglas und Fernsehschirm: wofür begeistert sich diese schöne Frau da gerade so, was teilt sie mit, wovon spricht sie überhaupt? Ihrem Tempo Wort für Wort zu folgen, ist ihm um diese Uhrzeit gar nicht mehr möglich. Im Großen und Ganzen scheint sie auch nur zu wiederholen, was jeder, der ihr zuzuhören versucht, schon seit geraumer Zeit weiß: schon seit gestern, seit vorgestern, seit voriger Woche, schon sehr viel länger, schon immer. Sie verwendet dabei auch souverän alle üblichen, gängigen, gebräuchlichen und ausgelutschten Formulierungen ihrer medialen Szene. Häufig taucht da das Wort Europa auf – aha: was Neues, neue Europa-Infos! Richtig: *"Europas Krise, Europas Spaltung, Europas Probleme, Europas Ziele, Europas, Europas, Europas, Europas Euros (oder Opas? Eure Opas)... oder auch Europas Reformbedarf und Europas Brexit!"* Aha, aha, aha!

Aber die schicke Moderatorin scheint da mit solchem Wiederkäuen oller Kamellen sehr viel weniger Probleme zu haben als so mancher ihrer mehr oder minder ermüdeten Zuschauer *"da zu Hause vor seinem Schirm"*. Die meisten fixieren sich da zwar auch jetzt noch immer mehr auf Zahlen, Statistiken, Prozentsätze und Grafiken als auf die Schönheit unerreichbar ferner Frauen, denen es bei endlosem Weiter-Zappen allesamt tiefinnen völlig egal zu sein scheint, was heute Abend mit Europa passiert. Es scheint sie allesamt herzlich wenig zu interessieren. Oder? Eher scheint jede von ihnen neue Ideen, neue Gedanken, irgendwas Originelles oder Ungewohntes für ihr Europa panisch zu fürchten und zu scheuen. Na gut: offenbar kennen sie ihr Publikum genau, das ja am liebsten wahrhaftig lauter oft Gehörtes wieder und wieder hört.

Oder hätte sie selbst auf so umstrittenem und exotischem Terrain wie diesem Europa keinerlei eigenen neuen Gedanken? Woher auch? Würden neue Ideen da nicht viel eher irritieren? Hätte sie denn welche? Nein, ich bin ungerecht: wahrscheinlich hat und verkündet sie sogar unentwegt viele-viele, und ich bin bloß zu langsam, zu müde, zu besoffen, was weiß ich: um ihrer rhetorischen Brillanz, ihrer virtuosen Sprachgewalt, namentlich in den eingeblendeten Interviews mit politischen Spitzenstars (sei

es meistens der zweiten Reihe) zu so später Stunde oder wann auch immer
noch jemals folgen zu können. Da schlug sie dann wahre Pfauenräder.
Denn wer als Frau dauerhaft oder nachhaltig so attraktiv ist
wie jede dieser Moderatorinnen, der/die interessiert sich zweifellos
und ganz unverkennbar am aller-, allermeisten für Politik und Europa:
viel mehr als für Lidstriche, Kleiderstoffe, Parfums und Strähnchen.
Das steht fest.

Ich stelle mir vor, wie sie
nach bravourös und siegreich überstandener Europa-Sendung
nach Hause kommt und da noch vor dem Abschminken nachliest,
was Freund und Feind ihr da überstürzt in ihr *facebook* gepostet haben:
ihre Fan-Gemeinde mehrheitlich Komplimente für ihr zauberhaft schönes
und jugendfrisches Aussehen, manche Freundin auch
für ihr ganz unsichtbares Lifting, aber kaum jemand
was über ihre Moderation oder deren Inhalte. Das freut
eine so beschaffene Moderatorin noch lange. Es macht sie glücklich.
Also sämtliche Sudeleien superschlauer Polit- und Macho-Schwänze
dort einfach überlesen und schnell noch einen Blick in den Terminkalender:
wann ist die nächste Moderation, wann die nächste Europa-Wahl? Ach, noch
lange nicht: schade. Der Stoff für ein neues Kleid läge bereits bereit.
Ach, soll es bei uns nicht bald Neuwahlen geben? Dann vielleicht.
Aber der Friseur sollte doch beizeiten wieder mal gewechselt werden,
obwohl er ja diesmal … Nein, doch. Die Kollegin beim RTL (oder RTL2?)
war bei ihrer Moderation der österreichischen Regierungskrise neulich
sehr viel modischer frisiert. Das hatte jeder sehen müssen.

Alles das und Ähnliches mehr ging mir beim Warten auf die Ergebnisse unserer Europawahl 2019 durch meinen übermüdeten Nachtkopf.

*

Statt immer wieder nur "gutes" gegen "schlechtes" Wetter auszuspielen, sollten wir endlich bewundern lernen, mit wie unendlich vielen Variationen es uns täglich überrascht. Diese Opulenz macht ihm niemand nach.

Wer das nicht auf Knieen anzubeten vermag, sollte es wenigstens in all seinen Spielarten möglichst bewußt und genüßlich mitzuvollziehen versuchen – statt es nur leichthin zu kritisieren und schulmeisterlich zu benoten.

“Gut” und “schlecht” wird uns da stündlich, meteorologisch versiert und fantasievollst vordifferenziert.

*

Die hierorts und anderweitig erschreckt und viel zu oft registrierte Verblödung einer demokratisch strukturierten und demokratisch regierten Bevölkerung findet sich natürlich nicht minder in allen christlich orientierten Systemen seit dem Mittelalter, findet sich nicht minder in muslimischen Staaten, fand sich erst recht bei den Nazis, erst recht unter den Sowjets.

Man braucht nicht weiter zu suchen, nicht weiter aufzuzählen: es findet sich überall. Wo große Menschenmengen organisiert und beherrscht werden sollen, ist ihre systematische und radikale Verblödung unerläßlich. Unverblödete Menschen ließen sich schwerlich regieren.

Nur: in Demokratieen hatte man dieser intellektuellen Unterdrückungsmethode zu entrinnen, zu entkommen gehofft. Man hatte da auf die Schlagworte *Aufklärung* und *Emanzipation* gesetzt. Das hat sich, kann man nach siebzigjähriger Praxis bilanzieren, als Irrtum erwiesen. Die Demokraten verblöden ihre Untertanen besonders hämisch: scheinbar unmerklich.

Die demokratisch Verblödeten halten sich selbst für autark. Hieran ist ihre sonderlich aparte Verblödung einerseits schuld und andererseits auch abzulesen. Denn sie werden von keinerlei bösen Alleinherrschern verblödet, sie verblöden sich alle wechselseitig selbst: durch Moden, durch sogenannte *main streams*, durch ihre Medienhörigkeit, durch die vielen, vielen Klischees in ihren Köpfen.

Eins davon ist die Schimäre ihrer Autarkie.

Herdentiere blöken alle gleich und folgen Leithammeln, die sie meist weder kennen noch sehen können. Aber sie laufen ihnen gutgläubig hinterher, sei es zur “Schlachtbank”. Denn diese Alphatiere blöken genau wie sie selbst.

Mäh.

*

Shakespeare schrieb seinen “Merchant of Venice” vermutlich 1596-98
und publizierte ihn für Leser 1600,
für Theatergänger wahrscheinlich erstmals 1605.
Er ist also runde 420 Jahre alt

und entstand in den letzten Regierungsjahren Queen Elizabeth's I..
Auch in London ging damals für 200 000 Einwohner
das Mittelalter zu Ende, und was mit turbulenten Umbrüchen nachfolgte,
konnte so recht noch nicht *Neuzeit* heißen, machte aber England
schon zu einer expandierenden Handels- und Kolonialmacht.
Geld wurde da definitiv interessanter und begehrenswerter als Kultur,
als Theater und Literatur. Alles Geistige fallierte da eher.

Aber Shakespeare schrieb in diesem *"Kaufmann von Venedig"* damals
noch für seinen späten fünften Akt eine Liebesszene, die zunächst
durch ihre lyrische Anapher weltberühmt wurde und schwer vergeßlich wird.

Ich erinnere mich noch gut an meine ersten Begegnungen mit diesem Stück
schon 1952 in Bochum (mit Hanns-Ernst Jäger, Eva-Katharina Schultz und
Hans Messemer, inszeniert von Hans Schalla)
und 1957 in Düsseldorf (immerhin mit Ernst Deutsch, Joana Maria Gorvin
und Martin Benrath, inszeniert von Karl Heinz Stroux).
1961 inszenierte ich es dann schon selbst, vorsichtshalber in Pforzheim (mit
Bruno Karl, Karin Rasenack und Alfred Feussner und unvergeßlichen
Reminiszenzen an jene Anapher, dort nur leider leicht halbgar zelebriert).
Sehr viel später zeichnete ich mir auch die Aufführung dieser Rarität im
Münchner Residenztheater auf (mit Rolf Boysen, 81, Thomas Holtzmann, 74,
und Michael von Au, inszeniert 2001 von Dieter Dorn).
In Berlin und Hamburg gab es dieses (*"antisemitische"*?) Stück
zu jeweils meinen Zeiten (schuldbewußt?, vorsorglich?, diskret?)
nie zu sehen. Aber in meinem DVD-Archiv findet sich
auch just Hans-Jürgen Syberbergs Münchner Aufnahme 1965
mit den Shylock-Monologen Fritz Kortners, da schon 73jährig,
und als ich dann 2018 *"Geflechte"* schrieb und publizierte,
führten die Recherchen zu ihm und Alexander Granach tief in dieses Stück
und seine Hauptrolle. Von jener Anapher in seinem fünften Akt
ist da aber nie die Rede.

Sie besteht zu Anfang aus sechs, bei ihrer achtfachen Wiederholung aus vier,
in der genialen Übersetzung von Schlegel/Tieck dann nur noch aus drei Wörtern: *"In such a night like this"* – *"In such a night"* – *"In solcher Nacht"*.

"In solcher Nacht ... in solcher Nacht ... in solcher Nacht"
mit jeweils nur zwei- oder dreifachem Blankvers im Gefolge
und von einem Liebespaar im Wechsel gesprochen:

das fängt den Hörer dann ein wie eine Melodie, wie ein Ohrwurm:
"In solcher Nacht ... in solcher Nacht ... in solcher Nacht ... ".

Aber in was für einer Nacht nun eigentlich fand da was nun eigentlich statt?
In einer denkbar schlimmen Nacht. Dennn es ist die Nacht
nach einem gesellschaftlichen, juristischen, religiösen
und allgemein zwischenmenschlichem Desaster in ihrer aller Venedig.

Diese Stadt ist da zuvor schon vier Akte lang
als ein Platz des Geldes vorgestellt worden. Seinen Einwohnern geht es da
um Geschäfte: um Gewinne und Vorteile oder Nachteile und Verluste,
um Kredite und Verzinsungen, Wettbewerb, Bürgschaften und Wucher,
um Überseehandel und Havarieen, um Insolvenz und Ruin, um Arm und
Reich oder Freie Marktwirtschaft – um kompetitiven Kapitalismus.
Der hat natürlich auch politisch, moralisch und religiös, also auch geistig
und geistlich Konkurrenzen und Kartelle zur verhängnisvollen Folge:
also Spaltungen und Parteiung in Mehr- und Minderheiten,
Konflikte zwischen Gruppierungen und Koalitionen oder Konfessionen
mit Orthodoxieen, Rassismen und schließlich archaischen Feindschaften,
mit Fehden, Sanktionen oder Rachegelüsten und -gelübden.
Mit Haß, atavistischen Verwünschungen und Flüchen.

Das alles gemeinsam markiert hier in heillosem Wirrwarr
jeglichen Alltag dieser Venezianer des spätestens 16. Jahrhunderts
zu Shakespeare's Zeiten.

Aber so gegensätzliches Gleichmaß von All- oder Werktagen
ist hier zur Zeit in eine althergebrachte Festlichkeit eingebettet:
jenen venezianischen Karneval in der Nachfolge römisch antiker Saturnalien
und angereichert um mittelalterliche Bräuche und militärische Siege.
Entsprechend wild und maßlos, skrupel-, herz- und lieblos
sind hier jetzt Enthemmung, Anarchie und Hexenkessel.
Entfesselte Kaufleute toben sich aus wie die Jecken in unserm Köln.
Man singt und tanzt, paradiert und flaniert, man maskiert
und verkleidet sich, wird flugs jemand anders, treibt Schabernack
und Narreteien, foppt oder schädigt, schändet, entweiht
und besudelt ohne Bedenken
oder entehrt sich wechselseitig, bestiehlt sich auch getrost und beträchtlich,

aber öffnet bisweilen so auch die Verliese seiner eigenen Untiefen,
seiner Urinstinkte, entmenscht sich also selbst exzessivst.

Antonio und Shylock sind hier zwei solche Rivalen auf einem Geldmarkt, der
ihnen entgleitet und schließlich auch juristisch vollends aus dem Ruder läuft.
Erst gestern standen sie in einer Art Schauprozeß, dem der venezianische Do-
ge höchstpersönlich vorsaß, vor Gericht. Es ging dabei doppelt leibhaftig
um Tod und Leben.
Haß, Rachedurst, Schiffbruch, Kindesentführung, Geldgier, Rassismus,
Bankrott, Religionen und Mordlust vermischten sich da unentwirrbar
und wahrhaft heillos.

Nur mit Trick, Mummenschanz, Geschlechtertausch und sophistischen Win-
kelzügen (*"dressed like a doctor of laws"*) ließ sich da letztendlich
ein Notausgang herbeizaubern, der alle glimpflich überleben ließ.
Aber anschließend, nunmehr momentan, *"in solcher Nacht wie dieser"*,
lagen alle Beteiligten und Hineinverwobenen, fast das ganze Personal
dieser Tragikomödie, vermutlich recht verschreckt auf ihren Betten:

enttäuscht, verzweifelt oder schlechten Gewissens und ratlos.

Denn dieses Finale war nur für ein Publikum aus Voyeuren
amüsant oder komisch. Jeder der beiden Kontrahenten sah sich stattdessen
mit seinem Konkurs konfrontiert: der eine zumindest kommerziell,
der andere vor den irreparablen Trümmern seiner ganzen Identität
als Vater, als Geschäftsmann, als Jude, als Venezianer (*"I am not well"*).
Vor welchen erotischen Scherbenhaufen
sich die übrigen Kombattanten *"in solcher Nacht wie dieser"* wiederfinden,
hat ihr kluger Autor der Perspektive jeweils jeder neuen Generation
im Publikum überlassen: was die Einen umwirft,
das eben richtet die Nächsten vermutlich auf.

Nun, wen von all den einschlägig Betroffenen weiland in Venedig
warf das alles damals oder später noch um, wen alles richtete es seither auf?

Also, Lorenzo und Jessica, jenes Paar,

das – nach karnevalistisch kostümierter und dramatischer Entführung
der Braut (*"in boy's clothes"*) aus ihrem Vaterhause – eine erste Liebesnacht
in Freiheit mit jener lyrisch-erotischen Anapher eröffnet,

jenes Paar
scheint sich um die Nöte seines venezianischen Bekanntenkreises
nicht zu bekümmern. Freilich haben die beiden auch juristisch
allzu gute Gründe, eher zu jubeln. Denn das gestrige Gericht hat die beiden
als Universalerben des juridisch erniedrigten, des gesetzlich
ungemein gedemütigten, aber steinreichen Klägers Shylock eingesetzt.
Er selbst hatte seine geflohene Tochter Jessica freilich erst kürzlich
noch talmudisch-alttestamentarisch verflucht: *"she is damned for it"*.
Jetzt macht sie eben dadurch den vielbeschworenen Reibach ihres Stammes
und konvertiert: *"in solcher Nacht wie dieser"*.

Gleichwohl scheinen diese geflüchtete jüdische Erbin
und ihr christlicher Entführer Lorenzo
als Profiteure jener materiellen Erbschaft einer Zukunft beiderseits
mit sehr viel immateriellen Kriterien entgegen zu sehen:
mit wahrhaftig mythologischen Parallelen zunächst.

Denn schon mitten im *Trojanischen Kriege* (also allererstem
Weltkriege überhaupt) habe weiland *"in solcher Nacht wie dieser"*
der Troer Troilus seiner schlafenden Geliebten Kressida,

einer Konvertitentochter im griechischen Feindeslager,

illegal beigewohnt,

habe längst vorher oder nachher im prähistorischen Babylon
auch Thisbe, eine Allerschönste des ganzen Orients, sich *"in solcher Nacht"*
mit ihrem herzallerliebsten Pyramus, dem ebenso schönen Sohne
verfeindeter, heillos zerstrittener Nachbarsleute, schon beim Ovid
"die Ihren / Täuschend", in nächtlich schauriger und einöder Wildnis
zu wildem Treffen und Treiben vereinbart,

habe später die tunesisch phönizische Königin Dido
mit magischer Weidenrute als Zauberstab in der Hand ihre doppelt illegale
und allzu episodische, aber unvergeßlich-unvergänglich legendenbildende
Durchreise-Liebschaft mit dem kleinasiatisch dardanischen Königs-
und Göttersohn Aineías (Äneas) eben *"in solcher Nacht"*
nicht enden lassen wollen,

habe Medeia (Medea), die rätselhaft dunkelhäutige, rätselhaft wundertätige
Königstochter aus dem kaukasischen Kolchis am *Schwarzen Meere,*
eben *"in solcher Nacht"* und vermutlich ebenso schauriger Wildnis

nach Zauberkräutern oder auch -wurzeln gesucht, um ihren
exotischen Eheliebsten und hellhäutigen Argonauten,
den Königssohn Iason aus dem thessalischen Iolkos,
in all ihrer transreligiösen, transethnischen Verfallenheit unbedingt
zu verjüngen: ihren Iason also nur ia nicht altern zu lassen.

Erst mit allen diesen mythologischen Parallelen

(mit denen dieser Shakespeare also weiland *anno* 1596
sein Publikum aus vermeintlich ungebildeten "Gründlingen"
keineswegs zu überfordern fürchten mußte)

erst so gab er seinem venezianischen Flüchtlings-, Konvertiten- und erbenden
Gesetzesbrecher-Pärchen Lorenzo und Jessica eben *"in solcher Nacht"*
das angemessene Ambiente für ihr eigenes trans-
religiöses, trans-ethnisches, trans-ethisches Treffen, Trachten und Treiben.
Damit dürfte er ihre mehrfache Illegalität in den Augen
seiner damaligen Zuschauer sanktioniert und gerechtfertigt haben:
antike Mythen waren seinerzeit allerseits potente Heiligsprecher.
Wer sich auf sie berufen, sich mit deren Verhalten vergleichen konnte,
war anerkannt und legitimiert.

Diese Legitimation gelang ihrem ingeniösen Autor hier
mit vier bis sechs Silben: *"in such a night"* oder auch *"in such a night
like this"*. Sie genügten ihm, um eine aktuell konkrete Situation
mit dem schlichten poetischen Mittel seiner Wortwahl
höchst komplex zu machen und beachtlich aufzuwerten.
"In such a night like this" kann nicht nur alles Mögliche passieren,
weltweit passiert es auch tatsächlich in alle Ewigkeit.

Kommen Hörer oder Leser hierbei poetischer Genialität auf die Spur?
Ich zumindest habe diese melodiöse Anapher nicht vergessen,
seit ich sie vor nunmehr runden 67 Jahren aus dem Munde des Schauspielers
Günter Lampe erstmals hörte. Ich sehe ihn das sogar noch sprechen,
und war doch selbst erst ganze 18 ahnungslose Jahre alt.

Sowas vermag halt große Poesie.

*

Meilensteine im Leben eines Regisseurs sind die Premieren, und zu denen gehört essentiell der Applaus: einzig dann auch für den Inszenator leibhaftig.

Viele Berufskollegen sind regelrecht süchtig danach: sie "schinden", schlürfen und zählen die "Vorhänge" einer solchen Publikumsquittung so begierig wie Pavarotti noch im Alter den vermeintlichen Jubel seiner Auditorien nach jedem hohen C seines nimmermüden Tenors – unersättlich.

Mir jedoch war der Premierenapplaus noch nach jeder von mehr als sechzig Inszenierungen in rund dreißig Theaterjahren immer suspekt und ungemütlich. Ich mochte ihn nicht sehr und verkürzte ihn mir am liebsten selbst, indem ich beizeiten meiner Wege ging. Als einmal der "ganze" Saal meinen Namen gerufen haben soll, war ich schon außer Hauses, hörte also davon nichts und blieb meinen fälligen Dankesdiener (scheinbar undankbar, arrogant) einfach schuldig. Zeitweilig verzichtete ich auch ganz darauf, mich da zu präsentieren; aber das sah dann leicht wie eine Distanzierung von den Schauspielern oder meiner eigenen Arbeit aus. Also fügte ich mich den Usancen und zeigte mich "den Leuten": aber eigentlich immer mit etwas mulmigen Gefühlen. Warum? Keine recht Ahnung.

Erst jetzt, runde dreißg Jahre nach meinem letzten Inszenierungs- und Premierenapplaus, vermag ich zu analysieren, was da jeweils in mir vor sich ging: zwei verwobene, aber allzu spürbare Mißverhältnisse ließen sich jetzt nicht mehr ignorieren.

Das Eine: *diese "Leute" klatschen da nur aus Höflichkeit, aber können doch nach so einem einzigen kurzen Abend die wahren Qualitäten meiner wochen- oder monatelangen Bemühungen adäquat wahrzunehmen und zu würdigen überhaupt nicht imstande sein, die Ärmsten! Insofern gilt ihr Applaus da gar nicht meiner jeweiligen Arbeit, sondern ihren eigenen Gewohnheiten: einer unreflektierten Konvention. Als Resonanz auf meine Arbeit war noch der lebhafteste Applaus da nur enttäuschend und unangemessen.*

Das Zweite: *die wirklichen Qualitäten meiner Arbeit und ihrer Verwirklichung durch die Schauspieler müßten, richtig erkannt, sehr viel vehementer gefeiert werden. Dieser Applaus von da unten ist viel zu mittelmäßig und entspricht unser aller Leistung nicht im Mindesten: wie enttäuschend! Wie unangemessen! Da hätte ich doch etwas mehr erwartet. Ich will weg! Perlen vor die Säue!*

Sowas hat Pavarotti sicherlich nie empfunden. Also ging ich nach dreißig Bühnenjahren endgültig weg und wechselte den Beruf. Zunächst zum Fernsehen: ohne jeden Applaus. Nicht jedoch ohne Enttäuschungen.

Also ging ich nach zwölf viel zu langen Jahren auch von dort wieder weg – und endlich zu mir, gottlob!

*

Was weiß jemand? Was weiß er ganz prinzipiell oder auch in einer ganz bestimmten und konkreten Situation?

Oder auch: was hat er insgeheim gewußt, als er dies oder jenes sagte, schrieb, sang, malte, komponierte, spielte, entschied – oder tat?

Was ging ihm währenddessen sonst noch alles durch den Kopf, aber er verdrängte, unterschlug es oder benutzte es für sonstwas Anderes? Färbt es da trotzdem heimlich ab, oder verschwindet es spurenlos im Nichts?

Oder wartet es seither nur auf eine bessere Gelegenheit, um irgendwann und -wo oder -wie dennoch durchzubrechen und manifest zu werden?

Niemand weiß das.

*

Grigorij Lipmanowitsch Sokolów, russischer Pianist der Weltklasse,
scheint ja Publikum nicht sehr zu mögen. Jedenfalls hofiert er es nie.
Er buhlt auch nie um dessen Gunst: weder mit seinen Programmen,
noch mit den Ansprüchen seiner Darbietungen, noch auch
mit seinem ganzen Verhalten während seiner Konzerte.
Die ekstatischen Huldigungen seiner Auditorien nimmt er weltweit
äußerst reserviert entgegen: fast widerwillig, fast feindlich.
Niemals badet er in den Euphorieen seiner Fangemeinden.

Er nimmt sie kaum zur Kenntnis. Sein Kundenservice bleibt minimal.

Verdacht: statt sich vor Publikum dergestalt zu exhibitionieren,
würde dieser große Künstler lieber zu Hause bleiben und dort
nur für sich selbst musizieren.

Gut nachvollziehbar, inzwischen.

*

Er gebe auch, lese ich über diesen Sokolow, ungern Interviews,
spiele keine Aufnahmen in Studios ein und trete prinzipiell
nicht mit Orchestern auf, spiele also nie ein Klavierkonzert, da ihm
die Probenzeiten, wie sie ihm unser heutiger Musikbetrieb gestatte,

viel zu kurz seien. Er konzertiere auch grundsätzlich nur
auf Steinway's Modell *D-274 von 1884* und bestehe oft noch unmittelbar
vor Konzertbeginn auf zeitraubendem Nachstimmen seines Instruments.

*

Aber in einem Interview, das Sokolow einer Christine Lemke-Matwey
dennoch gab und das am 28. Januar 2016 in der ZEIT erschien,
soll er diesen Satz gesagt haben:

"Die Kunst ist ein Paralleluniversum zur Wirklichkeit".

(Etwa jenes Paralleluniversum, das unsern ganzen materialen Kosmos
laut Einstein, Fridman, Hubble, Perlmutter und Adam Riess
so unwiderstehlich anzieht? Gut möglich!)

*

Es fällt auch auf, daß dieser Sokolow beim Betreten eines Podiums immer
und generell nur hinter dem hochgeklappten Flügel zu seinem Platz geht.
Das tut so keiner seiner vielen Kollegen. Aber auch hierbei
meidet er eher die Rampe, den Applaus, das Auditorium.
Am liebsten, signalisiert er so, bliebe er unsichtbar. Tunlichst bleibt er
so lange wie irgend möglich in der Schutzburg seines Flügels verborgen.

Und sein unerläßliches Verbeugen
beim jeweils stürmischen, orkanartigen Applaudieren seiner Auditorien
in aller Welt verkürzt er abrupt und barsch
auf ein unpersönlich ritualisiertes Minimum: meidet also immer wieder
das angebotene Bad in der Menge seiner liebevollen Verehrer,
flüchtet schleunigst und signalisiert so letztendlich auch eine Verachtung
dieser klatschenden, trampelnden, jubelnden Leute, von denen er weiß,

daß sie nichts verstanden und gehört haben, lediglich einer Mode huldigen.

*

Hierzu paßt auch, daß dieser Weltstar sich im Rampen- und Scheinwerferlicht
aller Kontinente ausschließlich akustisch exponiert.
Recht eigentlich spielt er ohne eigene, ohne eine persönliche Physiognomie.
Sein Gesicht bleibt in allen Konzerten gleichsam weggeschlossen:
beim Kommen und Verbeugen ebenso wie beim Konzertieren,
und wenn er endgültig geht, weiß sein Konzertbesucher kaum je,
wie der aussah, der da just zweieinhalb Stunden lang bewundert wurde

und eben erst verschwand. Wie sah der eigentlich aus? Keine Ahnung.
Sein Gesicht war nicht nur wohlweislich weggeleuchtet worden,
sondern auch introvertiert oder überhaupt zu Hause geblieben. Das hatte er
hier vor Fremden beileibe nicht ausgestellt. Mit seiner Musik
hatte seine Mimik ja vermeintlich auch gar nichts zu tun.

Obwohl …

Hiergegen, nur zum Beispiel, sein Kollege Lang Lang: mit all den Exzessen
seines vielsagend mitteilsamen und ausdrucksstarken Mienenspiels … !

*

Als Grigoij Sokolow 2015 in *Aix-en-Provence*
für das alljährliche Pianistenfestival *La Roque d'Anthéron*
Schuberts postume Sonate Nr. 14 spielte und ihr
alle pianistischen Höhen und Tiefen, Virtuositäten und Introversionen
zwischen *fortissimi* und *pianissimi* angedeihen ließ, derer sie
unabdingbar und zweifelsfrei bedarf,

da hörte ich noch vier Jahre später vor meinem Hamburger Fernsehgerät,
wie dieser große Tastenmagier in fast jedem einzelnen lauten oder leisen Ton
auch immer noch eine ferne Wehmut
dieses 31jährig entschwundenen Komponisten durchschimmern ließ:
ein Fernweh? Ein Heimweh? Einen Weltschmerz? Eine Todesahnung?
Jedenfalls eine Wehmut, indirekt untergründig, kaum wahrnehmbar,
aber für hellhörige Ohren unverkennbar, also unüberhörbar,
selbst in massiven Akkorden noch: sie setzten sich potenziert
aus lauter Tönen zusammen, von denen jeder einzelne wehmütig klang.
Oder der Wehmut kannte, einer heillosen Wehmut entstammte.
Sie wohl auch benötigt.

*

Hat es einen Grund, daß ich in meinem ganzen langen Leben keiner einzigen überragenden Persönlichkeit begegnet bin? Also, irgendwie bin ich zwar schon gleich in frühen Jahren zum Beispiel Thomas Mann begegnet. Auch Werner Heisenberg, später Manfred Hausmann, Friedrich Dürrenmatt, Wilhelm Emrich, Hans Werner Henze, Hans Magnus Enzensberger, brieflich auch Peter Hacks und Sławomir Mrożek. Manchem sonst noch. Aber nie gelang es mir, aus einer solchen Zufallsbegegnung anschließend mehr zu machen, eine Art Fortsetzung irgend auszubauen. Gar eine Freundschaft aufzubauen. Dabei gierte ich fast lebenslänglich danach. Schon in meinem ersten Theaterstück thematisierte ich dieses Bedürfnis etwa 22jährig in der Figuration jener Varianten *Voigt I, II, III*: unstillbare Sehnsucht nach einem Guru.

Aber es gab ihn nie. Auch Hermann Heimpel, meine erste Magnifizenz, nicht. Auch meinen sehr verehrten zetgenössischen Leuchtturm Carl Friedrich von Weizsäcker nicht. Wirklich niemanden von solchem Kaliber, keinen einzigen.

Verdacht: ich hätte solchem Guru aufgebürdet, was ich lieber selbst entdekken, entwickeln, aufbauen sollte. Ich sollte mich an Stärke nicht anlehnen, sondern sie autark entfalten, autonom entstehen lassen.

Wurden mir deshalb die Gurus so strikt verweigert?

Heute ahne ich: das könnte so gewesen sein.

Vielleicht deshalb habe ich mich schließlich mehr als achtzigjährig in meinem späten *"Wirrwarr im Lot"* noch unbewußt selbst als Guru eines *"Teeny"* porträtiert, der eben ein solcher Azubi der Künste und des Lebens ist, wie ich ihn weiland vor rund sechzig Jahren (in jenem befremdlichen Steinebach am oberbayrischen Wörthsee) jenen *Voigt I, II und III* ersehnen ließ.

Bisweilen schließen sich ja Kreise.

*

Johann Sebastian Bach entschleunigt. Er vermittelt Zeithaben.

Vermutlich, weil er selbst Zeitnot gar nicht kannte.

So jedenfalls hört sich das immer alles an.

*

Zu meinem ewigen Thema und Fragenkomplex der musikalischen Wiederholungen:

wenn ein komponiertes Gefühl, ein musikalischer Gedanke nur ein einziges Mal, also ohne Wiederholung, dargeboten würden, wären sie anschließend beide weg. Niemand könnte sich ihrer später noch erinnern.

Also müssen sie so lange wiederholt werden, bis sie vermeintlich unvergeßlich oder zumindest momentan verstanden, wahrgenommen, verinnerlicht worden sind. In vielen Fällen wird daher, um ganz sicher zu gehen, schier bis in alle Ewigkeit wiederholt. Grade Bach ist da hemmungslos: nochmal und nochmal immer wieder (sei es als seinerzeit sogenannte *"Parodie"* auch noch in späteren, ganz anderen Werken: siehe hier auch auf Seite 148ff.!). Aber dann sitzt es endlich (vielleicht).

Assoziation des "steten Tropfens".

Auch Händel wiederholte sich gern und häufig so. Für die getanzte Sarabande der Asiaten zum Beispiel in *"Almira"*, seinem allerersten Bühnenwerk noch für die Hamburger *Oper am Gänsemarkt*, erfand der Neunzehnjährige *anno* 1704 eine Instrumentalmelodie, die er schon 3 Jahre später, 1707 in Rom, als Kastraten-Arie des *Piacere* mit dem Text *"Lascia la spina, cogli la rosa" ("Laß doch die Dornen, pflücke die Rose")* präsentierte: im *"Trionfo del tempo e del disinganno"*, seinem allerersten Oratorium. Schon 3 weitere Jahre später, 1710, ließ er dieselbe Melodie als Klagearie mit nur leicht verändertem Text vom weiblichen Sopran der *Almirena* im Londoner *Covent Garden Theatre* singen: als *"Lascia ch'io pianga mia cruda sorte" ("Laß mich mein grausames Schicksal beweinen")*: in seiner Oper *"Rinaldo"*. Aber noch 27 Jahre später tauchte sie mit originär italienischem Text in einer ersten, weitere 20 Jahre später in einer zweiten, nunmehr englischen Neufassung jenes weiland allerersten Oratoriums wieder auf, das 1737 *"Il trionfo del tempo e della verità"*, aber 1757, als Händels Schwanengesang, *"The Triumph of Time and Truth"* hieß und nunmehr von einem Tenor gesungen wurde: jeweils wieder im Londoner *Covent Garden Theatre*

und seither als populäres *Evergreen* durch die Jahrhunderte und weltweit, für welches Stimmfach auch immer. Assoziation des "steten Tropfens" also auch hierbei.

Mit unübersehbarer Vorliebe bediente sich dann bald auch schon Mozart dieses Effektes eines "steten Tropfens". Der hieß dann aber innerhalb ein und desselben Werkes meist *"Rondeau"* oder *"Rondo"*. Sehr viel später wurden Leute maßgeblich, die statt *Wiederholung* lieber *Leitmotiv* sagten, es für eine Erfindung Richard Wagners hielten und dabei übersahen, daß schon Homer den "steten Tropfen" zu seinen unverzichtbarsten literarischen Mitteln zählte und ihn unermüdlich wiederholte.

Ihm folgten seither unzählbar viele Wiederholer. Die jüngsten sind unsere heutigen Medien, die sich ja im Repetieren ihrer *"news"* von gestern und vorgestern gar nicht genug tun können: immer nochmals und nochmals, auch wenn es gar keine *"news"* mehr sind, sondern *olle Kamellen*. Trotzdem: nochmals!

Längst hat solche Absicherung durch Wiederholung auch in den Wortschatz unserer Redewendungen und Binsenweisheiten Eingang gefunden: *"Man kann das gar nicht oft genug wiederholen"* oder *"Doppelt gemoppelt", denn "Doppelt genäht hält besser"*, derlei. Oder *"lieber einmal zu viel als einmal zu wenig"*. Gar bei Goethe und dessen Teufel schließlich: *"Du mußt es dreimal sagen"*, und die Musik hat vollends für all ihre unverzichtbaren Wiederholungen das sehr viel musikalischere Italienisch beliehen: *"Da capo"*, wörtlich *"vom Kopf, von Anfang an noch einmal"* mit den Varianten *"da capo al coda"* oder *"da capo al fine"*. Begeisterte Konzertbesucher auch anderer Völker und Sprachen rufen (oder riefen früher mal) auf Italienisch *"da capo"*, wenn sie auf einer Wiederholung bestanden. Aber Franzosen beziehen sich da lieber auf die römischen Ahnen der Italiener und rufen einfach (postlateinisch) «bis»!)

Daß sich in den unüberhörbar vielfachen Wiederholungen alter Menschen immer deren Weisheit ausdrückt, dürfte eher vereinzelt richtig sein: im Falle all der hiesigen *dacapi* zum Beispiel meiner senilen Demokratiekritik jedoch mit Gewißheit.

Also nochmals: die liebenswert schöne Idee der Demokratie kann nur durch konstruktiv wiederholte Kritik noch gerettet werden!

Nur noch, nur noch, nur noch! *Da capo al fine!*

*

Legitmiert mich das, es diesen Genies hier gleich zu tun? Denn zum Beispiel Demokratiekritik und Pranger für das 19. Jahrhundert, auch musikalische Präferenzen, Feministenschelte oder Maßregelungen zeitgenössischer Moden werden hier bisweilen gebetsmühlenhaft wiederholt. Warum? Damit es trifft und sitzt. Nicht gleich nach dem Lesen beiseite gelegt und schnell vergessen wird. Sondern zwischen all dem sonstigen Unerledigten weiter rumort und da zumindest für Unruhe sorgt. Oder gleich für schlechtes Gewissen. Sich nicht mehr besänftigen und wegschieben läßt. Immer wieder unverhofft zu rattern beginnt: als steter Tropfen, doppelt gemoppelt.

*

Auch jenes widernatürliche Teufelszeug,
das genuin als *Kunststoff* veherrlicht und verharmlost wurde,
entstammt also, lese ich, jener selben Ära, die an fast allen heutigen Miseren
oder Fehlentwicklungen ursächlich schuld ist: dem 19. Jahrhundert,
diesem wahren Hexensabbat.

Seit etwa 1839 waren weltweit
so fantasievolle Chemiker wie Charles Goodyear (aus Connecticut),
Christian Friedrich Schönbein (aus der Schwäbischen Alb),
John Wesley Hyatt (aus New York), Leo Hendrik Baekeland (aus Belgien),
später Hermann Staudinger (aus Worms) fieberhaft auf der Suche nach
synthetischen Stoffkombinationen, die 1910 vom Saarländer Richard Escales
allesamt endlich als *Kunststoffe* bezeichnet wurden
(wohl in Unkenntnis dessen, was das in Wahrheit ist: *Kunst*).

Erste solche Kunststoffe waren Gummi, Kollodium, Zelluloid, Schellack,
Linoleum, Viscose, Silikon (1901), Bakelit (1907), Buna (1909), Plexiglas
(1928) und jenes Polyethylen (1933), aus dessen Derivaten
Karl Ziegler (aus Hessen-Nassau) und Giulio Natta (aus Ligurien)
später unsere heutigen Verpackungsmaterialien entwickelten.
1963 wurden die beiden hierfür mit dem Nobelpreis für Chemie geehrt,
und ihrer aller Hexenküche war nun vollends gesellschaftsfähig.

Schon seit 1937 war dort Perlon entstanden, seit 1938 Nylon und Teflon,
aber erst nach dem *Zweiten Weltkrieg* gingen Firmen wie IG Farben, Henkel,
Cibo, Buna-Werke, DowDuPont und viele andere immer mehr
zur Massenherstellung und Weiterentwicklung solcher "Kunststoffe" über,
die der sensible Volksmund dann irgendwann mal lieber
als *Plastik* zu bezeichnen begann. Dieser Name war bald eine Zauberformel
für alle Verbraucher ebenso wie auch für Produzenten und Industrie.
Lange Jahrzehnte galt sie jetzt als hinreißend unverzichtbarer,
unersetzbarer Generalschlüssel für alles und jedes.
Plastik wie *Kunststoff* war allenthalben ein Adelsprädikat. Es veredelte,
aristokratisierte, machte ehrbar, verwendbar, unsterblich: also brauchbar.

Mir selbst muß dieses Teufelszeug
erstmals in den fünfziger Jahren begegnet sein. Aber
in die offiziell gebotene Bewunderung für seine endlose Unzerstörbarkeit
mischte ich bald schon Skepsis gegenüber seiner Widernatürlichkeit mit ein:
konnte sowas *à la longue* gut gehen?

Ein rundes halbes Jahrhundert später wissen wir, daß es überhaupt nicht gut gegangen ist, sondern auf vielen Parallelschauplätzen global alles pflanzliche, tierische und menschliche Leben behindert, vergiftet, zerstört. Aber *"die ich rief, die Geister / werd ich nun nicht los"*!

Inzwischen versucht die Menschheit zunehmend energisch, sie loszuwerden. Aber wieder klingt das wie Goethes *"Zauberlehrling"*:

"In die Ecke,
Besen, Besen!
Seids gewesen."

Aber das Plastik läßt sich nicht so einfach in die Ecke stellen. Noch ist unentschieden, wer da wen besiegen und vernichten wird – wir das Plastik oder das Plastik uns: dann uns Lebewesen alle.

Aber das alles, gottlob inzwischen weitestgehend als Problem erkannt und bekämpft, wird hier nicht nur wegen seiner unappetitlichen Herkunft aus den Giftküchen des 19. Jahrhunderts abermals beschworen.

Sondern?

Sondern wegen seiner akuten Parallelen *"online"*.

Was da erfunden und blitzschnell jedermann ins Netz oder an die Hand geliefert wurde, schien auf den ersten Blick ja wie ein neuer, noch sehr viel praktikablerer Generalschlüssel *for whatsoever*. Inzwischen besitzt es jeder, keiner kann mehr ohne das leben. Es erleichtert und beschleunigt unser Leben unleugbar beträchtlich. Zugleich macht es alles auch sehr viel komplizierter.

Also lernen wir auch allesamt,

uns diesem neuerlichen Dschungel zu fügen und unterzuordnen, seiner gnadenlosen Dominanz zu huldigen

und seine Deformationen – Kriminalisierungen aller Art, Ausbreitung von Rassismen, Faschismen und andern Perversionen, *shit-storms, haters,* irreversibel totale Vergläserung von Menschen und Menschheit, deren Verblödung, erleichterte Unterdrückbarkeit, globale Verunsicherung und derlei Zerstörungen mehr und mehr –

sie alle also lernen wir entweder zu ignorieren und zu dulden oder aussichtslos zu bekämpfen: *"In die Ecke, Besen!"*

Prognose einer frühen *midlife crisis*:
der unverkennbare Segen dieser Erfindung wird unaufhaltsam
zu einem Fluch mutieren und zumindest alles gesellschaftliche,
vielleicht auch jedes individuelle Leben bald unmöglich machen.

Zerstörerische Kräfte werden da nacheinander aufgerufen, verherrlicht und viel zu spät als jenes Teufelszeug durchschaut und entlarvt, das sie aber vermutlich unmißverständlich sind: noch bösere Nachfolger mittelalterlicher Päpste und deren stringenter Irrlehren?

Helf' Er ihnen allen!

Denn die Parallelen von Plastik und Internet sind unübersehbar und frappant:
diabolische Attacken oder Attentate und Amokläufe von
Künstlichkeiten auf jede Unschuld vom Lande (denn vielleicht
gehören ja auch die Millionenmetropolen unserer Ära
geschichtlich zur selben Satansfamilie wie der Vatikan?).

*

Wie auch gute und beste Instrumentalsolistinnen bisweilen (oder immer wieder!) Gestaltung mit Gefühligkeit verwechseln und Gefühligkeit schon für Gestalung halten – aus hormonellen Gründen? Oder angeblich aus zerebralen?

Oder einfach aus geschmacklichen?

*

Aber mit jenen vier Mazurken von Chopin,
die Grigorij Sokolow 2015 bei jenem Pianistenfestival der Rhône-Mündung
noch als Zugaben darbot, überraschte
dieser Virtuose an der Schwelle zum Greisenalter
mit einer kaum jemals so gehörten Sinnlichkeit ihres Komponisten.

Frage: unterschlagen oder versäumen seine sonstigen Interpreten sie sonst vielleicht mit all der üblichen und vermeintlich unverzichtbar virtuosen Bravour ihrer Jugendlichkeit?

Anscheinend erstmals
nimmt ein Pianist da diesen Fryderyk Franciszek Chopin (oder Szopen)
nicht nur zum Anlaß, selbst zu imponieren,
sondern als Menschen ernst und will wissen, wer oder wie der war.

Vielleicht daher rauscht Sokolows Chopin
nicht demütigend über uns lauschende Zwerge dahin,
sondern wird langsam, wird behutsam skelettiert und sorgsam durchleuchtet.
Dadurch beginnt das Durchleuchtete
jählings selbst an zu leuchten. Es leuchtet plötzlich sehr sinnenfroh

und wird sehr sinnlich.

Sabaai, สบาย, *sabaai ...*

*

Aber bin ich gestern in einer fremden Arztpraxis unverhofft dem freundlichsten, liebenswürdigsten, freundlichsten, höflichsten und freundlichsten Menschen begegnet, den mir die “Zufälle” des Lebens jemals zugespielt haben?

Es fühlte sich so an.

Dabei handelte sich um einen wildfremden und vermutlich kurdischen Arbeiter oder anderweitig orientalischen Bauern, einen etwa fünfzigjährigen Familienvater, der da ohne ein einziges deutsches Wort seine medizinisch offenbar betreuungsbedürftige Ehefrau (mit Kopftuch) in so exotisches Ambiente begleitete.

Aber dort brachte er mir schon bei Vortritt und jähem Handschlag an der Haustür, später mehrfach noch im Wartezimmer so viel Hochachtung, Aufmerksamkeit, Hilfsbereitschaft und Ehrerbietung entgegen wie vermutlich wirklich noch niemand irgendwo je zuvor. Aber alles nur per Mienenspiel und Pantomime: ohne ein einziges Wort. Das war ebenso unergründlich wie herzerwärmend. Denn zu keinem der andern sonstigen Anwesenden verhielt er sich dort so kultiviert.

Die einzig schlüssige Erklärung: er ehrte da das Alter. (Was ja in unserer eigenen Zivilisation so unter Fremden gänzlich verloren gegangen ist.)

Oder handelte es sich dabei um eine Fortsetzung meiner diversen magischen und folgenschweren Straßenbekanntschaften nur infolge eines Blickes, eines Lächelns? (Denn eine rote Ampel begünstigte dieser Tage schon wieder mal den unverhofften Dialog mit einer noch nie gesehenen weiblichen Freundlichkeit, für die ich angeblich schon seit Langem irgend zum Weichbild unseres Stadtteils gehöre).

*

Aber was dieser scheue und misanthropisch scheinende Sokolow da 2015
in *Aix-en-Provence* mit der Sarabande in Bachs *Erster Partita* gemacht hat,
ist ebenso rätselhaft wie magisch.

Alles, was ich einer Bach-Sarabande
in den drei einschlägigen Kapiteln meiner GEFLECHTE abgelauscht,
zugestanden oder unterstellt und angedichtet habe,
bleibt bei Sokolow durchaus vorhanden. Auch seine Sarabande
erinnert an den dort beschriebenen afrikanisch frommen Weltschmerz
der Bantu und an Torturen dunkelhäutiger Sklaven
auf amerikanisch verbrecherischen Baumwollplantagen.

Aber trotzdem ist einzig bei diesem Sokolow aus Leningrad
eine solche Sarabande mitten zwischen den völlig andersartigen
Nachbarsätzen einer Partita oder Suite von Johann Sebstian Bach
kein Fremdkörper, Kuckucksei oder Bastard mehr,
sondern artverwandt, zugehörig und von gleichem Geiste irgendwie.
Einzig bei ihm ist sie nicht exotisch und "fremdbestäubt",
sondern wesensgleich und ebenbürtig, mit ihrem musikalischen Umfeld
versöhnt und unanim: kongruent und konform, kompatibel. Kongenial.

Ein pianistisches, ein artefaktisches Mirakel.

*

Das mag auch daher rühren, begreife ich beim Wiederhören,
daß dieser gründliche und seriöse Sokolow natürlich gelesen, begriffen
und nachvollzogen hatte, daß Bach selbst eine solche Partita recht eigentlich
als eine Suite oder sobezeichnete *"Übung"* von

*"Allemanden, Couranten, Sarabanden,
Giguen, Menuetten, und anderen Galanterien"*,
und *"Denen Liebhabern zur Gemüths Ergoetzung verfertiget"* hatte:

also als Tänze. Ja, als Tänze. Bach tanzt auch oft.
Bach tanzt? Welcher Bach?
Johann Sebastian Bach.
Sie meinen Händel?
Nein, Bach.
Bach tanzt?
Ja, in seinen *Partiten* und *Suiten für Cembalo, Cello, Violine*
oder auch *für Orchester* gibt es überdies noch

Gavotten, Polonaisen, Bourées, Anglaisen, Loures, Passepieds und Ciaconnen, mancherlei mehr: dort insgesamt mindestens ganze 171 Tänze, anderwärts vielleicht noch mehr. Unverkennbar hat Bach diese Tänze zumindestens alle gekannt, vielleicht ja auch getanzt, wer weiß das schon! Immerhin war der alte Bach ja auch mal jung: zum Beispiel im glückhaften Köthen. Oder er ließ sich noch in Leipzig von seinem Picander entsprechend verführen und abschleppen, weiß man's? Denn wer hätte unserm Bach zwanzig Kinder zugetraut? Warum dann nicht auch mindestens 170 Tänze? Nein, nein: Bach tanzt auch! So manche seiner Gavotten, manches seiner Menuette ist ja sogar ein populärer Ohrwurm geworden: na, also!

Spürsichere Dirigenten lassen noch manches Sonstige von Bach deutlich tänzerisch spielen: beschwingt und bewegt, Abbado in *Reggio Emilia* zum Beispiel alle sechs *Brandenburgischen Konzerte*, Herbert Blomstedt in Bachs Thomaskirche die ganze *h-moll-Messe*, John Eliot Gardiner in Herders Weimarer *Stadtkirche Peter und Paul* (der Bach ja selbst ganze neun glücklose Jahre lang als Organist gedient hat) wahrhaft getanzte Teile sogar des *Weihnachtsoratoriums*: alles auch deutlich entdeutscht.

Deutlich hörbar spielte nun also auch Grigorij Sokolow aus Petersburg diese *Galanterien und Ergötzungen* der *Ersten Partita* als solche entsprechend tänzerisch beschwingt. Dann sogar auch die Sarabande. Sokolow tanzt sogar die triste Sarabande!

Zwar leidet sie auch bei ihm unverändert und betet verzweifelt zu ihrem *mpungu*, aber ohne darüber zu vergessen, daß afrikanische Sarabanden-Anbeter ihre Gottesverehrung oft auch tanzend darzubringen lieben. Das tat denn hier auch Bach mit seiner Sarabande mitten im Reigen seiner tanzenden Partita. Auch seine Sarabande tanzt, gleichwohl leidend und betend.

Oder sie leidet und betet so tanzend wie jene Afrikaner. Also tut sie das auch bei Bach und Sokolow nicht etwa fröhlich, sondern fatalistisch. Also ohne zu jammern: unsentimental und eher flach, aber ruhig – im klaglosen Wissen, daß alles so ist, wie es ist.

Als Sklavin der Spanier auf Cuba und in Mexico: *eso es.*

Das isses wohl.

*

Wie in einem klassischen Orchester Oboe und Flöte nicht nur Platznachbarn, nicht nur kompositorisch engstens verflochten und verschwistert sind, sondern häufig auch die betreffenden Instrumentalisten in diese magische Verschworenheit persönlich und privatim mit einbeziehen: die beiden scheinen sich simultan zu bewegen, paarig ein- und auszuatmen und insgeheim auch trotz differenter Fassaden recht eigentlich eineiige Zwillinge zu sein: eine leibliche, eine erotische Einheit.

Man achte nur auf das Orale der beiden! Auf das häufige Anlecken der eigenen Lippen, des Mundstücks ihrer konischen Blasinstrumente, sei es nun des Doppelrohrblatts, sei es des Anblaslochs einer Querflöte, nochmals, wieder und wieder – andere Küsse, mit viel Gefühl – *con espressioni, con brio, amorosi!* Und ihr paralleles, rechtzeitig tiefes Bläser-Inhalieren, ihr hölzern wohldosiert klangschönes Ausatmen unweigerlich auf Melodie und Rhythmus, ohne das gar nichts ginge: wahre Sonanz-, Sonor- und Sorsgenossen, die beiden, gar kein Zweifel!

Gerade in einem Orchester, in dem sich doch jedes Instrument, *ergo* auch jeder Musizierende gegen sein konkurrentes Umfeld tunlichst durchzusetzen, abzusetzen und individuell zu behaupten trachten muß, ist eine so enge Geschwisterlichkeit solitär. Bratschen und Celli werden ja bisweilen unterschiedlich platziert (mal rechts vom Dirigenten, mal direkt *en face, ad libitum*), ein Blechbläser neben einem Ariensänger, Oboe und Flöte aber niemals getrennt oder auseinander gesetzt.

(Außer neulich in Amsterdam: da hatte doch der eigenwillige Giovanni Antonini aus seinem milanesischen *giardino armonico* für Bachs Orchestersuite Nr. 1 im Concertgebouw das sehr exponierte Fagott tatsächlich hautnah neben die ebenfalls sehr exponierte Oboe Alexej Leonidowitsch Ogrintschuks gesetzt und diese beiden Holzbläser da, einen Ostasiaten und einen Moskowiter, 2013 nachgerade aufeinander angesetzt. Revolutionär?)

Ansonsten jedoch scheint die Symbiose von Oboe und Flöte ein Urgesetz klassischer Musik zu sein: unauflöslich.

Die Übertragung eines musikalischen, eines klanglichen, eines akustischen Mutualismus auf seine humanen Träger oder Quellen ist auffallend und bemerkenswert. Mir scheint, Oboisten und Flötisten wissen das auch und zelebrieren es tiefinnen: genießen es da vermutlich sogar. Sind liebend gern und hedonistisch *Polydeukes und Kastor*. Oder *Kastor und Pollux?* (Oder *Plisch und Plum*? Nein, dann doch eher *Paul und Peter!* Oder *Peter und Paul?*).

Oder eben wahrhaftig Lucas Macías Navarro und Jacques Zoon im *Festival Orchester Luzern* zum Beispiel oder Albrecht Mayer und Emmanuel Pahud bei den *Berliner Philharmonikern*.

Sensible Kameramänner oder Cutter erkennen oder spüren das auch bei Aufzeichnungen eines Konzerts und präsentieren Flöte und Oboe bei ihrer filmischen Bildgestaltung daher gern und oft als Duo, als "halbtotalen Zweier", oder auch als zwei blasende Nachbarköppe in Großaufnahmen, immer wieder und nachvollziehbar genüßlichst.

Auch Klarinettisten, gleich dahinter, neigen zu solcher Paarbildung: als Musizierende ebenso wie als Gefilmte.

Aber das alles funktioniert jeweils nur so, wenn beide Bläser männlich sind.

Daß beide weiblich sind, habe ich noch nie beobachten dürfen,

und wenn diese beiden Platznachbarn unterschiedlichen Geschlechtern angehören, scheint keinerlei Kontakt, keinerlei Funkenflug stattzufinden. Neural herrscht dann Funkstille.

*

Besagt es was, daß Großbritannien just als älteste Demokratie mit dem ältesten Parlamentarismus zumindest hierzulande (oder gar weltweit?) politisch und flächendeckend mehrheitlich die politisch folgenschwerste Verblödung

an den Tag legt?

In sich wäre das schlüssig.

*

Kürzlich gab es hier einen *Active City Day*.

Er hieß auch *"Hamburg in Bewegung"* und lockte die hiesige Bevölkerung mit mehr als hundert Angeboten von Fußball- und Tennisvereinen, von Segel- und Tanzclubs. Dabei ging es um Bezirkswettbewerbe:

"*Es ist dabei vollkommen egal*", behauptete eine Werbung im Internet, *"welche Aktivität ausgeübt wird – sei es ein Spaziergang im Park, der alltägliche Lauf um die Alster, der Sportkurs im Verein,*

ein Treppen-Run im Büro oder der Weg zur Arbeit,
der mit dem Fahrrad bewältigt wird – alles zählt.
Man muss sich lediglich die NDR HH App downloaden,
auf den Mitmachbutton gehen
und seine geleistete Aktivität des Tages dort mitteilen."

Denn der lokale *Norddeutsche Rundfunk* ist mit dabei
und *"zählt alle geleisteten Minuten und Teilnehmer*innen,*
so dass am Ende des Tages feststeht, welcher Bezirk in Hamburg
der sportlichste ist."

Und dann?

Dann *"gibt es für den siegreichen Bezirk*
eine neue Bewegungsinsel zu gewinnen".

Eine Bewegungsinsel?

Ja, *"oder einen offenen Schulhof mit Sportbezug".*

Nein, dann doch viel lieber eine Bewegungsinsel!

"Und jede Aktivität hilft, um den Sieg bei der Bezirkschallenge zu holen".

Den Sieg bei der Bezirkschallenge: na, wer will den nicht!

*

Dumm war da nur, daß mancher Teilnehmer gar nicht wußte,
ob er nun an diesem *Active City Day* um eine Bewegungsinsel kämpfte
oder am Thementage *"Hamburg in Bewegung".*
Selbst Anfragen beim *Norddeutschen Rundfunk* sollen da bisweilen
gar nicht haben weiterhelfen können.

*

Aber das Allerbeste an diesem *Active City Day "Hamburg in Bewegung"*:
eben als solcher Thementag ist er nur der Auftakt
für einen ganzen *Active City Summer.*

Was soll das denn werden?

"Für alle Bewegungsfreunde und diese, die es noch werden wollen,
stellen wir ein vielseitiges Programm an Outdoor-Aktivitäten zur Verfügung.
Unter dem Motto 'umsonst & draußen'

finden die Hamburger jeglichen Alters ein attraktives, kostenloses und professionell begleitetes Sport- sowie Fitnessprogramm – von bekannten Sportarten über die neuesten Fitnesstrends bis hin zu diversen Trendsportarten."

"Umsonst und draußen"? Ischa toll!

"Nicht nur den Hamburgern selbst, sondern auch der Stadt sowie zahlreichen Vereinen und Sponsoren liegt der gesund-aktive Lifestyle am Herzen. So erblüht ganz Hamburg mit all seinen Stadtteilen zur sportlichen Spielwiese."

Ach, wie schön! Wo genau erblüht diese Wiese nochmal?

Und nicht nur "den Hamburgern selbst, sondern" – wehmma noch?
Ach so: "der Stadt". Da muß ich hin!

*

Leider geriet ich auf meiner Suche nach dieser Spielwiese
zufällig in den *Helga-Cup*. Der nämlich wurde ausgerechnet
am selben Tage begangen wie auch *Active City Day*,
und am selben Tage wie der Thementag *"Hamburg in Bewegung"*.

Aber was ist der *Helga-Cup*?

Weißtu ga nich?

Der *Helga Cup* ist *"die größte Segelregatta der Welt:
aber nur für Frauenteams, vom NRV ins Leben gerufen und seit 2018
das Top-Ten-Sportevent der Active City"* –
von mehreren Teilnehmerinnen begeistert und strahlend
so in eine Fernsehkamera hinein gepriesen, weil sie da von Männern
gar nicht angeschrieen werden können –

– alles schön klar?

Na, klar!

*

Aber nur zwei Tage nach dem *Active City Day*
(mit *Helga Cup* und Thementag *"Hamburch in Bewegung"*)
fand hier der *"Lange Tag der Stadtnatur Hamburg"* statt.

Was's das denn nu schon wieder?

"Hamburgs größtes Natur-Event", weiß die Werbung:

denn die *Loki Schmidt Stiftung* präsentierte da
"die Hamburger Natur von Ihrer besonderen Seite".

Von meiner besonderen Seite: wie soll das denn gehn?

So: *"Entdecken Sie Hamburgs Grün
mit dem Herzen oder aus dem Bauch heraus! Im letzten Jahr
war das Thema 'Elbe - die Lebensader der Region Hamburg'"*.

Originell. Und dies Jahr?

*"Steht der Biotopverbund im Fokus. Frei nach dem Motto
»StadtNatur verbindet«: von Rad-, Kletter- oder Bootstouren
über künstlerische Naturannäherungen bis hin zu Führungen
in sonst unzugängliche Naturgebiete – viele gemeinsame Erlebnisse.
Obwohl sie oft direkt um die Ecke liegen und eine lange Autofahrt
überflüssig machen."*

Dascha doof.

Aber *"mit über 7.000 Besuchern auch 2018 wieder
das größte norddeutsche Naturevent. Über 100 Veranstalter ermöglichten
ein Programm von mehr als 200 spannenden Naturerlebnissen:*

*spezielle Veranstaltungen für Kinder, auch für Rollstuhl, Hörgeschädigte und
Sehbehinderte geeignet, Essens-Angebot und WCs sind vorhanden,
Hunde hier ausnahmsweise erlaubt."*

Toll, und Besonderheiten? Gibt es da auch irgendwelche Besonderheiten?

Klar: *"Eigenschaften und Besonderheiten:
Naturführung, Auf dem Wasser, Gärten & Parks, Flora & Fauna,
Kunst & Kreativ, Kinder & Familie, Buntes und Tag der Natur,
eben StadtNatur."*

Dunnerlittchen!

"Aber die Eröffnung dieses Langen Tages der StadtNatur 2019
findet im Zeise Kino *mit einem Film über Elbe-Biber statt.
Für eine Anmeldung im* Zeise Kino *werden Sie auf* zeise.de *weitergeleitet."*

Da muß ich hin – Mensch: Elbe-Biber im Kino! Geht ihr da alle mit?

Nee, wir müssen doch nach'n Rathausmarkt hin.

Was's denn da los?

Na, der *Sommer des Wissens.*

'n ganzer Sommer mit Wissen?

Nee, bloß vier Tage: is lang genuch.

Und was muß man da wissen?

Erst ma gar nix.
Vierzig Hamburger Hochschulen verlegen ihre Campusse
auf den Rathausmarkt: vier Tage lang ganztägig, heißt es, in vier Zelten
die ganze Bandbreite von Klima und Umwelt, Technik, Naturwissenschaf-
ten, Medizin, Kunst oder Stadtgeschichte – für Wissensfüchse
und Nachteulen aller Altersgruppen mit Zukunftswerkstatt, Hi-Tech-Labor,
Gesundheitszentrum, Kulturpavillon, Aktions- und *outdoor*-Flächen,
mit spannenden Vorträgen, Experimenten, Mitmach-Aktionen, Shows
und *Escape Game* oder Kinderprogrammen:
eben *SdW19.*

SdW19?

Ja, *Sommer des Wissens 2019.*

Aber hieße das nich *campi*? Statt *campusse*?

Weiß ich doch nich.

Ham die denn ga kein Lateinkurs in ihren vier Zelten?

Doch, klar: Zelten heißt doch auch Camping in Latein – oder nich?

Aber manche können doch schon Latein.
Oder wollen es ga nich erst lernen. Oder?

Ja, für die gibt es denn irgendwann im nächsten Frühling
unser Japanisches Kirschblütenfest.

Muß man da Japanisch können?

Nee, japanisch kaufen.

Und die annern?

Die müssen zum Alstervergnügen.

Gibt es das überhaupt noch?

Na, denn zu den vielen Stadtteilfesten.

Oder zur *Sommertour* des *Norddeutschen Rundfunks*.

Ja, oder zum Inklusionstag erst ma!

Oder zum *Harbour Front Literaturfestival* im Hafen:
mit all den *open air* Lesungen am Flußufer!

Oder zum *Christopher Street Day*.

Oder zum *Kinderkinder Festival*.

Oder zu den *Cruise Days* hier
mit Ozeanriesen, historischen Segelschulschiffen, Kreuzfahrtwoche,
Großer Schiffsparade und Leitmesse *Seatrade Europe*
für Kreuzfahrtindustrie und Reisekonzepte.

Na, überhaupt die vielen Messen hier.

Und Hafenrundfahrten.

Stadtrundfahrten.

Rundflüge.

Sternfahrten.

Ja, für Radfahrer jetz? Oder für Motorräder?

Nee, dess sind denn die *Harley Days* extra.

Es gibt ja auch die Friesensternfahrt auf Helgoland.

Und den Sternritt für Wanderreiter.

Nee, aber in Hamburch die Sternfahrt für fahrradfreundliches Hamburch.

"Mobil ohne Auto".

Nee, *"Schützt Hamburchs Radfahrer"*.

Mit Fahrradgottesdiensten.

Und Reisesegen.

Und mit 30 000 Teilnehmern.

Alle nach ‘n Rathausmarkt hin?

Nee, da sstehen doch die vier Zelte noch.

Und wenn Hamburch denn erst mal Fahrradstadt is:
wie soll das dann erst angehn? Die ganzen Fahrradparkplätze?

Nee, denn wird ja bloß noch gelaufen. Schon jetz!

Du meinst jetz den *Hamburch-Marathon*?

Nee, den *Hanse-Marathon*. Oder?

Nee, den *Shell-Marathon*. Oder *Hansaplast-Marathon*?

Genau: immer nach dem Titelsponsor.

Genau: Jetz *Haspa Marathon Hamburch*: Über runde 42 Kilometer,
Start und Ziel im Karolinenviertel.

Meist mehr als 18 000 Teilnehmer.

Und mehr als 70 000 Zuschauer.

Aber es gibt ja auch noch den *hella hamburg halbmarathon*
über 21 Kilometer auf Schuhen und Skates,
von der Reeperbahn bis zum Rothenbaum –

– den Kinder- und Jugendmarathon über runde vier Kilometer und meist
mit mehr als zehntausend sechs- bis siebzehnjährigen Läufer/innen –

– den Stadtpark-Marathon –

– und einen extra Scatermarathon.

Gibt es doch ga nich mehr.

Den Behinderten- und Rollstuhl-Marathon auch nicht mehr. Oder?

Dafür den Staffellauf *“Reebok Ragnar Wattenmeer”*
über runde 250 Kilometer von Hamburch bis Sankt Peter-Ording.

Und jedes Jahr den weltweit größten Triathlon
mit mehr als 10 000 Startern und 250 000 Zuschauern.

Und das *Hamburg Commercial Bank Run*
mit mehr als 20 000 Läufern für den guten Zweck durch die Innenstadt.

Und den *Ironman Hamburch*
mit 42 Kilometern Laufen und 180 Kilometern Fahrrad.

Aber das Fahrradrennen Cyclassics ist 250 Kilometer lang.

Aber besteht aus *Jedermannsrennen* mit jeweils mehr als 20 000 Teilnehmern
über wahlweise 55 oder 100 oder 155 Kilometer.

Und der *hella Laufcup Hamburch* mit seinen drei Teilen
Barmer Alsterlauf (über zehn Kilometer),
dem *International Airport Race* (über sechzehn Kilometer)
und dem *Volkslauf im Alstertal* (21 Kilometer Halbmarathon).

Und die *Nacht der Zehner* mit Zehn-Kilometer-Strecken zur freien Auswahl.

Und der *Köhlbrandbrückenlauf* über zwölf Kilometer.

Und der Inselparklauf mit seinen drei bis zwölf Kilometern.

Und der *Spreehafenlauf* mit seinem *3-Runden-Lauf* in Veddel
über mehr als dreizehn Kilometer.

Und der *Lichterlauf* mit seinen gut vierzehn Kilometern
über viele Brücken und durch vier Tunnel.

Und der *Heldenlauf* im Blankeneser Treppenviertel
mit seinen 590 Stufen oder 184 Metern bergauf
und 616 Stufen oder 139 Metern bergab
über 7 oder 11 oder 21 Kilometer.

Aber das *Tough Mudder* hat auf 16 Kilometern
die 25 schlimmsten Hindernisse der ganzen Welt.

Oder mit dreizehn Hindernissen auf fünf Kilometern.

Aber mit Schlamm und eingefetteten ssteilen Wänden.

Oder mit rutschigen Klettergerüsten ma ehm fix rauf.

Weiß ich doch. Und durch enge Röhren durchkriechen.

Oder durch zugefrorene Wasserbecken durchtauchen: unterm Eis wech.

Ja, oder ehm durch dicken Schlamm: *tough mudder*. Darum heiß das so.

Seit wann kannst du Englisch?

Ja, un das *Muddy Angel Run* is bloß ma fünf Kilometer lang
und bloß für Fruhnslüüt, alte und junge, ehm *Angels*,
auf der Trabrennbahn Horn.

Tja, traben, laufen, walken, joggen oder gehn.

Und lachen.

Und kreischen.

Und feiern.

Auf Holzwand, Räuberleiter, Balken und im Schlamm.

Über Riesenrutsche, durch Gummidschungel

und in Wasser, Schaum und Schlamm.

Und mit *merchandise-shopping*.

Klar.

Genau. Und der *St. Pauli X-mass Run* is auch bloß fünf Kilometer lang,
aber möchlichst in Kostüm und Maske die Läufer:
als Weihnachtsmann oder -frau mit weißem Bart.

Oder Weihnachtsengel oder -elfen.

Aber gern auch als Weihnachtsbäume,

Oder als Feuerwehrleute in Montur.

Klar: für all die brennenden Weihnachtsbäume.

Oder sogar als Mumien.

Na, klar: hinterher.

Ja, und denn noch die Winterlaufserien

mit bis zu elf Läufen über fünf bis zwanzig Kilometer
in Bramfeld oder Wilhelmsburch.

Und jeden Winter gibt es ja in Hamburch auch immer noch
mehr als dreißig Weihnachtsmärkte.

Aber ohne Wettrennen.

Is ja auch kein Ssport.

Wäre der Hafengeburtstag auch nich!

Aber die ganzen Meisterschaften doch!

Die Bundesgartenschau auch nich!

Der Evangelische Kirchentach erst recht nich!

Muttertach wäre in Hamburch auch kein Ssport.

Vatertach erst recht nich!

Nee, Prost!

Ach, dafür sind die vielen Pokale in Hamburch?

Oder Cups.

Und die vielen Kongresse erst mal? Im CCH? In den Messehallen?

Oder die ganzen Parteitage immer: CDU, SPD, die Grünen, die Rechten?

Oder die ganzen Modenschauen:
wer soll das denn hinterher bloß alles auftragen, alltags!

Und gemeinsames Kochen erst mal: keiner maach sowas essen, hinterher!

Nee, und Taxen gibt es da in Hamburch überhaupt nich mehr,
also telefonisch. Die gehn da einfach ga nich mehr bei:
sieh zu, wie de wech kommst!

Aber der Höhepunkt von alledem: das war ja denn in Echt irgendwann mal
dieser weltweit beliebte G-20-Gipfel hier in Hamburch.

Ja, bei dem
wurde denn alles wieder kurz und klein geschlagen am Schulterblatt.

Tja, so is das nu mal im Lehm und am Hamburger Lehmwech:
auch Radikale brauchen mal ‘ne Sspielwiese, nich immer bloß die Ssportler.

Teils sind das denn ja auch dieselben:
radikale Ssportler – wohin mitte Kräfte?

Aber das war damals wirklich der Gipfel!

Darum hieß es ja auch gleich so, von Anfang an: der Gipfel!

Man hätte es auch einfach *merchandising* nennen können. Oder *shopping*.

Ja, all das Demolierte hat sich ja denn beim Neubau wieder echt rentiert.
Nee, echt. Alles bloß Geschäftemacherei.

Ja, auch diese ganzen *events*, im Schlamm, im Treppenviertel, ganz egal: alles bloß Geschäftmacherei, dieser ganze Hamburger Aktionismus.

Ja, alles bloß Aktionismus und Vereinsmeierei.

Und Rekordsucht!

Oder Marktfieber, pures Profitgelüste.

Bloß weil die ganze Ami-Werbung das so vorschreibt.

Ehm, sach ich doch: Massenhysterie. Bloß weil es aus Amerika kommt

und plötzlich Mode is oder sowas. Massenhysterie.

Bloß nich allein zu Hause sein: einfach bei sich!

Nee, bloß nich bei sich sein!

Denn schon lieber zwischen zwanzigtausend Schwitzern.

Ja, oder Merchandising. Merchandising und Vereinsmeierei.

Und Verblödung.

Wieso das denn?

Na, dieses Gerenne in allen Stadtteilen: da werden doch Hunderttausende von Hamburger Gehirnen dauerhaft unterfordert.

Desensibilisiert.

Nee, verblödet.

Erst mal desensibilisiert.

Und denn verblödet.

Kannste ma sehn. Aber historisch is das erstmalig.

Wieso das denn?

Na, haben unsere Ahnen
– also unsere Eltern, Großeltern, Urgroßeltern, Ururgroßeltern, alles sowas –
sind die jemals durch Modder gerannt? Oder als Mumien über den Kiez?

Oder am Schulterblatt alles kurz und klein geschlagen?
Gab es doch damals ga nich! Und fehlte denen was? Also ich meine jetz
unsern Eltern, Großeltern, Urgroßeltern? Oder deren Frauen erst mal?

Aber das soll ja jetz alles bloß noch viel schlimmer werden.

Ja, man muß wech!

Wohin wech denn?

Wech aus Hamburch!

Und wohin?

Tja, früher immer nach Lüneburch.

Oder bis nach Göttingen.

Ja, oder Lübeck. Aber das's da heute überall genau so: ganz genau so.

Auch so viele Iwentz?

Oder noch viel mehr.

Sach bloß! Tja, denn?

Denn wüßt ich auch nich …

Aber Hierbleiben?

Als ich vor vierzig Jahren nach Hamburch zog,
kam ich mir vor wie in Zürich: alles friedlich und ruhig
und mittendrin ein riesiger See ohne Wellen. Das ganze Zusammleben
fand zu Hause sstatt: schon weil es immer reechnete.
Aber alles war auch so elegant hier. Und gediegen. Und seriös.
Zumindest schien das so. Und das Volk auf der Sstraße liehmswürdig
und hilfsbereit. Wenn du da einen was fragtest, ging der gleich mit
bis zum Michel und zeichte noch viel mehr. Die Fruunslüüt erst recht:
die bekamst Du da gar nicht wieder los, die zeichten un zeichten, nee, echt.
So war Hamburch vor vierzich Jahren. Niemand rannte da.
Alles gemächlich und betusam.

Gesetzt?

Nee, friedfertig: nachsichtig. Eben häuslich. Ohne jede Piste.

Da wär ich auch gern hergezogen …

Ja, im Hafen wurde damals noch geglast.
Frach jetz ma die Container: die kenn' das ga nich mehr.
Komm alle aus Malaysia oder Uruguay: *sorry*, glasen? Glasen?

Oder verwechseln Glasen einfach mit Saufen.

Ja, cup und ex!

Cup und ex!

Cup und ex!

*

In Paris wurde dieser Tage ein alter Revolver versteigert, mit dem sich Vincent van Gogh 1890, vor fast 130 Jahren also, das Leben genommen haben soll. Ob er das wirklich getan hat, steht ja dahin, aber dieser Revolver der *Waffenschmiede Lefaucheux* wurde 1965, vor 54 Jahren demnach, von einem französischen Bauern im selben Felde entdeckt, in dem man weiland auch den tödlich angeschossenen van Gogh gefunden hatte.

Diese strittige und stark beschädigte Schußwaffe vom Kaliber sieben Millimeter wurde nunmehr 2019 von einem unbekannten Interessenten telefonisch ersteigert: für 162 500 Euro.

Was mag diesen Menschen dazu bewogen haben: Fetischismus, Sammelwut, Kunsthaß, Waffennarretei, Geldanlage, van-Gogh-Fanatismus? Amoklauf?

Oder was sonst?

*

Beim Anhören seines *"Messias"* just in einer Darbietung des holländischen Barockensembles *Ribattuta Musica* in jener *Alten Kirche* spätestens des frühen 11. Jahrhunderts im Dörfchen Ermelo mitten im Waldgebiet Veluwe der zentralniederländischen Provinz Gelderland,

ebenda suggerierte mir Meister Händel unverhofft,

daß Jesus keine biologische oder historische Persönlichkeit ist, sondern eine fabelhafte Idee –

leider seit zwei Jahrtausenden vom Vatikan in zwei Kitschgeschichten verpackt und populistisch dargeboten:

die eine ist das rührselige Märchen einer exotisch surrealen Zeugung ohne Vater und mit asozialer Geburt zwischen Engeln, Stalltieren, Hirten und orientalischen Königen (oder auch Sponsoren) in Bethlehem,

die andere der gnadenlos sadistische Brutalo einer sadistischen Hinrichtung auf dem legendären Hügel Golgota bei Jerusalem.

Zwischen so melodramatische Eckpunkte wurde die obskur fragmentarische und reichlich lückenhafte Vita eines eher unglaubwürdigen Wunderrabbis hinein fabuliert, der mit Zaubertricks und Effekten eines Magiers auch heutiges Publikum noch als frappanter Vorläufer Uri Gellers, David Copperfield's und der *Ehrlich Brothers* verblüffen würde.

So viel poetischer und romantischer Aufwand schien dem Vatikan schon früh erforderlich, um eine attraktive und gut brauchbare, aber leider allzu abstrakte Idee durch das unerläßliche Fleisch realer Glaubwürdigkeit und Wahrscheinlichkeit handlich, griffig und populär zu machen: für den alltäglichen Gebrauch durch einfache Leute einfach nützlich und volkstümlich. (Wie der Buddhismus seine klugen Ideen nachträglich durch den hinzugefügten Aberglauben eines spirituellen Animismus vergleichbar in die Hütten von Fischern und Reisbauern transportierte. Und sehr viel später der Islam mit seiner Vielweiberei: vergleichbar mit wie oder was?)

Aber war denn eine Idee wie die hier vermeintlich aus Bethelehem einen solchen erzählerischen Umstand überhaupt wert? Durchaus. Dennn sie besagte nichts Geringeres als Nächsten- und Feindesliebe. Nur das hat Gewicht und lohnt das ganze Christentum. Es ist dessen Quintessenz.

Nur hat das mit diesem Wunderrabbi aus Bethlehem überhaupt nichts zu tun. Schon von Alters her war das jüdische Überlieferung und Weisheit: wahrscheinlich die klügste, schönste und beste Lebensregel der ganzen Humangeschichte. Alles drum herum ist Dekoration und austauschbar.

Religiös ist daran gar nichts.

Aber diese weise Idee der Nächsten- und Feindesliebe war auch genau das Gegenteil dessen, was die angesprochenen Völker Tag für Tag praktizierten und lebten: was sie für richtig hielten. Sie alle liebten weder ihre Nächsten noch ihre Feinde. Umso komplizierter und aussichtsloser schien da die Ausbreitung einer solchen Idee. Da waren dann solche *stories* mit ihren geschmacklichen Entgleisungen vermutlich wirklich unverzichtbar. Zur Feindesliebe, die jedes Leben überhaupt erst lebbar machen würde, waren Kitschgeschichten unerläßlich. Sie verpoppten hochkarätige Philosophie schon vor zwei Jahrtausenden:

"et incarnatus est". So war sie Fleisch geworden: Leben.

So war ein Gedanke leibhaftig geworden.

Daß sowas möglich wäre, hat mit der Person eines Jesu Christi ursächlich nichts zu tun. Es ist auch genuin, nochmals, gar nichts Religiöses. Sondern? Was Künstlerisches. Was Künstlerisches? Ja, es ist Gestaltwerdung, Bildnerisches, jenseits aller Konfessionen. Denn es verwandelt Ideen, Gedanken, Gefühle oder Thesen in sinnlich Wahrnehmbares. Es gebiert. Es kreiert. Es fabriziert. Es erzeugt. Oder läßt geschehen. Es gestaltet eben – e*t incarnatus est.*

Was der britische Dirigent Colin Davis 1988 in München zum baschkirischen Geiger Wladimir Spiwakow sagte, als dieser bei einer Probe zu Mozarts *Sinfonia concertante* in Es-Dur (KV 364) von einer *"Idee"* radebrechte, die er an einer bestimmten Stelle seiner Darbierung dieses Werkes zu haben glaubte:

"Idee ist gut", sagte Davis da mit freundlichstem *understatement* in exotischem Deutsch, *"aber muß auch passieren"*.

Oder eben auch (hätten die beiden sich noch auf Lateinisch verständigt):

"Et incarnari debet".

(Oder wäre *"et incarnatum iri debet"* da doch etwas korrekter gewesen?)

*

Ein "Zufall" hat es so gefügt, daß mein selbstkonfiguriertes DVD mit *"Gesungenem"* tatsächlich und tollkühn auf Mozarts *"Et incarnatus est"* aus der *"Großen Messe"* (in c-Moll) fugenlos sein *"Se vuol ballare"* aus *"Le nozze di Figaro"* folgen läßt: das Eine in aller Unschuld 1999 von Barbara Bonney aus New Jersey im Freiburger Münster, das Andere gleichzeitig vom prolligen René Pape aus Dresden in der Ostberliner Staatsoper gesungen.

Diese ungeplante Parallele und Aufeinanderfolge manifestiert Mozarts historisch geniale Lebensleistung: seinen Sprung vom Barock des 17. und 18. zum Realismus des 19. und manches folgenden Jahrhunderts. Musikgeschichtlich ist es zugleich der Sprung vom Liturgischen ins populär Politische, vom geistlichen Lobpreis zu kritischer Rebellion, vom Sakramentalen vage, vage schon recht eigentlich zu allererster Pop-Musik.

Nochmals: musikalisch und geistesgeschichtlich ein prophetischer Geniestreich, durch puren "Zufall" auf meinem DVD so offenbart.

*

Könnte man das riesige Arsenal der christlichen Kunst,
über zwei Jahrtausende angewachsen und lange federführend dominant,
von jenen beiden Pop-und-Kitsch-*stories* (des Vatikans) entlasten,
hätte man pur und unverfälscht die klügsten, schönsten und besten
Gedanken und Gefühle der Menschheit *in nuce*.

Aber sie blieben dann vermutlich okkult oder unklar,
paradox und unwillkommen: alltags- und lebensfremd.

Also doch *"Komm, lieber Vatikan, und mache ... "* ?

Nein, *"ihr Kinderlein, kommet ... !"*

*

Wie landläufige Kunstbetrachtung (der professionellen Musik-, Literatur- und Kunsthistoriker) zutiefst und -innerst *bourgeoise* ist: eine *création* des Bürgertums für das Bürgertum.

Daher ist sie, was man heute inkompatibel nennt: ahnungslos, wovon und worüber sie da immer schwafelt – einfach drauf los (und in irgendwelchen lau- oder handwarmen Fahrwassern)!

Die sie lesen oder hören, wissen es nicht besser und glauben den Schwaflern daher alles blindlings.

So entstehen Klischees, Konventionen, Fixierungen, Gewohnheiten, Moden, Usancen und Denkschablonen auch auf diesem delikaten Terrain. Auch Meinungen, Ansichten und felsenfeste Überzeugungen.

So entsteht auch jenes Beton, das ...

*

Einmal mehr:

Mit Beethoven ist mir die "klassische" Musik
nach und nach, aber unaufhaltsam entglitten: weil sie

mit diesem *"Wiener Klassiker"* aufhörte, so klassisch zu sein
wie bei Monteverdi und Vivaldi, bei Bach oder Händel,
bei Haydn, Mozart und dem komischen Rossini.

Beethoven tobte gegen die vier Wände eines Raumes,
den er als Kerker empfunden haben mag, aber übersah dabei,
daß dieser Raum nach oben offen war: ohne Plafond oder Decke oder Dach.
Auf dieser Unaufmerksamkeit basierte dann hundert Jahre lang
die ganze "klassische" Musik: bedauerte eine Gefangenschaft,
die es gar nicht gab.

Was Beethoven somit einleitete, war jedoch
recht eigentlich die sogenannt romantische Musik.
Im eigentlichen Sinne ist sie tatsächlich sehr viel weniger klassisch
als eher kitschig. Sie sentimentalisierte Welt und Menschenleben.

Wo vor ihr noch exklusiv gepriesen wurde, jammerte sie seither.

Wann aber ließ sich in meinem eigenen winzigen Leblein
die Musikgeschichte neuerlich "packen"
oder jenem entglittenen Klassischen wieder anfügen?

… … …

Erst bei Béla Bartók und Strawinskij, bei Prokofjew und Kurt Weill.
Oder erst bei Schostakowitsch, Fragezeichen.
Die alle sind jedenfalls nicht mehr romantisch. Schon das
hat was "Klassisches".

Gustav Mahler und Richard Strauss versuchten aus unerfindlichen Gründen,
diese ganze Romantik unbedingt noch irgendwie zu retten,
aber sie ahnten schon was: spürten das Unheil nahen
und begannen, beizeiten darauf zu reagieren.

Aber ihr heillos romantischer Wegbereiter Richard Wagner
gab selbst als *"Götterdämmerung"* aus,
was jedenfalls einem strikten Antiwagnerianer heutzutage
kein solches *ragnarök* zu sein scheint,
wie unsereins das zumindest als Zeitgenosse später
in Auschwitz, Stalingrad und Hiroschima miterlebte,
sondern ein erstes Verdämmern der romantischen Abgötter.

*

Und Béla Bartók: öffnete der dem nahenden Chaos schon die Tür?
Oder kann er sie bloß beim besten Willen nicht länger geschlossen halten?
Es tobt zumindest unüberhörbar schon dahinter
und hat schon einen Fuß in der Tür.

(Das suggeriert mir jedenfalls 2019 sein Violinkonzert Nr. 1 von 1908.)

*

Auch vom musikalischen Siegeszuge der Oper des 19. Jahrhunderts
dringen deren Libretti, deren Texte und Inhalte, deren Weltbild und Moral
heute nur noch als läppische, verlogene und zerschlissene Spießigkeiten
in unsere Ohren: Wahrheiten wie auch immer sind da offenkundig
von niemandem überhaupt nur angestrebt worden. Alles *in toto*
ist ein einziger Brei aus Klischees, Sentimentalitäten oder Kitsch
und Binsenweisheiten: *roundabout* unbrauchbar.

Heutige Sänger,
die sich damit abfinden oder recht eigentlich herumschlagen müssen,
sind vorrangig zu bedauern, dann erst umso mehr zu bewundern.
Aber man begreift, warum heutige Potenzen
wie Jessye Norman oder Cecilia Bartoli die Musik jener Ära
kaum je gesungen haben. Die Callas, die Tebaldi, Fischer-Dieskau taten das
als eingeborene Kinder der Romantik noch ziemlich problem- und skrupellos
...

*

Aktuell modische Anbiederungsversuche
(meist von Veranstaltern und Eintrittskartenvertreibern, aber notgedrungen
auch von musizierenden Künstlern), die die sogenannt "klassische" Musik
wieder populär und vorrangig für junge Hörer attraktiv
machen zu müssen glauben, scheitern vermutlich meist ahnungslos
an den unverändert wie eh und je präsentierten Programmen:

meist dominieren da immer noch
die romantisch schmachtenden oder jammernden Werke des 19. Jahrhunderts
von Beethoven bis Brahms und Bruckner.

Das alles ist (leider oder nicht) für ehrliche Zuhörer des 21. Jahrhunderts
kaum noch zumutbar. So gut und genial es auch komponiert sein mag:

es ist *passé*. Es verprellt vielmehr nur noch. (Auch einen 85jährigen Sohn des Jahrgangs 1934 bereits.)

Alle Versuche, solche vorgestrige Kunst noch oder wieder zum Magneten werden zu lassen, müssen "nachhaltig" scheitern. Da helfen auch all die zahllosen Popularisierungs-Experimente nicht mehr wirklich: weder inszenatorisch "aktualisierte" Klassiker noch auch Öffentliche Proben, indiskrete "Blicke hinter die Kulissen", Publikumsbefragungen oder -abstimmungen, noch auch irgend *Gemeinsames Singen* oder Blockflötenseminare werden je *ad hoc* oder *à la longue* neue Hörer- oder Besuchergruppen anzulocken oder aus dem Boden zu stampfen vermögen,

wohl aber alte Verehrer und *connoisseurs* jener "klassischen" Musik verprellen. (Bald sind die Odeons und Opernhäuser dann menschenleer.)

Wem diese Kunst was bedeutet, der fürchtet und flüchtet all jene aussichtslosen Vereinfachungen und Popularisierungsversuche. Er glaubt auch nicht der vielfach ausgestreuten Parole, daß Mozart heutzutage Popmusik komponieren würde.

Nein, billige Liebedienereien und lügende Nachweise anspruchsloser Liebhabereien werden keinerlei Tür zu seriöser Musik- oder Kunstart jemals zu öffnen vermögen.

So geht das ganz bestimmt nicht.

*

Auch das manisch gewordene Visualisieren von Musik durch elektronisch hingezauberte, ständig wechselnde Hintergrundillustrationen (mit oder ohne Symbolik) hilft da wenig und offenbart nur, wie sehr doch verantwortliche Musikredakteure oder Opernregisseure, die sowas veranlassen oder dulden, ihren Beruf verfehlt haben.

Denn just in unsern optisch gegängelten Zeiten wären sie recht eigentlich berufen und verpflichtet, hören zu helfen und nicht von Hörbarem und Hörenswertem abzulenken. Sie sollten lehren und erleichtern, sich auf Musik zu konzentrieren. Stattdessen verführen sie ihr Konzert-, Opern- oder Fernseh-Publikum, sich vom Gehörten tunlichst zu entfernen: weil Bilder immer stärker sind als Töne. *"Bloß nicht zuhören!*

Schaut nach hinten: die schönen Bilder!" Das begünstigen tatsächlich diese Verräter ihrer Branchen.

Sie haben ihre Berufe verfehlt und behindern, sie schädigen ihre Auditorien.

*

Heutige (letzte oder immerwährende, unsterbliche?) Romantiker setzen ja noch unermüdlich auf Sergej Rachmaninow als Brücke. Mir aber scheinen seine fantasievollen Kompositionen eher sowas wie der verzweifelt tobende Abschied von einer inzwischen (*"leider!"*) völlig zertrümmerten Romantik zu sein. Recht eigentlich bilanzieren sie so brillant wie erschreckend, was dieses Kind des 19. Jahrhunderts zwischen 1873 und 1943 alles erlebt und erfahren hatte.

*

Prokofjew schiß dann schon auf die ganze Romantik (oder parodierte sie bisweilen gnadenlos). Neugierig, mutig, kritisch, ironisch, zynisch, trauerlos und immer experimentierfreudig suchte er zumindest musikalisches, wenn nicht überhaupt politisches und psychisches Neuland: das 20. Jahrhundert.

*

Wunderbar. Und das 21.?

*

Warum dürfen militante Feministinnen sich ungestraft so rassistisch aufführen wie sonst in unserem Gemeinwesen nur die militanten Antisemiten? Niemand untersagt es diesen ahnungslosen Frauen, und sie selbst halten das oft noch für komisch: *"Diese Männer ... !"* Kicher-kicher ... (*Diese Juden!)*

Auch Himmler und Heydrich sollen ja viel Humor besessen

und gern auch mal lachend vergast haben, Schenkel klopfend: *"typisch Mann!"*

*

Wie Dokumentarfilmer (oder deren männliche Redakteure) sich mit einer eigenen und sehr spezifischen "Quote!" zu rehabilitieren oder zu entschuldigen pflegen, indem sie für die *off*-Texte ihrer Produkte keine Sprecher, sondern fast ausnahmslos Sprecherinnen engagieren.

Die sind mit derlei fast immer überfordert, also scheitern und verderben.

Denn jeder sachliche Begleittext wird von diesen angeheuerten Damen gefühlvoll “eingefärbt”: also emotionalisiert, in Wahrheit heillos sentimentalisiert.

Hiergegen ist kaum was so allergisch wie ein Dokumentarfilm mit all seiner Sachdienlichkeit.

Aber die betreffenden Dokumentaristen, meist genuine Kameramänner, also Experten alles Visuellen eher als der Sprache, und deren Redakteure scheinen den Kitsch gar nicht wahrzunehmen, der ihren sachlichen Resultaten da auf illegalem Schleichwege infiltriert wird.

Sie tolerieren solche Kitschliesen selbst noch, wenn die mit massivem S- oder sonstigem Zungenfehler geschlagen sind: Hauptsache Muschi und Quote, egal!

*

Solche Quotenhörig- oder unterwürfigkeit geht mir manchen Schritt zu weit, wenn Fernsehdokumentationen über primäre Männergenitalien oder männliche Homosexualität von solchen *off*-Sprecherinnen kommentiert und erläutert werden: in ebenso indezenter wie ironischer und geringschätziger Kolorierung, versteht sich: leicht belustigt von oben herab. Jeweils ganz unvergeßlich.

*

À propos: Frauen verwenden im Fernsehen oder in sonstiger Öffentlichkeit mit Vorliebe die Vokabeln *Schwanz*, *Schniedel* oder *Pimmel.* Wieder und wieder, tunlichst lauthals. Nicht *Phallos* oder *Penis*, sondern wieder und wieder tunlichst lauthals *Pimmel, Schniedel* oder *Schwanz*: in möglichst verächtlicher Kolorierung. Von mir aus.

Aber Männer sagen so *publice* kaum jemals *Fotze*. Sie gehen dem möglichst aus dem Wege und sagen notfalls eher *Muschi* oder *Mimi*.

*

Übrigens: Ikonen waren in meinem langen leben Hermine Körner, Paula Wessely, Erna Berger, Elisabeth Grümmer, Elisabeth Bergner, Eleonora Duse, Jessye Norman, Joana Maria Gorvin, Marianne Hoppe, Ingrid Bergman, manche mehr, wieso? Nur so.

*

Zerbinetta.

Die Bekanntschaft mit dieser außergewöhnlich markanten Partie eines Koloratursoprans in der Oper *"Ariadne auf Naxos"* von Richard Strauss und Hugo von Hofmannsthal sollte in meinem Leben durch zwei unvergeßliche Eckpunkte abgesteckt worden sein – ist sie aber gar nicht.

Der eine Eckpunkt wäre der 19. November 1954 gewesen. Da sah und hörte ich diese merkwürdig zweigeteilte Oper zum ersten Mal. Das war im *Auditorium maximum* der Kölner Universität, an der ich damals, eben 20jährig, studierte und gerade vom Theaterwissenschaftler zum Germanisten zu mausern begonnen hatte. Alle Vorstellungen der Kölner Oper, deren Gebäude am Rudolfplatz 1943 unbespielbar gebombt worden war, fanden da noch elf Jahre später auf dieser Behelfsbühne der akademischen Aula statt: auch also jene *"Ariadne"*, die da im Zusammenhang mit einer vorausgeschickten Gedenkrede des damaligen Bundespräsidenten Theodor Heuss zum 80. Geburtstag und/oder 25. Todestage des Librettisten Hofmannsthal unter der Stabführung des derzeitigen Gürzenich-Kapellmeisters Günter Wand zur Aufführung gelangte. Aus der Besetzung erinnere ich mich noch an Walburga Wegener in der Titelpartie und an Charlotte Hoffmann-Pauels mit der Partie des Komponisten im Vorspiel.

An eine Zerbinetta kann ich mich da gar nicht erinnern. Ich rekonstruiere heute, daß sie von Anita Westhoff gesungen wurde, die mich damals offenbar trotz all der unumgänglich vorgeschriebenen Stimmakrobatik überhaupt nicht beeindruckt hat. (Schon da oder bald danach war sie die zweite Ehefrau des Dirigenten Wand und ließ das Singen sein.)

Der zweite Eckpunkt wären dann gut dreißig Jahre später Aufzeichnungen dieser Oper 1985 im Londoner *Covent Garden* unter Jeffrey Tate und in der New Yorker "Met" 1988 unter James Levine gewesen: jeweils mit der überwältigenden Jessye Norman als Ariadne. Ihre Zerbinetta war da beide Male die große Kathleen Battle, fiel mir aber mit ihren schwindelfreien Stakkato-Klettereien in höchster Höhe neben einer so höchstbesetzten Ariadne gleichfalls nicht sonderlich auf.

Warum nicht? Keine Ahnung.

Ach, und auf halber Strecke zwischen beiden Eckpunkten
habe ich diese Oper und ihre Zerbinetta aus dienstlichen Gründen
dann auch mal, so circa 1977 oder '78, in Gelsenkirchen *live* auf der Bühne
gesehen und gehört: ohne jegliche Erinnerung an irgendwen oder -was –
vom Winde völlig verweht.

Aber da wußte ich schon längst, was die Zerbinetta war:
aus dem Radio, von Schallplatten, arienweise, von CDs, aus dem Fernsehen,
sonstwoher. Nämlich? Eine einzige Monsterarie: so schwer zu singen,
musikalisch kompliziert und endlos wie keine andere. Aber bravourös.
Ein gigantischer Effekt. Wer den beherrscht, wird berechenbar gefeiert
wie niemand sonst. Ebenso endlose Huldigungen aus Applaus und

Getrampel und Gejohle: eben für jede Zerbinetta wie für niemanden sonst!
Zerbinetta! (Daß Erna Sack sich irgendwann in den dreißiger Jahren
von Richard Strauss eigens die Erlaubnis eingeholt habe, diese Arie
der Zerbinetta in Dresden noch eine ganze Oktave höher zu singen
als komponiert, halte ich inzwischen für ein Ammenärchen: in solchen
Fledermaushöhen würde man ja gar nichts mehr hören können – also!
Aber solche Gerüchte brütet diese überdimensionale Zerbinetta eben aus!)

Warum blieb dann dennoch die große Kathleen Battle zweimal im Schatten
der großen Jessye Norman? Ich begann nachzudenken und auszubaldowern.

Die Ariadne betört mit ihrer Arie *"Es gibt ein Reich, wo alles rein ist"*:
rein aber nicht für die Zerbinetta. Der ist überhaupt nichts rein.
Sie ist selbst überhaupt nicht rein. Ganz im Gegenteil: sie ist so "unrein"
wie nichts oder niemand und *"bin schon schlecht,
mit falschen Gewichten wird alles gewogen"*.

In diesen beiden Frauen begegnen sich leibhaftig
zwei konträre Prinzipien oder Lebensentwürfe.
Ariadnes Pathos moralischer Integrität
wird brutal mit Zerbinettas Charme des Schmuddeligen konfrontiert.
Die eine ist seriös, die andere flatterhaft – die eine treu, die andere unstet
(*"und halb im Taumel betrüg ich ihn endlich"*) – die eine noch monogam,
die andere schon promisk ("*Pagliazzo, Mezzetin, Cavicchio, Burattin,
Pasquariello – und zuweilen, will mir scheinen, waren es zwei"*) –
die eine tragisch und trauernd, die andere vergnügt und komisch –
eine verabsolutiert, die andere relativiert –

eine insofern romantisch, die andere anscheinend zynisch –
die eine heroisch, die andere vulgär – einsam die eine,
die andere inmitten eines frivolen Ensembles –
Ariadne die Königstochter und *"großmächtige Prinzessin"* aristokratischer Spätzeit, aber Zerbinetta
ein unklares Kind des Volkes und demokratisch *"gemeine Sterbliche"*
schon einer schamlosen Neuzeit –
legitim und formal oder "formatiert" die eine,
die andere anarchisch, halbwegs emanzipiert und libertinös, also formlos
zerfleddert, in Eskapaden verzettelt, eine Praktikerin des Lebens –
die eine eher eine Theoretikerin und auf Ideen, auf den Tod fixiert (*"es hat auch einen Namen: / Totenreich"*): sie sucht Trost –
die andere Tröstungen und spottet –
ist die eine etwa Hofmannsthal und die andere Strauss?
Na, höchstens partiell, und eher eigentlich
Ariadne noch 18. und Zerbinetta schon 21. Jahrhundert.

Ein so kühnes Konzept
findet natürlich auch seinen formalen Ausdruck.
Wie das? Indem Ariadne inmitten einer musikalischen Form
(die sich aber unter Wagners argem Einfluß schon heillos aufzulösen scheint)
noch klassisch traditionsbewußte Arien singt und sogar verbal bedauert:
"Hier ist nichts rein! / Hier kam alles zu allem".

Und Zerbinetta?
Ist der stürmische Applaus (dessen jede Sängerin dieser Partie
nach Bewältigung ihrer gigantischen Koloraturarie sicher sein kann)
keinerlei Bestätigung und Attest für formale Meisterschaft? Doch,
aber unbewußt doch auch schon Beleg für die Auflösung
dieser überlieferten alten Form des Barock. Ariadnes Gesang
ist noch in sich geschlossen und formvollendet, Zerbinettas
fast schon mephistophelisch verführerisch und recht eigentlich nihilistisch,
denn sie zerstört die tradierte Form durch deren glitzernde Vollendung.
Ihre Arie scheint nur noch eine zu sein. In Wahrheit singt sie sie nicht,
sie verspottet, sie zerfetzt sie, sie zertrümmert das ganze Ariensingen
und beendet es insofern. Die artifiziellen Übermaße ihrer Arie
demontieren dieselbe mit Bravour und definitiv. Denn tatsächlich endet sie
mit wörtlichem Verstummen. Die sonst eher leicht geschwätzige,
die eloquente Zerbinetta gelobt am Ende, in Zukunft stumm sein zu wollen:

"stumm, stumm ... ": also keine Arien mehr, Schluß damit?

Immerhin schrieb man am Tage der Uraufführung dieser Oper

den 25. Oktober 1912. Keine zwei Jahre später

lag die Schlacht bei Tannenberg schon hinter, die bei Langemarck kurz vor den hingeopferten Armeen. Die Weltordnung löste sich dauerhaft und "nachhaltig" auf. Kündigte sich das alles schon in jenem Endgesang der Zerbinbetta an? *Fin de partie?*

Ich gebe zu: diese Opernarie als ihre eigene Demontage, als ihre Selbstzerstörung zu begreifen, ist mir nicht im Theater, nicht angesichts einer sonderlich modernen Inszenierung aufgegangen. Sondern beim Anhören eines aufgezeichneten Konzerts von 1983 in München. Da sang die Slowakin Edita Gruberová konzertant jene "Arie" der Zerbinetta in ihrer Urfassung von 1912: also einen ganzen Ton höher als heute üblich, bis zum hohen Fis hinauf (wie Erna Sack das wollte oder tat?), noch ganze achtzig Takte länger als heutzutage und *"ungleich diffiziler komponiert"* – nicht zuletzt *"weil sie die Konventionen der Oper satirisch aufs Korn nimmt"* (Peter P. Pachl).

Dieser Überlänge und ihrer Überfülle an endlosen Koloraturen in allerhöchsten Überhöhen entnahm ich plötzlich das Destruktive dieser gesanglichen Exzesse. Da sprengte was die eigene Form. Übrig blieb ein riesiger Scherbenhaufen auch aus melodiösen Bruchstücken und Überresten von früher. Hing etwa gar die Herkunft dieser Sängerin vom Balkan mit jenem Kronprinzenmord von Sarajewo und dem serbisch-bosnischen Anlaß jenes Dauerweltkriegs seither zusammen? Präsentiert sie diesen Abgesang der bürgerlichen Musikkultur deswegen so brillant und souverän wie kaum eine andere Zerbinetta? Könnte das subkutan irgendwie so zusammenhängen? (So wie Midoris Bachsonate und -partita noch 2015 im anhaltischen Köthen von äonenfernem Hiroschima, Auschwitz und Stalingrad zu berichten schienen ...)

Gespinste, "Geflechte" ...

Und sind seit dieser Zerbinetta noch von sonstwem solche Arien geschrieben worden wie früher von Händel, Mozart und Rossini, von Verdi und Puccini? Nicht daß ich wüßte. Diese Form war zerschlagen. So sang jetzt niemand mehr.

Naja, nach solchem Blutvergießen …

*

Erst John Brancy, dieser beachtliche junge Bariton aus Pennsylvania, hat mir 2018 beim *Concours musical international* in Montréal mit Liedern von Charles Ives und William Denis Browne (der im Frühjahr 1915 26jährig in der fernen Dardanellenschlacht totgeschossen wurde) bewußt gemacht, in wie hohem Maße das weiland kollabierende Weltbild der Romantik den *Ersten Weltkrieg* (den sie wahrscheinlich mitverursacht, also auch mitverschuldet hat) gleichwohl seit Langemarck und Verdun mit ihren üblichen künstlerischen Mitteln gar nicht mehr zum Ausdruck zu bringen vermochte.

Zwar hat ja alle Romantik schon immer mit dem Grauen geliebäugelt und es insofern verharmlost, wenn nicht gar verklärt. Das war aber angesichts von Ausbruch und Verlauf eines vierjährigen Gemetzels mit den ersten Materialschlachten der Menschheitsgeschichte weder geschmacklich statthaft noch auch überhaupt möglich. Die militärische, politische und psychische Katastrophe von 1914 bis 1918 konnte auf keinerlei Weise mehr melodiös besungen werden.

Romantik und erster *neuzeitlicher* Holokaust bedingen sich zwar als Ursache und Wirkung, aber tangieren sich im Übrigen nur noch destruktiv und irreparabel. Mit den Gesetzmäßigkeiten von Harmonik und Ästhetik wie auch immer war da vermutlich nie wieder irgendwie noch zu punkten. Eine gnadenlose Zeitenwende also auch insofern. *Rien ne va plus.* Oder *rien n'ira plus.* (Oder etwa *Ah! ça ira, ça ira, ça ira*?)

Aber dann singt dieser John Brancy mit seinem warmen Bariton auch noch ein Lied, daß Francis Poulenc just 1938 komponiert hat: also ein einziges Jahr vor Ausbruch des *Zweiten Weltkriegs*. Es heißt *«Priez pour paix»*.

*

Die vielen, vielen Orchestermusiker weltweit: unbegreifliche und sehr, sehr bedauernswürdige, aber letztlich beneidens- und absolut bewundernswerte Absolventen von recht exotischen Fron- und Opferdiensten –

gleichwohl permanent belohnt und elitär bevorzugt: *"esclavos felices", verdad.*

*

Die Intuition:

wird sie im Alter stärker und sicherer,

oder war sie auch in jüngeren Jahren schon genau so stark und sicher wie jetzt, und man war bloß nicht imstande, sie wahrzunehmen und angemessen zu würdigen?

Das wird man nie ergründen und beantworten können.

Fest steht: im Alter wird sie täglich zuverlässiger und merklich entscheidungsfreudiger. Wenn ich sie getrost walten lasse, überrascht sie mich immer häufiger mit ungeahnten Lösungen, die mich beglücken. *“Darauf wäre ich nie verfallen: aber so ist es wirklich optimal, Intuition, ich danke dir*

von Herzen!”

*

Bei uns vermeintlich so heillos profanierten Weltkindern scheint ja ein latentes Gottesbild bisweilen sogar noch höher angesiedelt zu werden als in der konservativen Naivität all der restmittelalterlichen Spätptolemäiker ringsum. Denn unser naturwissenschaftlich und technisch abgefedertes Weltbild mit seinem erweiterten Wissen um Ausmaß und Beschaffenheit der Schöpfung potenziert ja unweigerlich unsern Respekt vor alledem und kann da einen Schöpfer solcher Schöpfung gar nicht mehr ausschließen. Die meisten Quantenphysiker von Rang sind daher “irgendwie” bekennend religiös.

(In frühmorgendlichem Halbschlaf entworfen und auswendig gelernt.)

*

Aufwachen ist nicht aufwachen.

Noch in seinem unbewußtesten Zustand kennt und praktiziert unser Gehirn da Spielarten oder Divergenzen.

Grund oder Anlaß für solchen Variantenreichtum auch da noch bleiben unerfindlich, aber melden Daseinsberechtigungen an und wollen respektiert werden.

Denn auch aufwachen ist nicht aufwachen.

*

Was ich im Fernsehen heute ohne Quellenangabe und beiläufig als *dictum* von George Bernard Shaw zitieren hörte:

"Kritiker sind blutrünstig, aber ohne es bis zum Henker zu schaffen".

*

Beim Tele-Zappen geriet ich heute Nacht unversehens in einen deutschen Laub- und wahren Märchenwald: mit unaufhaltsamem Sonnenwärts gestandener Bäume und üppigem Buschwerk als Unterholz in friedlich-idyllisch-gesund- und vitaler Symbiose. Jeden Jünger-Jünger verlockte das sofort zu einem *Waldgang*: so besänftigend und befreiend war noch vom Monitor hinab und herab dieses Grün der ragenden Stämme.

Erst ein unsichtbarer Sprecher informierte mich mit seinem Text, daß es sich hier um keinen gehegten oder planvoll angelegten Forst handelte, sondern um natürliche Wucherungen auf dem Obersalzberg bei Berchtesgaden. Es war die gnädige Decke, die *Mutter Natur* mit ihrem unabdingbaren Pflanzenwuchs über jenen sogenannten Berghof gezogen hatte, der jahrelang ein weltbekanntes Zentrum des Bösen gewesen war: ein negativer Hort des Tötens, ein Hexentanzplatz unbarmherziger Nhilisten und Mörder.

Aus alledem war nun wieder ein trostreicher Märchenwald entstanden: ohne alles Zutun, "von selbst", in allmächtigem Grün, und hatte alle Arglist von damals ausgelöscht. Noch konnten ein paar versprengte Betonbrocken an jenes satanische Reich erinnern, aber unverkennbar werden auch sie bald überwuchert sein und verschwinden.

Gibt es Tröstlicheres, Zuverlässigeres, Gütigeres und Hilfreicheres hienieden?

*

Ein (hoffentlich) letztes Mal zur vermeintlichen Demokratiephobie:

ganz ohne jeden Zweifel ist Demokratie viel besser als … , als …, als … .

Aber sie ist nicht gut genug. Sie genügt so nicht.

Das aber haben die meisten, die sich begeistert Demokraten nennen, noch nicht einmal bemerkt. Sie wähnen sich im politischen Paradiese … .

Eigentlich nur darum geht es.

Zunächst.

*

Wer den 81jährigen Günter Wand auf dem Gipfel seiner künstlerisch erstaunlichen Altersblüte beim Eröffnungskonzert des *Schleswig Holstein Festivals 1993* Beethovens *Pastorale* in Kiel nicht dirigieren, sondern swingen hörte und sah, den sollten Ahnungen beschlichen haben, daß unsere stolze und majestätische Tradition, die Werke dieses unseres deutschen Nationalfavoriten darzubieten, seit runden zweihundert Jahren einem folgenschweren Irrtum aufgesessen sein könnte.

Beethoven war 14 Jahre jünger als Mozart, aber ganze 22 Jahre älter als Rossini, der den 56jährig Verstorbenen um ganze 42 Jahre überlebte. Zwischen solchen Eckdaten war Beethoven also unmißverständlich ein Kind des Rokoko. Nun heißt ja, der Sohn einer Ära zu sein, noch lange nicht, daß man das lebenslänglich auch bleibt. Aber Beethovens Werke werden in deutschen Konzertsälen und auf deutschen Tonträgern meist so dargeboten, als sei er der Nachlaßverwalter unseres letzten Kaisers. Wohl auch nicht zufällig werden aus seiner Vita am liebsten die majestätischen Anekdoten weiterkolportiert, die sich mit Beethovens Bezügen zu Kaiser Napoleon befassen.

Ist das alles richtig so?

Erst dieser greise Günter Wand also hatte sich darauf besonnen, daß Beethovens *Pastorale* schon 1807/08 komponiert worden war:

da pubertierte Rossini bestenfalls gerade erst; bis zu seinem *"Barbier von Sevilla"* mußte noch ein gutes Jahrzehnt ins geduldige Land gehen, und als Beethoven 1803 erste Entwürfe zu dieser Sinfonie notierte, da hatte Pa-Pa-Pa-Pa-pageno erst vor einem ebenso guten Jahrzehnt über seine Familienpla-, pla-, planung gealbert. Nein, diese *Pa-, Pa-, Pastorale*, unter Beethovens neun Sinfonieen immerhin schon die sechste, war unverkennbar ein Kind des Rokoko.

Als solches dirigierte Günter Wand sie da auch. Also trieb er ihr all den üblichen wilhelminischen Schwulst, alles bombastische Teutonentum und nationalbewußte Pathos einer Siegernation verführerisch und altersweise tänzelnd aus, ohne daß das Werk sich wehrte. Es war sogar dankbar, denn es fühlte sich endlich dorthin erlöst und befreit, wo es immer schon hin gehörte: ins Rokoko.

Seither jedoch wird in Deutschland der ganze Beethoven wieder und wieder oder immer noch als Vorläufer und Gipfel der hiesigen Romantik aufgeplustert und seinen schmachtenden Verehrern in die sehnsüchtig unterwürfigen Gehörgänge gedonnert.

Würden ihn heutige Dirigenten so spielen wie weiland Günter Wand, klänge er vermutlich weniger aufgeblasen, unteutscher, leichter und – authentischer.

Sie müßten ihn dann freilich auch so gründlich, so genau und präzise einstudieren, wie Günter Wand es mit dieser *Pastorale* und dem *Sinfonieorchester des Norddeutschen Rundfunks* unüberhörbar getan hatte – und wohl immer so tat. Ich erinnere mich jedenfalls genau, wie ich mir schon als Kölner Student in den fünfziger Jahren am liebsten eine Opernkarte leistete, wenn der damalige Gürzenich-Kapellmeister Günter Wand da mal am Pult gastierte. Leider habe ich da den *"Fidelio"* nie von ihm gehört …

*

Aber unverhofft jetzt, ein gutes Vierteljahrhundert nach Günter Wands *Pastorale* weiland in Kiel, in diesem gesellig aufgestachelten Sommer 2019 zwischen all seinen *Festivals*, Meisterschaften, *events* und überdrehten Menschenmassen allenthalben plötzlich dies:

Beethovens fünftes Klavierkonzert unter wasserdichtem Plastikzelt in der Münchner Feldherrnhalle am Odeonsplatz vor einem erlebnishungrig standhaften *open-air*-Publikum in kondomartig weiß-transparenten Regenhäuten, in Anoraks oder Ponchos mit hochgezogenen Kapuzen

und Daniil Oljegowitsch Trifonow, dieser Wunderknabe aus der amusischen Wirtschafts- und Industriemetropole Nischnij Nowgorod (dem weiland sowjetischen Gorkij) an der Wolga, aber inzwischen 28jähriger Weltbürger mit Wohnsitz in New York und Mitglied im Verwaltungsrat der dortigen *Philharmonics*:

dieser Trifonow also spielte ausgerechnet in jenem bayrisch klassizistischen Militärmonument von 1844, jenem unvergeßlich blutdurchtränkten Mahnmal der putschenden Faschisten von 1923,

spielte da nunmehr diesen heitersten, sanftesten Jahrgangsgenossen jener *Pastorale* desselben Komponisten, dessen unheroischsten Schwanengesang dieses Genres:

eben Beethovens Klavierkonzert Nr. 5, das Musikologen häufig als *"kammermusikalisch intim"* bezeichnen und ein britischer Klavierkollege als deutlich *"unmartialisch"*.

Auch Trifonow spielte es jetzt in unser aller stigmatisierter *“Stadt der Bewegung”* ganz ohne jene hierorts heißgeliebte Dämonie aus Beethovens heimatlichem *Bonn-Godesberger Rheintaltrichter*: ähnlich hell und beschwingt wie Günter Wand weiland in Kiel 1993 die ganze sechste Sinfonie desselben Autors. In einem Interview, daß dieser junge Pianist erschreckend zerknittert, stammelnd und lustlos noch kurz vor seinem heurigen Konzert einem boulevardesken Fernseh-Moderator geben mußte, strich er mehrmals *“humanity and love”* dieses Klavierkonzerts heraus.

Ordnete er es so samt seinem durchaus tänzerisch gespielten Finale unbewußt etwa eher noch ins spätbarocke Rokoko ein als in die drohende Romantik, die er da ausdrücklich erst kommen und wetterleuchten sah? Wenn die also demnach noch gar nicht ganz eingetroffen war: was denn dann?

… ?

Спасибо, господин Даниил Олегович: danke, Daniil – auch im Namen von Günter Wand, vermutlich auch von Beethoven selbst noch!!

*

Menschen neigen zu rührseliger Wehleidigkeit.

Die bringt aber gar nichts.

Mitleid schon gar nicht.

(Höchstens Eigentore.)

*

Beim Wiederlesen dieser Tagebuch-Reflexe auch in früheren Annalen alternieren freudige Wohlgefühle oder Reminiszenzen mit kläglichen Peinlichkeiten.

Muß das bei solchen Manifesten vielleicht so sein: offenbarungsartig?

*

Ununterdrückbarer Nachtrag zur Erörterung jener modisch prüden und bigotten Hexenjagd, die sich *“Me, too”* nennt und die mein *“Wirrwarr im Lot”* ab Seite 74 zu einem reziproken *“You, too”* inspiriert hat:

im Frühjahr 1945 ging der *Zweite Weltkrieg* seinem unvorstellbar blutigen Ende entgegen. Die Zeit war aus den Fugen. Ich selbst war damals zehn Jahre alt und als beträchtlich gebeuteltes Flüchtlingskind auf einem Bauernhof im sächsisch-anhaltischen Dörfchen Werben gestrandet. Neben Eltern und Schwester kampierte ich da auf einem dürftigen Strohsack in einem möbellosen Zimmerchen direkt neben einer verschlossenen Bauernstube mit aufgetürmten Federbetten für die kaum verhohlenen Schäferstündchen der drallen Bäuerin, die ihren Ehemann an der Ostfront hier und jetzt durch einen ihrer mannbaren Knechte vertreten ließ. Das rügten meine Eltern wiederholt.

Aber von Sexualität hatte ich als braves und biederes Baltenbübchen, das noch für Ritterkreuzträger schwärmte, keinerlei Ahnung. Ich hatte da nach einem abenteuerlichen Treck aus dem sogenannten *Reichsgau Wartheland*, *recte* also aus dem *NS*-besiegten, -besetzten und -drangsalierten Polen, just eine Erkrankung an fiebrigen Röteln, hiernach eine Kürbisvergiftung überstanden und war ein strapazierter, entwurzelter, gewaltsam verpflanzter und hungernder, gänzlich unvitaler, blasser und spilleriger Hänfling: ein abmarachtes Hämeken, sonst gar nichts – hä-hä!

Denn neu und belebend war da für mich als Stadtkind unverhofft das Leben auf einem Bauernhof: auf dessen Feldern und zwischen Tieren. Das lenkte von der familiären Misere ab, aber faszinierte auch mit der Exotik eines ganzen unbekannten Universums. Das begann damit, daß ich mich in ein weißes und blauäugiges Kaninchen verliebte, dessen Besitzer und Futtergeber ich plötzlich war und das ich Niki nannte. Nein, ich war in Niki nicht verliebt: ich liebte ihn. Aber eines Tages war er weg und ist bis heute nicht wieder auftgetaucht. Dieser Schmerz! Der erste Verlust von Geliebtem.

Also schaute ich, um mich abzulenken, andern Tages im Kuhstall mit Interesse und Neugier den gebotenen Verrichtungen eines jungen Knechtes zu, der mich sein Wohlwollen, seine Sympathieen irgendwie spüren ließ. Er wurde Josef genannt, hieß aber eigentlich Józef, war Pole, 21 Jahre alt und hier nur wegen des kriegsbedingten Mangels an teutschen Mannen als eine Art Zwangsarbeiter *NS*-zugewiesen oder abkommandiert. Auch er war also entwurzelt, gewaltsam verpflanzt und recht eigentlich *NS*-vergewaltigt, deportiert und unfrei, wenn auch keinerlei Hänfling oder Hämeken, sondern kräftig und sehr vital, doch ohne Familie, ohne Frau oder Freundin und ohne deutsche Sprache hier auch völlig kontaktlos: ein Opfer wie ich, nur im Saft seiner jungen und leicht bulligen Virilität. Überdies vermutlich mit politischen Aggressionen halsvoll aufgeladen, die sich aber nur ja nicht äußern konnten und durften.

Dieser Józef also legte jenes Tages, als er mit mir im Kuhstall allein war, seine Mistgabel unbotmäßig beiseite und zeigte mir abrupt und wortlos sein pralles und bedürftiges, vermutlich halbwegs ragendes Genital. Dabei grinste er mich kommentarlos, aber freundlich und brüderlich verschwörerisch an: recht eigentlich schon verführerisch, als anatomischen Komplizen. Irgendwie radebrechend stammelte er dabei die Frage, wie es bei mir damit aussehe oder stünde. Pantomimische Kopfbewegung aufwärts als Aufforderung zu einer Entblößung auch meinerseits.

Mit solcher Situation war ich heillos überfordert. Keine Ahnung, was das alles sollte und was dieser Józef, den ich eigentlich sehr mochte (obwohl er ja ein dreckiger Pole war!), von mir da wollte. Ich spürte aber, daß er nichts Böses oder Schlimmes von mir wollte, lächelte also blöde und blieb reglos stehen.

Da packte er wieder ein, verzichtete offenkundig auf irgendwas, griff stattdessen unentspannt zur Mistgabel und schuftete notgedrungen und unerlöst für die Nazis und ihren "Führer" weiter. Ich ging leise meiner Wege.

Mit dieser rätselhaft neuen und politisch polnischen Lebenserfahrung ging ich jedoch durchaus nicht zu meinen möbellosen Eltern. Ich verschwieg ihnen nachhaltig dieses kryptische Erlebnis mit einem polnischen Phallos im Kuhstall. Warum?

Damals folgte ich nur einer unerklärlichen "Inneren Stimme".

Heute weiß ich mehr. Was immer jene beschriebene Überraschung zwischen den glotzenden und kauenden Kühen damals bedeutet haben mochte: mit diesem Józef und seinem Genital fühlte ich mich kameradschaftlich, freundschaftlich, von Mann zu Mann, solidarisch verbunden – als sprachlos entwurzeltes Kriegs- und Naziopfer, als Schicksalsgefährte, als maskuliner Nachwuchs, als Jahrgangszeuge 1945? Oder? Na, wer weiß das schon! Aber das alles zusammen ließ mich diesem Exhibitionisten bereits verpflichteter sein als meinen Eltern. Die hätten ihn verdammt und verachtet. Ich aber war sein Bruder: im Fleische, im Geiste, im Leid.

Heute weiß ich auch: eine sexuelle Belästigung im modisch aktuellen Sinne war das damals durchaus. *Me* also, *too*. Von einem besiegten "Polacken und Untermenschen" auch noch! Hätte ich ihn bei meinen Eltern denunziert, hätten sie sich womöglich genötigt gefühlt, diesen Vorfall der Polizei oder nächsten *NS*-Kreisleitung zu melden, und der polnische Zwangsarbeiter Józef X.

wäre abgeführt, eingesperrt, bestraft, vielleicht auch wegen sexueller Belästigung eines deutschen Minderjährigen qualvoll hingerichtet worden. *You, too.*

Derlei kann ich nicht gewußt, vielleicht jedoch gespürt und intuitiv gefürchtet haben. Nein, ich war schon zehnjährig sehr viel lieber keinerlei Denunziant und gehörte mehr zum Drangsalierten als zu den Angemaßten.

Meine Eltern haben bis zu ihrem Tode nach vielen Jahrzehnten nichts von diesem Ereignis je erfahren.

Auch sonst bisher niemand. Bruder Józef zuliebe.

*

Veit berichtet von einer japanischen Künstlerin und deren derzeit entstehender Arbeit mit dem Titel *"Aufenthaltserlaubnis"*.

Dieser Titel ist so ausdrucksstark und aussagefähig, daß die japanische Künstlerin sich getrost damit begnügen und das geplante Kunstwerk ersparen könnte. Es könnte über die Absurdität einer Aufenthaltserlaubnis nicht mehr berichten als dieser Titel selbst und allein bereits:

Aufenthaltserlaubnis: Gottogott!

*

Wenn es gelänge, in allen Schulen zumindest ganz Europas ein Pflichtfach einzuführen, das Kosmologie heißen könnte und mehrere Generationen lang, nach Altersklassen wohldosiert, in mehreren Wochenstunden Astrophysik mit einer Prise Quantenmechanik und philosophisch-theologischen Elementen kombinieren würde,

nur dann bestünde für unsere Gesellschaft eine Chance, tradierte christliche Irreführungen auszuhebeln, Unverzichtbares wenigstens ansatzweise und in Ausschnitten zu erfahren und ihr Zusammenleben *à la longue* zu verbessern.

Ohne dieses neue Schulfach besteht diese Chance eher nicht.

Aber die zuständige Kultusministerkonferenz würde den Autor eines solchen Vorschlags vermutlich nicht nur ignorieren, sondern polizeilich und amtsärztlich observieren lassen.

*

Vergleichbares wäre aus Brüssel zu berichten. Früher gab es dort, erinnere ich mich aus Thailand an die Auskünfte zweier Zimmernachbarinnen (die in den neunziger Jahren damals für viele Millionen Menschen der *Europa Union* beruflich tätig waren), zwei offizielle Verständigungsidiome: Französisch und Englisch. Das erschien mir seinerzeit ebenso plausibel wie ungerecht.

Inzwischen, lese ich, gibt es dort ganze 24 legale *"Amts-, Arbeits- und Vertragssprachen"*. Das erscheint mir nun ebenso gerecht wie nationalistisch, also rückschrittlich, unpraktisch und verschwenderisch (die Dolmetscherkosten!). Aber *"im internen Verkehr"*, lese ich gleichfalls, seien die verwendeten Dienstsprachen, sei es noch so geradebrecht, meist Englisch, Französisch und Deutsch.

Eine von diesen drei sollte nach vollzogenem Brexit unweigerlich entfallen: die verbreitetste und skrupellos meistmißbrauchte – das Englische. Es hätte dann in Brüssel was Illegales. Aber Französisch und Deutsch dürften im bürokratischen, ökonomischen und sozialen Alltag einer Mehrzahl der integrierten Europäer viel zu kompliziert sein. Was also dann?

Mir fällt ein, daß es im europäischen Mittelalter weiland schon eine unumstritten allgemeine Amts-, Arbeits- und Vertragssprache zumindest für Kirchen, Klöster, Universitäten, Kanzleien, Ämter, Theologen und Literaten gab: das Lateinische. Es übersprang damals derart mühe- und problemlos Grenzen und Nationalitäten, daß es sich im täglich gesprochenen Gebrauch zum sogenannten Vulgärlatein weiterentwickelte.

Sowas wäre doch mit all seinen kulturell und politisch ehrbar abendländischen Traditionen auch für die Europäer in Brüssel heutzutage naheliegend: wirklich naheliegend. Eigentlich drängt es sich sogar auf.

Nur würde es dort mit seiner komplizierten Grammatik vermutlich allesamt erheblich überfordern. Die linguistischen oder philologischen Fähigkeiten und Talente der mittelalterlichen Bevölkerungen scheinen abhanden gekommen. Und Dolmetscherdienste zwischen Latein und 28 Mitgliedersprachen?

Zwar gibt es auch heute zwischen Atlantik und *Schwarzem Meer* noch immer zahlreiche Ableger, Derivate oder Tochtersprachen jenes präglobalen Latein, also das faktische Vulgärlatein von Portugal bis Rumänien – und extraromanisch (trotz all der vertrackten Formen und Endungen, raffinierten Differenzierungen und Strukturen) sogar im Angelsächsischen und sonstigen Germanisch unsterbliche Weiterentwicklungen oder Fortsetzungen dessen, was *de facto* (*de facto*!) ein erstes und brauchbares Europäisch war: des Lateinischen.

Aber das jetzt im heutigen Staatenbunde dieses Kontinents zur verbindlichen Verständigung all der Abgesandten aus Dublin, Helsinki, Tallinn und Sofia bis Athen einzuführen: das dürfte die Kommunikationen noch zusätzlich beträchtlich erschweren, und aus Brüssel würde flugs Babylon.

Latein in Brüssel: eine *idée fixe*. (*Idée fixe* = selber Vulgärlatein: also doch schon?)

*

Die grassierende Dummheit, weltweit an den meisten Miseren der Menschheit ursächlich beteiligt, sollte diagnostiziert und registriert, all den dummen Leuten aber bloß nicht vorgeworfen werden. Schuld sind nicht die Dummen, sondern *Mutter Natur*, die die Menschheit, ihr vermeintlich liebstes Kind, mit allzu viel Dämlichkeit ausgestattet hat. Sie hat sie auch mit sehr viel Intelligenz ausgestattet, aber in ungut proportionierter Vermischung.

Fazit: wir sind klug, aber nicht genug, und sind dumm, aber nicht zu knapp.

Das Ergebnis bahnt sich jetzt als Tragödie an.

*

Das mag neu sein:

wie die vielbeweihräucherte Erkenntnisfähigkeit des Menschen widerwillig einsehen lernen muß, daß er sich seine eigene ganze Lebensbasis selbst zerstört hat und sie weder zu reparieren noch sonstwie zu retten vermag: daß er milliardenfach zu unfreiwilligem Suizid verdammt ist.

Mutter Natur benötigt zu seiner Entsorgung weder Vulkane und Tsunamis noch auch Meteoriten oder Asteroïden. Sie läßt das diesen mißlungenen Favoriten einfach selbst erledigen: wie elegant.

*

Helmut Schmidts Redaktionsbüro im Hamburger Hause *DIE ZEIT* zierte ein kleines Blechschild, das in schwarzer Schrift auf weißem Grunde lediglich ein Zitat von Nam June Paik, jenem südkoreanischen Erfinder von *"Video- und Medienkunst"* (und Freund weiland meines eigenen Freundes Alfred Feussner), enthielt:

*"When too perfect
lieber Gott böse ".*

*

Also hier noch schnell die späte, aber unerläßliche Korrektur eines wirklich unperfekten Greises:

dessen *"Wirrwarr im Lot"* behauptet auf Seite 305f., das Thaidorf *Klohng Muang* bedeute auf Deutsch *Das Pfirsichwasser*. Das ist Unsinn. Es hieße vielmehr *Ein lila Mangofluß:*

diffiziler als nur ein Obsttausch.

*

Vor die Wahl gestellt,

ein paar langweilig anstrengende Tage mehr

oder ein paar angefüllte und interessante weniger zur Verfügung zu haben,

entscheide ich mich sofort für b).

Länge ist nach 85 prall überfüllten Lebensjahren belanglos geworden: irrelevant.

*

Wie ein vergreisendes Gehirn seinem Arbeitgeber durchaus noch täglich wachsende Sensibilisierung und demnach potenzierte Sensibilität zugesteht,

aber nicht etwa als wachsende Empfindlichkeit, sondern als weitere Verbesserung seiner Sinneswahrnehmungen …

…

… wie es aber gleichzeitig auch sein eigenes allmähliches Verdämmern in Aussicht stellt oder leise und behutsam ankündigt,

nicht als jähen Absturz, sondern zunächst als mutwilliges Jonglieren mit all dem lebenslänglich uferlos Eingespeicherten, dann aber eins davon nach dem Andern nie mehr benötigt, nach und nach fallen läßt, bis schließlich auch ihr allerletztes Kleinod weg ist, ohne daß noch was fehlt: *"große Gnade"* – heißt es nicht so in Beckett's *"Happy Days"*? (Mal mühelos auswendig gewußt, jetzt nicht mehr, is ooch schon weg, na egal) …

Warum fallen Zähne aus, und der Bart wächst weiter? Warum können die Zähne nicht bleiben, und der Bart bleibt weg? (Auch die Zehennägel könnten ruhig aufhören zu wachsen!)

Schöpfungskritik!

*

Aber während die meisten früheren Potentiale eines Alternden reduziert oder völlig abgebaut werden, bleibt eine bisherige Domäne unverändert aktiv: seine Ansprüche. Also sein geistiges, künstlerisches, sprachliches Niveau und dessen Bedingnisse. Da steigert sich eher noch so Manches.

Warum wohl, liebe Natur? Wozu noch? Na, sag schon!

*

Wie der Alternde seinen schwindenden Leibeskräften gar nicht nachtrauert, sie auch gar nicht mehr ernsthaft zu reaktivieren, zu revitalisieren versucht: weiß er etwa zutiefst, daß er sie gar nicht mehr benötigt?

Das Eigentliche kommt erst?

*

Aber daß Verstorbene verschwinden, stimmt ja gar nicht. Ihr Gebein ist doch unverwüstlich: noch nach Jahrtausenden als Fossil vorhanden. Und was eine Rippe, ein Schienbein, ein Schulterblatt kann, das soll der Seele, dem Geiste ganz unmöglich sein: einfach irgendwie zu überdauern? Nee, kann doch gar nich angehn!

*

Ich warte jetzt darauf, daß jemand meine Hand faßt, mich mitnimmt und für mich sorgt, für mich entscheidet.

Ich ließe mir das vermutlich nur ungern oder gar nicht gefallen.

Trotzdem warte ich jetzt darauf.

2020 (85jährig)

Ich höre jetzt mal auf.

Keine Lust mehr, noch irgendwas mitzuteilen: wozu da noch lange um passende Formulierungen feilschen?

Aber *"genug ist nicht genug*, und *gepriesen / Werde der Herbst"* – stimmt das? Na, ick weeß nich.

Könnte sich Conrad Ferdinand Meyer da nicht fürchterlich vertan haben: weiland 1860 in seinem Küsnacht am Zürisee und 35jährig, ein Kind? Doch, schon.

Denn genug kann ja oft genug auch mehr als genug sein: schon viel zu viel. Meyers Mutter wußte das. Seine Tochter auch. Er selbst in all jenen Heilanstalten sicherlich auch oft genug.)

Und Herbsttage preisen? Diese spielverderberischen Lusttöter allzu oft?

Wintertage nicht mal das mehr.

Genug ist dann wirklich genug, du, und *"Zeit, daß man abschrammt"*.

Die Urahnen warten auch schon irgendwo, zumindest hier auf den Seiten 104 und 105.

Urenkel keine.

Aber Urgroßneffen warten zum Beispiel gleichfalls, im Ruhrgebiet und an der Kieler Förde: ich glaube, Birk und Tim und Momme und Boie.

Tschüs denn, Ihr Neuen, jetzt seid Ihr dran mit Loslegen!

Na, ahoi!

Was is denn?

Los, laßt jucken, Kumpels: ausprobieren! *Avanti*!

→ →

HANNO LUNIN BEI «ORPHEUS UND SÖHNE»

www.hannolunin.de + www.orpheus-und-soehne.de

Wirrwarr im Lot

Postmoderne Flaschenpost mit indiskreten Hausmitteilungen

ISBN 978-3-938647-26-4

Geflechte

mit Stafetten für erbende Zaungäste
Ein Mosaik aus Porträts und Erinnerungen und Essays und Notaten und Briefen

ISBN 978-3-938647-25-7

"Musick mit arsch"

Aus Briefen von, an oder über Maria Anna, Leopold, Nannerl, Marianne und Wolfgang Amadeus Mozart
Auswahl, Montage, Anhang mit Tagebuchnotizen und Nachwort von Hanno Lunin

ISBN 978-3-938647-24-0

Bodenschätze

Vierzig Plädoyers für die Meinungsfreiheit von Wehrlosen
204 Abbildungen / Mit einem Offenen Brief
an Bundesverfassungsgericht, Justizministerien, Theaterleiter und -regisseure, Feuilletonredakteure, Rezensenten und sonstige Meinungsmacher

ISBN 978-3-938647-22-6

Puah! oder Eleonora Duse

Eine Ikone des Theaters. Dokumente und Dialoge

ISBN 978-3-938647-19-6

Drei tolle Tage

Deutsche Szenen mit Gesang
zum 9., 10. und 11. November
mit Notenanhang und Kalendarium

ISBN 978-3-938647-11-0

Die Kinderrassel

Briefe mit Reden und Essays von Willi Schmidt
zum deutschen Theater zwischen 1953 und 1974
Mit Fotos und Erläuterungen herausgegeben von Hanno Lunin

ISBN 978-3-938647-09-7

MORITZ PIROL BEI «ORPHEUS UND SÖHNE»

www.moritzpirol.de + www.orpheus-und-soehne.de

Wirrwarr im Lot

Postmoderne Flaschenpost mit indiskreten Hausmitteilungen

ISBN 978-3-938647-26-4

Piazza im Walde

Polychrome Narranda mit hundertfünf Fotografieen

ISBN 978-3-938647-23-3

Alexanderkuchen

Kaleidoskop 21

Geschichtete Geschichten und Geschichte

ISBN 978-3-938647-20-2

Halalí

Zwanzig Porträts – Zwei Bände mit zwanzig Abbildungen

ISBN 978-3-938647-17-2 und 978-3-938647-18-9

Sterngucker oder Das Idyll eines Obdachlosen

Trilogie *Purpurflügel / Doppelsonnen / Kranichrufe*

Prosanetze auf den Spuren von Schelmenroman und Schillerlegende

ISBN 978-3-938647-00-4 / 978-3-938647-01-1 / ISBN 978-3-938647-02-8

Liebesbrief an fremden König

66 Männerporträts aus Thailand – Mit 37 Fotos von Nohng Noh

ISBN 978-3-938647-14-1

Hahnenschreie

oder Hintermänner, Schausteller, Hirtentrompeten, Mangroven, Urzeiger, Männernetze, Schichten und Blößen, Salamander am Wege und Menschen, die gehen

Collage in zwei Bänden

ISBN 978-3-938647-15-8 + 978-3-938647-16-5

Nach oben offen. Reflexe

Tagebuchnotizen von 1952 bis 2011

Sieben Bände – Band 2 mit 47 Fotos von Nohng Noh

ISBN 978-3-938647-03-5 + ... 04-2 / 05-9 / 13-4 / 06-X / 07-3 / 08-0

SIMON PELLEGRINI BEI «ORPHEUS UND SÖHNE»

www.orpheus-und-soehne.de

Kreol Beduin & †rans

Drehbücher zu drei Fernsehspielen:

Safety First – Maktub oder Das Gesetz der Wüste – Eine Feldstudie

ISBN 978-3-938647-10-3

Kaiserwetter! (Du gute alte Zeit!)

Ein episches Drehbuch zur wilhelminischen Skandalaffäre von Kotze

ISBN 978-3-938647-12-7

NOHNG NOH BEI «ORPHEUS UND SÖHNE»

www.orpheus-und-soehne.de

Wirrwarr im Lot

Postmoderne Flaschenpost mit indiskreten Hausmitteilungen
von Moritz Pirol und Hanno Lunin
und mit zwei Fotos von Nohng Noh
ISBN 978-3-938647-26-4

Piazza im Walde

Polychrome Narranda von Moritz Pirol
mit 84 Fotos von Nohng Noh
ISBN 978-3-938647-23-3

Nach oben offen. Reflexe

Tagebuchnotizen 1952 bis 2011 in sieben Bänden von Moritz Pirol
Band 2 mit 47 Fotos von Nohng Noh
ISBN 978-3-938647-04-2

Liebesbrief an fremden König

66 Männerporträts aus Thailand von Moritz Pirol
Mit 37 Fotos von Nohng Noh
ISBN 978-3-938647-14-1

Register

(mit eingeklammerten Seitenzahlen bei Personen ohne Namensnennung)

Die Deutsche Nationalbibliothek verzeichnet diese Publikation
in der Deutschen Nationalbibliografie;
detaillierte bibliografische Daten
sind im Internet über <http://dnb.ddb.de> abrufbar.

© Hanno Lunin
Alle Rechte vorbehalten
«ORPHEUS UND SÖHNE» VERLAG Hamburg 2019
www.orpheus-und-soehne.de
ISBN 978-3-938647-27-1
Hersteller: Books on Demand GmbH, Norderstedt